高等院校物流管理专业教材

新编现代物流管理

主　编　穆丽娟

副主编　张　芳　张涛英

·北京·

内 容 提 要

本书从物流运作和采购管理的角度出发，大量吸收国内外物流业的成功案例，结合物流企业实际操作流程，基于如何制订采购战略与计划，寻找、选择、评价和管理供应商与供应链等方面，同时充分融合了近 10 年来国家发布的关于物流业发展相关文件的内容和要求，通过精心选材，编撰本书，保证教材内容的前沿性。本书主要内容包括采购管理、包装及装卸管理、仓储管理、运输管理、物流信息管理、配送管理、第三方物流管理、产业物流、绿色物流等。

本书可用作物流相关职业技能证书及在职物流人员的培训教材，同时也可用作高职高专及应用型本科院校物流等相关专业的教材或参考用书。

本书配套资源，读者可以从中国水利水电出版社网站（www.waterpub.com.cn）或万水书苑网站（www.wsbookshow.com）免费下载。

图书在版编目（CIP）数据

新编现代物流管理 / 穆丽娟主编. -- 北京：中国水利水电出版社，2020.10
 高等院校物流管理专业教材
 ISBN 978-7-5170-8964-3

Ⅰ. ①新… Ⅱ. ①穆… Ⅲ. ①物流管理－高等学校－教材 Ⅳ. ①F252.1

中国版本图书馆CIP数据核字(2020)第199692号

策划编辑：杨庆川　　　责任编辑：高双春　　　封面设计：李　佳

书　名	高等院校物流管理专业教材 新编现代物流管理 XINBIAN XIANDAI WULIU GUANLI
作　者	主　编　穆丽娟 副主编　张　芳　张涛英
出版发行	中国水利水电出版社 （北京市海淀区玉渊潭南路 1 号 D 座　100038） 网址：www.waterpub.com.cn E-mail：mchannel@263.net（万水） 　　　　sales@waterpub.com.cn 电话：（010）68367658（营销中心）、82562819（万水）
经　售	全国各地新华书店和相关出版物销售网点
排　版	北京万水电子信息有限公司
印　刷	三河市鑫金马印装有限公司
规　格	184mm×260mm　16 开本　18.25 印张　448 千字
版　次	2020 年 10 月第 1 版　2020 年 10 月第 1 次印刷
印　数	0001—4000 册
定　价	49.00 元

凡购买我社图书，如有缺页、倒页、脱页的，本社营销中心负责调换

版权所有·侵权必究

编委会

主　　任：穆丽娟

副主任：张　芳　张涛英

委　员：龚　静　刘　萍　郭　晗

　　　　罗志超　薛立立　焦振娟

前　　言

现代物流业属于服务业，是国家重点鼓励和支持发展的行业。现代物流业作为国民经济基础产业，融合了道路运输业、仓储业和信息业等多个产业，涉及领域广，吸纳就业人数多。现代物流业的发展可以推动产业结构调整升级，其发展程度是衡量综合国力的重要标志之一。2014年9月12日国务院印发了《物流业发展中长期规划（2014—2020年）》，文件指出："物流业是融合运输、仓储、货代、信息等产业的复合型服务业，是支撑国民经济发展的基础性、战略性产业。加快发展现代物流业，对于促进产业结构调整、转变发展方式、提高国民经济竞争力和建设生态文明具有重要意义。"

我国信息技术和交通运输基础设施的迅猛发展，为现代物流业的发展提供了坚实的基础，跨行业和区域的智能物流信息公共服务平台逐渐形成，各类平台之间的互联互通和信息共享机制逐渐完善。货物跟踪定位、无线射频识别、可视化技术、移动信息服务、智能交通和位置服务等关键技术在物流行业逐渐进入普遍应用阶段。另外，还要看到的是，物流行业目前参与者较多，竞争激烈。部分企业观念的落后以及物流企业发展的不完善，使得物流业集约性的优势远远没有发挥出来。造成这种局面的一个重要原因是高层次的应用型专业物流人才的匮乏，尤其是大量现有物流从业人员，在理念、知识结构和创新能力方面都有待提高。物流业的竞争归根结底是物流人才的竞争。为从根本上提高我国物流从业人员的整体素质与管理水平，培养适应我国物流业飞速发展需要的各类型物流人才，我们根据物流企业人员的岗位要求，编写了本书。

本书由长期从事物流与供应链教学的教师、企业物流专员及具有丰富经验的专家共同完成。在编写中，编者经过反复研讨与认证，结合国内物流发展的实际需要，引入国外一些较为成熟的经营理念、经营模式和管理技术，力求符合对物流人才理论、技能、管理的综合素质要求，为培养社会紧缺的基础性物流人才夯实基础。本书在编写过程中参考和引用了国内外许多学者的成果和一些物流企业的实例，在此特别声明并致谢。由于编者的水平及时间所限，书中难免有疏漏、不妥之处，恳请各位专家和广大读者批评指正。

编　者
2020年8月

目 录

前言
第1章 物流活动 ··············· 1
1.1 物流概述 ················ 1
1.1.1 物流概念 ············ 2
1.1.2 现代物流与流通 ········ 3
1.1.3 现代物流的功能 ········ 6
1.2 物流活动概述 ············· 9
1.2.1 物流基本活动 ·········· 9
1.2.2 物流活动创造价值 ······· 11
1.3 物流科学 ················ 12
1.3.1 物流科学的产生 ········ 12
1.3.2 我国物流的发展 ········ 13
1.3.3 物流科学的理论学说 ····· 15
1.3.4 物流合理化 ············ 18
本章思考题 ·················· 20
案例分析 ···················· 21
第2章 采购管理 ············· 22
2.1 采购概述 ················ 23
2.1.1 采购的概念 ············ 23
2.1.2 采购的分类 ············ 25
2.2 采购计划与决策 ············ 27
2.2.1 采购计划的编制 ········· 27
2.2.2 采购决策 ·············· 28
2.3 采购的流程 ··············· 32
2.3.1 建立采购组织 ·········· 32
2.3.2 制订采购计划 ·········· 33
2.3.3 确定供应商及货源 ······· 34
2.3.4 谈判及签约 ············ 34
2.3.5 再订购货物 ············ 36
2.3.6 定期的评估与改进 ······· 37
2.4 供应商管理 ··············· 39
2.4.1 供应商管理的概念 ······· 39
2.4.2 供应商的审核与考评 ····· 41
2.4.3 供应商的管理 ·········· 45
2.5 采购作业 ················ 47

2.5.1 采购的招投标 ·········· 47
2.5.2 采购成本控制 ·········· 51
本章思考题 ·················· 53
案例分析 ···················· 54
第3章 包装及装卸搬运 ········ 56
3.1 包装 ···················· 57
3.1.1 包装概述 ·············· 57
3.1.2 包装的分类 ············ 58
3.1.3 包装合理化的实现途径 ··· 59
3.2 包装材料与设计 ············ 60
3.2.1 包装材料 ·············· 60
3.2.2 包装设计 ·············· 61
3.3 装卸搬运 ················ 63
3.3.1 概述 ·················· 63
3.3.2 装卸搬运方式 ·········· 64
3.3.3 装卸搬运设备 ·········· 65
3.3.4 装卸搬运合理化 ········ 67
3.4 常用装卸搬运设备介绍 ······ 70
3.4.1 搬运车 ················ 70
3.4.2 托盘 ·················· 73
3.4.3 叉车 ·················· 80
3.4.4 货架设施 ·············· 87
3.4.5 起重机 ················ 95
本章思考题 ·················· 103
案例分析 ···················· 104
第4章 仓储管理 ············· 105
4.1 储存概述 ················ 106
4.1.1 储存的概念 ············ 106
4.1.2 储存的功能 ············ 106
4.1.3 储存的逆作用 ·········· 107
4.2 仓库的功能与分类 ·········· 108
4.2.1 仓库的概念 ············ 108
4.2.2 仓库的功能 ············ 108
4.2.3 仓库的分类 ············ 109

>   4.2.4 自动化立体仓库 ………………… 112
>   4.3 储存作业 ………………………………… 115
>   4.3.1 入库业务 ……………………………… 116
>   4.3.2 保管业务 ……………………………… 121
>   4.4 库存控制 ………………………………… 133
>   4.4.1 库存管理及其作用 …………………… 133
>   4.4.2 合理库存与最低库存 ………………… 135
>   4.4.3 库存控制及其目标方法 ……………… 137
>   4.5 储存管理合理化 ………………………… 140
>   4.5.1 储存合理化的概念 …………………… 140
>   4.5.2 储存保管合理化的主要标志 ………… 141
>   4.5.3 不合理储存主要表现 ………………… 141
>   4.5.4 储存管理合理化的实施途径 ………… 142
>   本章思考题 …………………………………… 145
>   案例分析 ……………………………………… 145
> 第5章 运输管理 …………………………… 147
>   5.1 运输概述 ………………………………… 147
>   5.1.1 运输的功能 …………………………… 148
>   5.1.2 运输与物流的关系 …………………… 148
>   5.1.3 运输方式的分类 ……………………… 149
>   5.2 运输业务 ………………………………… 151
>   5.2.1 公路货物运输业务 …………………… 151
>   5.2.2 铁路货物运输业务 …………………… 154
>   5.2.3 水路货物运输业务 …………………… 159
>   5.2.4 航空货物运输业务 …………………… 161
>   5.2.5 管道货物运输业务 …………………… 164
>   5.3 运输管理概述 …………………………… 165
>   5.3.1 运输质量管理 ………………………… 165
>   5.3.2 运输价格管理 ………………………… 166
>   5.3.3 运输单证 ……………………………… 169
>   5.3.4 运输成本控制 ………………………… 170
>   5.4 运输合理化 ……………………………… 174
>   5.4.1 决定物流运输合理化的主要因素 …… 174
>   5.4.2 不合理运输的表现 …………………… 175
>   5.4.3 合理化运输的主要形式 ……………… 178
>   本章思考题 …………………………………… 180
>   案例分析 ……………………………………… 180
> 第6章 配送与配送中心 …………………… 181
>   6.1 配送概述 ………………………………… 182

>   6.1.1 配送的定义 …………………………… 182
>   6.1.2 配送模式 ……………………………… 182
>   6.1.3 配送的流程 …………………………… 183
>   6.1.4 现代配送的类型 ……………………… 183
>   6.2 配送中心概述 …………………………… 185
>   6.2.1 配送中心的定义及其形成 …………… 185
>   6.2.2 配送中心的种类 ……………………… 186
>   6.2.3 配送中心的功能 ……………………… 187
>   6.2.4 配送中心的物流流程 ………………… 189
>   6.3 配送中心的建设 ………………………… 191
>   6.3.1 配送中心建设的原则 ………………… 191
>   6.3.2 配送中心选址的影响因素 …………… 191
>   6.4 配送中心的作业管理 …………………… 192
>   6.4.1 进货管理 ……………………………… 192
>   6.4.2 订单处理 ……………………………… 195
>   6.4.3 拣货、补货和出货管理 ……………… 197
>   本章思考题 …………………………………… 201
>   案例分析 ……………………………………… 201
> 第7章 物流信息管理 ……………………… 203
>   7.1 信息与信息管理 ………………………… 204
>   7.1.1 信息概述 ……………………………… 204
>   7.1.2 信息技术 ……………………………… 205
>   7.1.3 信息管理 ……………………………… 206
>   7.2 物流信息管理 …………………………… 207
>   7.2.1 物流信息 ……………………………… 207
>   7.2.2 物流信息管理 ………………………… 210
>   7.3 物流信息技术 …………………………… 211
>   7.3.1 电子数据交换（EDI）………………… 211
>   7.3.2 地理信息系统（GIS）和全球
>   定位系统（GPS）……………………… 214
>   7.3.3 自动识别技术 ………………………… 217
>   7.4 物流信息系统 …………………………… 221
>   7.4.1 物流信息系统概述 …………………… 221
>   7.4.2 物流信息系统的层次结构 …………… 221
>   7.4.3 物流信息系统的组成 ………………… 223
>   7.4.4 物流信息系统的开发原则 …………… 224
>   案例分析 ……………………………………… 225
> 第8章 第三方和第四方物流 ……………… 227
>   8.1 第三方物流概述 ………………………… 228

  8.1.1　第三方物流的概念 ………… 228
  8.1.2　第三方物流的兴起的原因 …… 231
  8.1.3　发展第三方物流的意义 ……… 233
 8.2　第三方物流原理 ……………………… 233
  8.2.1　双赢原理的应用 ……………… 233
  8.2.2　战略联盟原理的应用 ………… 234
  8.2.3　虚拟经营 ……………………… 236
 8.3　第三方物流的管理 …………………… 237
  8.3.1　第三方物流的选择 …………… 237
  8.3.2　第三方物流管理内容 ………… 238
 8.4　第三方物流服务 ……………………… 240
  8.4.1　物流服务的含义 ……………… 240
  8.4.2　第三方物流服务的特征 ……… 240
  8.4.3　第三方物流服务的内容 ……… 241
 8.5　第四方物流 …………………………… 242
  8.5.1　第四方物流概述 ……………… 242
  8.5.2　第四方物流的基本特征 ……… 243
  8.5.3　第四方物流和第三方物流的区别 … 243
 本章思考题 ………………………………… 243
 案例分析 …………………………………… 243

第9章　产业物流 ……………………………… 245
 9.1　农业物流概述 ………………………… 245
  9.1.1　农业物流的概念 ……………… 245
  9.1.2　农业物流的特征 ……………… 245
  9.1.3　农业物流的分类 ……………… 247
  9.1.4　我国农业物流的现状 ………… 248
  9.1.5　现代农业物流发展战略 ……… 249
 9.2　制造业物流 …………………………… 250
  9.2.1　制造业物流的概念 …………… 250
  9.2.2　制造业物流的特征 …………… 250
  9.2.3　制造业物流中心的运作 ……… 251

 9.3　批发零售业物流 ……………………… 254
  9.3.1　批发零售业物流的概念 ……… 254
  9.3.2　批发零售业物流的特征 ……… 254
  9.3.3　批发零售业物流的运营模式 … 255
  9.3.4　批发零售业物流的作业流程 … 256
 9.4　快递业物流 …………………………… 258
  9.4.1　快递业物流的含义与分类 …… 258
  9.4.2　快递业物流的特征 …………… 258
  9.4.3　国外快递业物流发展的三个阶段 … 259
  9.4.4　国内快递业物流发展要点 …… 260
  9.4.5　强化标准化智能化，提高协同
     运行效率 ……………………… 262
  9.4.6　强化绿色理念，发展绿色生态链 … 262
 本章思考题 ………………………………… 262
 案例分析 …………………………………… 263

第10章　绿色物流 …………………………… 264
 10.1　绿色物流概述 ……………………… 265
  10.1.1　绿色物流的概念及内涵 …… 265
  10.1.2　绿色物流的价值 …………… 266
  10.1.3　绿色物流的特征 …………… 268
 10.2　绿色物流管理 ……………………… 269
  10.2.1　物流活动与环境 …………… 269
  10.2.2　绿色物流管理概述 ………… 273
 10.3　绿色物流的发展 …………………… 277
  10.3.1　绿色物流的发展现状 ……… 277
  10.3.2　绿色物流的实现路径 ……… 279
  10.3.3　绿色物流的政策支持 ……… 280
 本章思考题 ………………………………… 281
 案例分析 …………………………………… 281

参考文献 ………………………………………… 282

第 1 章　物流活动

学习目标

- 知识目标：通过本章的学习，认识现代物流及物流活动，了解物流的发展和物流科学的产生，掌握物流的概念和物流的功能。
- 技能目标：掌握物流学说的观点，运用此观点来分析物流的现象。
- 能力目标：通过学习，能够熟练应用物流的功能，具有运作中小型物流企业业务的能力。掌握物流合理化的四种模式，并能在实践中进行运用。

引导案例

现代物流体系助力新疆特色农产品走向全国

农产品销售作为农业经营体系中的核心环节，是农业增效、农民增收的重要保障。2018年以来，新疆各地区通过建设冷藏保鲜库、农产品销售中心、农村电商平台等，打通农产品销售瓶颈，完善仓储物流体系，不断扩大新疆农产品销量。

新疆阿克苏鸿贸源果业公司丰收的香梨、苹果一部分直接销售，一部分将储藏在公司冷藏仓库里。冷链仓储延长了果品的销售周期，同时也提高了果品的价值。

为打通农产品收购的最后一公里，河南省援疆前方指挥部投入 2000 万元，与哈密市供销社合作建设了农村电商平台系统。这一系统在哈密市建设物流配送中心，在市属区县建立电子商务运营中心和物流集散中心，在全市 26 个乡（镇、园区）建立电子商务服务站，并建立 10 个村级电商服务点，从而实现市、县、乡、村四级联动、上下一体的销售物流网络格局。把城市和农村的生产、销售、物流储配连成一张网，哈密市农产品可实现以最快速度、最少环节销售到各地，城市老百姓能享用到最优质的当地农产品。

【资料来源：根据网络资料整理编写】

1.1　物流概述

国务院发布的《物流业发展中长期规划（2014—2020 年）》指出，物流业是融合运输、仓储、货代、信息等产业的复合型服务业，是支撑国民经济发展的基础性、战略性产业。加快发展现代物流业，对于促进产业结构调整、转变发展方式、提高国民经济竞争力和建设生态文明具有重要意义。

【小思考 1-1】

从超市的货架上随手取下一瓶饮料,你知道这瓶饮料要经过多少环节才能到达你的手里吗?饮料厂要如何组织原材料,生产线上的物料和包装如何移动;经销商如何采购和销售;又如何将它送到零售店里?从它走下生产流水线那一刻起,到你拿到手中为止,中间究竟经过多少个环节,转运了多少次,进出了多少个仓库,到过多少个配送中心,历经多少道经销商以及多少人的手才被送上货架?

1.1.1 物流概念

1. 物流概念的产生与发展

早在1915年,美国的阿奇·萧在《市场流通中的若干问题》一书中就提到物流(Physical Distribution)一词,并指出"物流是与创造需求不同的一个问题"。因为在20世纪初,西方一些国家已出现生产大量过剩、需求严重不足的经济危机,企业因此提出了销售和物流的问题,此时的物流指的是销售过程中的物流。

第二次世界大战中,围绕战争供应,美国军队建立了"后勤"(Logistics)理论,并将其用于战争活动中。其中所提出的"后勤"是指将战时物资生产、采购、运输、配给等活动作为一个整体进行统一布置,以求战略物资补给的费用更低、速度更快、服务更好。后来"后勤"一词在企业中广泛应用,又有商业后勤、流通后勤的提法,这时的后勤包含了生产过程和流通过程的物流,因而是一个包含范围更广泛的物流概念。

日本的物流概念是1956年直接从英文Physical Distribution翻译过去的,1956年日本派团考察美国的流通技术,引进了物流的概念。到了70年代,日本已成为世界上物流最发达的国家之一。

中华人民共和国国家标准《物流术语》(GB/T 18354—2001)中将物流定义为:"物品从供应地向接收地的实体流动过程。根据实际需要,将运输、储存、装卸、搬运、包装、流通加工、配送、信息处理等基本功能实施有机结合。"

【小资料 1-1】

有40多年历史的美国物流管理协会(简称CLM)于2005年初正式更名为美国供应链管理专业协会(简称CSCMP)。于1963年在美国成立的物流管理协会,是全球物流和供应链管理领域最有影响的个人参与的行业组织。据CSCMP中国首席代表王国文博士介绍,美国物流管理协会正式更名为"美国供应链管理专业协会",标志着全球物流进入供应链时代的开始。

协会官方网站为:www.cscmp.org,协会中国代表处网址为:www.cscmpchina.org。

美国物流协会的最新定义是:"物流是供应链的一部分。是为了满足顾客的需要对商品、服务及相关信息从产地到消费地高效、低成本流动和储存而进行的实施和控制过程。"

【资料来源:根据网络资料整理编写】

物流的概念是随着交易对象和环境变化而发展的,因此需要从历史的角度来考察。美国早在第一次世界大战后的20年代,物流就已运用Physical Distribution这一概念作为企业经营的一个要素加以研究,到第二次世界大战期间,美国陆军中就开始用"Logistics Management"

（现代物流管理）来指代物流，战后其理论、方法也为企业和理论界认同，并广泛运用起来，他们将之称为商业物流或销售物流（Business Logistics），以力求合理有效地组织商品的供应、保管、运输、配送，而且实践证明其取得了相当大的成效。物流这个名称在日本是于50、60年代引用的，当时日本的企业界和政府为了提高产业劳动率，组织了各种专业考察团到国外考察学习，公开发表了详细的考察报告，全面推动了日本生产经营管理的发展。报告中提及了Physical Distribution一词。PD概念马上被产业界的接受，尽管PD这个外来语后来经历了若干年才正式译为"物的流通"（1964年），但当时的日本正处于经济发展的黎明期，物流革新思想不仅渗透到了产业界，同时还渗透到了整个日本社会。

物流在概念上随着时间的推移有一定的变化，物流的概念Physical Distribution逐渐被Logistics替代，亦即现代物流（Logistics）与传统物流（Physical Distribution）的区分。最初的物流概念主要侧重于商品物质移动的各项机能，即发生在商品流通领域中的在一定劳动组织条件下，凭借载体从供应方向需求方的商品实体定向移动，是在流通的两个阶段（G—W、W—G）上发生的所有商品实体的实际流动。显然这种物流是一种商业物流或销售物流，它作为一种狭义的物流具有明显的"中介性"，是连接生产与消费的手段，直接受商品交换活动的影响和制约，具有一定的时间性，只有存在商品交换时才会出现，不会永恒存在。Logistics则包括了从原材料采购、在制品移动到产成品销售全过程的物资流通活动，物流合理化不仅限于物流部门内部，而且扩展到生产和销售部门。Logistics是指为了实现顾客满意，连接供给主体和需求主体，克服空间和时间阻碍的有效、快速的商品、服务流动经济活动过程。Logistics将物流活动从被动、从属的地位上升到企业经营战略的高度，成为企业经营的重要组成部分，物流概念已不仅是对活动概念的集合，而且上升到了管理学的层次上。

2. 对现代物流的再认识

我们认为不同时期对物流的不同理解和认识，都反映了不同时期的社会生产力发展状况。用发展观念来思考，物流就是对人们为满足某种需要而组织社会物质运动的系统活动的总称。可以从四个方面理解：

（1）物流是有目的的活动。物流是人们有意识、有目的的活动，是为满足人们某种需要而展开的活动。物流是建立在自然运动基础之上的高级运动形式，是政治、经济、社会和实物运动的统一。

（2）物流是社会物质的活动。物流活动是物质实体的物理性移动，离开了社会物质的运动，物流就不复存在。

（3）物流是一种系统的活动。物流是一个完整的活动过程，包含了为满足需要而实现社会物质运动的全部活动。对物流的理解应以系统的观念全面把握各个物流环节、物流要素的相互关系。

（4）物流是一种有组织的活动。社会物质都是借助一定载体，通过一定的劳动组织实现物理性移动的。为此，物流活动不能离开相应技术工具、设施设备和劳动组织而独立运行。

1.1.2 现代物流与流通

1. 流通在社会经济中的地位

（1）流通是联结生产和消费的纽带。流通作为一种经济形式是伴随着商品生产和商品交换的历史而产生和发展的。在商品经济的初级阶段，由于产品的品种、数量很少，生产者和消费者往往通过比较直接的渠道建立交换关系，流通的形态是初级的。随着生产水平的提高，专业化的生产越来越多，规模也越来越大，产品的品种和数量都大大地增加了。由于生产地点和消费地点逐渐分离，生产者想要直接和消费者见面销售自己的产品是很困难的，往往要通过市场这个环节，即流通领域的过渡，才能将产品转移到消费者手中。因此，在生产和消费之间必须建立通畅的渠道，这就是流通的任务，所以流通被称为联系生产与消费的纽带。

（2）流通对生产的反作用。关于生产和流通的关系，恩格斯曾指出："生产和交换是两种不同的职能"，"这两种职能在每一瞬间都互相制约，并且互相影响，以致它们可以叫作经济曲线的横坐标和纵坐标"（《马克思恩格斯选集》第三卷，第186页）。生产决定流通，生产方式的性质决定流通的性质，生产的发展水平决定流通的规模和方式，生产是流通的物质基础，没有生产就没有源源不断地供给市场的商品，当然也就没有流通。

反之，流通也对生产有反作用，流通的状况制约着生产的规模、范围和发展速度。由于生产方的产品要进入市场，只有通过流通领域到达消费者（用户）手中，产品才能实现其使用价值。生产者不能收回必要的补偿，也就失去了再生产的条件，销售不出去的产品生产得越多，生产者蒙受的损失就越大，这是明显的道理。另一方面，生产的原材料也要通过流通领域从市场获取，流通渠道不畅，不能及时得到原材料，生产也会陷入困境。或者在流通领域由于某种原因导致原材料价格上涨，将使产品成本随之上升，生产者也会在经营方面产生困难。

（3）流通是国民经济现代化的支柱。国民经济现代化的标志就是发展生产力，使产品极大地丰富，充分满足人民日益增长的、多样化的需求。由于社会产品数量的增长和品种的增多，给流通领域提出了更高的要求。如果众多的产品不能及时送到用户手里，或者生产厂家的原材料供应没有保障，提高生产率就是一句空话。因此，国民经济现代化水平越高，对流通的要求也就越高。可以说，没有现代化的流通，就没有国民经济的现代化。

2. 流通的内容

流通过程要解决两方面问题：一是产品从生产者所有转变为用户所有，解决所有权的更迭问题；二是要解决对象物从生产地转移到使用地以实现其使用价值，也就是实现物的流转过程。前者称为商流，后者称为物流，其关系如下所示：

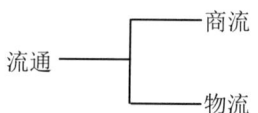

（1）商流。商品所有权转移的活动称为商流。商流活动一般称为交易。商品通过交易活动由供给方转让给需求方，这种转让是按价值规律进行的。商流的研究内容是商品交换的全过程，具体包括市场需求预测、计划分配与供应、货源组织、订货、采购调拨、销售等。

（2）物流。物流是指实物从供给方向需求方的转移，这种转移既要通过运输或搬运来解决空间位置的变化，又要通过储存保管来调节双方在时间节奏方面的差别。物流中"物"泛指一切物质资料，有物资、物体、物品的含义；而物流中的"流"泛指一切运动形态，有移动、运动、流动的含义，特别是把静止也作为一种形态。物流克服了供给方和需求方在空间和时间方面的距离，创造了场所价值和时间价值，在社会经济活动中起着不可缺少的作用。例如，大米的种植和收获是季节性的，多数地区每年收获一次，并分散在农村各地。但是对城市消费者而言，大米需要经过收获加工，输送到市场，它的使用价值是通过运输克服了空间距离才得以实现的，这就是物流的空间效应。作为食品，每天都要消耗，必须进行保管以满足经常性的需要，供人们食用以实现其使用价值。这种使用价值是通过保管克服了季节性生产和经常性消费的时间差后才得以实现的，这就是物流的时间效应。

3. 商流和物流的关系

商流和物流都是流通的组成部分，二者结合才能有效地实现商品由供方向需方的转移过程。商流和物流关系密切，相辅相成。

一般在商流发生之后，即所有权的转移达成交易之后，货物必然要根据新货主的需要进行转移，这就导致相应的物流活动出现。物流是产生商流的物质基础，商流是物流的先导。二者相辅相成，密切配合，缺一不可。只有在流通的局部环节，在特殊情况下，商流和物流才可能独立发生，一般而言，从全局来看商流和物流总是相伴发生的。

尽管商流和物流的关系非常密切，但是它们各自具有不同的活动内容和规律。在现实经济生活中，进行商品交易活动的地点，往往不是商品实物流通的最佳路线或必经之处。如果商品的交易过程和实物的运动过程路线完全一致，往往会发生实物流路线的迂回、倒流、重复等不合理现象，造成资源和运力的浪费。商流一般要经过一定的经营环节来进行业务活动；而物流则不受经营环节的限制，它可以根据商品的种类、数量、交货要求、运输条件等设计商品的最佳物流路线，按时保质地送到用户手中，以达到降低物流费用，提高经济效益的目的。

综上所述，在合理组织流通活动中，实现商物分离的原则是提高社会经济效益的客观需要，也是企业现代化发展的需要。对于商物分离可以通过图1-1进一步加以说明，图1-1（a）表示商流和物流合一的流通网络，而图 1-1（b）则表示商物分离的流通网络。图中的每一个圆圈称为网络的结点，在结点处发生货物的发送、停止、存放或者信息的发生、终结、处理、加工等活动。结点之间的实线箭头表示实物的流动，虚线箭头表示信息流，这些结点和虚实线及箭头就构成了网络。

图 1-1（a）的网络比较简单，总公司从工厂购得商品送至批发站，批发站再将商品分别送到各零售店，信息流和物流完全一致。图1-1（b）的网络是商物分离的模式。

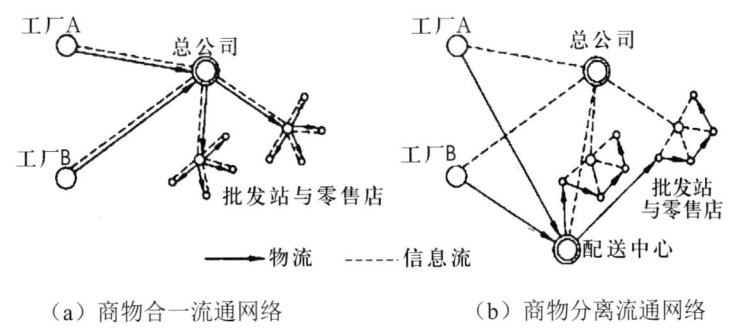

（a）商物合一流通网络　　　　　（b）商物分离流通网络

图 1-1　商物分离模式

（1）商物分离的表现形式。

1）保管。取消总公司仓库和营业仓库分散保管方式而代之以配送中心集中保管。

2）输送。原先是从工厂仓库到总公司仓库，再到批发站仓库，最后到零售店，是商物一致的三段输送。而在商物分离模式中是由工厂仓库到配送中心，然后直接送至零售店的两段输送。

3）配送。原先是分别向各零售店送货，现改为回路配送。

4）信息系统。不再由总公司、批发站和工厂分头处理，而是以信息中心集中处理的方式，用现代化通信系统进行各环节的控制。

（2）商物分离的优点。

1）为了营业方便，公司批发站一般设在都市的繁华地区，而配送中心可以设在郊外，工厂之间的大批货物输送较为便利，可以缓和市内交通拥挤的现象。

2）配送中心的仓库规模大，物流作业集中。同一地点处理的物流量大，便于采用机械化、自动化的保管设施和装卸机械，大幅度地提高了物流活动生产率，同时也可以降低物流成本。

3）配送中心实行回路配送，提高了运输设备利用率，降低了运输费用，对用户的服务质量也可得到改善。

4）商物分离使各部门的职能单纯化，可以提高工作效率。实现商物分离必须创造一定的条件，如商品标准化、合同标准化等，还应该建设完善的信息系统，保证总公司、工厂、配送中心以及批发站之间的信息交换协调统一。

1.1.3 现代物流的功能

1. 物流的总体功能

（1）组织"实物"进行物理性的流动。这个物理性的流动的动力来自五个方面：①生产活动和工作活动的要求；②生活活动和消费活动的要求；③流通活动的要求；④军事活动的要求；⑤社会活动、公益活动的要求。

（2）实现对用户的服务。实现对用户的服务是物流的总体功能，某些物流领域，可以有"利润中心""成本中心"等作用，但是所有的物流活动，无一例外具有服务这个共同的功能特性。

2. 物流的具体功能

（1）运输：运输是物流的主要功能，是实现商品的空间位移。合理安排运输，充分利用各种运输方式的优势，实现门到门的多式联运，对运输过程进行实时控制（货物跟踪系统、往返货物配载系统等），开展集装运输等是现代物流在运输领域的重要特征。

（2）仓库管理和保管：对仓库内的入出库、装卸等作业活动实施的管理活动以及对库内物品进行妥善保管的相关作业活动。

（3）库存控制：在保障供应的前提下，使库存物品的数量最少所进行的有效管理的技术经济措施。库存控制是建立在对市场的科学预测的基础之上的。库存控制是物流管理的核心。

（4）物料装卸搬运：在物流的过程中，保管和运输两端场所对物料进行的装车、卸车、移动、取货、分拣等作业活动。

（5）流通加工：流通加工是在流通领域从事的简单生产活动，流通加工不改变商品的基本形态和功能，只是完善商品的使用功能，提高商品的附加价值。

（6）配送：配送属于由末端物流节点向最终用户进行货物运输活动，具有小批量、多品种的特点。

（7）工业包装：为保证物流过程中货物不发生损坏，便于运输和保管进行的包装活动，也称为运输包装和物流包装。

（8）物流信息交换：物流信息在相关部门之间的流动传递，是提高物流作业效率，实现物流系统化的关键环节。

（9）需求预测：需求预测是对生产、装运、销售等方面有可能产生的数量的一种预示或估计。

（10）订单处理：接受订货信息，按照订单组织进货。

（11）物资采购：主要是指根据生产经营计划和库存状况，向供应商下订单补充库存。

（12）客户服务管理：掌握客户的需求动态，根据客户的要求和企业营销战略，确定顾客服务水准，及时提供物流服务。

（13）售后服务：为已售出产品提供配件服务以及维修服务。

（14）退货处理：将不合格货物和多余货物退还给供货部门的活动。

（15）废弃物处理：物流过程中的废弃物的回收活动。

前7项属物流的基本功能，后8项属物流的附属功能。

3. 现代物流的分类

社会经济领域中的物流活动无处不在，对于各个领域的物流，虽然其基本要素都存在且相同，但由于物流对象不同、物流目的不同、物流范围不同、物流范畴不同，形成了不同的物流类型。主要的分类方法有以下几种：宏观物流、中观物流和微观物流，社会物流和企业物流，国际物流和国内物流。

（1）按物流在社会再生产中的作用分为宏观物流、中观物流和微观物流。

1）宏观物流是站在国民经济整体的角度来观察的物流活动，研究国民经济运行中的物流合理化问题。宏观物流管理的主体是政府，其主要任务是制定产业政策和市场法规，负责物流基础设施建设，为物流事业的发展创造宏观环境，促进全社会物流活动的合理化和效率化等。

2）中观物流是从一个地区或部门、行业的角度来观察的物流活动，研究一个地区或部门、行业在经济活动中的物流合理化问题，如城市物流合理化问题、粮食合理化问题等。

3）微观物流也就是企业物流，是伴随着工商企业的生产经营活动而展开的，作为企业生产经营一部分的物流活动。微观物流研究是以个别企业为对象，研究个别企业在经营活动中的物流合理化问题。

（2）按物流活动空间范围分为国际物流和国内物流。

1）国际物流是指跨越不同国家或地区之间的物流活动。

2）国内物流是指在一个国家内发生的物流活动，物流活动的空间范围局限在一个国家内。

（3）按物流系统性质分为社会物流和企业物流。

1）社会物流：企业外部物流活动的总称。社会物流包括企业向社会的分销物流、购进物流、回收物流、废弃物流等，也称为大物流或宏观物流。

社会物流是指超越一家一户的以一个社会为范畴，面向社会为目的的物流。这种社会性很强的物流往往是由专门的物流承担人承担的，社会物流的范畴是社会经济大领域。社会物流研究再生产过程中随之发生的物流活动，研究国民经济中的物流活动，研究如何形成服务于社会、面向社会又在社会环境中运行的物流，研究社会中物流体系结构和运行，因此带有宏观和广泛性。

2）企业物流：生产和流通企业在经营活动中所发生的物流活动。根据物流活动发生的先后次序，企业物流可分为五部分：供应物流、生产物流、销售物流、回收、废弃物物流。

a. 生产物流：企业生产过程发生的涉及原材料、在制品、半成品、产成品等所进行的物流活动。生产物流指企业在生产工艺中的物流活动。这种物流活动是与整个生产工艺过程伴生的，实际上已构成了生产工艺过程的一部分。企业生产过程的物流大体为：原料、零部件、燃料等辅助材料从企业仓库或企业的"门口"开始，进入到生产线的开始端，再进一步随生产加工过程一个一个环节地流，在"流"的过程中，本身被加工，同时产生一些废料、边角料，直到生产加工终结，再"流"至产成品仓库，便终结了企业生产物流过程。

过去，人们在研究生产活动时，主要注重一个一个的生产加工过程，而忽视了将每一个生产加工过程串在一起，使得一个生产周期内，物流活动所用的时间远多于实际加工的时间。所以企业生产物流的研究，可以大大缩减生产周期，节约劳动力。

b. 供应物流：提供原材料、零部件或其他物料时所发生的物流活动。企业为保证本身生产的节奏，不断组织原材料、零部件、燃料、辅助材料供应的物流活动，这种物流活动对企业生产的正常、高效运行起着重大作用。企业供应物流不仅仅是为了保证物资供应，而且还是在以最低成本、最少消耗、最大保证来组织供应的物流活动。因此，就带来很大的难度。企业供应物流的关键在于：如何降低供应物流的成本并保证供应，这是企业物流的最大难点。为此，企业供应物流就必须解决有效的供应网络、供应方式、零库存等问题。

c. 销售物流：企业在出售商品过程中所发生的物流活动。销售物流是企业为保证本身的经营效益，不断伴随销售活动，将产品所有权转给用户的物流活动。在现代社会中，市场是一个完全的买方市场。因此，销售物流活动便带有极强的服务性，以满足买方的需求，最终实现销售。在这种市场前提下，销售往往以送达用户并经过售后服务才算终止。因此，销售物流的空间范围很大，这便是销售物流的难点所在。在这种前提下，企业销售物流的特点，便是通过包装、送货、配送等一系列物流实现销售，这就需要研究送货方式、包装水平、运输路线等并采取诸如少批量、多批次、定时、定量配送等特殊的物流方式达到目的，因而，其研究领域是很宽的。

【小资料1-2】

河南宇鑫物流有限公司为国家AAAA级综合服务型物流企业，公司历经十余年发展，形成了以零担快运、城市配送、第三方物流为主，供应链金融物流、电子商务融合发展的综合服务型物流股份制企业。现有职工2600多人，从业人员8000余人。目前拥有14个子公司、1个合资公司，网络覆盖河南、陕西、湖北、山东、安徽、江苏、四川、浙江、湖南、江西、河北、山西、甘肃、上海等省市，业务辐射全国九大物流重点区域，发展成为物流、商流、信息流、资金流、薪金流五流合一多业态融合的现代物流模式。

公司总部位于郑东新区四港联动大道以西，京港澳高速入口处，毗邻郑州国际陆港、航空港区。基于交通优势和宇鑫物流发展战略，有机整合区域、国内、国际业务，对接郑州航空港、国际陆港和郑欧班列，打造"陆、铁、空"立体物流网络体系，开展零担快运、城市配送、第三方物流为主的供应链金融服务等业务。

宇鑫物流ILIS系统是基于供应链全流程的信息平台。客户订单受理—运输在途—仓库管理分拨—网点送货—系统自动清分结算，各个节点均有系统智能支持、有效监督管理。WMS、TMS、GPS、GIS等信息平台，可以实现订单管理、仓储管理、运输管理、同城配送所有的信息技术需求。智能化、功能完善的信息系统是保障城市配送高效、准确、集约运行的基础保障。

【资料来源：根据网络资料整理编写】

（4）回收物流：不合格物品的返修、退货以及周转使用的包装容器从需求方返回到供方所形成的物品实体流动。

企业在生产、供应、销售的活动中总会产生各种边角余料和废料，这些东西回收是需要伴随物流活动的，而且，在一个企业中，回收物品处理不当，往往会影响整个生产环境，甚至影响产品质量，也占用很大空间，造成浪费。

（5）废弃物物流：将经济活动或人民生活中失去原有使用价值的物品，根据实际需要进行收集、分类、加工、包装、搬运、储存等，并分送到专门处理场所的物流活动。废弃物物流是在循环利用过程中，基本或完全失去了使用价值，形成无法再利用的最终排放物，即废弃物。废弃物经过处理后返回自然界，形成了废弃物流。废弃物的大量产生，严重地影响人类赖以生存的环境，必须妥善处理。因此，废弃物物流的管理不完全是从经济效益考虑，也是为社会效益考虑。

1.2 物流活动概述

物流是增值性经济活动，又是增加成本、增加环境负担的经济活动。对物流双重性的认识，应当是研究物流的一个基本点。我们的任务是在尽量降低物流成本占用，尽量减轻物流造成的环境负担基础上，使物流活动能够增值。

1.2.1 物流基本活动

1. 运输活动

运输：用专用运输设备将物品从一地点向另一地点运送。其中包括集货、分配、搬运、中转、装入、卸下、分散等一系列操作。

运输指人和物的载运及输送，有时专指物的载运和输送。它是在不同地域范围内（如两个城市、两个工厂之间），以改变物品的空间位置为目的的活动，对物品进行空间位移。运输和搬运的区别在于，运输是较大空间范围的活动，而搬运是在同一地域之内的活动。

2. 储存活动

储存：保护、管理、储藏物品。

保管：对物品进行储存，并对其进行物理性管理的活动。

储存和运输是物流的两个主要功能要素：运输是以改变"物"的空间状态为目的的活动；储存是以改变"物"的时间状态为目的的活动，以克服产需之间的时间差异获得更好的效用。储存使物品安全放置一段时间，从而实现了物品在"供应链"中上下环节的衔接，并调节上下环节流量的差异，从而保持了生产与流通的正常，使社会再生产不断发展。

保管具有以调整供需为目的的调整时间和调整价格的双重功能。由于需求个性化、多样化、特色化的趋势越来越明显，生产方式相应地变为多品种、小批量的柔性生产，物流也由以前的少品种、大批量时代进入多品种、少批量或多批次、小批量时代。这样，保管从着眼于储存的被动观点向着眼于流通的主动观点转变，仓库的功能从重视保管效率逐渐变为重视如何更顺利地完成发货和配送作业。

长久以来，保管与储存作为同义语使用，保管活动的主要功能是对物品进行静态的储存。但是，随着企业经营活动中市场化指向的增强，要求保管活动由静态的储存向动态的流通管理方向转化，即不仅要保证库存物品的质量完好和数量完整，而且要更加注重提高库存物品的流动性和高回转性，将加速商品周转、降低库存水平作为保管活动的重要职能；以物流系统的合理化为目标，在充分考虑费用与服务之间的效益背反关系的基础上，积极地支援企业的生产与营销活动。

3. 装卸搬运活动

装卸：物品在指定地点以人力或机械实施垂直位移的作业。

装卸是物流过程中对于保管物资和运输两端物资的处理活动，具体来说，包括物资的装载、卸货、移动、货物堆码上架、取货、备货、分拣等作业以及附属于这些活动的作业。

搬运：在同一场所内，对物品进行水平移动为主的作业。

搬运是指物体横向或斜向的移动，装卸指上下方向的移动。广义的装卸则包括了搬运活动。一般来说，在同一地域范围内（如车站范围、工厂范围、仓库内部等）以改变"物"的存放、支撑状态的活动称为装卸，以改变"物"的空间位置的活动称为搬运，两者全称装卸搬运。有时候在特定场合，单称"装卸"或单称"搬运"也包含了"装卸搬运"的完整含义。在实际操作中，装卸与搬运是密不可分的，因此，在物流科学中并不过分强调两者差别而是作为一种活动来对待。

4. 包装活动

包装：为在流通过程中保护产品、方便储运、促进销售，按一定技术方法而采用的容器、材料及辅助物等的总体名称，也指为了达到上述目的而采用容器、材料和辅助物的过程中施加一定技术方法等的操作活动。

在社会再生产过程中，包装处于生产过程的末尾和物流过程的开头；既是生产的终点，又是物流的始点。作为生产的终点，产品生产工艺的最后一道工序是包装。因此，包装对生产而言，标志着生产的完成，从这个意义上讲，包装必须根据产品性质、形状和生产工艺来进行，必须满足生产的要求。作为物流的始点，包装完成之后，包装了的产品便具有了物流的条件，在整个物流过程中，包装便可发挥对产品保护的作用和进行物流的作用，最后实现销售。从这个意义来讲，包装对物流有决定性的作用。

5. 流通加工活动

流通加工：物品在从生产地到使用地的过程中，根据需要施加包装、分割、计量、分拣、刷标志、拴标签、组装等作业的总称。

流通加工是为了提高物流速度和物品的利用率，在物品进入流通领域后，按客户的要求进行的加工活动。即在物品从生产者向消费者流动的过程中，为了促进销售，维护产品质量，实现物流的高效率所采取的使物品发生物理和化学变化的作业。

在各个国家，流通加工实际上都在广泛地开展，有些人不太看重流通加工，认为它不是物流过程中的活动，或者拿流通加工和社会再生产的生产环节相比，认为流通加工先进程度不够。物流活动本来就是一种服务性的活动，可以有多种选择增强他的服务功能，流通加工就是其中之一。

6. 物流信息活动

物流信息：反映物流各种活动内容的知识、资料、图像、数据、文件的总称。

物流信息是物流活动中各个环节生成的信息，一般是随着从生产到消费的物流活动的产生而产生的信息流，与物流过程中的运输、保管、装卸、包装等各种职能有机结合在一起，是整个物流活动顺利进行所不可缺少的。

【小资料1-3】

京东物流提出物流的短链理论

短链理论就是让货物用最短的距离和最少的搬运次数送到你手里。一个商品从生产出来到触及消费者，在早期传统物流和传统零售里要周转很多次，要通过层层的分销商、经销商、店面才能到消费者。这一整套流程会带来两个问题，第一个是成本的上升，比如搬运成本和货损，第二个是效率的下降，多次搬运带来库存和周转，造成时间损失。基于仓网布局和技术驱动，短链要减少搬运次数和搬运距离，把链条拉直，把商品预测做好，最极致的短链就是从工厂生产出来直接送到消费者手里，让商品从出厂的那一刻就开始配送倒计时。

【资料来源：根据网络资料整理编写】

1.2.2 物流活动创造价值

1. 物流创造时间价值

"物"从供给者到需要者之间本来就存在有一段时间差，由于改变这一时间差而创造的价值，称作"时间价值"。时间价值通过物流获得的形式有以下几种：

（1）缩短时间创造价值。缩短物流时间，可获得多方面的好处，如减少物流损失、降低物流消耗、增加物的周转、节约资金等。马克思从资本角度早就指出过："流通时间越等于零或近于零，资本的职能就越大，资本的生产效率就越高，它的自行增值就越大。"（《马克思恩格斯全集》第24卷，第142页）这里马克思所讲的流通时间完全可以理解为物流时间，因为物流周期的结束是资本周转的前提条件。这个时间越短，资本周转越快，表现出资本的较高增值速度。

从全社会物流的总体来看，加快物流速度，缩短物流时间，是物流必须遵循的一条经济规律。

（2）弥补时间差创造价值。经济社会中，供给与需求之间存在时间差，可以说这是一种普遍的客观存在，正是有了这个时间差，商品才能取得自身最高价值，才能获得十分理想的效益。例如，粮食集中产出而人们的消费是一年365天，天天有需求，但是商品本身是不会自动弥合这个时间差的。如果没有有效的方法，集中生产出的粮食除了当时的少量消耗外，就会损坏、腐烂，而在非产出时间，人们就会找不到粮食吃。物流便是以科学的、系统的方法弥补、改变这种时间差，以实现其"时间价值"。

（3）延长时间创造价值。物流总体是遵循"加速物流速度，缩短物流时间"这一规律，以尽量缩小时间间隔来创造价值，但是，在某些具体物流中也存在人为地、能动地延长物流时间来创造价值的情况。例如，秋季集中产出的粮食、棉花等农作物，通过物流的储存、储备活动有意识延长物流的时间，以均衡人们的需求；配合伺机销售的营销活动的物流便是有意识地延长物流时间、有意识增加时间差来创造价值。

2. 物流创造场所价值

场所价值指的是"物"从供给者到需求者之间有一段空间差，供给者和需求者之间往往处于不同的场所，由于改变"物"的场所存在位置，创造的价值称作"场所价值"。物流创造场所价值是由现代社会产业结构、社会分工所决定的，主要原因是供给和需求之间的空间差，商品在不同地理位置有不同的价值；通过物流将商品由低价值区转到高价值区，便可获得价值差，即"场所价值"。场所价值有以下几种具体形式：

（1）从集中生产场所流入分散需求场所创造价值。现代化大生产的特点之一，往往是通过集中的、大规模的生产以提高生产效率，降低成本。在一个小范围集中生产的产品可以覆盖大面积的需求地区，有时甚至可覆盖一个国家乃至若干国家。通过物流将产品从集中生产的地区转移到分散于各地的消费地区，有时可以获得很高的利益。

（2）从分散生产场所流入集中需求场所创造价值。与上面情况相反的情况在现代社会中也不少见。例如粮食是在一亩地上分散生产出来的，而一个大城市的需求却相对大规模集中；一个大汽车厂的零配件生产也分布得非常广，但却集中在一个大厂中装配，这也形成了分散生产和集中需求，物流便依此取得了场所价值。

（3）从低价值地生产流入高价值地需求创造场所价值。现代社会中供给与需求的空间差，有不少是自然地理和社会发展因素决定的，例如农村生产粮食、蔬菜而异地于城市消费，南方生产荔枝而异地于各地消费，北方生产高粱而异地于各地消费等。物流将商品从低价位区转移到高价位区，从中获利。现代人每日消费的物品几乎都是相距一定距离甚至十分遥远的地方生产的。这么复杂交错的供给与需求的空间差都是靠物流来弥合的，物流也从中取得了利益。

在经济全球化的浪潮中，国际分工和全球供应链的构筑，一个基本选择是在成本最低的地区进行生产，通过有效的物流系统和全球供应链，在价值最高的地区销售，信息技术和现代物流技术为此创造了条件，使物流得以创造价值，得以增值。

1.3 物流科学

1.3.1 物流科学的产生

1. 物流科学的产生过程

物流活动具有悠久的历史，从人类社会开始有产品的交换行为时就存在物流活动，而物流科学的历史却很短，是一门新学科。物流学本来的意义可以从物流管理和物料搬运等学科方面去追溯它的历史渊源。但是以系统观点来研究物流活动是从第二次世界大战末期美国军方后勤部门的科学研究结果开始的。因此物流学在欧美还广泛使用"后勤学"（logistics）这样的名称，由于当时前方战线变动很快，如何组织军需品的供给，即军需品的供应基地、中间基地、前线供应点合理配置，各级供应基地合理库存量的确定，由后方向各级供应基地运输的路线和运输工具（飞机、轮船）的合理使用，这些形成了综合性的研究课题。军需品的供应不足将影响战争的顺利进行，而军需品的过量储存又将造成浪费。为了合理解决上述问题，美国军事部门运用运筹学与当时刚刚问世的电子计算机技术进行科学规划，较好地解决了这一问题。这是物流科学的萌芽阶段。

在20世纪50年代，由于机械化生产的发展，产品数量急剧上升，生产成本相对下降，从而刺激了消费，使得市场繁荣、商品丰富，在流通领域出现了超级市场、商业街等大规模的物资集散场所。在这种背景下，出现的问题是流通成本相对于生产成本而言有上升的趋势，也就是说流通费用在商品总销售价格中的比重逐渐增加，影响了商品的竞争能力。因而人们不得不对各种物流活动的规律进行认真的研究，试图找出降低流通费用的途径。由于着眼点是流通费用的整体而不是其局部,这就必须确定考察对象的范围,并且对其结构做出分析。流通费用是在运输、保管、装卸搬运等物流活动中产生的,物流活动的功能都是为了实现物资的空间效果或时间效果,它们各环节之间存在着相互联系、相互制约的关系,属于同一个物流大系统,在理论上可以用时间维和空间维的物态变化来揭示这个系统的本质,这样就结束了各种活动处于孤立、分散、从属地位的历史,使得原来在社会经济活动处于潜隐状态的物流系统显现出来,并且以此为中心开展研究活动,形成了现代物流科学,并且日臻完善。

2. 物流的后进性

物流活动作为客观存在的实体具有久远的历史,在人类社会的生产活动和交易行为形成的同期就有物流活动的发生,但是物流科学的形成却只有几十年的历史。物流技术的发展落后于生产技术,物流科学的产生也比生产科学历史短暂。物流学家把这种现象称为物流的后进性,究其原因主要有两方面:

(1)运输、仓储、搬运等是在生产活动和社会经济活动中产生的,它们被作为辅助环节来完成特定的功能,彼此没有发生联系,它们只相互孤立地处于从属地位。在漫长的历史时期中,随着生产水平的提高和科学技术的发展,物流技术也在不断地提高,逐步地走向现代化,如运输技术由人力和畜力的运载工具演变成汽车、火车等,但上述的从属地位并没有根本的改变,这就在很大程度上限制了物流技术的发展和经济潜力的发挥。只有到了生产高度发展、产品较为丰富的20世纪50年代,流通成本相对上升的矛盾突出以后,商品流通科学的重要性才被人们所认识,从而促进了物流科学的研究和产生。也就是说,物流学是在生产高度发展之后适应社会的需要才产生的,这是形成物流后进性的根本原因。

(2)物流科学是在融合了许多相邻学科的成果以后逐渐形成的,如运筹学、技术经济学、系统工程等都是物流科学形成的重要基础。现代物流科学对实践的指导作用,对社会经济和生产发展的价值体现,也必须依赖于电子计算机技术才能实现。因此,物流科学只有在这些科学与技术发展之后才能诞生和发展,了解这一点,能使人们不会因为物流科学的新颖性而望而却步,也使人们不致因为物流科学所研究的对象是久已熟悉的客观事物而不予重视。

1.3.2 我国物流的发展

物流业是国民经济的重要产业部门,在经济发展中发挥着重要作用。从1949年新中国成立以来,中国物流的发展大体可以分为四个时期。

1. 初期发展阶段(1949—1965年)

这个阶段,新中国成立时间不长,国民经济尚处在恢复性发展时期,工农业生产水平较低,经济基础较薄弱,并且出现了重生产、轻流通的倾向。物流的发展刚刚起步,只是在一些生产和流通部门开始建立数量不多的储运公司和功能单一的仓库;运输业无论是铁路、公路、水路、航空运输等,都处在恢复和初步发展时期,搬运和仓储环节比较落后,物流业远远不能适应工农业生产和人民生活水平发展的需要。在这一时期随着生产的发展,初步建立了物资流通网络系统。在物流管理方面也采取了一些新的措施,如组织定点供应、试行按经济区域统一组织市场供应等。

2. 停滞阶段(1966—1977年)

1966年开始的持续十年的"文化大革命"动乱时期,给国家在经济上、政治上及其他方面都造成了严重破坏,当然物流的发展也遇到了同样的情况。在此期间流通渠道单一化,从整体上看物流基础设施基本上没有发展，甚至连原来的一些设施也遭到了不同程度的破坏，这期间虽然也搞了一些个别项目建设，但对整个物流影响不大，物流理论的研究和物流实践基本处于停顿状态。

3. 恢复发展阶段（1978—2000年）

在此期间我国实行了改革开放政策，国民经济特别是物流业得到了较快发展，取得了显著成绩。多层仓库和立体仓库在这个时期开始在国内运用，极大地提高了仓储能力。互联网技术的飞速发展，带动了物流信息技术的蓬勃发展，仓储管理系统（WMS）、运输管理系统（TMS）、条码技术、全球定位系统（GPS）以及身份识别（RFID）技术等物流信息技术相继得到运用，促进了国内物流的快速发展。物流领域不断出现新模式，促进物流多领域的发展。末端的配送中心开始出现，专业化的第三方物流企业相继诞生。一大批民营物流企业涌入物流市场，快递物流业态开始萌芽。1978年至2000年，物流业得到了政府、社会和企业的高度重视，人们积极探索适合国情的发展模式，国内物流发展处于探索阶段。尤其是相关物流学术团体在此期间相继成立，积极有效地组织开展国内国际物流学术交流活动，了解和学习国外先进的物流管理经验。物流学作为一门独立的学科正式确立，一些物流学的专著和译著也出版发行。物流学研究开始被人们重视，人们在观念上逐步改变了孤立的对待包装、装卸、运输、保管、信息情报等机能，开始以系统的观点对它们的作用进行研究，在认识上前进了一大步。

4. 快速发展阶段（2001—2012年）

进入21世纪，随着经济全球化和信息技术的发展，物流业越来越显示了其对世界经济的巨大推动作用。我国政府也把发展物流业纳入"十五"规划，当作新的经济增长点，物流业在全国蓬勃兴起。信息技术的不断变革，驱动着各个行业的快速发展，特别是电子商务的发展，不断壮大了民营物流企业的规模。2003年，中国最大的电子商务公司淘宝成立；2004年，京东开辟电子商务领域，成立现在的京东商城。这两家典型的电子商务公司相继在这个时期诞生，从网上购物，通过物流配送至客户手中，催生了电子商务的物流模式，快递企业的发展，顺丰、四通一达等快递企业纷纷成立和发展。在这种背景下，电子商务物流园区、跨境电商物流园区等新型物流园区在各地政府的扶持下遍地开花。传统的物流作业和物流设施在新形势下的物流发展环境中慢慢被淘汰，直拨作业（cross cocking）、自动化作业、电子面单、自动化立体仓库、保税园区等新的物流作业形式和设施不断衍生，进一步促进了中国物流的发展。

同时，大批学校开始开设物流管理专业，物流教育处于一个井喷的状态。物流工作者也开始慢慢不再一味地强调成本意识，整合和集约的思想从国外开始引进国内，供应链管理（SCOR）、供应链金融受到了一大批学者和企业家的热捧，开始从整个产品供给方面寻求资源的整合，从此，物流业开始受到越来越多人关注。

5. 优化创新发展阶段（2013年至今）

国务院发布的《物流业发展中长期规划（2014—2020年）》文件指出，在这一时期，物流业发展的主要重点包括三个方面：①着力降低物流成本，打破条块分割和地区封锁，减少行政干预，清理和废除妨碍全国统一市场和公平竞争的各种规定和做法，建立统一开放、竞争有序的全国物流服务市场。②着力提升物流企业规模化、集约化水平。推进综合交通运输体系建设，合理规划布局物流基础设施，完善综合运输通道和交通枢纽节点布局，构建便捷、高效的物流基础设施网络，促进多种运输方式顺畅衔接和高效中转，提升物流体系综合能力。③着力加强物流基础设施网络建设。优化航空货运网络布局，加快国内航空货运转运中心、连接国际重要航空货运中心的大型货运枢纽建设。推进"港站一体化",实现铁路货运站与港口码头无缝衔接。完善物流转运设施,提高货物换装的便捷性和兼容性。

另外,理念创新引领了这一时期的物流发展,智慧物流的提出、多式联运的熟练运用、无车承运人的合法化等创新理念逐步渗透物流的各个环节。海尔集团提出"人单合一"概念,推动内部"自组织、自驱动"小微创业。菜鸟网络推动"新物流"革命,提出大数据、智能、协同,服务"新零售"战略。京东物流提出"下一代物流"解决方案,将主要呈现短链、智慧、共生三大特征。无人仓、无人车、无人机(UAV)、物流机器人、云仓等各项国际领先技术的应用,都是大数据和人工智能的科技驱动。在此时期,京东物流首个全流程无人仓投入使用,2016 年,国内已经实现了日均过亿的物流包裹,物流系统的处理能力处于国际领先水平。未来物流需求增长缓慢,人力开始逐步解放,增长趋势向生态化发展,物流发展朝着质量高、技术强等标准稳步发展。强调多领域协调发展,物联网、区块链等新型技术布局整个物流链的可视化。随着客户对物流服务质量和档次需求的不断提升,以及消费结构升级和移动互联网等新型流通业态的兴起,物流服务业的支撑作用比以往任何时候都显得更为重要。

1.3.3 物流科学的理论学说

1. 商物分离学说(商物分流)

商物分离是物流科学赖以存在的先决条件。所谓商物分离,是指流通中两个组成部分商业流通和实物流通各自按照自己的规律和渠道独立运动。

社会进步使流通从生产中分化出来之后,并没有结束分化及分工的深入和继续。现代化大生产的分工和专业化是向一切经济领域中延伸的。列宁在谈到这个问题时,提出"分工""不仅把每一种产品的生产,甚至把产品的每一部分的生产都变成专门的工业部门即不仅把产品的生产,甚至把产品制成消费品的各个工序都变成专门的工业部门。"(《列宁选集》第一卷,第161 页)这种分化、分工的深入也表现在流通领域,在流通领域,比专业化流通这种分工形式更重要的分工是流通职能的细分。流通统一体中实际上有不同的运动形式,这一点,马克思早已有所论述,并将之区分为"实际流通"和"所有权转让",他说:"要使商品实际进行流通,就要有运动工具,而这是货币无能为力的。""商品的实际流通,在空间和时间上,都不是由货币来实现的。货币只是实现商品的价格,从而把商品所有权转让给买主,转让给提供交换手段的人。货币使之流通的不是商品,而是商品所有权证书。"(《马克思恩格斯全集》第 46 卷上册,第 142~143 页)。

第二次世界大战之后,流通过程中上述两种不同形式出现了更明显的分离,从不同形式逐渐变成了两个有一定独立运动能力的不同运动过程,这就是所称的"商物分离"。"商"指"商流"即商业性交易,实际是商品价值运动,是商品所有权的转让,流动的是"商品所有权证书",是通过货币实现的;"物"即"物流",即马克思讲的"实际流通",是商品实体的流通。

本来,商流、物流是紧密地结合在一起的,进行一次交易,商品便易手一次,商品实体便发生一次运动,物流和商流是相伴而生并形影相随的,两者共同运动,取同样过程,只是运动形式不同而已。在现代社会诞生之前,流通大多采取这种形式,时至今日,这种情况仍不少见。

商物分离形式如图 1-2 所示,如果物流以本身的特殊性与商流过程分离,与和商流过程完全一致比较,显然要合理得多。

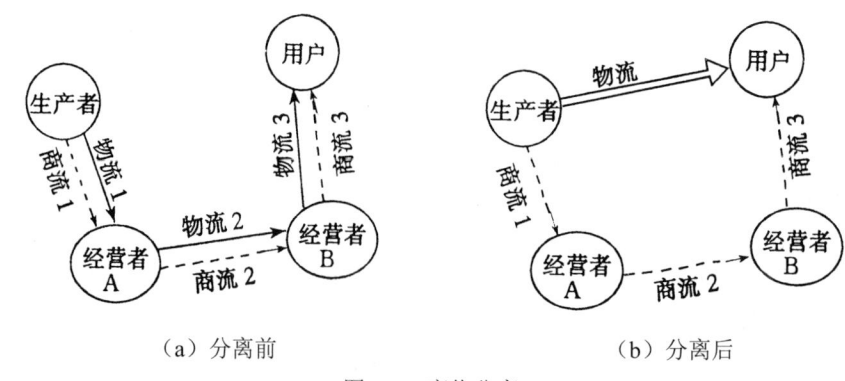

图 1-2　商物分离

商流和物流也有其不同的物质基础和不同的社会形态。从马克思主义政治经济学角度看，在流通这一统一体中，商流明显偏重于经济关系、分配关系、权力关系，因而属于生产关系范畴。而物流明显偏重于工具、装备、设施及技术，因而属于生产力范畴。

所以，商物分离实际是流通总体中的专业分工、职能分工，是通过这种分工实现大生产式的社会再生产的产物。这是物流科学中重要的新观念。

物流科学正是在商物分离基础上才得以对物流进行独立的考察，进而形成的科学。

但是，商物分离也并非绝对的，在现代科学技术有了飞跃发展的今天，优势可以通过分工获得，优势也可以通过趋同获得，"一体化"的动向在原来许多分工领域中变得越来越明显，在流通领域中，发展也是多形式的，绝对不是单一的"分离"。

事实上，有一些国家的学者和一些领域中的操作都提出了商流和物流在新基础上的一体化的问题，欧洲一些国家对物流的理解本来就包含企业的营销活动，即在物流研究中包含着商流。在物流的一个重要的领域——配送领域中，配送已成为许多人公认的既是商流又是物流的概念。企业中，最初是把独立设置的物流部门看成一种进步，而现在，则更多地进行综合的战略管理，已不单独分离其功能，这也是值得我们重视的。

2．黑大陆学说

美国著名的管理学权威彼得·德鲁克曾经讲过："流通是经济领域里的黑暗大陆"，德鲁克泛指的是流通。但是，由于流通领域中物流活动的模糊性尤其突出，是流通领域中人们认识不清的领域，所以，"黑大陆"说法现在普遍认为是主要针对物流而言。

"黑大陆学说"主要指物流在当时人们看来，是一片未开发的处女地。其可能是一片不毛之地，也可能是一片宝藏。该学说是对二十世纪中在经济学界存在的愚昧的一种反对和批判，指出在当时资本主义繁荣和发达的状况下，科学技术也好，经济发展也好都远未有止境；"黑大陆学说"也是对物流本身的正确评价：这个领域未知的东西还很多，理论和实践皆不成熟。只有用理论研究和实践照亮这块黑大陆，才能了解其本来面目。

在某种意义上来看，"黑大陆学说"是一种未来学的研究结论，是战略分析的结论，带有很强的哲学的抽象性，这一学说对于研究这一领域起到了启迪和动员作用。

3．物流冰山学说

"物流冰山学说"是日本早稻田大学西泽修教授提出来的，他研究物流成本时发现，现行的财务会计制度和会计核算方法都不可能掌握物流费用的实际情况，因而人们对物流费用的了解是一片空白，甚至有很大的虚假性，他把这种情况比作"物流冰山"。冰山的特点是大部分沉在水面之下,而露出水面的仅是冰山的一角。物流便是一座冰山,其中沉在水面以下的是我们看不到的黑色区域,而我们看到的不过是物流的一部分。

西泽修先生用物流成本的具体分析论证了德鲁克的"黑大陆学说",事实证明,物流领域的方方面面对我们而言还是不清楚的,在黑大陆中和冰山的水下部分正是物流尚待开发的领域,正是物流的潜力所在,如图1-3所示。

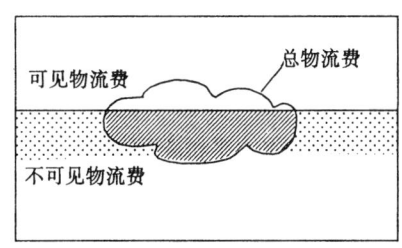

图1-3 物流成本冰山学说

4. 第三利润源泉学说

"第三利润源泉学说"来自于日本。"第三利润源泉学说"是对物流潜力及效益的描述。经过半个世纪的探索,人们对物流这片"黑大陆"虽然没有清晰的认识,但肯定它绝不是不毛之地,而是一片富饶之源。尤其是经受了1973年石油危机的考验,物流已牢牢树立了自己的地位,今后的问题是进一步开发。

从历史发展来看,人类历史上曾经有过两个大量提供利润的领域。第一个是资源领域,第二个是人力领域。资源领域起初是廉价原材料、燃料的掠夺或获得,其后则是依靠科技进步,节约消耗、节约代用、综合利用、回收利用乃至大量人工合成资源而获取高额利润,习惯称之为"第一利润源"。人力领域最初是廉价劳动,其后则是依靠科技进步提高劳动生产率,降低人力消耗或采用机械化、自动化来降低劳动耗用从而降低成本,增加利润,这个领域习惯称为"第二利润源"。

这三个利润源注目于生产力的不同要素:第一利润源的挖掘对象是生产力中劳动对象,第二利润源的挖掘对象是生产力中的劳动者,第三利润源则主要挖掘生产力要素中劳动工具的潜力,与此同时又挖掘劳动对象和劳动者的潜力,因而更具有全面性。

第三利润源的理论最初认识是基于三个前提条件:

第一:物流是可以完全从流通中分化出来,自成一个独立运行的,有本身目标,本身的管理,因而能对其进行独立的总体的判断。

第二:物流和其他独立的经营活动一样,它不是总体的成本构成因素,而是单独盈利因素,物流可以成为"利润中心"型的独立系统。

第三:利润源的理论,反映了日本人对物流的理论认识和实践活动。反映了他们与欧洲人、美国人的差异。一般而言,美国人对物流的认识可以概括为"服务中心"型,而欧洲人的认识可以概括为"成本中心"型,显然,"服务中心"和"成本中心"的认识和"利润中心"的差异很大。"服务中心"和"成本中心"主张的是总体效益或间接效益,而"第三利润源"的"利润中心"的主张,是指的直接效益。但是如果广义理解"第三利润源",把"第三利润源"不仅看成直接谋利手段,而且特别强调它的战略意义,特别强调它在经济领域中潜力将尽的情况下的新发现,是经济发展的新思路,也许会对今后经济的推动作用真正如同经济发展中曾有的廉价原材料的推动作用一样，这恐怕是现在学术界更多人的认识，"第三利润源"的真正价值恐怕是从直接利润延伸的战略意义了。

1.3.4 物流合理化

1. 物流合理化的含义

物流合理化是指设备配置和一切活动趋于合理化的物流过程。所谓合理化就是对物流整体系统进行调整改进的优化，目的是以尽可能低的物流成本，获得尽可能高的服务水平。

"最高的服务水平和最低的物流成本"，这只是一种理想化的物流模式，在现实中，两者之间存在着一种"二律背反"，是不可能同时成立的。高水平、高标准的服务要求有大量的库存、足够的运费和充足的仓容，这些势必产生较高的物流成本；而低的物流成本所要求的是少量的库存、低廉的运费和较少的仓容，这些又必然减少服务项目，降低服务水平和标准。从连锁店的角度来讲，要求物流系统提供尽可能高的服务水平和服务标准，而从配送中心来讲，为提高部门效益，又要求产生尽可能低的物流成本。这样，高水平的服务和低的物流成本就产生对立矛盾。

如何处理好降低物流成本与提高服务水平的关系就是合理化物流的过程，最终合理化的物流是要寻找一个既能让用户满意的服务水平，又能兼顾企业利益的平衡点。

在某一项目标可以达到，而另一项目标却不能够同时达到的情况下，我们只能追求一种合理化物流的模式，通过权衡利弊，进行抉择，用综合方法来求得服务与成本之间的平衡，以取得最佳的综合经济效益。

【小资料1-4】

日本"六不改善法"的物流原则

1. 不让等：就是要求通过合理的安排使得作业人员和作业机械闲置的时间为零，实现连续的工作，发挥最大的效用。

2. 不让碰：就是通过机械化、自动化设备的利用，使得作业人员在进行各项物流作业的时候，不直接接触商品，减轻人员的劳动强度。

3. 不让动：就是通过优化仓库内的物品摆放位置和自动化工具的应用，减少物品和作业人员移动的距离和次数。

4. 不让想：通过对于作业的分解和分析，实现作业的简单化、专业化和标准化，从而使得作业过程更为简化，减少作业人员的思考时间，提高作业效率。

5. 不让找：通过详细的规划，把作业现场的工具和物品摆放在最明显的地方，使作业人员在需要利用设备的时候，不用再去寻找。

6. 不让写：就是通过信息技术以及条形码技术的广泛应用，真正实现无纸化办公，降低作业的成本，提高作业的效率。

【资料来源：根据网络资料整理编写】

2. 物流合理化的关键作用

（1）物流合理化首先保证了物流经营的利润。物流合理化的服务水平是根据其对于物流利润的作用制定的，必然经过了成本与服务的权衡。比如，各门店要求保证鲜活商品（如牛奶、鱼类、面包等）的限时快送。合理化物流通过计算快速运送的成本以及伴随着的高质量和新鲜度而增加了的商品价值，选择合适的运送频率，使额外的利润超过发生的成本，保证盈利。

（2）合理化物流对物流系统进行整体优化，合并、减少不必要的物流活动，消除物流中的作业浪费、时间浪费，提高设施、运输工具使用效率，提高物流多元化服务，可以解除各门店在库存调节、商品养护等非销售业务上的负担，从而可以提高企业销售终端的零售专业化水平，实现企业资源的优化组合。

（3）通过对整体供应链的协调，实行大批量的统一采购和全方位的代理功能，可以通过在较大范围内选择有利资源，获得较大的价格优惠。同时，规模运输和合理配送的实现，可以降低商品进价和物流成本，从而实现连锁的整体价格优势。

（4）合理化物流必然能够保证基本的服务水平，如订货的准确性、配送的高效性和信息交流的通畅性，从而实现企业规模效益。

物流合理化，是一种兼顾成本与服务的"有效率的系统"，所谓系统的效率是指"一个系统的产出与投入之比"。物流系统的产出是物流服务，产出的多少可以用服务水平高低来衡量与评价；物流系统的投入是为提高物流服务所消耗的活劳动与物化劳动，体现为物流成本。以最低的物流成本达到可以接受的物流服务水平，或以可以接受的物流成本达到最高的服务水平，这样的系统都是"有效率的系统"，即合理化的物流系统。

3. 物流合理化的三种模式

（1）服务水平提高，同时降低成本。这种所有企业梦寐以求的合理化形式似乎过于理想化，但这确实是可能实现的，也是物流合理化的最高标准。随着物流服务水平的提高，物流成本中有一部分会随着服务水平的提高而上升，但也有一部分不受服务水平提高的影响。可以使后一部分成本的降低额不小于服务水平提高而增加的成本，这样达到物流合理化的目的。

（2）提高服务水平，使增加的销售额远远大于增加的物流成本。合理化物流很大一部分是在成本与销售额之间进行的平衡，原则是保证企业最大限度的利润。

销售额与成本的关系可以用图1-4来表示。

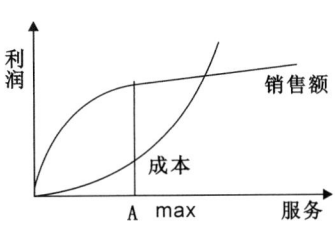

图1-4 销售额与成本的关系

合理化物流，适用于处于图A点左侧的范围，提高服务，增加的销售额大于成本增加量，利润趋于最大。但同时还有一种情况，就是处于A点右侧时，适当降低服务水平，会导致成本大量地下降，但对销售额影响不是很大。

（3）保持原服务水平和适当降低服务，使成本下降的程度远远大于销售额的下降。这是许多企业为降低成本而普遍采用的一种合理化模式。可以考虑采用的方式有：

1）共同配送，这是缘于各家公司都在为运输费用的不断上升而烦恼，由此产生的一种省钱节能的物流方式。共同配送方式极大地降低了运费，提高作业效率。虽然不如企业自有配送来的灵活、方便，但是对于体积小的商品每日各门店销售量不是很大，而且又无生命时限的商品来说，如相机，共同配送可以保证供应，对于其销售量的影响不会很大，但运输成本却显著下降。

建立完善高效的计算化、自动化和现代化的配送中心，这种成本的增加，虽然短期内看不出效益，但如果能对企业长远利益起很大的作用，那么也不失为一种合理化物流的方式。一些大型连锁店将电子数据交换（EDI）以及条码技术应用于物流自动化，实现了需求、配送和库存管理一体化、自动化，提高准确率。虽然短期内对销售的影响不大，而且投入成本很高，但一旦信息化系统运行稳定，对于企业将来开拓成长空间、扩大规模都会带来巨大的潜在效益。从长远角度考虑也是具有利润前景的。

2）限制最小订货量，提高运输满载率。各销售终端要求交货期短、定时配送，而且品种多、批量小，对于物流配送来说是比较困难的，而且浪费运输量，使物流成本上升，占了销售额的很大一部分。在这种背景下，许多配送中心对于最小订货量进行了限制。这种扩大每一次订货量的方法，使运输量不致浪费，使订货次数不致太频繁，而配送中心向各分店配送，一次配送量较大，也可以节省费用。采用这种方式最重要的是必须用 80/20 的帕雷托方法进行顾客服务调查，区别不同的顾客，提供适当的物流政策，这样销售额可能下降，但物流成本将大幅度降低。

3）进行商流、物流的合理化分离。根据商品的周转、销售对象的不同，将保管场所和配送方式差别化；对作业、订货标准化以及物流计划化等方式，都是同一种合理化物流模式的不同表现。

它们虽然都可以对物流成本的降低有所作用，合理化库存，提高作业效率和专业化，但共同的缺点在于缺乏灵活性，对于紧急订货的应变能力差等。企业应根据成本管理的不同目标，采取能保证利润最大化的合理化物流的方式。

因此，只要是在保证企业整体利润最大化的前提下，物流系统对于自身的改进，使系统总成本尽可能最小的方式都是合理化物流的模式。

物流活动本身就是一个系统，是一项协作性很强的综合管理工作。但对于企业这个更大的系统来说，物流只是一个子系统。对于物流系统来说，物流所有环节只是物流整体的一部分、一个分系统，它们的一切作业活动必须在保证整体最优的前提下实现局部优化。为此，合理化物流就是对分系统物流进行局部合理化，再根据物流系统首要总目标和有关盈利及服务要求进行协调、平衡，以达到连锁利润最大化下的物流总成本尽可能少的合理化。这对于发挥企业的最大优势和取得最大的经济效益，都是关键性的。

本章思考题

1. 物流的功能有哪些？
2. 物流合理化的模式有哪些？
3. 现代物流的分类有哪些？
4. 如何理解物流是第三利润源泉？
5. 现代物流的基本活动有哪些？
6. 物流科学的理论学说有哪些？

 案例分析

上海通用汽车：创新物流管理　提升物流效率

作为中国汽车行业领军企业之一，上海通用汽车有限公司（简称"上海通用"）自投产以来，在生产、供应、销售等各个领域的物流环节加强管理和创新，加快对客户订单的反应速度，改善物料供应的即时性，不断降低物流成本，实现了公司效益的提升，在日益激烈的市场竞争独树一帜。

上海通用的生产物流直接与生产挂钩，严格按照生产计划进行。公司定期召开生产、销售计划会，通过对生产、库存、销售以及市场调查的总结和反馈决定未来一段时间的生产计划（确定车型及具体产量），并具体计算出相应的物流量，再根据日产量由计算机信息系统对每种零部件的具体要货量进行细分，同时加强与供应商进行信息沟通。在生产物流活动中，推广采用直序列（JIS）供货方式，即与生产需求实时对接、同步供应，从而构建均衡供货系统，满足柔性化生产需求，由供应商先对全部物料进行统一编号，然后按照生产节拍与车型进行排序，再直接送到相应工位进行装配，实现供货效率最高，占用空间最少。

如果把资金比喻成公司的血液，则物料供应无疑就是生产线的血液，物料供应系统就是生产线的供血系统。上海通用所采用的是拉动式经营策略，根据收到的客户订单安排生产，与此同时生成相应的物料计划发给各个供应商，这样既保证生产时有充足供应，又不会有库存而占用资金和仓库。为了配合生产的需求，物料系统还做了其他调整。其中之一就是对部分零部件实施排序配送。此外，物料部门还增加了车间的货物窗口，采用新型料架，改进物料理放，提高了配送柔性化程度。

为了保证供应链的效率与效益，实现对成千上万的不同物料进行管理，对大量的产成品及时销售与配送，对数百家供应商进行管理，上海通用综合利用计算机信息技术对供应链进行整合，对客户的个性化需求快速及时反应，自动安排生产计划、物料供应计划等，实现了物流与信息流的无缝对接。

在生产物流过程中，生产一辆汽车不仅需要上百道工序、上万种零部件，而且对零部件的准时供应提出了极为严格的要求。对于汽车制造企业来讲，生产物流尤其是零部件入厂物流是实现准时化生产（JIT）的关键，也是难点所在。上海通用采用标准的 JIT 运作模式，实行零库存管理，所有全散装件（CKD）的库存存在于运输途中，不占用大型仓库，仅在生产线旁设立再配送中心（RDC），维持一定数量的最低安全库存。

在上海通用汽车销售物流管理活动中，最困难的是运力调配问题。一方面上海通用汽车销量大幅上升，另一方面国家限制超重等交通管制措施更为严格，以及油价上涨、运输车辆单向空驶比例加大等因素，导致公司的物流成本增加。为解决此类问题，上海通用采取了多种举措：一方面与专业物流公司进行合作，加强信息沟通，除每月制订计划外，在临时增加运力问题上双方默契配合，较好地解决了运输量弹性变化的难题；另一方面，从国外引进先进整车位置码管理系统，既提高了效率，降低了差错率，还能实现信息追踪。

问题：1. 上海通用与专业物流公司展开了合作，解决了运输量弹性变化的问题，专业物流公司能够提供除仓储和运输服务之外的哪些综合服务呢？

2. 上海通用还可以在哪些方面与专业物流公司展开合作？

第 2 章 采购管理

学习目标

- 知识目标：通过本章的学习，掌握采购管理的基本理论及采购的基本流程，学习采购的计划、决策、基本程序及供应商管理。
- 技能目标：掌握采购运作的技巧和策略。
- 能力目标：通过学习，能够熟练应用采购基本原理，具有采购计划编制、采购决策、采购业务运作的能力。

引导案例

华为采购管理案例

为了提升国际竞争力，华为从知名的跨国公司 IBM 请来顾问作为采购管理指南帮助建立起自己的采购系统，以求更好的发展。

1. 华为采购组织结构

华为采购部建立了物料专家团（CEG），各 CEG 负责采购某一类或一族的物料满足业务部门、地区市场的需要。按物料族进行采购运作的目的是在全球范围内利用华为的采购杠杆。每个 CEG 都是一个跨部门的团队，通过统一的物料族策略、集中控制的供应商管理和合同管理提高采购效率。

2. 早期介入产品开发和市场投标

CEG 和华为的技术和认证中心，在华为的研发部门和供应商之间架起了沟通的桥梁，推动供应商早期参与华为的产品设计来取得双方的技术融合以及在成本、产品供应能力和功能方面的竞争优势。华为的工程采购部（Customer Solution Procurement，CSP）将和华为销售和行销一起积极地参与客户标书的制作。参与市场投标将使采购部了解到客户配套产品的需求，在订单履行过程的早期充分了解华为向客户做出的承诺以确保解决方案满足客户需求并能够及时交付。

3. 采购需求履行

生产采购和行政采购负责日常采购运作以及与供应商和内部客户沟通，及时处理采购请求和解决双方的问题从而提高供应商的表现和内部客户满意度。同时华为也致力于不断提高采购履行流程的自动化程度，让采购执行人员有更多的机会积极地参与物料族采购策略的制订。

4. 华为的采购、供应商管理核心价值观

努力争取全面了解华为公司和供应商的能力、要求和需要；积极阐明华为公司和供应商的观点，促进各层面和各部门之间的沟通、诚信和团队精神。在技术、价格、质量、交货、响应、速度以及创新等方面，努力获得竞争优势；不断提升和保护华为的利益；推动华为采购业务的持续改进和有效实施。

5. 华为的供应商认证流程

华为致力于向所有潜在供应商提供合理、平等的机会，让大家都能够展示自己的能力。潜在供应商各种方式的垂询都将转给采购部门进行回复。如果华为和供应商都有意开拓业务关系，华为采购部会要求潜在供应商完成调查问卷。在接到调查问卷并进行评估后，华为将知会供应商评估结果。如果华为有兴趣和供应商进行合作将启动后续的认证步骤。后续认证可能需要和供应商面谈，讨论供应商对调查问卷的回复。根据面谈的结果，决定是否需要现场考察。然后可能需要进行样品测试和小批量测试，确保供应商的产品满足规格要求，产能满足需求。认证的结果将知会供应商。在发生采购需求时，通过认证的供应商将作为候选供应商进入供应商选择流程。

【资料来源：根据网络资料整理编写】

2.1 采购概述

采购是企业经营管理的重要一环，采购是决定企业优化发展的关键内容，同时采购管理是物流管理的重点内容之一。为使供应链系统实现无缝连接，提高供应链企业的同步化运作效率，就必须加强采购管理。

2.1.1 采购的概念

1. 采购的含义

广义的采购即从环境获取所需的有形或无形物质的行为，既包括个人采购也包括采购行为。狭义的采购则主要是指一个组织从外部资源获取所需要的全部商品和服务的过程。如西门子对采购的定义如下：采购是企业通过购买、租赁或其他合法手段获得用于生产所需的设备、材料、物资和服务的一项职能。总体来说采购过程包括：提出采购需求、选定供应商、商谈价格、确定交货及相关条件、签订合同并按要求付款的过程。

采购包括两个基本意思：一是"采"，二是"购"。因此，采购比购买的含义更广泛、更复杂。主要包含以下一些基本含义：

（1）所有采购都是从资源市场获取资源的过程。无论是生活还是生产，采购的意义在于能解决所需要但是自己又缺乏的资源问题。这些资源，包括生活资料，也包括生产资料，能提供这些资源的供应商就形成了一个资源市场。通过采购，帮助人们从资源市场获取他们所需要的各种资源。

（2）采购既是一个商流过程，也是一个物流过程。采购的基本作用，就是将资源从资源市场的供应者手中转移到用户手中的过程。在这个过程中，一是要实现将资源的所有权从供应者手中转移到用户手中（即商流过程），二是要实现将资源的物质实体从供应商手中转移到用户手中（即物流过程）。因此，采购过程实际上是商流过程与物流过程的统一。

（3）采购是一种经济活动。采购是企业经济活动的主要组成部分。所谓经济活动，就是要遵循经济规律，追求经济效益。在整个采购活动过程中，一方面通过采购获取资源，保证企业的正常生产，这是采购的效益；另一方面，在采购过程中，也会发生各种费用，即采购成本。

我们要追求采购经济效益的最大化,就要不断降低采购成本,以最少的成本去获取最大的效益。

【小思考 2-1】

采购的目的是什么?

2. 采购的功能

(1) 采购制约企业销售工作的质量。商品采购作为向企业提供对象的先导环节,只有使购进商品的品种、数量符合市场需要,商品销售业务才能实现高质量、高效率、高效益,从而达到采购和销售的和谐统一;反之则会导致购销之间的矛盾,造成销售呆滞,影响企业功能的发挥。因此,商品销售质量的高低很大程度上取决于商品采购的质量、销售活动的拓展和创新与商品采购有直接联系。

(2) 采购制约企业研发工作的质量。在某种程度上没有采购支持的研发方案其成功率会大打折扣。一方面,研发人员经常会因采购不到某种物料或者受到某种加工工艺的限制,使设计难以实现;另一方面,设计人员费尽心思所获得的研发样品在功能上与同行业相比相差甚远或者即使性能一样,外观、体积、成本、制造方便性等许多方面都显得逊色,这归结于研发人员信息落后,对先进元器件了解不多,是采购方面支持不够造成的。

(3) 采购制约商品周转速度。采购员必须解决好业务经营中的适时和适量问题。若采购工作运行的时点与把握的度同企业其他环节的活动达到了适度结合,就可以加快商品的周转速度,从而加快资金周转,为企业带来切实的利益。反之,就会造成商品积压,商品周转速度减缓,保管费用增加,造成浪费。

(4) 采购制约企业经济效益的实现程度。尽管企业的经济效益是在商品销售之后实现的,但效益高低却与商品购进业务经营有着密切的关系。因为企业经济效益是直接通过利润额来表示的,而商品采购过程中及进货后待售阶段所支付费用的多少同利润额成反比。因此,购进商品的效率如何,对企业经营的数量会有很大影响。企业经济效益的实现是同市场经营机会联系在一起的。确定商品采购的时间、地点、方式、数量、品种等,都要充分考虑企业对有关市场机会的利用问题。因此,采购工作能否做到快、准、好,对于企业是否能做活生意,增加营业收入是至关重要的。为了提高经济效益,企业在组织商品货源之前,必须要注重分析市场局势,寻求可行的经营机会,了解消费者的有关情况,以防止采购工作的盲目性。

(5) 采购可以提高物质资源利用率。通过合理采购可以提高物质资源利用率。第一,合理的采购,防止优料劣用,长材短用。第二,优化配置资源,防止优劣混用。在采购中,要力求优化配置的最大综合效应和整体效应,防止局部优化损害整体优化、部分优化损害综合优化。第三,在采购工作中,应用价值工程分析,力求功能与消耗相匹配。第四,通过采购同时引进新技术、新工艺,提高物质资源的利用效率。第五,采购要贯彻执行有关资源合理利用的经济、技术政策和法规,如产业政策、节约综合利用等法规,防止被淘汰的产品进入流通领域,严禁违反政策、法规。

(6) 采购可以加强企业间的经济联系。企业间的经济联系,主要是通过商品流通的购销渠道,组成四通八达、纵横交错的经济网络。采购工作在沟通企业之间的经济联系方面起着重要作用:第一,通过采购工作,可以巩固现有的经济联系;第二,通过采购工作,可以开拓新的渠道、新的领域;第三,通过采购工作,可以丰富经济联系的内容,如开展除采购以外的技术、资金、科研等方面的工作。

（7）采购可以洞察市场趋势。企业生产经营活动是以市场为导向，凭借市场展开的。通过采购，观察市场供求变化及其发展趋势，借以引导企业投资方向、调整产品结构、确定经营目标、经营方向和经营策略。

2.1.2 采购的分类

1. 按价格分类

（1）招标采购。指将货物采购的所有条件（如货物名称、规格、质量要求、数量、交货期、付款条件等）详细列明，刊登公告。投标厂商按公告的条件，在规定的时间内，缴纳投标押金，参加投标。招标采购的开标按规定必须至少三家以上厂商从事报价投标方可开标，开标后原则上以报价最低的厂商得标，但得标的报价仍高于标底时，采购人员有权宣布流标，或征得监办人员的同意，以议价方式办理。

公开招标采购的优点包括有利于做到采购工作的"公开、公正、公平"；有利于形成符合市场的真实价格；有利于提高采购物品的质量；有利于采购方建立供应商的信息资源库，增大选择范围；有利于降低采购成本。这种采购方式的缺点主要有：一是采购费用较高；二是容易出现供应商合谋或者"抢标"——即过度压低价格而中标，比如偷工减料、以次充好，影响产品质量；三是采购程序复杂，应变性差；四是如果底价泄密易带来巨大风险。公开招标采购主要适用需求量大且标准化产品，或者高科技产品，如计算机、通信产品等。

（2）询价现购。采购人员选取信用可靠的厂商将采购条件讲明，并询问价格或寄发询价单并促请对方报价，比较后现价采购。

（3）比价采购。所谓比价采购，是指在买方市场条件下，在选定两家以上供应商的基础上，由供应商公开报价，最后选择报价最低的为企业供应商的一种采购方式。实质上这是一种供应商有限的条件下的招标采购。这种采购方式优点为：节省采购的时间和费用；公开性和透明性较高，能够防止采购"黑洞"；采购过程有规范的制度。其不足之处表现在：一是在供应商有限情况下，可能出现轮流坐庄；二是可能出现恶性抢标；三是供应品种规格多的，可能影响生产效率提高，并加大消耗。

（4）议价采购。采购人员与固定的厂商经讨价还价后，议定价格进行采购。议价采购分两步进行，第一步由采购商向供应商分发询价表，邀请供应商报价；第二步如果供应商报价慕本达到预期价格标准，即可签订采购合同，完成采购活动。议价采购主要适用于需要量大、质量稳定、定期供应的大宗物资的采购。议价采购的优点主要有：节省采购费用；节省采购时间；采购中心灵活性大，可依据环境变化，对采购规格、数量及价格进行灵活的调整；有利于和供应商建立互惠关系，稳定供需关系。当然，这种议价采购方式也存在一些缺点：一是议购往往价格较高；二是缺乏公开性，信息不对称；三是容易形成不公平竞争等。因而，在议价采购中尽量掌握供应商的信息，特别是"信誉"的信息，小心采购陷阱，保证企业在采购中处于有利地位。一般来说，询价、比价和议价是结合使用的，很少单独进行。

（5）订价收购。购买货物数量巨大，非几家厂商所能全部提供的，或当市场上该货物匮乏时，则规定现款收购。

（6）公开市场采购。采购人员在公开交易或拍卖时随机机动采购。

2. 按采购主体分类

（1）个人采购。指个人生活用品的采购。带有很大的主观性和随意性。即使采购失误，也只影响个人，造成的损失不是太大。

（2）集团采购。一般指两个以上的人共用的商品采购。一般是多品种、大批量、大金额、多批次甚至持续进行的，直接关系到多个人的集团利益，所以往往由集团决策。一旦采购决策失误，将对集团造成较大的损失。集团采购一般要慎重、严格、科学。典型的集团采购主要是指企业采购、政府采购、事业单位采购、军队采购等。

3. 按照采购方法分类

（1）订货点采购。它是根据需求的变化和订货提前期的大小，精确确定订货点、订货批量或订货周期、最高库存水准等，建立起连续的订货启动、操作机制和库存控制机制，达到既满足需求又使库存总成本最小的目的。但是由于市场的随机因素多，该方法同样具有库存量大、市场响应不灵敏的缺陷。

（2）MRP 采购。MRP 采购主要应用于生产企业。它是生产企业根据主生产计划和主产品的结构以及库存情况逐步推导出生产主产品所需要的零部件、原材料等的生产计划和采购计划的过程。这个采购计划规定了采购的品种、数量、采购时间，计划比较精细、严格。它也是以需求分析为依据、以满足库存为目的。它的市场响应灵敏度及库存水平比上述方法有所提高。

（3）JIT 采购。JIT 采购也叫准时化采购，是一种完全以满足需求为依据的采购方法。要求供应商恰好在用户需要的时候将合适品种、合适数量的货品送到用户需求的地点。它以需求为依据改造采购过程和采购方式，使它们完全适合于需求的品种、时间和数量，做到既灵敏响应需求，又使库存趋近于零库存，这是一种比较科学、比较理想的采购模式。

（4）供应链采购。它是一种供应链机制下的采购模式。在供应链机制下，采购不再由采购者操作，而是由供应商操作。采购者把自己的需求信息及库存信息向供应商连续及时地传递，供应商则根据自己产品的消耗情况不断及时小批量补充库存，保证采购者既满足需要又使总库存量最小。供应链采购对信息系统、供应商操作要求比较高。

（5）电子商务采购。电子商务采购也就是网上采购，是在电子商务环境下的采购模式。其基本特点是在网上寻找供应商、寻找品种，网上洽谈贸易、网上订货甚至网上支付货款，但是在网下送货进货。该模式的好处是扩大了采购市场的范围、缩短了供需距离，简化了采购手续，减少了采购时间和采购成本，提高了工作效率，是一种很有前途的采购模式。但是它依赖于电子商务的发展和物流配送水平的提高，而这两者几乎要取决于整个国民经济水平和科技进步的水平。

（6）联合采购。联合采购是指一区域内的多家企业结成采购联盟，进而可以集合一定区域范围内同业的需求数量优势，利用专门成立的采购部门的市场信息集中、反应迅速等优点，寻求最合适的供应商、采购时机和采购数量及运输方式等，以此来降低采购成本。

【小案例 2-1】

海尔采购策略

海尔采取的采购策略是利用全球化网络集中购买。以规模优势降低采购成本，同时精简供应商队伍。对于供应商关系的管理方面，海尔采用的是 SBD 模式：共同发展供应业务。许多供应商的厂房和海尔的仓库之间甚至不需要汽车运输，工厂的叉车直接开到海尔的仓库，大大节约运输成本。海尔本身则侧重于核心的买卖和结算业务。这与传统的企业与供应商关系的不同在于，它从供需双方简单的买卖关系，成功转型为战略合作伙伴关系，是一种共同发展的双赢策略。

【资料来源：根据网络资料整理编写】

4. 其他分类

（1）按地区可分为国内采购和国外采购。
（2）按采购方式分为直接采购、委托采购、调拨采购。
（3）按采购政策分为集中采购和分散采购。
（4）按性质分为一般采购和项目采购。
（5）按采购的时间长短可分为长期合同采购和短期合同采购。

2.2 采购计划与决策

2.2.1 采购计划的编制

1. 编制采购计划的目的

一般而言，制造业的经营自购入原料、物料后，经过加工制造或组合装配成为产品，再通过销售过程获取利润。其中如何获取足够数量的原料、物料，即是采购数量计划的重点所在。因此，数量计划是为维持正常的产销活动，是在特定时期内，应在何时购入何种材料的估计作业。此项数量计划应该达到以下目的：

（1）预估材料需用数量与时间，防止供应中断，影响产销活动。
（2）避免材料储存过多，积压资金，及占用堆积的空间。
（3）配合公司生产计划与资金调度。
（4）使采购部门事先准备，选择有利时机购入材料。
（5）确立材料耗用标准，以便管制材料采购数量及成本。

2. 决定采购计划数量的因素

采购计划的数量应保证供应生产的连续性，同时应避免材料储备过多，积压资金，还要配合公司生产计划与资金调度。决定采购计划数量的因素有生产计划、用料清单、存量管理信息。

（1）销售和生产计划。由销售预测加上人为的判断，即可拟订销售计划或目标。销售计划表明各种产品在不同时间的预期销售数量，生产计划依据预期销售数量，加上预期的期末存货减去期初拟订存货。

（2）用料清单。生产计划只列出产品的数量，并无法直接知道某一产品需要哪些物料，以及数量多少，因此必须借用用料清单。此表是由研发或产品设计部制成。根据此表可以精确计算制造某一种产品的用料需求数量。用料清单所列的耗用量，即通称的标准用量，与实际用量相互比较，作为用料单制作的依据。

（3）存量管制信息。若产品有存货，则生产数量不一定要等于销售数量。同理，若材料有库存数量，则材料采购数量也不一定要等于根据用料清单所计算的材料需用量。因此，必须收集物料的存量管制信息，查明某一物料目前的库存状况；再依据用料需求数量，并考虑用料的作业时间和安全库存水平，算出正确的采购数量，然后才发出请求采购单，进行采购活动。

2.2.2 采购决策

1. 采购品种的确定

（1）采购目录的制订。采购目录是企业经营范围的具体化，也是企业进行采购的依据，是采购管理的一项重要内容。

采购目录包括全部货物目录和必备货物目录两种。全部货物目录是企业制订的应该经营的全部货物种类目录；必备商品目录是企业制订的经常必备的最低限度商品品种目录。必备目录不包括企业经营的全部货物种类，而只包括其中的主要部分。

必备货物目录是按照货物大类、中类、小类顺序排列的。每一类货物都必须明确标出货物的品名和具体特征。由于货物特征不同，消费者选择商品的要求不同，因而确定货物品名和特征的粗细程度和划分标准也不相同。一般情况下，货物特征的多少决定着品名划分的粗细程度，特征简单的货物如食盐、食糖等，品名可以粗一些；特征复杂的货物，品名可以适当细分。目前，有些企业采用计算机进行管理，实行单品核算，则货物品名应根据最细小的标准来划分，直至无法划分的程度，以便准确区分每一具体商品。

必备货物目录确定以后，再根据顾客的特殊需要和临时需要加以补充与完善，便成了企业全部的货物目录。货物采购目录制订以后，不能固定不变，应随着环境的变化定期进行调整，以适应消费者需要。

【小思考 2-2】

如何根据环境变化调整货物采购目录？

（2）重点原则。在采购管理中，必须坚持重点货物管理原则。企业对经营货物的品种进行优选，把销售量大、利润高、顾客必需的货物作为重点商品进行重点管理。目前企业流行的做法是将货物分为 A、B、C 三类，分别采用不同的管理方式。这种方法称为 ABC 分类管理法。

【小案例 2-2】

西门子的分类采购策略

西门子公司依据供应风险和获利能力影响对全球 12 万家供应商进行分类并进行采购。

西门子公司将供应商的产品分为四大类：高科技含量的价值产品、用量大的标准化产品、高价值含量的低价值产品及低价值的标准化产品。分别对应不同的采购策略：技术合作型、储蓄潜能的最优化、保证有效率、有效地加工处理。

【资料来源：根据网络资料整理编写】

ABC 分类管理法的操作步骤是将各种货物按金额大小顺序排列，计算出各类商品的销售额比重和品种比重（单项比重和累计比重），再将商品划分为 A、B、C 三种类别。A 类商品是指获利高或占销售额比重大，而品种少的商品，一般销售额比重为 70%～80%，品种比重为 5%～10%；C 类商品是指获利低或占销售比重小，而品种多的商品，一般销售额比重为 5%～10%，品种比重为 70%～80%；B 类商品是处于 A 类和 C 类商品之间的商品，其销售额比重为 10%～20%，品重比重为 10%～20%，如图 2-1 所示。

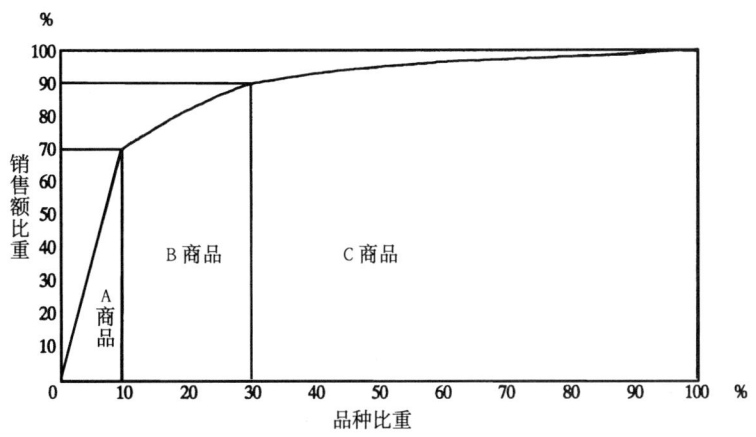

图 2-1 A、B、C 商品分类图

将商品划分成 A、B、C 三类后,再根据分类结果实施分类管理。A 类商品是重点商品,应进行重点控制。为防止脱销,要定量采购,经常检查每个品种的储存情况,及时进行调整,务必使这类商品经常保持在合理的限度内,保证不脱销,不积压;C 类商品可以采用较简单的办法加以控制,如固定最高采购量,适当减少采购次数,由于这类商品所占销售额比重较小,而品种比重较大,因而需要对每种商品的库存量控制在最小限度内;B 类商品可实行一般控制,分大类进行管理,除其中销售较高的部分品种参照 A 类商品管理外,其余大部分商品连同 C 类商品都可以采取定期检查存量的方法进行控制。

2. 采购预算的确定

采购预算一般以销售预算为基础予以制订。其公式为:

$$销售成本预算=销售预算\times(1-平均利润率)$$

例如,某企业某月的销售额达到 200 万元,假定企业的平均利润率为 15%,那么企业的采购目标就是:

$$200\times(1-15\%)=170(万元)$$

按同样的道理,也可以推算出商品的年采购目标。当然,公式中仅仅是销售成本计算公式,它并没有估计到库存量的实际变化。采购预算还要加上或减去希望库存增加或削减的因素,其计算公式应为:

$$采购预算=销售成本预算+期末库存计划额-期初库存额$$

例如,某企业一年的销售目标为 2000 万元,平均利润率是 15%,期末库存计划额为 200 万元,期初库存为 180 万元,其全年的采购预算就是:

$$2000\times(1-0.15)+200-180=1720(万元)$$

即一年的采购预算为 1720 万元。再将其按月分配到各个月,就是每月的采购预算。

采购预算在执行过程中,有时会出现情况的变化,这就有必要进行适当的修订。如在企业实行减价或折价后,就需要影响增加销售额的部分;企业库存临时新增加促销货物,就需要从预算中减少新增商品的金额。

3. 采购数量的确定

采购数量的确定,会影响到货物销售和库存,关系到销售成本和经营效益。货物的采购数量,决定于企业的采购方式是大量采购还是适量采购。

（1）大量采购。大量采购，是企业为了节省采购费用，降低采购成本而一次性把一种商品大批量地采购进来。这种采购方式的优点是可以降低一次性采购成本，获得进货优惠；缺点是需要占用大量资金和仓储设施。大量采购的货物数量一般很难找出规律性，主要根据企业的经营需要、仓储条件和采购优惠条件等情况而定。一般适合以下几种情况：

1）该货物在市场中的需求量巨大，可以大量进货。有些价格弹性较大的商品，价格降低一定幅度以后，可以引起需求量迅速扩大。有些企业针对这一点，采取大量进货，压低进货成本，再通过薄利多销的促销策略吸引消费者购买，从而加速货物周转。对于这些价格比较敏感而大量销售的货物，可以采取大量采购的方法。

2）在共同采购方式下，可以大量采购。共同采购，即许多独立中小企业为降低采购成本而联合起来的一种联购分销的采购方式，这在国外零售业非常普遍，而在国内这种联盟商较少见。这种采购方式下，尽管具体到每一个企业采购量不大，但各个企业联合起来采购，聚沙成塔，可以采用大量采购方式。

3）对供货不稳定的货物，可以采用大量采购的方法。有些货物的供应时断时续，没有规律可循。当市场上供应这种货物的时候，企业便大批量采购并储存起来，供以后陆续销售。这种情况下，企业必须准确估计需求量以及货物供应不稳定的缺货时间，否则企业会承担货物积压的风险。

（2）适量采购。适量采购就是对市场销售均衡的商品，在企业保有适当的商品库存的条件下，确定适当的数量来采购商品。适量采购的关键是确定适当的采购数量，如果数量不当，将直接影响企业销售，增加进货成本。我们称这一适当的采购数量为经济采购批量。经济采购批量尽管是理论上的一个数字，企业需要测算出这一经济采购批量，为实际的采购工作作参考。

对于企业而言，采购中常常会出现这种问题：如果采购货物过多，会造成企业货物的保管费用增多，资金长期被占用，从而影响资金的周转和利用率；但如果货物采购太少，不能满足顾客的需要，会使企业出现货物脱销，失去销售的有利时机。而且，每次采购货物过少又要保证货物供应，势必增加采购次数，频繁的采购会增加采购支出。

为了避免出现货物脱销和货物积压这两种经营失控的现象，有必要确定最恰当的采购数量，即经济采购批量。经济采购批量与采购费用和保管费用有着密切的关系。首先，采购批量与采购费用呈反比例关系，因为在一定时期内采购总量不变的情况下，每采购一次商品，就要耗费一次采购费用，因而每次采购批量大，采购次数少，采购费用也就少；反过来，采购批量少，采购次数就多，采购费用也就越多。其次，采购批量与保管费用呈正比例关系，因为在一定时期内采购总量不变的情况下，每次采购批量大，平均库存量也大，保管费用支出也就越多；反之，采购批量小，平均库存量就小，保管费用就少。它们之间的关系如图2-2所示。

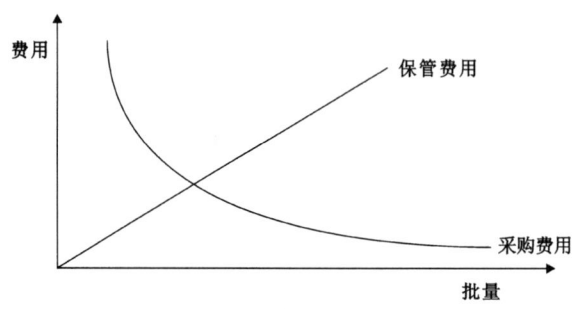

图2-2　保管费用与采购费用关系图

采购费用与保管费用对每一次采购批量的要求是不同的。从企业经济效益来考虑，要使这两种费用都能节省，就必须寻找一个最佳采购批量，使两类互相矛盾的费用加起来的总费用为最小。事实上，所谓的经济采购批量就是使采购费用与保管费用之和减少到最小限度的采购批量，其计算公式如下：

$$Q = \sqrt{\frac{2DK}{H}}$$

其中，Q 为每批采购数量；D 为某段期间需求量；K 为每次订购成本及费用；H 为单位年储存费用。

例如，某商店预计全年销售某种商品 8000 件，已知每次商品的采购费用是 500 元，单位年保管费用为 50 元，欲求最经济的采购批量。根据公式可得：

$$Q = \sqrt{\frac{2 \times 500 \times 8000}{50}} = 400 \text{（件）}$$

通过上述计算可以得知，每次采购数量在 400 件以上或 400 件以下的年度总费用都高于 400 件采购批量的年度总费用。只有每次采购批量在经济采购批量附近时，才使年度总费用最小，如果远离经济采购批量而去盲目进货，不可能取得良好经济效益。

企业在计算出来货物的经济采购批量后，还要考虑到实际需求、数量折扣及可变的订货成本和占用成本等方面的变化，来确定实际的采购数量。

4．采购时间的确定

确定了采购货物的品种和数量后，还要确定什么时间采购，以保证无缺货事故的发生。这里的货物采购时间是指再订购货物的时间。一定货物有一定的采购季节，适时采购不仅容易购进货物，而且价格也较为便宜，过早购入会延长货物的储存时间，导致资金积压。因此，企业应权衡利弊，选择合理的采购时间。

（1）定时采购。定时采购，就是每隔一个固定时间，采购一批商品，此时采购货物的数量不一定是经济批量，而是以这段时间已销售的货物数量为依据计算。

定时采购的特点：采购周期固定，采购批量不固定。

采购周期是根据企业采购该种商品的备运时间、平均日销售量及企业储备条件、供货商的供货特点等因素而定，一般由企业预先固定，或 10 天，或 15 天，或更长不等。采购批量则不固定，每次采购前，必须通过盘点了解商店的实际库存量，再订出采购批量。其计算公式为：

采购批量＝平均日销售量×采购周期＋保险储备量－实际库存量

公式中，保险储备量是防止由消费需要发生变化和延期交货引起脱销的额外库存量。

例如，某企业日销售某货物 30 件，保险储备定额为 5 天需求量，订货日实际库存量为 500 件，进货周期为 30 天，则：

采购批量＝30×30＋5×30－500＝550（件）

从资料中可看出，进货周期为 30 天，一般情况下，采购批量应为 900 件，而现在这批只需采购 550 件，说明实际库存严重超储，必须在采购时做适当调整。

定时采购的优缺点：采购时间固定，因而可以做周密的采购计划，便于采购管理，并能得到多种商品合并采购的好处；但由于这种采购方法不能随时掌握库存动态，易出现缺货现象，盘点工作较复杂。

（2）不定时采购。不定时采购，是指每次采购的数量相同，而每次采购的时间则根据库存量降到一定点来确定，也称为采购点法。

不定时采购的特点：采购批量固定，采购时间不固定。

不定时采购的采购批量可以参考经济采购批量的计算方法。这种采购的关键实际上是确定采购点的库存量，如图2-3所示。

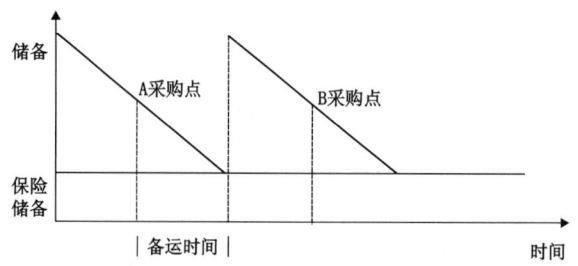

图2-3　不定时采购的采购点及库存

从图2-3中可知，从A采购点开始到可以销售，一般需要一定的间隔时间，不可能随进随销。这段间隔期也称备运时间，包括：货物在途运输时间、货物验收入库时间、销售前整理加工时间、其他时间。

在这段时间内，存货通过逐日销售下降，如果存量下降到A采购点而不开始采购，则企业就会面临脱销的风险；如果存量尚未下降到A采购点就提前采购，则企业要面临积压的风险。因此，当库存量下降到A或B采购点时，是开始采购的最适当时间。

采购点的计算公式如下：

$$采购点=平均日销售量\times 平均备运时间+保险储备量$$

例如，某货物平均日销售量为30件，备运时间为10天，保险储备额为150件。则：

$$采购点=30\times 10+150=450（件）$$

因此，当货物库存量超过450件时，企业无须考虑采购；当库存量降到450件时，企业就应及时按预定的采购数量或经济采购批量进行采购。

不定时采购的优缺点：能随时掌握货物变动情况，采购及时，不易出现缺货现象。但是，由于各种货物的采购时间不一致，难以制订周密的采购计划，不便于采购管理，也不能享受集中采购的价格优惠。

2.3　采购的流程

采购流程是采购方从建立采购组织开始到商品采购并进行定期检查评估的一系列整合而系统的步骤。了解采购流程，有利于我们掌握采购的每一个环节工作，这对加强采购控制而言是非常重要的。图2-4显示了货物采购的基本流程。

2.3.1　建立采购组织

采购管理组织是采购管理最基本的组成部分，通常包括正式的或非正式的采购组织。正式的采购组织是企业建立的专门采购机构，负责整个企业的采购任务。在一个正式的采购组织里，往往拥有专门的采购人员，这些采购人员分别负责某一类商品的采购，有明确的采购责任和授权，公司也对其实施严格的考核指标。非正式采购组织不是一个独立的专门的部门，它是由一群兼职采购人员负责，这些人既负责商品经营，又负责商品采购，责任和授权往往并不明确，但却具有充分的灵活性。采购流程如图 2-4 所示。

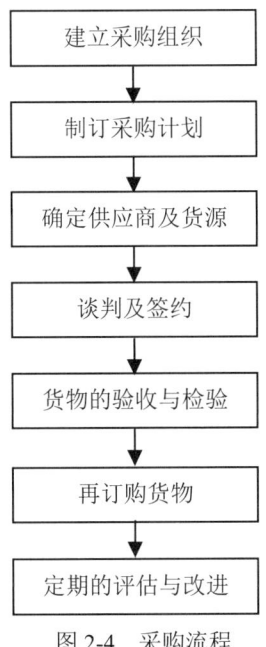

图 2-4　采购流程

企业建立上述两种采购组织均是将采购业务放在企业内部，由内部员工组织完成。其实，在费用更低或效率更高的情况下，企业也可以选择将采购业务转向外部，即依靠外部采购组织。在外部采购组织中，通常由企业支付一笔费用雇佣外部的公司或人员，这笔费用比企业自建采购组织相对要低，且效率较高。外部采购组织通常被中小型企业或远离货源的企业所采用，它具有与供应商谈判的优势，通常服务于若干无竞争关系的企业，有时还提供营销咨询及自有品牌商品。

此外目前在国外中小型企业中比较流行联合采购组织。联合采购组织是若干中小企业通过签订一个有利于各方的协约进行联合采购而设立的组织，这种采购方式主要是为了对付日益成长的大型连锁企业的威胁，以便在采购业务上拥有更多的与供应商讨价还价的能力。联合采购一般是在中小型企业中自愿组成的。

2.3.2　制订采购计划

根据需求品种情况和供应商的情况，制订出切实可行的采购订货计划，以便加强采购管理（采购计划各要素的确立将在下一部分逐一分析）。包括选择供应商、供应品种、具体的订货策略、运输进货策略以及具体的实施进度计划等，解决什么时候订货、订购什么、订多少、向谁订、怎样订、怎样进货、怎样支付等具体的计划问题。一般企业每月均编有一套完整的销售计划，列出这段时间的销售重点商品。采购人员同时也要拟订一份采购计划以保证销售计划的执行，如商品的预订销售价格、采购价格、采购数量、采购来源等。采购计划是企业经营计划中的一个重要组成部分，一般包括年度采购计划和月度计划，采购员在掌握年度采购计划的基础上根据月度计划执行采购任务。

在制订采购计划过程中，采购员关键是要通过各种渠道收集顾客需求信息，以便采购适销对路的商品。通过研究目标市场的人口统计数据、生活方式和潜在购物计划，企业就可以直接研究消费需求。如果企业无法直接得到消费者数据，也可以通过其他途径，例如向供应商征询有关资料，有些供应商会做出有关自己产品行业的消费需求预测和营销研究；企业也可以通过人员销售直接与顾客打交道，了解顾客的需求动态；企业还可以通过对竞争对手的调查研究、政府公布的行业经济发展数据、新闻机构的消费者调查，或者向有关商业咨询机构购买商业数据等方式收集和分析消费者需求信息，使采购计划建立在科学、充分的市场调查的基础上。

2.3.3 确定供应商及货源

选择商品货源是企业开展采购活动的重要环节，企业需要在各种货源渠道中确定哪一渠道可以满足商店对某一商品的需要。企业的进货来源主要有：制造商、当地批发商、外地批发商、代理商和经纪人、批发交易市场及附属加工企业。由于企业的类型和规模不同，进货渠道也会有所不同。为确保进货及时畅通，商品品种、花色、式样丰富多彩，企业必须广开货源渠道。企业最好建立固定的进货渠道和固定的购销业务关系，这样做，有利于互相信赖和支持；由于彼此了解情况，易于符合进货要求；可以减少人员采购，节约费用。在保持固定进货渠道的同时，企业还要注意开辟新的进货点，以保持商品品种的多样化。

选择供应商是一个非常复杂的工作，美国西尔斯百货公司的全部供应商超过 10000 家，还有更多的供应商要求进入，这给选择工作带来了一定的难度。为了从一开始就淘汰和筛选出不合格供应商，节约谈判时间，提高采购效率，企业必须先建立一个供应商准入制度，设立一个选择标准，以对供应商进行资格审查。

选择供应商的标准主要包括其信用情况、价格、品质保证、时间、费用、服务情况、管理规范制度等。其中价格、品质及服务是最重要的几项选择依据。采购员应主动开发收集具有合作潜力的供应商相关资料，并记录在供应商资料卡上。然后根据资料卡内容及选择标准评定该供应商是否列为开发对象或合作对象。

目前，国内许多企业在选择供应商问题上不同程度地设了一道门槛，即进场费。有些企业甚至将其作为第一条件，供应商若不能交纳进场费，则一概免谈。由于各商家进场费的数额比较混乱，由此引来众多争议，也导致企业与供应商之间关系日趋紧张。

2.3.4 谈判及签约

当货源已经确定，购买前评估也已完成时，企业开始就购买及其条款进行谈判。一次新的或特定的订货通常要求签订一份经过谈判的合同，在这种情况下，企业和供应商将认真讨论商品购买的所有方面细节。如果供应商已经成为企业的供货伙伴，订货只是例行的或再订货活动，通常只涉及一份格式化的合同，在这种情况下，条款是标准化的，或者已经为双方所接受，订货过程按例行方式处理。

对于新供应商，其货物第一次进场销售，往往先签一个货物试销协议。期限不等，一般为三个月或更短。待三个月试销期满，企业视销售情况再决定是否签订正式采购协议。试销成绩合格的货物，企业可以与供应商签订正式的采购协议，建立长期的供销关系。

1. 谈判内容注意事项

（1）缺货问题的规定。对于供应商的供货，若出现缺货的现象，必然会影响销售。因此，在谈判中要制订一个比例，明确供应商缺货时应负的责任，以约束供应商准时供货。例如，允许供应商的欠品率为 3%，超过 3% 时，每月要付 1 万元的罚金。当然这规定制订后，必须征得供应商同意，达成合约协议才算正式确立。

（2）货物品质的规定。进行货物采购时，采购员应了解货物的成分及品质，是否符合国家安全标准和环保标准或商标等规定。由于采购员的知识所限，不能判断所有货物的各种成分及技术标准，因此在采购时，必须要求供应商提出合乎国家法律规定的承诺，以及政府核发合法营业的证明，以确保在货物运营销售上不会出现问题。通常在品质谈判方面主要有样品交易、规格交易、标准交易、商标或牌名交易。在实际谈判中，上述表示商品品质的方法可以结合在一起使用。比如，既使用商标又使用规格。

（3）价格变动的规定。企业与供应商签订采购合约后，往往建立的是一种长期的供货关系。在这期间，企业当然希望供应商的商品价格保持不变，但由于供应商的商品成本因素会出现意外情况，如原料成本上升或原料供应减少造成商品供不应求，或薪金上涨等，价格的变动自然在所难免。但在谈判时仍需规定供应商在调整价格时按一定程序进行。

通常价格确定方法有统一价格、浮动价格及协议价格三种。统一价格是指价格在合同中明确规定好，且在合同期内不更改。该价格适用于社会基本的生活资料、垄断产品、行业稳定产品。浮动价格是指合同谈判中不规定具体价格，按实际交易时的市场价格为标准。该价格适用于限制最高价或最低价产品。协议价格是指合同中只规定一个初步价格，同时规定未来行情变化时价格调整的方法和条件。该价格适用于供求不平衡的产品、季节性产品、区域性产品等。例如，大型零售连锁超市通常规定供应商价格调整，要在调整生效前一个月通知企业方有效，或规定调价时，必须再优待一批原来的供应价后才可调整，或配合整体销售通路同时调价等。

（4）其他条件谈判。

1）付款的规定。货款的支付问题主要涉及支付货币币种、支付时间和支付方式的谈判。国际采购中通常使用的支付方式有汇付、托收、信用证等，国内采购中支付时间常用的有现金支付、支票等。支付时间有现结、月结或定期结算等。例如将对账日定在每月的某一天，付款日定在某一天，付款时是以现金支付还是银行转账等，都要有一系列准则，并请双方共同遵守。

2）交货时间。交货时间是谈判中重要一项。推迟和提前交货都构成违约。目前产品货期延误的投诉比例越来越高，而交货延误会严重打乱采购商的生产计划，严重削弱企业竞争力。因此，产品交货期已经成为采购谈判中越来越重要的指标。

为保证交货时间，通常在装运合同中装运期有如下确定方式：规定明确的装运时间；规定收到信用证后若干天装运。比如，规定 2009 年 12 月装运、2009 年 12 月 31 日前装运，前者规定了装运期的上下限，后者规定了最迟装运期。

3）保险条件。货运保险条件的确定需要明确由谁投保、投保何种险别、保险金额如何确定，以及依据何种保险条款办理保险等。

4）售后服务保证条件。对于需要售后服务的商品，如设备类产品、软件类产品等必须明确售后服务的各种条件，保证服务质量。

2. 采购合同的管理

采购合同是买卖双方为实现一定的经济目的而依法订立的明确双方有关权利义务的一种书面协议。它对双方当事人都具有法律约束力。任何一个经济合同都包含基本条款和普通条款。采购合同的具体内容由以下几方面构成：

(1) 采购货物的名称。合同上应注名货物的生产厂名、牌号或商标、品种、型号、规格、等级、花色等。

(2) 采购货物的数量、价格和质量。数量和价格经过购销双方议定。对于质量，合同可以规定多种鉴别方法，一是直接观察法；二是以样品为标准鉴别；三是以牌号为根据鉴别；四是以标准品级为依据鉴别。

(3) 采购货物的交货地点及交货时间。交货地点包括现场交货、船上交货、车站交货、到库交货；交货时间分别有立即交货、近期交货、远期交货。

(4) 采购货物货款的支付。包括结算方式、开户银行、账户名称及账号，是当时付款还是预付货款、后付货款等。

(5) 其他事项。包括供应商的售后服务，对消费者的承诺，应支付的各种入场费、赞助费等。

(6) 违约责任及违约金。采购合同一经签订就正式生效，买卖双方必须严格执行，任何一方不得随意毁约。如遇特殊情况，一方需要修改的，需经对方同意。在合同执行过程中，如果发生纠纷，双方应充分协商，尽量要求合理解决。协商不成的，可由中介机构出面调解，调解不成的可直接向经济法庭起诉，由法院作出裁决。

2.3.5 再订购货物

对于试销符合业绩要求的货物，企业会确定为正式销售的货物，此时，货物的采购就不止一次，是一种连续发生的行为，企业往往需要制订再订购计划。再订购计划的制订要考虑以下几个关键因素：

(1) 订货和送货时间。对于企业，处理一份订单需要花多长时间？对于供应商，履行订单并将货物送达要花费多长时间？企业需要掌握处理订单的时间，以便早作打算，计算出当库存降到什么水平时，订购的货物刚好能到达企业，既不会导致货物脱销，也不至于造成货物积压。

(2) 财务支出。不同采购方案下的财务支出是不同的。大批量订货可以获得较大的数量折扣，使单位货物进价较低，但大批量进货需要大量现金支出，增加了资金压力；小批量订货无法享受价格优惠，使货物进价较高，但小批量订货无需占用太多资金，增加了资金的使用效率。企业在再订购时需要权衡两方面的利益。

(3) 订货成本和储存成本。订货量大，一定时期订货的次数就会减少，相应的订货成本也会降低，因为较高的数量折扣、较低的单位运输成本易于控制和处理；但订货量大也会使一定时期货物的储存成本增加，货物损坏和过时的可能性大。订货量小，一定时期订货的次数就会增多，相应的订货成本也会增加，因为较少的价格优惠、较高的单位运输成本，额外的服务支出及控制和处理过程更复杂；但订货量小会减少一定时期货物的储存成本，商品损坏和过时的可能性也小。企业在再订货时需要权衡这两种成本，最佳情况是订货批量使订货成本和储存成本的总和为最低值。

(4) 存货周转率。存货周转率也是企业制订再订购计划要考虑的一个重要指标。存货周转率（stock turnover）表示特定时期内（通常为一年）现有存货平均销售的次数。它可以按商品数量或金额计算，其计算公式如下：

$$存货周转率 = \frac{净销售额}{平均销售的存货量}$$

$$存货周转率 = \frac{售出商品成本}{平均的存货成本}$$

存货周转率的两个计算公式没有什么区别，其选择取决于企业所采用的会计制度。

高存货周转率的优点：

1）提高销售额和资金利用率。快速的存货周转率可以增加销售额，提高投资效益。因为滞留在存货上的资金会解放出来，去购买更多的商品，创造更多的赢利机会，而顾客也可以买到新货品，而且新货品要比旧货、磨损的货物更吸引人注意，刺激顾客的购买欲望。

2）降低商品贬值风险。时尚商品和易腐货物的价值在它一摆上货架时，就开始贬值了。当存货销售很快时，货架上的商品经常是新上的，由型号和款式变化而引起的损失相应减少。

3）提高售货员的士气。快速的存货周转率，以及由此而来的新鲜商品可以使售货员感到兴奋，商品的尺码也很全，商品也不会在商店里磨损。当售货员士气高涨时，他们会更加努力工作从而进一步提高销售额和存货周转率。

4）减少费用。高存货周转率可以降低与存货有关的一些费用（如利息、保险费、商品损失及仓库保管费等）。

企业可以通过多种不同的策略来提高存货周转率，如减少经营货物品种对滞销货物不经营或只保留最低存货，高效及时地采购货物，采用反应迅速的存货计划及利用可靠的分销商。

尽管高存货周转率有很多优点，但也存在负面影响。其缺点是：

1）为了获得快速存货周转率，企业会经常性地小批量采购商品，这样做可以降低平均存货量，而且不会降低销售额。但是小批量购货会提高货物成本，因为这可能丧失数量折扣并增加运费。

2）存货周转率高可能是由于货物组合窄而浅引起的，这样货物的选择性较差，从而失去一些顾客。

3）如果企业采取降低价格以加快库存周转的话，这样会导致单位货物利润降低。

因此，企业应该努力保持存货周转率的平衡，过高和过低的存货周转率都可能会带来一定的损失。

2.3.6 定期的评估与改进

1. 定期的再评估

引入的货物正式销售后，采购人员仍要追踪管理，不能放任自流。评估主要包括两个方面：货物的评估和供应商的评估。对于货物的评估，最重要的是看它是否能畅销，因此，采购员要定期分析货物的销售量，看是否销售稳定正常，并及时淘汰滞销货物，引入新货物。对于供应商，也需要定期考核。主要事项有：

（1）所有合格供应商每半年复核一次，复核时应由负责人填写《供应商考核表》（表2-1），会同采购评估小组对价格、品质、交货时间、配合度等指标进行考核，确定评定等级。

（2）经复核评定不合格者应决定暂停或减少采购数量，并通知该供应商进行改善，或由企业派员进行辅导。

（3）采购部门人员追踪评估供应商改善成效，成效不佳视情况要求该供应商于展延期内改善，否则将予以淘汰。

（4）复核为合格者，可继续登录于《合格供应商名册》内。对于优秀的供应商，企业可给予适当的表扬和奖励。

表 2-1 供应商考核表

项目	评估考核等级			
	A	B	C	D
货物质量	品质佳（15）	品质尚可（8）	品质差（6）	时常出现坏品（2）
畅销程度	非常畅销（10）	畅销（8）	普通（6）	滞销（2）
货物价格	比竞争对手优惠（20）	与竞争对手相同（15）	略高于竞争对手（8）	大高于竞争对手（2）
配送能力	准时（15）	偶误（10）	常误（8）	经常误（2）
促销配合	配合及佳（15）	配合佳（10）	配合差（5）	配合极差（3）
欠品率	2%以下（15）	2%～5%（12）	5%～10%（8）	10%以上（2）
退货服务	准时（10）	偶误（8）	常误（6）	经常误（2）
经营潜力	潜力极佳（10）	潜力佳（8）	普通（6）	潜力小（5）
得　分	110	79	53	20

说明：1. 对供应商应定时评估考核，一般隔半年或一季度进行一次。

2. 得分 80 分以上为 A，60～80 分为 B，50～60 分为 C，50 分以下为 D。A 类供应商应给予表扬和奖励。

【小案例 2-3】

家乐福的采购流程

家乐福的全球采购的业务流程大致分为四个步骤，即寻找货源、资格认证、组织谈判与跟踪生产过程。

在寻找货源阶段，家乐福的产品专家们会根据每个产品的具体技术标准与要求，寻找拥有足够技术力量与生产能力的供应商。资格认证方面主要包括工厂检测、商品测试直到装运检验等一系列长达半年的考核。家乐福和供货商谈判的一般流程：全年合同谈判—新店开业谈判—新产品上市谈判—促销活动谈判。对生产过程跟踪方面，家乐福的产品专家将跟踪生产的各个环节，对质量进行测试和监督，以保证大批量生产的产品质量。

【资料来源：根据网络资料整理编写】

2. 企业与供应商关系的改进

定期的再评估不仅仅只是停留在工作考核的层面上，关键还在于如何改进，提高企业的采购管理水平。这里既包括采购计划的改进、采购方法的改进、采购商品品种的改进，还包括企业与供应商关系的改进。

越来越多的企业已经认识到，与优良的供应商建立长期稳定的合作关系对事业发展是至关重要的。过去，企业只要专注于企业内部管理，包括对商品的管理、财务的管理、人员的管理，便能在市场中获得竞争优势。后来随着竞争的加剧，企业又通过发展连锁经营、降低库存来赢得优势。然而，在今天的信息社会中，这种独自挖掘潜力的竞争方式已不能适应竞争的要求，企业要将自己放在整条商品供应链中考虑自己的地位和价值，通过与供应商建立战略伙伴关系，才能不断提高对顾客要求做出迅速反应的能力、企业各部门的应变能力和优化企业外部资源管理能力，从而建立起自己的竞争优势。

2.4 供应商管理

2.4.1 供应商管理的概念

供应商对企业的物资供应起着非常重要的作用，采购管理就是直接和供应商打交道而从供应商那里获得各种物资。因此采购管理的一个重要工作，就是要搞好供应商管理。所谓供应商管理，就是对供应商的了解、选择、开发、使用和控制等综合性的管理工作的总称。

1. 供应商管理的几个基本环节

（1）供应商调查。供应商调查的目的，就是要了解企业有哪些可能的供应商，各个供应商的基本情况如何，为我们了解资源市场以及选择企业的正式供应商做准备。

（2）资源市场调查。资源市场调查的目的，就是在供应商调查的基础上，进一步了解掌握整个资源市场的基本情况和基本性质：是采购方市场还是卖方市场；是竞争市场还是垄断市场；是成长的市场还是没落的市场；资源生产能力、技术水平、管理水平以及价格水平等，为制定采购决策和选择供应商做准备。

（3）供应商开发。在供应商调查和资源市场调查的基础上，还可能发现比较好的供应商但是我们不一定能马上得到一个完全合乎企业要求的供应商，还需要我们在现有的基础上继续进一步加以开发，才能得到一个基本合乎企业需要的供应商。将一个现有的原型供应商转化成一个基本符合企业需要的供应商的过程，这是一个开发过程。具体包括供应商深入调查、供应商辅导、供应商改进、供应商考核等活动。

（4）供应商考核。供应商考核是一个很重要的工作。它分布在各个阶段：在供应商开发过程中需要考核；在供应商选择阶段也需要考核；在供应商使用阶段也需要考核。不过每个阶段考核的内容和形式并不完全相同。

（5）供应商选择。在供应商考核的基础上，选定合适的供应商。

（6）供应商使用。与选定的供应商开展正常的业务活动。

（7）供应商激励与控制。在使用过程中的激励和控制。

2. 供应商管理的目标及战略

（1）供应商管理的目标。

1）获得符合企业质量和数量要求的产品或服务。

2）以最低的成本获得产品或服务。

3）确保供应商提供最优的服务和及时的送货。

4）发展和维持良好的供应商关系。

5）开发潜在的供应商。

（2）供应商管理的战略。

1）设计一种能最大限度地降低风险的合理的供应结构。

2）采用一种能使采购成本最小的采购方法。

3）与供应商建立一种能促使供应商不断降低成本、提高质量的长期合作关系。

3. 供应商调查

供应商管理的首要工作就是要了解供应商、了解资源市场。要了解供应商的情况，就是要进行供应商调查。供应商调查，在不同的阶段有不同的要求。供应商调查可以分成三种：第一种是初步供应商调查；第二种是资源市场调查；第三种是深入供应商调查。

（1）初步供应商调查。所谓初步供应商调查，是对供应商的基本情况的调查。主要是了解供应商的名称、地址、生产能力，能提供什么产品，能提供多少，价格如何，品质如何，市场份额有多大，运输进货条件如何。在初步供应商调查的基础上，要利用供应商初步调查的资料进行供应商分析。初步供应商分析的主要目的，是比较各个供应商的优势和劣势，选择适合于企业需要的供应商。

（2）资源市场调查。

1）资源市场调查的内容。初步供应商调查是资源市场调查的内容之一，但资源市场调查不仅只有供应商调查，资源市场还应包括以下一些基本内容：

a. 资源市场的规模、容量、性质。例如资源市场究竟有多大范围，多少资源量，多少需求量，是卖方市场还是采购方市场，是完全竞争市场，垄断竞争市场还是垄断市场，是一个新兴的成长的市场还是一个陈旧没落的市场。

b. 资源市场的环境如何，例如市场的管理制度、法制建设、市场的规范化程度、市场的经济环境、政治环境等外部条件如何，市场的发展前景如何。

c. 资源市场中各个供应商的情况如何，也就是指我们前面进行的初步供应商调查所得到的情况。分析众多的供应商的调查资料，就可以得出资源市场自身的基本情况，例如资源市场的生产能力、技术水平、管理水平、可供资源量、品质水平、价格水平、需求状况以及竞争性质等。

资源市场的调查目的，就是要进行资源市场分析。资源市场分析，对于企业制订采购策略以及产品策略、生产策略等都有很重要的指导意义。

2）资源市场分析的内容。

a. 要确定资源市场是紧缺型的市场还是富余型市场？是垄断型市场还是竞争型市场？对于垄断型市场，我们将来应当采用垄断型采购策略；对于竞争型市场，我们应当采用竞争型采购策略，例如采用投标招标制、一商多角制等。

b. 要确定资源市场是成长型的市场还是没落型市场？如果是没落型市场，则我们要趁早准备替换产品。不要等到产品被淘汰了再去开发新产品。

c. 要确定资源市场总的水平，并根据整个市场水平来选择合适的供应商。通常我们要选择在资源市场中处于先进水平的供应商、选择产品品质优而价格低的供应商。

（3）深入供应商调查。深入供应商调查，是指对经过初步调查后，准备发展为自己的供应商的企业进行的更加深入仔细的考察活动。这种考察，是深入到供应商企业的生产线、各个生产工艺、品质检验环节甚至管理部门，对现有的设备工艺、生产技术、管理技术等进行考察，看看所采购的产品能不能满足本企业所应具备的生产工艺条件、品质保证体系和管理规范要求。只有通过这样深入的供应商调查，才能发现可靠的供应商，建立起比较稳定的物资采购供需关系。

深入的供应商调查，需要花费较多的时间和精力，成本较高，在以下情况下才需要：

1）准备发展成紧密关系的供应商。例如在进行准时化（JIT）采购时，供应商的产品准时、免检、直接送上生产线进行装配。这时，供应商就像企业的一个生产车间。如果企业要选择这样紧密关系的供应就必须进行深入的供应商调查。

2）寻找关键零部件产品的供应商。如果企业所采购的是一种关键零部件，特别是如精密度高、加工难度品质要求高、在企业的产品中起核心功能作用的零部件产品，企业在选择供应商时，就需要特别小心，要进行反复认真的深入考察审核，只有深入调查证明确实能够达到要求时，才确定发展他为企业的供应商。

除以上两种情况以外，只要进行简单初步调查就可以了。

2.4.2 供应商的审核与考评

1. 供应商的审核

定期审核供应商是采购控制，也是供应商管理中的重要一步。在供应商认证过程中，供应商审核也是关键步骤。因此供应商审核是采购管理之中非常重要的环节，也是每一个采购单位都必须做的工作。实践表明供应商经常会在管理方式、质量保证、物料管理、设计程序、过程改进政策、纠正措施与后续措施等方面出现问题。针对这些问题，在进行供应商审核时都要有相应的审核措施。

（1）审核分类。对于供应商管理过程来说，供应商审核在不同的阶段有相应的审核内容，主要包括供应商选择前必须进行的审核、对现有供应商进行的定期审核以及在现有重要供应商中选择开展的质量体系审核。就采购的控制层次来说，供应商审核既可以局限在产品层次、工艺过程层次，也可以深入到质量保证体系层次甚至供应商的公司整体经营管理体系层次。下面就分别对它们进行介绍：

1）产品层次。这一层次的审核主要是确认供应商的产品质量，必要时还可以要求供应商改进产品质量以符合企业的要求。具体的审核实施办法有正式供应前的产品标准件试制检验，以及供货过程中的来料质量检验。

2）工艺过程层次。这一层次的审核可以视企业自身情况而定。一般说来，这一层次的审核主要针对那些质量水平对生产工艺有很强依赖性的产品。为保证供货质量的可靠性，采购方往往必须深入到供应商的生产现场了解其工艺过程，确认其工艺水平、质量控制体系以及相应的设备设施能力是否能够满足产品的质量要求。

3）质量保证体系层次。质量保证体系层次审核是针对供应商整个质量体系和过程而进行的。通常会选择 ISO 9000 标准或者其他更适合企业自身的质量体系标准作为参考标准。

4）公司层次。公司层次审核是对供应商进行审核的最高层次，它不仅要考察供应商的质量体系，还要审核供应商经营管理水平、财务与成本控制、计划制造系统、信息系统和设计工程能力等各主要企业管理过程。

在实际情况中，对于那些普通型的供应商，采购方一般只限于前两个层次，即产品层次和工艺过程层次的审核。但是，如果采购方要挑选合作伙伴，情况就大不一样了，特别是那些管理严格、技术先进的国际大公司，它们通常都会大量采用后两个层次，即质量保证体系和公司层次的审核来控制供应链管理体系。

（2）审核方法。供应商审核方法同其他一些方法的分类一样无外乎主观和客观两种。通常所说的主观法就是采购方根据个人的印象和以往的经验对供应商进行评判，评判的依据也十分笼统，都是一些"质"化指标。而客观法则是依据采购方事先制定的标准或原则对供应商相应的情况进行量化的考核和审定。客观法又可以具体分为调查表法、现场打分评比法、供应商绩效考评法、供应商综合审核以及总成本法等。

1）调查表法。所谓调查表法就是将事先准备好的标准格式的调查问卷发给不同的供应商填写，而后收回进行比较的方法，常用于招标、寻价以及供应商情况的初步了解等场合。有些供应商为了突出自己或获得订单，并不如实回答问卷，从而使获得的信息失真。因此这种方法并不完善。

2）现场打分评比法。现场打分评比法是指预先准备好一些问题并格式化，而后组织有关人员到现场进行核查、确认。同调查问卷相比，这种方法获得的信息更加真实有效。

3）供应商绩效考评法。供应商绩效考评是指对已经供货的现有供应商的供货及时性、质量、价格等进行跟踪、考核和评比。

4）供应商综合审核。供应商综合审核是针对供应商公司层次而组织的包括质量、工程、企划、采购等专业人员参与的全面审核，它通常需要将问卷调查与现场法结合起来进行。

5）总体成本法。总体成本法是一种耗资巨大但却十分有效的方法。该方法的着眼点是为了降低供应商的总体成本从而达到降低采购价格的目的。它需要供应商的通力合作，由采购商组织强有力的综合专家团队对供应商的财务及成本进行全面、细致的分析，找出可以降低采购成本的方法并要求供应商付诸实施与改进，改进后的受益则由双方共享。少数跨国公司曾使用过总体成本法来降低成本并借此提升供应商的综合管理水平。

2. 供应商的考评

供应商考评是对现有供应商的日常表现进行定期监控和考核。传统上，虽然我们一直也在进行供应商的考评工作，但是一般都只是对重要供应商的来货质量进行定期检查，没有一整套的规范和程式。随着采购管理在企业中的地位越来越重要，供应商管理水平也在不断上升，原有的考评方法已不再适应企业管理需求。本节将就供应商考评范围与要求、考评标准以及考评的做法等进行阐述。

（1）供应商考评范围。

1）考评对象。供应商考评是对已经通过认证的、正为企业提供服务的供应商进行的绩效考核。其目的是了解供应商的表现，促进供应商提升供应水平，并为供应商奖惩提供依据。由于供应商考评也要耗费企业的人力和物力，因此为了节约企业资源，避免不必要的浪费，只需选择企业认为对其产品质量有重要影响的供应商。如，伙伴型供应商、优先型供应商等。如果管理成熟，供应商考评可以每月进行一次，并将考评结果及时通知该供应商以督促他们加以改进。需要注意的是最后一步，必须牢记进行考评的目的是为了提升供应商绩效，保证企业供应的稳定。因此必须把考评结果通知给供应商本人，督促他们加以改进。

2）考评准备。供应商考评是一个十分烦琐，而又必须尽量公正、完备的事情。如果考评做不到公正就会引发供应商的不满，其结果将适得其反。因此，要实施供应商考评，就必须制订一整套严格完整的供应商考评工作程序，有关部门或人员严格依文件实施。实施过程中要对供应商的表现如质量、交货、服务等进行监测记录，为考评提供量化依据。一般认为供应商考评的准备工作主要有以下几步：

a. 设定考评准则，考评准则体现跨功能精神。

b. 设定考评指标，考评指标要明确、合理，与公司的大目标保持一致。

c. 确定考评的具体步骤并且文件化。

  d. 选择要进行考评的供应商，将考评做法、标准及要求与相应的供应商进行充分沟通。

  e. 成立考评小组，小组成员包括采购员、品质员、企划员、仓管员等。

  3）考评范围。不同的企业生产范围不同，供应商供应的商品也就不同，因此针对供应商表现的考评要求也不相同，相应的考评指标设置也不一样。一般来讲，最简单的做法就是衡量供应商的交货质量和及时性。这是最好衡量和评定的，而且不需要花费大量的时间和精力，只需在每次进货时做好记录即可。较先进的供应商考评系统则要进一步扩展到供应商的支持与服务、供应商参与本公司产品开发的表现等，也就是把考评订单交单实现过程延伸到产品开发过程。下面介绍的是大型跨国公司对供应商进行考评时考虑的因素：

  a. 确定供应商考评范围。

  b. 制订考评文件，文件内容应包括考评什么、何时考评、怎样考评、由谁考评等。

  c. 根据事先确定的考评指标和收集的数据通过信息系统自动计算考评结果。

  d. 组织供应商会议跟进相应的改善行动。

  e. 设定明确的改进目标。

  （2）供应商考评指标。虽然供应商的考评指标很多，但是归纳起来也不过四大类：供应商质量考评指标、供应商供应考评指标、供应商经济考评指标以及供应商支持与服务考评指标。

  1）质量指标。质量是用来衡量供应商的最基本的指标。每一采购方在这方面都有自己的标准，要求供应商遵从。供应商质量指标主要包括来料批次合格率、来料抽检缺陷率、来料在线报废率、供应商来料免检率等，现分别叙述如下：

来料批次合格率=(合格来料批次/来料总批次)×100%

来料抽检缺陷率=(抽检缺陷总数/抽检样品总数)×100%

来料在线报废率=［来料总报废数（含在线生产时发现的）/来料总数］×100%

来料免检率=(来料免检的各类数/该供应商供应的产品总种类数)×100%

  其中尤以来料批次合格率最为常用。此外，也有一些公司将供应商质量体系、供应商是否使用以及如何运用 SPC 于质量控制等也纳入考核。例如，如果供应商通过了 ISO 9000 质量体系认证或供应商的质量体系审核达到某一水平则为其加分，否则不加分。还有一些公司要求供应商在提供产品的同时也要提供相应的质量文件，如过程质量检验报告、出货质量检验报告、产品成分性能测试报告等，并按照供应商提供信息完整、及时与否给予考评。

  2）供应指标。供应商的供应指标又称企业指标，是同供应商的交货表现以及供应商企划管理水平相关的考核因素，其中最主要的是准时交货率、交货周期、订单变化接受率等。

  a. 准时交货率：准时交货率=(按时按量交货的实际批次/订单确认的交货总批次)×100%

  b. 交货周期：交货周期是指自订单开出之日到收货之时的时间长度，一般以天为单位来计算。

  c. 订单变化接受率：订单变化接受率是衡量供应商对订单变化反应灵敏度的一个指标，是指在双方确认的交货周期中供应商可接受的订单增加或减少的比率。

订单变化接受率=(订单增加或减少的交货数量/订单原定的交货数量)×100%

  值得注意的是，供应商能够接受的订单增加接受率与订单减少接受率往往并不相同。其原因在于前者取决于供应商生产能力的弹性、生产计划安排与反应快慢、库存大小与状态（原材料、半成品或成品）等，而后者则主要取决于供应商的反应、库存（包括原材料与在制品）大小以及因减少订单带来可能损失的承受力。

此外，有些公司还将本公司必须保持的供应商供应的原材料或零部件的最低库存量、供应商的企划体系水平、供应商所采用的信息系统如 MRP、MRPII 或 ERP 以及供应商是否同意实施"即时供应"（JIT 供应）等也纳入考核。

3）经济指标。供应商考核的经济指标主要是考虑采购价格与成本。同质量与供应指标不同的是，质量与供应考核按月进行，而经济指标则常常按季度考核。另一个与质量和供应指标不同的是经济指标往往都是定性的，难以量化，而前两者则是量化的指标。下面介绍经济指标的具体考核点：

a. 价格水平。企业可以将自己的采购价格同本公司所掌握的市场行情比较，也可以根据供应商的实际成本结构及利润率等进行主观判断。

b. 报价行为。主要包括报价是否及时、报价单是否客观、具体、透明（分解成原材料费用、人工费用、包装费用、运输费用、税金、利润以及相对应的交货与付款条件）。

c. 降低成本的态度与行动。供应商是否自觉自愿地配合本公司或主动地开展降低成本活动。制订成本改进计划、实施改进行动，是否定期与本公司审查价格等。

d. 分享降价成果。供应商是否将降低成本的利益与众分享（如本企业）。

e. 付款。供应商是否积极配合响应本公司提出的付款条件、付款要求以及付款办法，供应商开出付款发票是否准确、及时，是否符合有关财税要求。

有些单位还将供应商的财务管理水平与手段、财务状况以及对整体成本的认识也纳入考核范围。

4）支持、合作与服务指标。同经济类指标一样，考核供应商在支持、合作与服务方面的表现通常也都是定性的考核，一般来说可以每个季度一次。考核的内容主要有反应与沟通、合作态度、参与本公司的改进与开发项目、售后服务等。

a. 投诉灵敏度。供应商对计单、交货、质量投诉等反应是否及时、迅速，答复是否完整，对退货、挑选等要求是否及时处理。

b. 沟通。供应商是否派出合适的人员与本公司定期进行沟通，沟通手段是否符合本公司的要求（电话、传真、电子邮件以及文件书写所用软件与本公司的匹配程度等）。

c. 合作态度。供应商是否将本公司看成是其重要客户，供应商高层领导或关键人物是否重视本公司的要求，是否经常走访本公司，供应商内部沟通协作（如市场、生产、计划、工程、质量等部门）是否能整体理解并满足本公司的要求。

d. 共同改进。供应商是否积极参与或主动提出与本公司相关的质量、供应、成本等改进项目或活动，是否经常采用新的管理做法，是否积极组织参与本公司共同召开的供应商改进会议、配合本公司开展的质量体系审核等。

e. 售后服务。供应商是否主动征询顾客意见，是否主动走访本公司，是否主动解决或预防问题发生，是否及时安排技术人员对发生的问题进行处理。

f. 参与开发。供应商是否主动参与本公司的各种相关开发项目，如何参与本公司的产品或业务开发过程，表现如何？

g. 其他支持。供应商是否积极接纳本公司提出的有关参观、访问、实地调查等事宜，是否积极提供本公司要求的新产品报价与送样，是否妥善保存与本公司相关的机密文件等不予泄漏，是否保证不与影响到本公司切身利益的相关公司或单位进行合作等。

2.4.3 供应商的管理

1. 供应商使用

供应商经过考核成为企业的正式供应商之后,就要开始进入日常的物资供应运作程序。进入供应商使用的第一个工作,就是要签订一份与供应商的正式合同。这份合同既是宣告双方合作关系的开始,也是一份双方承担责任与义务的责任状,也是将来双方合作关系的规范书。所以双方应当认真把这份合同书的合同条款协商好,然后双方签字盖章。协议生效后,它就成为直接约束双方的法律性文件,双方都必须遵守。

在供应商使用的初期,采购企业的采购部门,应当和供应商协调,建立起供应商运作的机制,相互在业务衔接、作业规范等方面建立起一个合作框架。在这个框架的基础上,各自按时按质按量完成自己应当承担的工作。在日后供应商使用的整个期间,供应商当然尽职尽责,完成企业规定的物资供应工作。采购企业的采购管理部门应当按合同的规定,严格考核检查供应商执行合同、完成物资供应任务的情况。既充分使用、发挥供应商的积极性,又进行科学的激励和控制,保证供应商的物资供应工作顺利健康地进行。

采购企业在供应商使用管理上,应当摒弃"唯我"主义,建立"共赢"思想,并把这种思想落实到供应商使用、激励和控制的各个环节中去。

【小案例 2-4】

波音公司的双赢供应商关系

波音公司长期以来与日本的四家飞机制造公司:Mitsubishi 重工业公司、Kawasaki 公司、Ishikawajima-Harima 重工业公司和富士重工业公司建立了良好的供应商关系。

目前,虽然每一架飞机都是由波音公司设计,但日本这四家公司在宽体喷气式飞机的机体中零部件的贡献价值达到 40%,使用的专业技术和工具在许多方面都是全球最领先的。

这种关系双方都是赢家,日本人购买了大量的飞机,帮助波音公司成为全球主导的商用机公司;与波音的关系也使得日本的制造厂家改进了技术能力,增加了其供应能力。

【资料来源:根据网络资料整理编写】

2. 供应商激励与控制

为了保证供应商使用期间日常物资供应工作的正常进行,要采取一系列的措施对供应商进行激励和控制;激励和控制往往是并存的、不可分割的,一些激励措施可能同时又是一种控制措施。因此我们觉得对供应商的激励与控制应当注意以下一些方面的工作:

(1)逐渐建立起一种稳定可靠的关系。企业应当和供应商签订一个较长时间的业务合同关系,例如 1~3 年。时间不宜太短,太短了让供应商不太完全放心,从而总是对本企业要留一手,不可能为搞好企业的物资供应工作而倾注全力。只有合同时间长,供应商才会感到放心、才会倾注全力与企业合作,搞好物资供应工作。但是合同时间也不能太长。这一方面是因为将来可能会发生变化,例如市场变化导致产量变化,甚至产品变化、组织机构变化等;另一方面,也是为了防止供应商产生一劳永逸、铁饭碗的思想而放松对业务的竞争进取精神。

(2)有意识地引入竞争机制。有意识地在供应商之间引入竞争机制,促使供应商之间在产品质量、服务质量和价格水平方面不断优化而努力。例如，在几个供应量比较大的品种中，每个品种可以实行 AB 角制或 ABC 角制。所谓 AB 角制，就是一个品种设两个供应商，一个 A 角，作为主供应商，承担 50%～80%的供应量，一个 B 角，作为副供应商，承担 20%～50%的供应量。在运行过程中，对供应商的运作过程进行结构评分，一个季度或半年进行一次评比，如果主供应商的月平均分数比副供应商的月平均分数低 10%以上，就可以把主供应商降级成副供应商，同时把副供应商升级成主供应商。与上面所说原因相同，我们主张变换的时间间隔不要太短，最少 1 个季度以上。太短了不利于稳定，也不利于一旦偶然犯错的供应商纠正错误。ABC 角制则是实行三个角色的制度，原理与 AB 角制一样，同样也是一种激励和控制的方式。

（3）与供应商建立相互信任的关系圈。当供应商经考核转为正式供应商之后，一个重要的措施，就是应当将验货收货逐渐转为免检收货。免检，这是对供应商的最高荣誉，也可以显示出企业对供应商的高度信任。免检，当然不是不负责任地随意给出，应当稳妥地进行。既要积极地推进免检考核的进程，又要确保产品质量。一般免检考核要经历三个月左右，在免检考核期间内，起初总要进行严格的全检或抽检。如果全检或抽检的结果，不合格率很小，则可以降低抽检的频次，直到不合格率几乎降到零。这个时候，要组织供应商有关方面的人，稳定生产工艺和管理条件，保持住零不合格率。如果真能保持住零不合格率一段时间，这时就可以实行免检了。

当然，免检也不是绝对的免检。还要不时地随机抽检一下，以防供应商的质量滑坡，影响本企业的产品质量。抽检的结果如果满意，则就继续免检。一旦发现了问题，就要增大抽检频次，进一步加大抽检的强度，甚至取消免检。通过这种方式，也可以激励和控制供应商。

3. 供应商监督和制裁

（1）对供应商的监督控制措施。在建立起信任关系的基础上，也要建立起比较得力的、相应的监督控制措施。特别是一旦供应商出现了一些问题或者一些可能发生问题的苗头之后，一定要建立起相应的监督控制措施。根据情况的不同，可以分别采用以下一些措施：

1）对一些非常重要的供应商，或是当问题比较严重时，可以向供应商单位派常驻代表。

2）加强成品检验和进货检验，做好检验记录，退还不合格品，甚至追究赔款或罚款，督促供应商改进。

3）组织本企业管理技术人员对供应商进行辅导，提出产品技术规范要求，使其提高产品质量水平或企业服务水平。

（2）对供应商的"制裁"措施。如果供应商的高层管理者在合作过程中对多次发生的品质、交货问题不以为然或对企业的合理要求置之不理时，应引起高度重视，采购人员除了报告采购部负责人或企业高层管理者外，还要对这种供应商施以"制裁"措施，并要及时采取补救措施，如及时开发新供应商等，否则有断料的危险。主要方法有以下几种：

1）减少订单量或暂停采购。

2）根据签订的采购合同或品质合同进行罚款。

3）暂时停止支付供应商的货款。

4）用法律手段对供应商施压或挽回损失等。

2.5 采购作业

2.5.1 采购的招投标

目前世界各国和有关国际组织的有关采购的法律、法规都规定了公开招标、邀请招标、议标等三种招投标方式。

1. 招标投标方式

（1）公开招标，又叫竞争性招标，即由招标人在报刊、电子网络或其他媒体上刊登招标公告，吸引众多企业单位参加投标竞争，招标人从中择优选择中标单位的招标方式。按照竞争程度，公开招标可分为国际竞争性招标和国内竞争性招标。

1）国际竞争性招标。这是在世界范围内进行招标，国内外合格的投标商均可以投标。它要求制作完整的英文标书，在国际上通过各种宣传媒介刊登招标广告。这种招标方式的优点如下：

a. 由于投标竞争激烈，一般能以对买主有利的价格采购到需要的设备和工程。

b. 可以引进先进的设备、技术和工程技术及管理经验。

c. 可以保证所有合格的投标人都有参加投标的机会。由于国际性招标对货物、设备和工程的客观的衡量标准，可促进发展中国家的制造商和承包商提高产品和工程建造质量，提高国际竞争力。

d. 保证采购工作根据预先制订并为大家所知道的程序和标准公开而客观地进行，因而减少了在采购中作弊的可能性。

但是，这种招标方式也有它的不足之处：

a. 费时较多。它有一套周密而比较复杂的程序，从招标广告、投标人做出反应、评标到授予合同一般都要半年到一年以上的时间。

b. 所要准备的文件较多。招标文件要明确规范各种技术规格、评标标准，以及买卖双方的义务等内容。招标文件中任何含糊不清或未予明确的内容都有可能导致执行合同意见不一，甚至造成争执。

c. 要将大量文件译成国际通用文字，因而工作量很大。

d. 在中标的供应商和承包商中，发展中国家所占份额很少。

2）国内竞争性招标。这是在国内进行招标，可用本国语言编写标书，只在国内的媒体上刊登广告，公开出售标书，公开开标。通常用于合同金额较小、采购品种比较分散、分批交货时间较长、劳动密集型、商品成本较低而运费较高、当地价格明显低于国际市场等类型的采购。

（2）邀请招标，也称为优先竞争性招标或选择性招标，即由招标单位选择一定数目的企业，向其发出投标邀请书，邀请他们参加投标竞争。一般选择3到10家企业参加，还要视具体的招标项目的规模大小而定。由于被邀请参加的投标竞争者有限，不仅可以节约费用，而且提高了每个投标者中标的机会。但因邀请招标限制了充分的竞争，招标投标法规都规定招标人尽量采用公开招标。邀请招标有以下的特点：

1）邀请招标部署用公开的公告形式。

2）接受邀请的单位才是合格的投标人。

3）投标人数量有限。

（3）议标。议标也称谈判招标或限制性招标，即通过谈判来确定中标者。主要方式有以下几种：

1）直接邀请议标方式。选择中标单位不是通过公开或邀请招标，而由招标人或其代理人直接邀请某一企业进行单独协商，达成协议后签订采购合同。如与一家协商不成，可邀请另一家，直到协议达成为止。

2）比价议标方式。"比价"是兼有邀请招标和协商特点的一种招标方式，一般用于规模不大、内容简单的工程和货物采购。通常的做法是由招标人将采购的有关要求送交选定的几家企业，要求他们在约定的时间报价，招标单位经过分析比较，选择报价合理的企业，就工期、造价、质量和付款条件等细节进行协商，从而达成协议，签订合同。

3）方案竞赛议价方式。一般的做法是由招标人提出规划设计的基本要求和投资控制数额，并提供可行性研究报告或设计任务书、场地平面图、有关场地条件和环境情况的说明以及规划。由于议标的中标人是通过谈判产生的，不便于公众监督，容易导致非法交易，因此，我国机电设备招标规定中，禁止采用这种方式。即使允许采用议标方式，也大都对议标方式进行了严格限制。

【小思考2-3】

所有投标人的报价都超过了预算，是不是必须废标？

2. 招标采购的筹备

竞争性招标有一套完整的、统一的程序，它由招标、投标、开标、评标、合同授予等阶段组成。国际限制性招标采购和国内限制性招标采购除了在招标阶段与竞争性招标采购有所不同外，其他基本上与竞争性招标采购相同。招标程序如下：

（1）发布资格预审通告。对于大型或复杂的土建工程或成套设备，在正式组织招标以前，需要对供应商的资格和能力进行审查，即资格预审。

1）预审的内容。资格预审包括两大部分，即基本资格预审和专业资格预审。基本资格指供应商的合法地位和信誉，包括是否注册、是否破产、是否存在违法违纪行为等。

专业资格指已具备基本资格的供应商履行拟订采购项目的能力，包括：

a. 经验和以往承担类似合同的业绩和信誉。

b. 为履行合同所配备的人员情况。

c. 为履行合同任务而配备的机械、设备以及施工方案等情况。

d. 财务情况。

e. 售后服务的网点分布、人员结构等。

2）资格预审程序。

a. 编制资格预审文件。

b. 邀请潜在的供应商参加资格预审。

c. 发布资格预审文件和提交资格预审申请。

d. 评定资格，确定参加投标的供应商名单。

（2）准备招标文件。招标文件是供应商准备投标文件和参加投标的依据，同时也是评标的重要依据。此外，招标文件也是签订合同的依据，其内容大部分列入合同中。招标文件包括：

1）投标须知。投标须知包括以下条款：资金来源；若没有资格预审的、要提出投标商的资格要求；货物原产地要求；招标文件和投标文件的澄清程序；投标文件的内容要求；规定投标语言；规定投标的价格和货币；修改和撤销投标的规定；标书格式和投标保证金的要求；评标的标准和程序；国内优惠的规定；投标程序；投标有效期；投标截止日期；开标的时间、地点等。

2）合同条款。合同条款内容见表 2-2。

表 2-2 合同条款内容说明

一般合同条款	特殊合同条款
买卖双方的权利和义务	交货条件
运输、保险、验收程序	履约保证金的具体金额和提交方式
价格调整程序	验收和测试程序
付款条件、程序以及支付货币规定	保险要求
履约保证金的数量、货币及支付方式	付款方式和货币要求
不可抗力因素	解决争端的具体规定
延误赔偿和处罚程序	零配件和售后服务的具体要求
合同终止程序	
解决争端的程序和方法	
合同适用法律的规定	
税收的规定等	

3）技术规格。技术规格是招标文件和合同文件的重要组成部分，它规定所购货物、设备的性能和标准。技术规格也是评标的关键依据之一。货物采购技术规格一般采用国际或国内公认的标准，除不能准确或清楚地说明拟招标项目的特点外，各项技术规格均不得要求或标明某一特定的商标、名称、专利、设计、原产地或生产厂家，不得有针对某一潜在供应商或排斥某一潜在供应商的内容。

4）投标书的编制要求。投标书是投标供应商对其投标内容的书面声明，包括投标文件构成、投标保证金、总投标价和投标书的有效期等内容。投标书中的总投标价应分别以数字和文字表示。投标书的有效期是指投标有效期，是让投标商确认在此期限内受其投标书的约束，该期限应予投标须知中规定的内容相一致。

5）投标保证金。投标保证金是为了防止投标商在投标有效期内任意撤回投标或中标后不签订合同或不缴纳履约保证金，使采购实体蒙受损失。保证金可采用现金、支票等形式缴纳，一般为投标价的 1%～5%，也可以确定一个固定的数额。投标商在投标有效期内任意撤回投标或中标后不签订合同或不缴纳履约保证金时应没收其投标保证金，对没有违规违纪的未中标的投标商等应及时退还保证金给投标商。

6）供货一览表、报价表和工程量清单。供货一览表应包括采购商品品名、数量、交货时间和地点等。

报价表中，境内提供的货物要填写商品品名、商品简介、原产地、数量、出厂单价、出厂价境内增值部分占的比例、中加、中标后应缴纳的税费等。境外提供的货物要填写商品品名、商品简介、原产地、数量、离岸价及离岸港、到岸价及到岸港等。

（3）发布招标通告。其内容一般包括：

1）采购实体的名称和地址。

2）资金来源。

3）采购内容简介。

4）希望或要求供应货物的时间或竣工的时间或提供服务的时间表。

5）获取招标文件的方法和地点。

6）对招标文件收取的费用及支付方式。

7）提交投标书的地点和截止日期。

8）投标保证金的金额要求和支付方式。

9）开标日期、时间和地点。

3. 投标、开标程序与方法

（1）开标。开标应按招标通告中规定的时间、地点公开进行，并邀请投标商或其委派的代表参加。开标前，应以公开的方式检查投标文件的密封情况，当众宣读供应商名称、有无撤标情况、提交投标保证金的方式是否符合要求、投标项目的主要内容、投标价格以及其他有价值的内容。开标时，对于投标文件中含义不明确的地方，允许投标商作简要解释，但所作的解释不能超过投标文件记载的范围，或是执行的改变投标文件的内容。以电传、电报方式投标的不予开标。

开标要做开标记录，其内容包括项目名称、招标号、刊登招标通告的日期、发售招标文件的日期、购买招标文件单位的名称、投标商的名称及报价、截标后收到标书的处理情况等。在有些情况下，可以暂缓或推迟开标时间，如招标文件发售后对原招标文件进行了变更或补充等。

（2）评标。评标的目的是根据招标文件中确定的标准和方法，对每个投标商的标书进行评价和比较，以评出最低投标价的投标商。评标必须以招标文件为依据，不得采用招标文件规定以外的标准和方法进行评标，凡是评标中需要考虑的因素都必须写入招标文件中。评标分为初步评标和详细评标阶段。

1）初步评标。初评的内容包括供应商资格是否符合要求，投标文件是否符合要求，投标文件是否完整，是否按规定方式提交投标保证金，投标文件是否基本上符合招标文件的要求，有无计算上的错误等。若供应商资格不符合规定，或投标文件未作出实质性的反映，都应作为无效投标处理，不得允许投标供应商通过修改投标文件或撤销不合要求的部分而使其投标具有相应性。经初评，凡是基本符合要求的投标，还要核定投标中有没有计算和累计方面的错误。

2）详细评标。完成初评后，进入详细评定和比较阶段。只有在初评确定为基本合格的投标，才有资格进入详细评定和比较阶段。具体的评标方法取决于招标文件中的规定，并按评价的高低，由低到高，评定出投标的排列次序。在评标时，当出现最低评标远远高于标底或缺乏竞争型等情况时，应废除全部投标。

3）编写并上报评标报告。评标结束后，要编写评标报告，上报采购主管部门。评标报告包括以下内容：

a. 广告刊登的时间、购买招标文件的单位名称。

b. 开标日期。

c. 投标商名单。

  d. 投标报价以及调整后的价格。
  e. 价格评比基础。
  f. 评价的原则、标准和方法。
  g. 授标建议。
  4）资格后审。若投标前没有进行资格预审，在评标后则需要对最低评标价的投标商进行资格后审。若审定结果认为他有资格、有能力承担合同任务，则应把合同授予他；否则，应对下一个评标价最低的投标商进行类似的审查。
  5）授标与合同签订。合同授予最低评标价投标商，并要求在投标有效期内进行。决标后，在向中标投标商发出中标通知书时，也要通知其他没有中标的投标商，并及时退还投标保证金。
  具体的合同签订方法有两种：一是在发中标通知书时将合同文本寄给中标单位，让其在规定的时间内签字退回；二是中标单位收到中标通知书后，在规定的时间内，派人前来签订合同。若采用后者，合同签订前，允许相互澄清一些非实质性的技术性或商务性问题，但不得要求投标商承担招标文件中没有规定的义务，也不得有标后压价的行为。合同签字后就生效，采购工作进入实施阶段。

2.5.2　采购成本控制

1. 采购成本构成

  狭义的采购成本是指因采购而带来的或引起的成本，它不仅仅是指订购活动的成本费用（包括取得物料的费用，订购业务费用等），还包括因采购而带来库存维持成本及因采购不及时而带来的缺料成本，但它不包括物料的价格。
  （1）订购成本。订购成本是指向供应商发出采购合同订单的成本费用。具体来说，订购成本是指企业为了实现一次采购而进行的各种活动的费用，如办公费、差旅费、邮资、电报电话费等支出。订购成本中有一部分与订购次数无关，如常设采购机构的基本开支等，称为订购的固定成本；另一部分与订购的次数有关，如差旅费、邮资等，称为订购的变动成本。订购成本包括与下列活动相关的费用：
  1）检查存货水平。
  2）编制并提出采购申请。
  3）对多个供应商进行调查比较，选择最合适的供应商。
  4）填写并发出采购单。
  5）填写、核对收货单。
  6）结算资金并进行付款。
  订购成本和持有成本随着订购次数或订购规模的变化而呈反方向变化。总之，随着订购规模的增加，持有成本增加，而订购成本降低，使总的订购成本线呈 U 形。
  （2）维持成本。维持成本可能占据了采购成本的大部分。维持成本是指为保持物料而发生的成本，它可以分为固定成本和变动成本。固定成本与存货数量的多少无关，如仓库折旧、仓库员工的固定月工资等；变动成本与持有数量的多少有关，如物料资金的应计利息、物料的破损和变质损失、物料的保险费用等。这里重点介绍其变动成本的构成及其所占比例。
  维持成本是根据平均物料价值估算持有成本百分比而产生的财务支出。例如，假定持有成本为 20%，年度物料成本为 1000 万元的企业，其平均物料维持成本为 200 万元（20%×1000

万元）。虽然维持成本的计算方法显而易见，但要确定适当的持有成本百分比并不简单。

确定持有物料的成本需要从管理上作出判断、估算平均存货水平、评估与存货有关的各种费用，以及在一定程度上需要直接进行测量。传统上包括在持有物料成本账目中的项目有：资本成本、保险、折旧、储存和税金。

年度的持有成本一般在20%左右，但是它的范围可以从9%～50%，主要取决于企业的存货政策。持有成本百分比是根据每一个存货单位（SKU）或配送地点的平均存货价值评估出来的。由此产生的持有成本就能够与其他的采购成本构成进行优选，以便最后确定采购成本管理政策。

（3）缺料成本。采购成本中另一项主要成本是因采购不及时而造成的缺料成本，它是指由于物料供应中断而造成的损失，包括停工待料损失、延迟发货损失和丧失销售机会损失（还应包括商誉损失），如果损失客户，还可能为企业造成间接或长期损失。

1）保险存货及其成本。许多企业都会考虑保持一定数量的保险存货，即缓冲存货以防在需求或提前期方面的不确定性。但是困难在于确定需要保持多少保险存货，保险存货太多意味着多余的库存，而保险存货不足则意味着缺货或失销。

企业保持保险存货是为了在需求率不规则或不可预测的情况下，有能力供应。准备这些追加存货是要不失时机地为生产及内部需要服务，以保证企业长期效益。保险存货的维持成本的计算与上面讲的方法一样，但有两点需要指出：保险存货的风险更大，比周转存货的储存成本要高；其次，保险存货水平的决策涉及概率分析。

2）延期交货及其成本。延期交货可以有两种形式：缺货可以在下次规则订货中得到补充，或者利用快速延期交货。如果客户愿意等到下一个周期订货，那么企业实际上没有什么损失。如果缺货延期交货，那么就会发生特殊订单处理和送货费用。对于延期交货的特殊订单处理费用相对于规则补充的普通处理费用要高。由于延期交货经常是小规模装运，送货费率相对更高，而且，延期交货可能需要长距离运输。另外，可能需要利用快速、昂贵的运输方式运送延期交货的货物。因此，延期交货成本可以根据额外订单处理费用和额外运费来计算。

3）失销成本。当一个企业没有客户所需的货物时，客户就会从其他企业订货，在这种情况下，缺货导致失销。对于企业的直接损失是这种货物的利润损失。可以通过计算这种货物的利润乘上客户的订货数量来确定直接损失。由于缺货而失去客户，企业也就失去了未来一系列收入，这种缺货造成的损失很难估计，需要用管理科学的技术以及市场营销研究方法来分析和计算。除了利润损失，还有由于缺货造成的信誉损失。信誉损失难以度量，在采购成本控制中常被忽略，但是它对未来销售及客户经营活动非常重要。

2. 物料成本的分析

物料成本分析是指就供应商所提供的成本估计，逐项审查及评估，以求证成本的合理性。

（1）物料成本分析的内容。

1）工程或制造的方法。

2）所需的特殊工具、设备。

3）直接及间接材料成本。

4）直接及间接人工成本。

5）制造费用或外包费用。

6）营销、管理费用及税收、利润。

（2）物料成本分析的原因。

1）物料底价获取困难。

2）物料无法确定供应商的物料报价是否合理。

3）物料采购金额巨大，成本分析有助于将来的议价工作。

4）运用成本分析表，可以提高议价的效率。

（3）物料成本分析资料的获取。物料成本资料是由供应商掌握管理，企业采购部门无法揣摩编写，只有依赖供应商自行提供。但是成本分析所使用的报表，则有两种方式：

1）由各报价供应商自行提供。

2）由采购部门事先编制固定的报价单或成本分析表，提供所有供应商统一填报。

采用第一种方式，很难获得一致的报价，会增加采购人员议价、比价工作的困难，甚至有些供应商可能避重就轻，因陋就简，这种草率的成本分析表所提供的作用相当有限。第二种方式对提高议价、比价的效率将有很大的贡献。

总之，成本分析应包括所有各项成本细目，并且认定各细目数字是否合理，以及制造费用的分摊是否适当。最好的成本分析方式，是采购部门委请工程部门编制一份详细的成本估计，使之与供应商所提的成本资料逐一相互核对，如不一致或不完全，须以供应商所提供的资料为依据，以提高议价效果。

（4）物料成本分析的要点。企业的采购对象大致可分为下列四个层次：

1）原材料、素材料类：如钢板、铝锭、原油等。

2）委托加工定制品类：如冲压件、切削件、印刷基板等。

3）规格品零件类：如螺丝、垫圈、电阻等。

4）专业（规格品、专利品）组件类：如马达、变压器、半导体等。

（5）物料价格的审议。就采购人员来说，物料成本分析只是为将来议价提供了参考，也就是获得一个合理的价格参考的依据，它解决"量"的问题。至于"质"的问题，需要各供应商报价单位的内容采购人员先加以审议、比较，才能获得合理采购价格的基础。

采购部门审议某一物料的价格是否公平合理时，必须先了解价格的形成情况。如果价格的形成，是经过竞争而形成的，则表示该物料已由市场确定了价值。但如果是在没有竞争的情况下，或是在竞争不充分，或采购量相当庞大的情况下，则采购部门便应进行价格审议，并在必要时进行成本分析。

本章思考题

1. 采购的功能是什么？
2. 简述采购的分类。
3. 采购的流程包括哪几个部分？
4. 什么是供应商管理？如何进行供应商管理？
5. 简述采购成本的构成。
6. 采购的招标方式有哪些？

 案例分析

美的新物流运动——基于供应商与经销商库存管理

美的作为前三甲的空调制造企业,近来在供应链这条维系着空调企业的生死线上,频频出招,其中最主要的就是启动"供应商管理库存"(VMI)和"管理经销商库存"。

在美的流传着一句话:宁可少卖,不多做库存。这句话体现了美的控制库存的决心。零库存是库存管理的理想状态,美的也一直在追求最大限度的零库存。

1. 供应商管理库存(VMI)

库存一般有分公司库存、在途库存、经销商库存等几种,如何管理好供应商库存,是美的一直努力解决的问题。自2002销售年度开始,美的开始导入供应商管理库存(VMI)。目前,美的各种型号产品的零配件加起来一共有三万多种,居于美的产业链上游且较为稳定的供应商共有300多家。由于美的是家强势企业,吸引了众多的产业上游企业,60%的供货商在美的总部顺德周围,只有15%的供应商距离美的较远,因此在这个现有的供应链上,美的实现VMI具有明显的优势。

聚集在美的顺德制造基地周围的供应商,在库存管理的问题上比较简单,关键剩下的15%的远程供应商。美的在顺德总部建立了很多仓库,然后把仓库分成很多片。运输距离超过3天以上车程的外地供应商,一般都会在美的的仓库里租赁一个片区,并把零配件放到片区里面储备。在美的需要用到这些零配件的时候,就会通知供应商,然后进行资金划拨、取货等工作。这时,零配件的产权才由供应商转移到美的手上。

2. 管理经销商库存

美的不仅对业务链的供应体系进行优化,还不断加强对前端销售体系的管理渗透。

此前由于行业、产品序列和仓储等问题,美的前端销售体系存在货品不足或挤压、调度缓慢、效率低下等状况。空调、风扇等行业季节性强,经常出现断货或者压货现象。美的各事业部有上千个型号的产品,分散在全国各地的100多个仓库里,商品调拨和管理都将产生巨大的费用。此外,因为信息传导渠道不畅,传导链条过长,市场信息又常常误导工厂的生产,造成生产过量或紧缺。

对此,美的首先在内部生产环节通过科学安排生产计划解决这一问题。在外部经销商环节,美的近年来公开了与经销商的部分电子化往来,由以前半年一次的手工性的繁杂对账,改为业务往来的实时对账和审核。这样,美的不仅强化了内部管理,而且建立了一条由空调销售公司、经销商、零售商、网点、服务商组成的通畅、协调的市场营销信息链。使信息技术由以 ERP 为标志的内部管理应用提升到了以营销链、供应链为主体的外部客户、供应商的业务协同。

同时,虽然美的目前的销售仍然沿着一级经销商、二级经销商到零售商的渠道,但它的第三方物流公司一般把产品直接运送到指定的二级经销商或零售商处,从而缩短了与市场的距离。通过逐步将渠道扁平化,物流公司所掌握的市场流量信息的有效性相对提高,为物流部门的库存预测提供了帮助。

目前美的空调成品的年库存周转率大约是接近10次,而美的的短期目标是将成品空调的

库存周转率再提高1.5到2次。目前美的空调成品的年库存周转率不仅远低于戴尔等电脑厂商，也低于年周转率大于10次的韩国厂商。

美的一系列"润物细无声"的动作创造出令人侧目的一个又一个亮点，业内人士预计美的的这些"新物流运动"，将造就一个新的利润增长点。

【资料来源：根据网络资料整理编写】

问题：总结美的供应商管理库存的特色，并分析供应商给美的带来了什么价值。

第 3 章　包装及装卸搬运

学习目标

- 知识目标:通过本章的学习,掌握物流包装的基本理论及装卸搬运的原理、应用,熟悉包装材料及包装设计的发展。
- 技能目标:掌握包装合理化的技巧和策略,掌握装卸搬运常用设施设备的特点及选用。
- 能力目标:通过学习,能够熟练包装及装卸搬运的基本原理,具有物流企业包装和装卸搬运业务运作的能力。

引导案例

某仓储公司装卸操作管理规定

2017 年的全球智慧物流峰会上,邢凯一手创立的一撕得绿色拉链纸箱成为阿里包裹独家供应商。作为一撕得家的宝贝,拉链纸箱一年卖了 6 亿,别看它只是一个不起眼的包装箱,它可是获得国家邮政局肯定,拥有 40 多项技术专利的"电商打包神器"!

2014 年,邢凯接到唯品会的电话"你的箱子太贵了,我用完这十万个,就不再用了",一道晴天霹雳就这么猝不及防地打了下来,磨了半年才拿下的客户说没就没了。那一刻,邢凯有了一种被世界抛弃的感觉。接下来,放弃还是坚持?邢凯选择了坚持。从哪里跌倒就从哪里爬起来。为了压低价格,邢凯这个门外汉一头扎进了造纸业,学习优化物化成本、辅料成本、制造成本。最终,将纸箱的价格从 3.0 元/个降到 0.9~1.1 元/个,低于同行价格10%。同时,成本优势还不够,邢凯还着重打造了产品优势。他的纸箱从 12 楼扔下去,毫无破损,200 斤的壮汉压上去,纹丝不动,是不是已经很厉害了?但拿到客户那里去,客户却以一句"挺好,但我们只需一个刚刚好的纸箱就够了"结束合作。

之后,他开始天天想"什么叫刚刚好"。终于有一天,邢凯想出来了,他意识到只有建立数字模型,才能保证纸箱达到刚刚好的目的。为此,一撕得成了首家将包装数字化的公司,此后,对于他们来说:包装不再是纸,而是数据!基于数字模型的基础上,历时 500 天,邢凯终于打造出了一款刚刚好的纸箱。A 级原指材料,楞纸克重高于行业平均 12.5%,三层纸板克重为黄金比例 1:1:1,搭配起来耐破性超强。除此之外,邢凯首创包装行业质保章,透明化了每一个纸箱。他的纸箱上不仅印有质保章,而且还有产品的详细信息,一目了然。纸箱的包装细节确认好了后,邢凯又迈向了更深的领域。医药学出身的他,二次跨界,研发了适应零下 40℃至零上 80℃环境的变温胶系。这意味着,从此以后,透明带粘胶退出历史的舞台,一撕得的变温胶系颠覆了传统!

紧接着，为了给客户提供更好的拆箱体验，邢凯设计了一款双头拉链纸箱。一撕即开，让用户体验3秒的快感；波浪齿圆角边，让用户再也不用担心会被划伤；波浪双面胶，让用户零下十多度也能轻松地剥离胶带。一百多年都没有发生过变化的东西，被邢凯重新定义了，这款高逼格的拉链箱堪称世界首创！纸箱推出后，曾经抛弃他的唯品会又重新回来了，不仅如此，曾经拒绝他的小米也抢着要跟他合作。仅仅2年，一撕得的客户从当年的一家飙升至上百家，并且个个都是大品牌。

【资料来源：根据网络资料整理编写】

3.1 包装

3.1.1 包装概述

1. 包装的概念

包装：为在流通过程中保护产品、方便储运、促进销售，按一定技术方法而采用的容器、材料及辅助物等的总体名称。也指为了达到上述目的而采用容器、材料和辅助物的过程中施加一定技术方法等的操作活动。

2. 包装在物流中的地位

在社会再生产过程中，包装处于生产过程的末尾和物流过程的开头，既是生产的终点，又是物流的始点。作为生产的终点，产品生产工艺的最后一道工序是包装。因此，包装对生产而言，标志着生产的完成，从这个意义上讲，包装必须根据产品性质、形状和生产工艺来进行，必须满足生产的要求。作为物流的始点，包装完成之后，包装了的产品便具有了物流的条件，在整个物流过程中，包装便可发挥对产品保护的作用和进行物流的作用，最后实现销售。从这个意义来讲，包装对物流有决定性的作用。

在现代物流观念形成以前，包装被天经地义地看成生产的终点。因而一直是生产领域的活动，包装的设计往往主要从生产终结的要求出发，因而常常不能满足流通的要求。物流的研究认为，包装与物流的关系，比其与生产的关系要密切得多，其作为物流始点的意义比其作为生产终点的意义要大得多。因此，包装应进入物流系统之中，这是现代物流的一个新观念。

3. 包装的作用

（1）保护商品。这是包装的首要功能，是确定包装方式和包装形态时必须抓住的主要矛盾。只有有效的保护，才能使商品不受损失地完成流通过程，实现所有权的转移。

包装的保护作用体现在下述几方面：①防止商品破损变形，这就是要求包装能承受在装卸、运输、保管过程中各种力的作用。如冲击、振动、颠簸、压缩等，形成对外力破坏抵抗的防护作用。②防止商品发生化学变化，即防止商品吸潮发霉、变质、生锈，这就要求包装能在一定程度上起到阻隔水分、溶液、潮气、光线、空气中的酸性气体的作用，起到对环境、气象的影响进行保护的作用。③防止腐朽霉变、鼠咬虫食，这就要求包装有阻隔霉菌、虫、鼠侵入的能力，形成对生物的防护作用。

此外，包装还有防止异物混入、污物污染，防止丢失、散失、盗失等作用。

（2）单元化。包装有将商品以某种单位集中的功能，这就叫单元化。包装成多大的单位为好，这不能一概而论，要视商品生产的情况、消费的情况以及商品种类、特征，还有物流方式和条件而定。

（3）便利性。商品的包装还有方便流通及方便消费的作用，这就要求包装的大小、形态、包装材料、包装重量、包装标志等各个要素都应为运输、保管、验收、装卸等各项作业创造方便条件，也要求容易区分不同商品并进行计量。进行包装及拆装作业，应当简便、快速，拆装后的包装材料应当容易处理。

【小思考3-1】

生活中常见的药品包装主要起到什么作用？

3.1.2　包装的分类

包装的种类可以从形态、功能、目的等多个角度进行划分，具体来说，可以按形态、功能、包装方法、包装材料、包装商品、内容状态、包装阶段等多个标志进行分类。

1. 按形态分类

按包装形态可以分为个装、内装和外装。个装是指物品按个进行的包装，目的是为了提高商品的价值或保护物品；内装是指包装货物的内部包装，目的是防止水、湿气、光热和冲击碰撞对物品造成的破坏；外包装是指货物的外部包装，即将物品放入箱、袋、罐等容器中或直接捆扎，并做上标示、印记等。其目的是便于对物品的运输、装卸和保管，保护物品。

2. 按功能分类

从包装功能的角度对其分类，可以分为工业包装和商业包装。工业包装是指以保护运输和保管过程中的物品为主要目的的包装，也称为运输包装，相当于外装；商业包装是以促进商品销售为主要目的的包装，其本身构成商品的一部分，也称作零售包装或消费包装，相当于个装。尽管工业包装和商业包装有明显的区别，但是，二者近来也有相互接近的倾向。为了实现物流的合理化，工业包装采用与商业包装同样的创意，工业包装同时具有商业包装的功能。例如，家电产品包装就呈现出这种趋势。

3. 按包装方法分类

按照包装的技术方法可以分为防潮包装、防锈包装、缓冲包装、收缩包装、真空包装等。

4. 按包装材料分类

根据包装物所使用的材料可以划分为纸箱包装、木箱包装、纸袋包装、玻璃瓶包装、塑料袋包装（软包装）等。

5. 按包装商品种类划分

不同的商品对于包装有不同的要求，按照商品的种类可以分为食品包装、药品包装、蔬菜包装、机械包装、危险品包装等。

6. 按内容状态分类

根据物品的物流状态可以分为液体包装、粉末体包装、颗粒体包装等。

7. 按流通阶段划分

按照商品所处的流通阶段可以划分为生产包装、集货地包装、店铺包装等。

3.1.3 包装合理化的实现途径

包装是物流的起点，包装合理化是物流合理化的重要对象，也是物流合理化的基础。近代工业包装是以大量生产、大量消费背景下的商品流通为对象，以大量性、迅速性、低廉性和省力性为目标展开其合理化过程的。包装合理化朝着包装尺寸标准化、包装作业机械化、包装成本低廉化、包装单位大型化、包装材料的资源节省化等方向不断发展。

1. 包装尺寸标准化

实现包装的标准化对于实现物流全过程的物流整体合理化具有特别重要的意义。包装尺寸的设计，例如，纸箱尺寸的设计与托盘、集装箱、车辆、货架等各种各样的物流子系统发生连动，包装、运输、装卸、保管等不同物流环节的机械器具的尺寸设计需要建立在共同的标准之上。

作为确定包装尺寸基础的是包装模数尺寸。为实现包装货物合理化而制订的包装尺寸的系列叫作包装模数，用这个规格确定的容器长度×容器宽度的组合尺寸称为包装模数尺寸。现在国际上已基本确定为600mm×400mm，其他规格尺寸按此倍数推导，如还可以采用1200mm×1000mm（其中1200mm是600mm的两倍，而1000mm是600mm+400mm）。包装模数尺寸的基础数值，即包装模数则是根据托盘的尺寸，以托盘高效率承载包装物为前提确定的。标准的包装尺寸应该与包装模数尺寸一致，只有这样，才能够保证物流各个环节的有效衔接，按照包装模数尺寸设计的包装箱就可以按照一定的堆码方式合理、高效率地码放在托盘上。

2. 包装作业机械化

实现包装作业的机械化是提高包装作业效率，减轻人工包装作业强度，实现省力的基础。包装机械化首先从个装开始，之后向装箱、封口、挂提手等外装关联作业推进。

3. 包装成本低廉化

包装成本中占比例最大的是包装材料费，容器和附属材料的总费用都超过总成本的50%。因此，降低包装成本首先应该从降低包装材料费用开始。为此，需要对包装材料的价格和市场行情进行充分调查，合理组织包装材料采购。对于材料的种类、材质的选择应该在保证功能的前提下，尽量降低材料的档次，节约材料费用支出。

影响包装成本的第二个因素是劳务费，特别是在经济发达的国家和地区劳务费用占包装成本的比重相当高。节约劳务费用的办法是提高包装作业的机械化程度，降低包装作业对人工的依赖程度。当然，机械化包装作业需要购置包装机械，机械使用费用同样构成包装成本，如果节约的劳务费用低于使用机械支付的费用，包装成本不仅不会下降，反而会提高。仅仅从包装环节和费用的角度看，机械化程度的高低需要结合人工使用成本综合考虑。在许多场合，通过机械与人工的合理组合，在半机械化的条件下从事包装作业，既可以提高效率，又可以节约人工，使包装成本得到有效控制。

最后，在包装设计上要防止过剩包装，应根据内容商品的价值和商品特点设计包装。对于有些低价值的商品为保证不发生包装破损而采用高档次包装的做法，在经济上未必合理。允许一定程度的破损率，会大大节约包装费用，对于节约包装成本是有益的。

4. 单位包装大型化和集装化

随着交易单位的大量化和物流过程中的装卸机械化，包装的大型化趋势也在增强。大型化、集装化包装有利于机械的使用，提高装卸搬运效率；有利于加快这些环节的作业速度从而加快物流过程的速度；有利于减少单位包装，节约包装材料的包装费用；还有利于货物保护。可以认为，为实现物流过程的机械化、自动化，提高物流效率，包装的大型化和集装化是不可少的。

采用大型和集装方式还要考虑大型包装和集装这种运输包装形态和销售的结合。办法是，使大型包装和集装的货物个体的工业包装实现商业包装化，即货物个体由于大型包装和集装的保护作用，可省去单独的工业包装，而使之商业包装化，从大型包装或集装中取出后，不需做拆除工业包装处理即可成为销售单位并有促销效果。

5. 包装材料的资源节省化

包装材料中大量使用的纸箱、木箱、塑料容器等消耗大量的自然资源，资源是有限的，大量开发资源对于环境带来的破坏，包装废弃物给环境带来的负面影响要求我们必须以节约资源作为包装合理化的重要衡量标准。实现包装材料的能源节省化的重要途径是加大包装物的再利用程度，加强废弃包装物的回收，减少过剩包装。同时，开发和推广新型包装方式，减少对包装材料的使用。

3.2 包装材料与设计

3.2.1 包装材料

用于物流包装的材料很多，从传统的纤维纸板到最新的记忆性塑料带，可谓应有尽有，按不同用途包装材料可分为以下几类：容器材料，用于制作箱子、瓶子、罐子，可有纸制品、塑料、木料、玻璃、陶瓷、各类金属等；内包装材料，用于隔断物品和防震，可有纸制品、泡沫塑料、防震用毛等；包装用辅助材料，如各类接合剂、捆绑用细绳（带）等。以下就运输包装材料作介绍。

1. 纸、纸板制品

纸的品种是很多的，有专用包装纸，一般指牛皮纸，用途多半为选用强度较大的制成纸袋。纸袋为3～6层的多层叠合构造。如果需要，还可以做防潮处理，把牛皮纸和塑料薄膜制成复合多层构造。大型纸袋通常用于水泥、肥料、谷物等粉粒状货物的包装。牛皮纸的强度与每平方米纸张的重量有关，一般有四种规格：75g、78g、81g、84g。它的特性项目包括抗拉强度、抗裂强度、伸长率、耐水率等，均有国家标准。

纸板是指用牛皮纸浆、化学纸浆、旧纸浆等为原料制成的厚纸板的总称。根据不同用途可分为：瓦楞原纸、白板纸、黄板纸等，其中瓦楞原纸的用途最广泛，产量也最大。

瓦楞原纸分为中芯原纸和内衬原纸，前者用于制造瓦楞波形部分，后者贴在外侧，两者粘合制成瓦楞纸板。瓦楞波形有波高和波数两个参数，波高用毫米计量，一般在2.5～5mm左右，波数用30cm宽度内的波的数量计量，一般有36～50波左右，不同参数组合有不同强度，分成A、B、C、D四种槽形。根据不同用途和方式可制成不同层数的瓦楞纸板，一般有单面瓦楞纸板、双面瓦楞纸板、两层双面瓦楞纸板和三层双面瓦楞纸板。

2. 塑料制品

塑料在包装中被广泛使用，可用于单个包装、内包装、外包装，用于运输包装时可制成各种塑料容器。在箱袋结合的运输包装中，将塑料制成各种盛液体的容器，以替代玻璃瓶、金属罐、木桶等，再把塑料容器放入瓦楞纸箱内。用于替代木箱的运输，塑料箱也大量使用，一般用在食品、饮料等物品的运输包装方面。

3. 木材

木材是最传统的包装材料，至今仍有较广的使用。由于木材资源的再生速度很慢，许多包装领域已被纸或塑料替代。但因木材具有良好的包装特性，在重物包装以及出口物品等方面还在使用。木材较多地用于制作木桶、木箱和胶合板箱三类容器。木材的另一个用途是制作托盘。

4. 金属材料

用作运输包装的金属容器有罐和桶，用镀锌铁板制成。罐有方形和圆形两种，主要用于食品、药品、石油类、涂料类及油脂类物品包装；桶主要用于以石油为主的非腐蚀性半流体、粉末体、固体等物品的包装，容量为20~200L。

【小案例3-1】

由东洋制罐开发的塑胶金属复合罐TULC（Toyo Ultimate Can）罐，以PET及铁皮合成二片罐，主要使用对象是饮料罐。这种复合罐既节约材料又易于再循环，在制作过程中低能耗、低消耗，属于环境友好型产品。东洋制罐还研发生产一种超轻级的玻璃瓶。像用这种材料生产的187mL的牛奶瓶的厚度只有1.63mm，89g重，普通牛奶瓶厚度为2.26mm，重130g，比普通瓶轻40%，可反复使用40次以上。该公司还生产不含木纤维的纸杯和可生物降解的纸塑杯子。东洋制罐为了使塑料包装桶、瓶在使用后方便处理，减少体积，在塑料桶上设计几根环形折痕，废弃时可很方便折叠缩小体积，这类塑料桶（瓶）有从500mL到10L容积等品种。

【资料来源：根据网络资料整理编写】

3.2.2 包装设计

包装设计需要运用专门的设计技术，将物流需要、加工制造、市场营销及产品设计等要求结合起来综合考虑，尽可能满足多方面的需要，当然这是很难的。由于我们讨论的是物流包装，因此，设计中考虑的首要因素是货物的保护功能。包装设计基本上决定了货物的保护程度。包装设计不能忽视费用问题，过度的包装会增加包装费用，包装设计应正好符合保护货物的要求；包装的尺寸大小会影响运输工具和仓库容积使用率，这也是一个重要的影响费用的因素。

1. 包装设计要点

为货物设计包装时，必须了解货物本身的特性，以及运输和存储环境条件，并从以下几方面考虑：

（1）保护性：包装是否能够达到货物的保护要求。

（2）装卸性：货物在运输工具上装卸及仓库中取存是否方便、高效。

（3）作业性：对货物的包装作业是否简单容易操作。

（4）便利性：货物开包是否方便，包装物处理是否容易。

（5）标志性：包装物内物品的有关信息（如品名、数量、重量、装运方法、保管条件等）是否清楚。

（6）经济性：包装费用是否恰当。

2. 保护设计

包装保护功能是第一位的。在设计时要充分考虑到流通中的各种损害因素。一般为堆码负荷、震动、冲击、温湿度、虫害、发霉等。

堆压发生在保管和运输中。货物在仓库中多数是多层堆码，近年来由于普及托盘化包装，常采用高层堆码。根据叉车的举升高度一般为5m左右，所以仓库内的最大堆码高度应定为5m，以此计算包装的抗堆压强度；车辆中的堆码高度一般为2.4m；轮船上的堆码高度与船型有关，一般为4～6m。

震动与冲击一般发生在装卸和运输过程中，这些机械力的数值可参照运输工具的设计及强度标准。如汽车设计中，都规定有负荷计算标准，包括上下、左右、前后三维的标度。此外还要考虑人力装卸时的冲击，物流中人力装卸机会最多，且产生的冲击力特别大，尤其发生在人力不易握住的货物的搬运过程中，所以在包装设计时，要考虑有利于人力装卸的包装形状和重量。

货物的易损性又直接与自身的特性有关，在同样的外力作用下，不同的货物遭受损坏的程度是完全不同的，例如玻璃器皿比金属制品更容易破碎。货物的易碎性可以通过对货物的包装测试来测定，测试的结果可初步选定货物的包装材料和垫层厚度。之所以是初步选定，是因为还要对这种包装设计方案进行成本分析，如果成本过高，就应该考虑其他的设计方案，如是否可选用其他包装材料、包装方式等。

3. 成组化包装设计

成组化包装设计对于提高物流运作的效率起着非常重要的作用，所以是物流管理中的一项重要任务。该项作业的直接目的就是提高劳动生产率。

经验告诉我们，按照标准订单数量包装货物有助于提高装运的生产率。例如，卷烟10包一条，50条一箱，啤酒12瓶一箱，订货时以箱为单位。此外，为了提高物流效率，在使用各种运输工具时，总希望货物的包装尺寸在装运时能够最大限度地利用装载空间。为此，专门设计一些器具，使器具的尺寸既能放下若干箱货物，又能较好地利用运输工具的空间，这项工作就称为成组化。成组化包装后的货物单位可称为单位载荷，其实质是使货物的物流包装载荷的规格标准化。标准化载荷有许多优点。第一，装卸时间减少到最低点，在美国据测算可以减少人工作业时间的五分之一；第二，用单位载荷形式方便了运输与保管作业，如搬运、查验的手续被简化了；第三，单位载荷配之以专门化的运输服务可以大大降低货损。这种通用性很强的标准装载器具的尺寸不是任意确定的，要考虑物流机械设施相互间的有效配合，称为"物流模数化"。

成组化包装设计一般有以下三种形式：

（1）刚性容器。为了在物流过程中能保护物品免受外力冲击的破坏，将成盒、成包、成箱的货物放入一个按标准设计的刚性容器中是最简便有效的方法。因此，刚性容器作为一种标准化的包装方式得到广泛的使用。它不但可以盛放盒（包、箱）装的货物，也可以盛放散装货物，如粉末状、颗粒状，甚至液体货物。这些容器可以是用金属材料制成的，也可以是用木材、硬塑料等制成的，容器可以回收、重复使用。

（2）托盘用具。托盘是一种更为简便的用于承载货物的简易工具，它不是容器，不能将货物包裹在其中而起到保护作用。最简单的托盘形式是货板，一种木制器具。货物放置其上，起到成组的效果。操作时可以整盘搬运、存储，提高作业效率。由于托盘的四周几乎是开启的，堆垛的稳定性是不够的，为了提高作业的安全性，需要采取一些其他的包装措施。一般采取的增加稳定性的措施是用绳子、角柱、钢带等将货物固定，近年来更多地采用新材料作收缩包缠或拉伸包缠。托盘的种类和形式很多，分成用叉车或平板车装运的平托盘、柱式托盘、箱式托盘；有底部安装滚轮的，用人力推送的滚轮箱式托盘、滚轮保冷箱式托盘；板状托盘；有装运桶、罐等与货物外形一致的特殊构造的专用托盘。

（3）集装箱。集装箱是一种特殊的刚性容器，20世纪50年代初开始引起广泛的关注。集装箱化包装运输是一种更大规模的成组化，几乎适用于所有货物的包装与运输。小至卷烟之类的商品，经成组包装（称为标准大箱）后，可用集装箱运输；大至汽车也可用集装箱装运。采用集装箱装运既可以取得很高的作业效率，也可以起到非常好的保护作用，还能充分利用运输工具的装载空间，所以全球集装箱运输量持续大幅度增长。伴随着运输量的增长，带动了专用的运输工具发展，如集装箱船、集装箱车皮、挂车等。集装箱按用途分类，可分为铁路集装箱、船运集装箱、航空集装箱及其他集装箱。

3.3　装卸搬运

3.3.1　概述

1. 装卸搬运的地位

在物流过程中，装卸活动是不断出现和反复进行的，它出现的频率高于其他各项物流活动，每次装卸活动都要花费很长时间，所以往往成为决定物流速度的关键。装卸活动所消耗的人力也很多，所以装卸费用在物流成本中所占的比重也较高。虽然装卸搬运作业占物流作业的60%~70%，但装卸搬运只会增加成本而不会增加产值。因而，装卸搬运作业的基本要求就是改善装卸搬运工作，减少货物装卸搬运次数，降低装卸搬运成本。以我国为例，铁路运输的始发和到达的装卸作业费大致占运费的20%左右，船运占40%左右。

装卸搬运作业的目的在于提高生产力，降低装卸搬运成本，降低储存成本，提高库存周转率，改善装卸搬运工作环境，确保人与物的安全，提高产品完好率。

此外，进行装卸操作时往往需要接触货物，因此，这是在物流过程中造成货物破损、散失、损耗、混合等损失的主要环节。

【小案例3-2】

从数据看装卸搬运的地位

以我国为例，铁路运输的始发和到达的装卸作业费大致占运费的20%左右，船运占40%左右。据统计，火车货运以500公里为分界点，运距超过500公里，运输在途时间多于起止的装卸时间；运距低于500公里，装卸时间则超过实际运输时间。远洋运输中，美国与日本之间的远洋船运，一个往返需25天，其中运输时间13天，装卸时间12天。

据我国对生产物流的统计，机械工厂每生产1吨成品，需进行252吨次的装卸搬运，其成本为加工成本的15.5%。

【资料来源：根据网络资料整理编写】

2. 装卸搬运的特点

（1）装卸搬运是附属性、伴生性的活动。装卸搬运是物流每一项活动开始及结束时必然发生的活动，因而有时常被人忽视，有时被看作其他操作时不可缺少的组成部分。例如，一般而言的"汽车运输"，就实际包含了相随的装卸搬运，仓库中泛指的保管活动，也含有装卸搬运活动。

（2）装卸搬运是支持、保障性活动。装卸搬运的附属性不能理解成被动的，实际上，装卸搬运对其他物流活动有一定决定性。装卸搬运会影响其他物流活动的质量和速度。例如，装车不当，会引起运输过程中的损失；卸放不当，会引起货物转换成下一步运动的困难，许多物流活动在有效的装卸搬运支持下，才能实现高水平运作。

（3）装卸搬运是衔接性的活动。在任何其他物流活动互相过渡时，都是以装卸搬运来衔接，因而，装卸搬运往往成为整个物流的"瓶颈"，是物流各功能之间能否形成有机联系和紧密衔接的关键，而这又是一个系统的关键。建立一个有效的物流系统，关键看这一衔接是否有效。比较先进的物流方式——联合运输方式就是着力解决这种衔接而实现的。

（4）装卸搬运是增加物流成本的活动。尤其对于传统物流而言，物流过程中多次的装卸搬运活动，不仅延长物流时间，而且要投入大量的活劳动和物化劳动，这些劳动不能给物流对象带来附加价值，只是增大了物流的成本。由于装卸搬运反复进行的次数多，累计成本是不可忽视的。

3.3.2 装卸搬运方式

1. 按装卸搬运施行的物流设施、设备对象分类

（1）仓库装卸。配合出库、入库、维护保养等活动进行，并且以堆垛、上架、取货等操作为主。

（2）铁路装卸。是对火车车皮的装进及卸出，特点是一次作业就需实现一车皮的装进或卸出，很少有像仓库装卸时出现的整装零卸或零装整卸的情况。

（3）港口装卸。包括码头前沿的装船，也包括后方的支持性装卸搬运；有的港口装卸还采用小船在码头与大船之间"过驳"的办法，因而其装卸的流程较为复杂，往往经过几次的装卸及搬运作业才能最后实现船与陆地之间货物过渡的目的。

（4）汽车装卸。一般一次装卸批量不大，由于汽车的灵活性，可以减少或根本减去搬运活动，而直接、单纯利用装卸作业达到车与物流设施之间货物过渡的目的。

2. 按装卸搬运的作业方式分类

（1）吊上吊下方式。采用各种起重机械从货物上部起吊，依靠起吊装置的垂直移动实现装卸，并在吊车运行的范围内或回转的范围内实现搬运或依靠搬运车辆实现小搬运。由于吊起及放下属于垂直运动，这种装卸方式属垂直装卸。

（2）叉上叉下方式。采用叉车从货物底部托起货物，并依靠叉车的运动进行货物位移，搬运完全靠叉车本身，货物可不经中途落地直接放置到目的处。这种方式垂直运动不大而主要是水平运动，属水平装卸方式。

（3）滚上滚下方式（滚装方式）。主要指港口装卸的一种水平装卸方式。利用叉车、汽车承载货物，连同车辆一起开上船，到达目的地后再从船上开下，称"滚上滚下"方式。利用叉车的滚上滚下方式，在船上卸货后，叉车必须离船，利用拖车或汽车，则拖车将平车拖拉至

船上后,拖车开下离船而载货车辆连同货物一起运到目的地,再原车开下或拖车上船拉车开下。滚上滚下方式需要有专门的船舶,对码头也有不同要求,这种专门的船舶称"滚装船"。

滚装方式在铁路运输领域也有采用,货运汽车或集装箱直接开上火车车皮,进行运输,到达目的地再从车皮上开下的方式,又称为驮背运输。

（4）移上移下方式。是在两车之间（如火车及汽车）进行靠接,然后利用各种方式,不使货物垂直运动,而靠水平移动从一个车辆上推移到另一车辆上,称移上移下方式。移上移下方式需要使两种车辆水平靠接,因此,对站台或车辆货台需进行改变,并配合移动工具实现这种装卸。

（5）散装散卸方式。对散装物进行装卸。一般从装点直到卸点,中间不再落地,这是集装卸与搬运于一体的装卸方式。

3. 按被装物的主要运动形式分类

（1）垂直装卸。采取提升和降落的方式进行装卸,这种装卸需要消耗较大的能量。垂直装卸是采用比较多的一种装卸形式,所用的机具通用性较强,应用领域较广,如吊车、叉车等。

（2）水平装卸。对装卸物采取平移的方式实现装卸的目的。这种装卸方式不改变被装物的势能,因此比较节能,但是需要有专门的设施,例如和汽车水平接靠的高站台、汽车与火车车皮之间的平移工具等。

4. 按装卸搬运对象（货物形态）分类

（1）单件作业法。其是将单件货物逐件地装卸搬运,它是人力作业的主要方法,也是一种古老、传统的装卸搬运方法。

（2）集装作业法。其是先将货物集零为整,再进行装卸搬运的方法,是一种先进的现代化装卸搬运方法。集装作业法又可分为集装箱作业法、托盘作业法、货捆作业法和网袋作业法等。

（3）散装作业法。其是对一些散固体、液体货物,如煤炭、矿石、水泥、化肥、石油、化学品等,采取散装散卸,以提高装卸搬运效率。散装作业法又可分为重力法、倾翻法、机械法、气力输送法等。

5. 按装卸搬运的作业特点分类

（1）连续装卸。主要用于同种大批量散装或小件杂货通过连续输送机械,连续不断地进行作业,中间无停顿,货间无间隔或少间隔。在装卸量较大、装卸对象固定、货物对象不易形成大包装的情况下适用采取这一方式。

（2）间歇装卸。其有较强的机动性,装卸地点可在较大范围内变动,主要使用起重机械、工业车辆、专用机械进行作业各种货物,尤其适于包装货物、大件货物。

3.3.3 装卸搬运设备

装卸搬运设备是指用来搬移、升降、装卸和短距离输送物料或货物的机械。装卸搬运设备是实现装卸搬运作业机械化的基础,是物流设备中重要的机械设备。它不仅用于完成船舶与车辆货物的装卸,而且完成库场货物的堆码、拆垛、运输以及舱内、车内、库内货物的起重输送和搬运。

1. 装卸搬运设备的作用

大力推广和应用装卸搬运设备,不断更新装卸搬运设备和实现现代化管理,对于加快现代化物流发展，促进国民经济发展，均有着十分重要的作用。

（1）提高装卸效率，节约劳动力，减轻装卸工人的劳动强度，改善劳动条件。

（2）缩短作业时间，加速车辆周转，加快货物的送达。

（3）提高装卸质量，保证货物的完整和运输安全。特别是长大笨重货物的装卸，依靠人力，一方面难以完成，另一方面保证不了装卸质量，容易发生货物损坏或偏载，危及行车安全。采用机械作业，则可避免这种情况发生。

（4）降低装卸搬运作业成本。装卸搬运设备的应用，势必会提高装卸搬运作业效率，而效率提高使每吨货物分摊的作业费用相应减少，从而使作业成本降低。

（5）充分利用货位，加速货位周转，减少货物堆码的场地面积。采用机械作业，堆码高度大，装卸搬运速度快，可以及时腾空货位。因此，可以减少场地面积。

随着物流现代化的不断发展，装卸搬运设备将会得到更为广泛的应用。从装卸搬运设备发展趋势来看，发展多类型的装卸搬运设备、专用装卸搬运设备来适应货物的装卸搬运作业要求是今后装卸搬运设备的发展方向。

2. 装卸搬运设备特点及分类

（1）装卸搬运设备的特点。装卸搬运设备为了顺利完成装卸搬运任务，必须适应装卸搬运作业要求。装卸搬运作业要求装卸搬运设备结构简单牢固、作业稳定、造价低廉、易于维修保养、操作灵活方便、安全可靠、能最大程度发挥其工作能力。

装卸搬运机械性能和作业效率对整个物流的作业效率影响很大，其主要工作特点如下：

1）适应性强。由于装卸搬运作业受货物品类、作业时间、作业环境等影响较大，装卸搬运活动各具特点，因而，要求装卸搬运设备具有较强适应性，能在各种环境下正常进行工作。

2）工作能力强。装卸搬运设备起重能力大，起重量范围大，生产作业效率高，具有很强的装卸搬运作业能力。

3）机动性较差。大部分装卸搬运设备都在设施内完成装卸搬运任务，只有个别装卸搬运设备可在设施外作业。

（2）装卸搬运设备的分类。装卸搬运设备种类很多，分类方法也很多，为了运用和管理方便，常按以下方法进行分类。

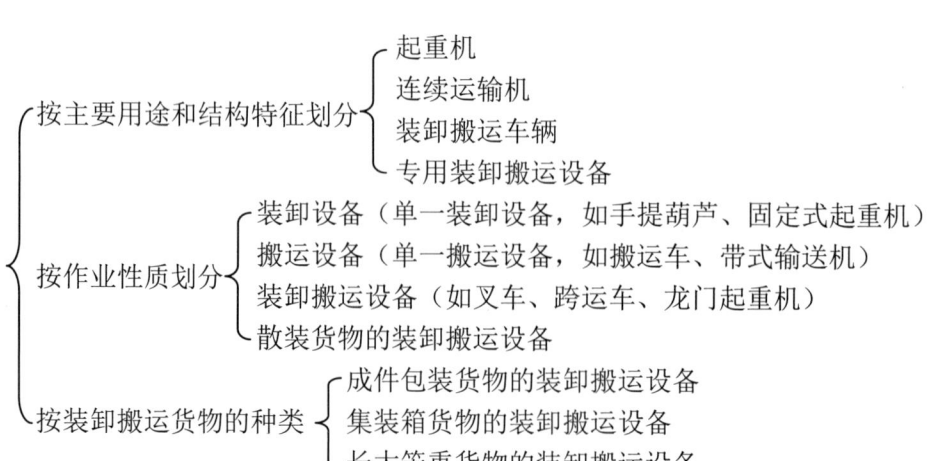

3.3.4 装卸搬运合理化

1. 装卸搬运合理化的原则

(1) 单位装载化原则。即尽可能将装卸搬运物集中整理为托盘或集装箱的方式,在装卸搬运途中不至于倒塌,且可以提高直线及装卸搬运效率的方法。

(2) 设备经常使用原则。机械设备因需投资相当的资金,因此必须使成本高的机械设备时常保持搬动状态,避免机械设备利用率过低而浪费的情形。

(3) 装卸搬运平衡原则。根据"木桶原理","一条线的强度是以最弱的地方决定的",因此在装卸搬运系统中,若有瓶颈发生,则会影响其作业效率。所以,在装卸搬运系统上,必须考虑作业线的平衡,才能发挥应有的效率。

(4) 现场布置原则。若作业现场布置合理,可以使装卸搬运效率提高,避免不必要的曲折迂回的虚功;且改善是无止境的,随时调整布置,缩短搬运距离,往往不需要投资设备,就可以达到提高效率、降低成本的目标。

(5) 机械化原则。即尽可能采用机械化、自动化设备,改善装卸搬运手段,提高装卸搬运效率。

(6) 标准化原则。即作业方法、设备尺寸等的标准化、统一化。这样,可以使各物流公司之间的装卸搬运设备共同化、作业单纯化,因此可以大大节省搬运和装卸劳动,加快装卸搬运速度。而且装卸搬运设备因大量生产,价格也会较经济。

(7) 安全原则。即工作环境的安全性越高,其生产力也会越高。

(8) 流程原则。连续的装卸搬运流程就是最经济的流程。

(9) 水平直线原则。直线的装卸搬运流程其搬运距离是最短的,曲折迂回的搬运则容易造成装卸搬运的浪费。

(10) 弹性原则。即指装卸搬运机械设备的兼容性和共用性。装卸搬运机械设备的利用范围越大,其效率越大。这样可以大大节省装卸搬运设备,减少装卸搬运资金占用。

(11) 装卸搬运简单化原则。即要避免过度包装,防止不必要的容积及重量的增加,影响运费及装卸费用的增加。在装卸搬运前可把不必要的部分削除,降低死重率,进行有效装卸搬运。

(12) 最小操作化原则。即尽可能降低不必要的装卸或搬运次数,并减少重复操作或暂时放置等作业。

(13) 活性化原则。物流的基本特征是流动。物品的流动性越高,其周转速度越快,物流成本费用就越低。物品流动的难易程度称为物品的"活性",可用"活性指数"来表示。

(14) 空间活用原则。对于装卸搬运时所占用的场所,不仅要充分利用平面的空间,而且还要考虑立体空间的利用,以尽量减少装卸搬运场所的占用。

(15) 重力利用原则。指在装卸搬运货物时,要尽可能利用物品自身的重力和重力设备,以达到装卸搬运成本最节约。

(16) 保养更新原则。对于装卸搬运机械设备,要实施预防保养,使其经常处于最佳状态。并根据实际作业的需要,不断地更新设备,使其作业效率提高和成本降低;对于旧设备或是使用率低的设备,及时淘汰。

2. 实现装卸搬运合理化的途径

（1）降低装卸搬运作业次数。虽然装卸搬运是物流过程所不可避免的作业，但是应该将装卸搬运的次数控制在最小的范围内，通过合理安排作业流程、采用合理的作业方式、仓库内合理布局以及仓库的合理设计实现物品装卸搬运次数最小化，减少无效装卸。具体反映在以下几个方面。

1）过多的装卸次数。物流过程中，货损发生的主要环节是装卸环节，而在整个物流过程中，装卸作业又是反复进行的，从发生的频数来讲，超过任何其他活动，所以，过多的装卸次数必然导致损失的增加。从发生的费用来看，一次装卸的费用相当于几十公里的运输费用，因此，每增加一次装卸，费用就会有较大比例的增加。此外，装卸又会大大减缓整个物流的速度，装卸又是降低物流速度的重要因素。

在物流过程中，如果对每一件货物都进行单件处理，也是形成多次反复装卸搬运的主要原因。采用集装方式，进行多式联运，能够有效地避免对于单件货物的反复装卸搬运处理，是防止无效装卸成功的办法。

2）过大的包装装卸。包装过大过重，在装卸时实际上反复在包装上消耗较大的劳动，这一消耗不是必须的，因而形成无效劳动。

3）无效物质的装卸。进入物流过程的货物，有时混杂着没有使用价值或对用户来讲使用价值不对路的各种掺杂物，如煤炭中的矸石、矿石中的水分、石灰中的未烧熟石灰及过烧石灰等，在反复装卸时，实际对这些无效物质反复消耗劳动，因而形成无效装卸。

由此可见，装卸搬运如能防止上述无效装卸，就可以大大节约装卸劳动，使装卸合理化。

（2）移动距离（时间）最小化。搬运距离的长短与搬运作业量大小和作业效率是联系在一起的，在货位布局、车辆停放位置、入出库作业程序等设计上应该充分考虑物品移动距离的长短，以物品移动距离最小化为设计原则。搬运作业量可以将物品集中成一个单位进行装卸搬运，即单元化。单元化是实现装卸合理化的重要手段。在物流作业中广泛使用托盘，通过叉车与托盘的结合提高装卸搬运的效率。通过单元化不仅可以提高作业效率，而且还可以防止损坏和丢失，数量的确认也变得更加容易。

（3）提高装卸搬运的灵活性。物品所处的状态会直接影响到装卸和搬运的效率，在整个物流过程中物品要经过多次装卸和搬运，前道的卸货作业与后道的装载或搬运作业关系密切。如果卸下来的物品零散地码放在地上，在搬运时就要一个一个搬运或重新码放在托盘上，因此增加了装卸次数，降低了搬运效率。如果卸货时直接将物品堆码在托盘上，或者运输过程中就是以托盘为一个包装单位，那么，就可以直接利用叉车进行装卸或搬运作业，实现装卸搬运作业的省力化和效率化。同样，在进出库作业中，利用传送带和货物装载机装卸货物可以达到省力化和效率化的目的。因此，在组织装卸搬运作业时，应该灵活运用各种装卸搬运工具和设备，前道作业要为后道作业着想，从物流起点包装开始，应以装卸搬运的活性指数最大化为目标。

为了对活性有所区别，并能有计划地提出活性要求，使每一步装卸搬运都能按一定活性要求进行操作，对于不同放置状态的货物做了不同的活性规定，"活性指数"就是确定活性的一种方法。

装卸搬运活性是从物的静止状态转变为装卸搬运运动状态的难易程度。如果很容易转变为下一步的装卸搬运而不需过多做装卸搬运前的准备工作，则活性就高；如果难于转变为下一步的装卸搬运，则活性低。

货物码放状态与装卸搬运活性程度的关系见表 3-1。

表 3-1 货物码放状态与装卸搬运活性程度的关系

编号	物品码放的状态	活性指数
1	零散地放在地面	0
2	放入箱内	1
3	装码到托盘、送货小车上	2
4	装载到台车上	3
5	码放到传送带上	4

由于装卸搬运是在物流过程中反复进行的活动，因而其速度可能决定整个物流速度，每次装卸搬运的时间缩短，多次装卸搬运的累计效果则十分可观。因此，提高装卸搬运活性对合理化是很重要的因素。

（4）机械化。所谓机械化是指在装卸搬运作业中用机械作业代替人工作业。实现作业的机械化是实现省力化和效率化的重要途径，通过机械化改善物流作业环境，将人从繁重的体力劳动中解放出来。当然，机械化的程度除了技术因素外，还与物流费用的承担能力等经济因素有关。机械化的原则同时也包含了将人与机械合理的组合到一起，发挥各自的长处。在许多场合，简单机械的配合同样可以达到省力化和提高效率的目的。片面强调全自动化会造成物流费用的膨胀，在经济上难以承受。

规模效益早已是大家所接受的。在装卸时也存在规模效益问题，主要表现在一次装卸量或连续装卸量要达到充分发挥机械最优效率的水准。为了更多降低单位装卸工作量的成本，对装卸机械来讲，也有"规模"问题，装卸机械的能力达到一定规模，才会有最优效果。追求规模效益的方法，主要是通过各种集装实现不间断装卸时一次操作的最合理装卸量，从而使单位装卸成本降低，也通过散装实现连续装卸的规模效益。

（5）充分利用重力和消除重力影响，进行少消耗的装卸。在装卸时考虑重力因素，可以利用货物本身的重量，进行有一定落差的装卸，以减少或根本不消耗装卸的动力，这是合理化装卸的重要方式。例如，从卡车、铁路货车卸物时，利用卡车与地面或小搬运车之间的高度差，使用溜槽、溜板之类的简单工具，可以依靠货物本身重量，从高处自动滑到低处，这就无需消耗动力。

在装卸时尽量消除或削弱重力的影响，也会求得减轻体力劳动及其他劳动消耗的合理性。使货物平移，从甲工具转移到乙工具上，这就能有效消除重力影响，实现合理化。

在人力装卸时，负重行走，要持续抵抗重力的影响，同时还要行进，因而体力消耗很大，是出现疲劳的环节。所以，人力装卸时如果能配合简单机具，做到"持物不步行"，则可以大大减轻劳动量，做到合理化。

（6）系统化。所谓系统化原则是指将各个装卸搬运活动作为一个有机的整体实施系统化管理。也就是说，运用综合系统化的观点，提高装卸搬运活动之间的协调性，提高装卸搬运系统的柔性，以适应多样化、高度化物流需求，提高装卸搬运效率。

3.4 常用装卸搬运设备介绍

3.4.1 搬运车

1. 搬运车的分类和特点

搬运车辆是指依靠本身的运行和装卸机构的功能，实现货物的水平搬运和短距离运输、装卸的各种车辆。

搬运车辆机动性好，适应性强，已经广泛地用于仓库、港口、车站、货场、车间、船舱、车厢内和集装箱内作业，合理利用搬运车辆可以提高装卸搬运的效率。

搬运车辆按照作业方式不同可分为三大类：人力搬运车、牵引车、固定平台搬运车。

（1）人力搬运车。人力搬运车是一种以人力为主，在路面上从事水平运输的搬运车。

在物流作业过程中，人力搬运车辆的作业也占有一定比重，尤其在设施外的偶发的物流活动，难以实现机械化作业，补充机械化工艺流程的一种衔接、补充的搬运形式。

杠杆式手推车又称手车，俗称老虎车，如图 3-1 所示。车前部带有叉撬装置，在搬运货物时，无需将货物举起装卸，杠杆式手推车将装卸搬运活动连在一起。它轻巧、灵活、转向方便，但因靠体力装卸、保持平衡和移动，所以仅适合装载较轻、搬运距离较短的场合。一般用于货物重量在 50～100kg，体积不超过 0.4m³，运距在 30m 以内的情况下。

图 3-1　杠杆式手推车

手推台车是有手推扶手的四轮车。手推台车是一种以人力为主的搬运车。它既是搬运工具，又是集装单元器具，能随电梯上下楼或随汽车运输，形式多样，灵活方便。它使用于货物重量在 100～500kg 之间的情况下，最大可达 1t，运距一般宜在 50m 以内。手推车平台的尺寸要适应货物包装大小，也要与电梯轿厢或汽车车厢相配合。手推台车轻巧灵活、易操作、回转半径小，广泛应用于车间、仓库、超市、食堂、办公室等，是短距离、运输轻小物品的一种方便而经济的搬运工具，如图 3-2 所示。

（a）单栏平台式　　（b）单栏三层平台式　　（c）双栏平台式　　（d）双栏双层平台式

图 3-2　手推台车

当人需要向较高的货架内存取轻小型的货物时，可采用带梯子的手推台车，以提高仓库的空间利用率，适用于图书、标准件等仓库进行拣选、运输作业，如图 3-3 所示。

图 3-3　登高式手推台车

手动液压升降平台车是采用手压或脚踏为动力，通过液压驱动使载重平台作升降运动的手推平台车。可调整货物作业时的高度差，减轻操作人员的劳动强度，如图 3-4 所示。

图 3-4　手动液压升降平台车

平板拖车是一种安装在定向轮或车轮上的载货平台，它与牵引车配合使用。现有的平板拖车，其尺寸以及载货能力有各种规格，轮胎有实心和充气的两种。平板拖车的选择，可根据载货能力、载货大小、牵引车能力以及路面情况而定，如图 3-5 所示。

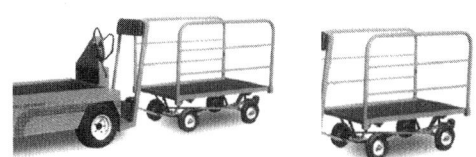

图 3-5　平板拖车

（2）牵引车。牵引车是指具有牵引装置，专门用于牵引载货挂车进行水平搬运的车辆。

牵引车根据动力大小可分为普通牵引车和集装箱牵引车。普通牵引车可以拖挂平板车，用于装卸区内的水平搬运；集装箱牵引车用于拖挂集装箱挂车，用于长距离搬运集装箱。当平板车或集装箱挂车被拖到指定的地点装卸货物后，牵引车就会拖开这些挂车与其他的挂车结合。牵引车作业时，台车的货物装卸时间与牵引车的运输时间可交叉进行，并且能牵引一组台车，从而提高工作效率。

根据所提供的动力不同，牵引车可分为内燃牵引车和电动牵引车。内燃牵引车一般采用经济性良好的柴油机进行驱动，只有小型牵引车才采用汽油机进行驱动。内燃牵引车的底盘结构形式与普通汽车类似，主要用于室外的牵引作业；电动牵引车采用蓄电池和直流电动机进行驱动，主要用于室内的牵引作业。

根据作业场所的不同可分为室内牵引车和室外牵引车。室内牵引车操作平台离地较低，实心车轮直径较小，适用于室内平坦路面，如图 3-6 所示。室外牵引车为充气轮胎，直径较大，可在室外不平的路面上行驶，如图 3-7 所示。

图 3-6　室内牵引车　　　　　　　　　图 3-7　室外牵引车

（3）固定平台搬运车。固定平台搬运车是室外经常使用的短距离的搬运车辆，如图 3-8 所示。固定平台搬运车具有较大承载物料平台的搬运车。相对承载卡车而言，承载平台离地低，装卸方便，结构简单、价格低，轴距、轮距较小，作业灵活等，一般用于企业内车间与车间，车间与仓库之间的运输。根据动力不同分为内燃型和电瓶型。

图 3-8　固定平台搬运车

电瓶车是以蓄电池为动力的搬运车辆。车轮胎有充气轮胎和实心轮胎两种，后者不易被钢切屑钩破。载重量一般为 2t，最小转弯半径约为 3.7m，车台面离地面高度约 0.70m。搬运车有司机操纵，运行时无噪音、废气，便于装卸，操作简单；但要求地面平坦、良好，爬坡能力小，一般不大于 5%。蓄电池的使用寿命可达 3 年左右，应注意其合理的充放电与保养。蓄电池搬运车也可牵引拖车，扩大其运载量，也可运载长件物料，常用于工矿企业、码头、货场等处。

2. 搬运车的选择与配置

搬运车辆品种规格繁多，使用环境和作业要求各异，要在正确评价的基础上合理地选择车型。如果物流中的货物种类单一或物流量较小，选用单一车型或少数几种搬运车辆搭配即可满足要求。反之，则涉及多种搬运车辆协同作业的问题，必须进行多种搭配方案的比较与选择，才能最终确定合理与经济的选型。

在搬运车辆的选择中，应该考虑以下因素：

（1）作业场合。

1）在室内、室外、还是室内外作业，环境的温度、湿度、大气压力、是否易燃易爆等。

2）路面状况，如满载或空载时需通过的最大坡度和坡道长度，地面、楼层或货梯的承载能力等。

3）通过空间，如门的最小尺寸（高×宽）、最低楼层的净空高度等。

（2）装载的单位货物。

1）托盘货箱尺寸大小、单元质量及其载荷中心距等。

2）装载纸箱、货袋或多件货品的夹持保护等。

（3）仓储条件。

1）货架存放还是堆叠码垛。

2）最低层和最高层的堆放支撑高度。

3）通道的最大和最小宽度。

（4）作业状况。

1）作业班次和每班持续作业时间。

2）搬运路程长度。

3）每班搬运和装卸总量。

（5）车辆的适配性能。

1）随载荷中心距和起升高度变化的实际起重量，载荷中心距和起重高度等。

2）门架结构和高度，带有护顶架时的通过高度。

3）动力能力（满载或空载时的运行速度、起升速度、牵引力和爬坡度等），能源种类与能耗大小等。

4）人机关系，如视野、噪声、乘坐舒适性等。

5）属具和附件的配置。

（6）供货部门的用户服务。

1）服务内容，如检验维修、备件供应，对驾驶和保养人员的培训，服务质量与费用。

2）服务网点配置和方便快捷程度。

在物流领域，涉及多种搬运车辆，每一种搬运车辆都包括多种型号。在实际当中，技术指标、经济指标以及人机关系指标经常存在着矛盾，例如技术上先进的设备价格却很高。因此在实际选用和配置过程中，必须根据企业的实际情况和侧重点进行合理的选择和配置。

一般情况下，当搬运距离小于 50m 时，应该选择手推车，当搬运距离在 50~300m 之间时，一般应选择堆垛用起升车辆和非堆垛用搬运车辆相搭配，如：叉车和平台搬运车的搭配使用；当搬运距离超过 300m 时，应选用牵引车或平台搬运车来进行搬运作业。

选择低品质车辆还是高品质车辆，应从技术性和经济性上进行考虑。尽管高品质车辆的购置费用大，但是从长远角度来考虑，其经济性往往高于低品质车辆。同时，如果高品质车辆在使用过程中，作业强度不高，其经济性便低于低品质车辆。

3.4.2　托盘

1. 托盘的特点

托盘（Pallet）：用于集装、堆放、搬运和运输的放置作为单元负荷货物和制物的水平平台装置。

托盘是由木材、金属、纤维板制作的低平台，作为储运补给品的一个单元，是一种装卸物资的轻便平台。托盘是一种用于机械化装卸、搬运和堆存货物的集装工具。它随着叉车的出现，是在工业领域广泛应用的单元化器具。

【小思考3-2】

托盘作业的优势有哪些？

2. 托盘的种类

托盘的结构是两层铺板间夹以纵梁，或一层铺板加装支腿，或其上面加装立柱、挡板而构成的货盘。托盘种类较多，按材质分有木制托盘、金属托盘、塑料托盘、胶合板托盘等。按用途分有一次性使用托盘、重复使用托盘、专用托盘和互换托盘等。

（1）平托盘。

1）按货叉插入口可分为二口型、四口型，如图 3-9 所示。仅允许从相对两侧将货叉插入托盘。二向进叉托盘可作为平式、箱式或立柱式［图 3-9（a）］。允许从四侧将货叉插入托盘。四向进叉托盘可作为平式、箱式或立柱式［图 3-9（b）］。

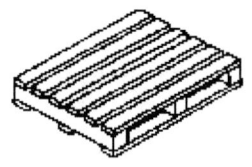　　　　　　　　　　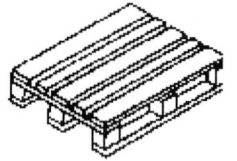

（a）二口型托盘　　　　　　　　　　　（b）四口型托盘

图 3-9　平托盘按货叉插入口分类

按使用面可分为单面型、两面型，如图 3-10 所示。只有一层面可用以承载货物的托盘。单面托盘可为平式、箱式或立柱式［图 3-10（a）］。上下两面可用作承载货物的托盘［图 3-10（b）］。

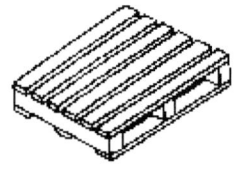　　　　　　　　　　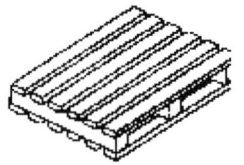

（a）单面使用型　　　　　　　　　　　（b）两面使用型

图 3-10　平托盘按使用面分类

2）按其材质的不同，有木制、塑料制、钢制、竹制、塑木复合等。木制托盘易受潮、发霉、虫蛀，且无法清洗。此外，其表面木屑脱落及螺钉锈蚀的问题也无法克服。木材质量受地域气候等多方面影响，即便是同一批原料，在干湿度、风裂等方面亦难以达到统一标准。木制托盘使用寿命较短，常规使用下周转次数约在 20~300 次，如图 3-11 所示。

纸制托盘多采用高强度蜂窝纸芯与高强度卡纸、纤维板组合而成。具有重量轻，成本低等特点。但其承重量小，防水防潮性差，如图 3-12 所示。

图 3-11　木制托盘　　　　　　　　　　图 3-12　纸制托盘

钢制托盘具有最好的承载性、牢固性。但缺点同样突出，主要是重量大无法人工搬运且价格昂贵，如图 3-13 所示。

塑料托盘与木制托盘相比，其整体性好，卫生洁净；在使用中又具有质轻、无钉刺、耐酸碱、无质变，易清洗等特点。其使用寿命为木托盘的 3～8 倍，加之废托盘材料可以回收，单次使用成本低于木托盘。但塑料托盘结构适应性差，生产企业必须不断开发、逐渐完善其产品种类。但对于特殊规格要求，一般也无法满足。由于塑料托盘基本为一次成型，其破损后可修复性很低，破损一定程度后只能报废。采购时一次性投入较大，一般为木制托盘的 2～5 倍，如图 3-14 所示。

 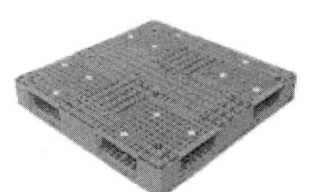

图 3-13　钢制托盘　　　　　　　图 3-14　塑料托盘

3）滑板平托盘。在其一边或几边有翘翼的平板用作把物品集装成单元货物，以便进行储运的底板，如图 3-15 所示。

4）轮式平托盘。轮式平托盘是在平托盘的底部装有四轮的托盘，该托盘可承载较重的货物，其较易搬运，如图 3-16 所示。

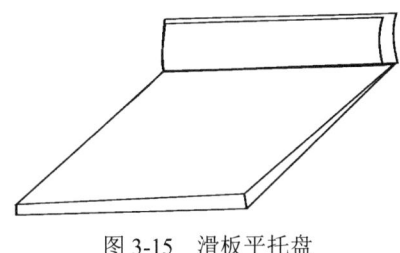 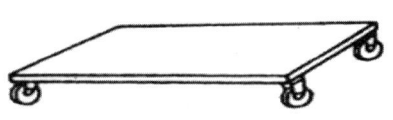

图 3-15　滑板平托盘　　　　　　　图 3-16　轮式平托盘

（2）网箱托盘。网箱托盘的面上有上层结构，其四周有孔状的网做成。网箱式托盘的主要特点为有可供叉车作业的叉口和供起重机吊挂的吊孔或吊轴；上、下部有可供重叠堆放的止扣；四周有防止物料外溢的围板；上面有吊钩，以便使用托盘搬运车、叉车、起重机等作业；可存放形状不规则的物料；可相互堆叠四层；空箱可折叠，以减少空间的占用，如图 3-17 所示。

（3）立柱式托盘。在平托盘基础上发展起来的，四角有四根立柱的托盘称为立柱式托盘。立柱式托盘套叠堆码后稳定性强。立柱式托盘前、后间也可以套叠，空托盘存放或运输返回时节约仓库、车辆空间。其特点是在不压货物的情况下可进行码垛（一般为四层）。多用于包装物料、棒料管材等的集装。立柱式托盘还可以为可移动的货架、货位；不用时，还可叠套存放，节约空间。近年来，在国外推广迅速，如图 3-18 所示。

图 3-17　网箱托盘　　　　　　　图 3-18　立柱式托盘

（4）箱式托盘。箱式托盘是在平托盘基础上发展起来的，其面上具有上层结构，其四周至少有三个侧面固定，一个侧面是可折叠的垂直面。各侧面可以是平板、条状板。箱式结构可有盖和无盖，有盖的板壁箱式托盘与小型集装箱无严格的区别，适用于装载贵重货物；无盖的板式箱式托盘适用于装载各种零件、元器件；也用于散件或散状物料的集装，金属箱式托盘还用于热加工车间集装热料。一般下部可叉装，上部可吊装，并可进行码垛（一般为四层）。一般有钢质格栅托盘、钢质箱型托盘、具有可拆护板的托盘、小型塑料货箱、液体容器托盘、套托盘、ISO 货箱柜，如图 3-19 所示。

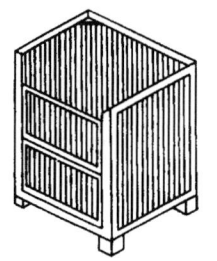 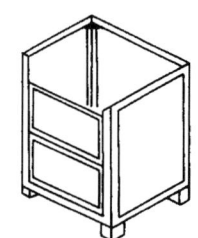 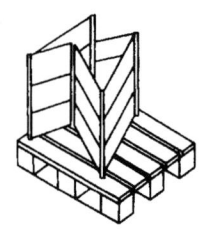 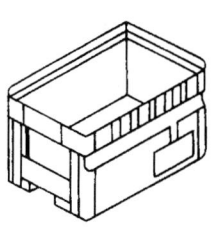

（a）钢质格栅托盘　（b）钢质箱型托盘　（c）具有可拆护板的托盘　（d）小型塑料货箱

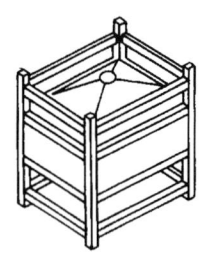 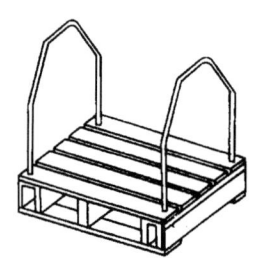 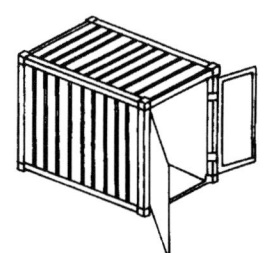

（e）液体容器托盘　　　（f）套托盘　　　（g）ISO 货箱柜

图 3-19　箱式托盘

（5）轮式托盘。轮式托盘是在平托盘、柱式托盘或网箱托盘的底部装上脚轮而成，既便于机械化搬运，又宜于短距离的人力移动。适用于企业工序间的物料搬运；也可在工厂或配送中心装上货物运到商店，直接作为商品货架的一部分。它也可以制作成可折叠结构。这类托盘在仓库内部、车间内部以及商场、连锁超市中广泛使用，可以直接推到操作工位和销售工位；也可以通过液压跳板，装卸到卡车上。在行包、邮件的装卸搬运作业中也得到广泛的应用，如图 3-20 所示。

（6）端轮式托盘。装有两个固定脚和两个脚轮，并设有牵引棒可为多个托架服务，如图 3-21 所示。

图 3-20 轮式托盘

图 3-21 端轮式托盘

（7）筒仓式托盘。主要适用存放粉体状散料，如图 3-22 所示。

（8）柜式托盘。柜式托盘主要适用存放圆柱类零件（如齿轮、铣磨类刀具等），轴类零件（如凸轮轴、曲轴、长轴等），如图 3-23 所示。

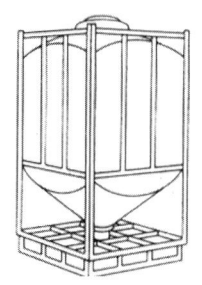

图 3-22 筒仓式托盘

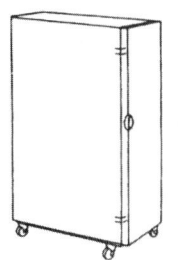

图 3-23 柜式托盘

（9）专用托盘。专用托盘是一种集装特定物料（或工件）的托盘。它和通用托盘的区别在于具有适合特定物料装载的支撑结构，以使工件在搬运过程中保持形态，这类托盘主要有：插孔式、插杆式、悬挂式、架放式和箱式。

工件插入特定的孔板或套管。一般存放各种形式的短杆类、轴类、套类等工件，其结构可分为单层、多层、固定型、抽屉型等，如图 3-24 所示。

带孔的工件套进特设的插杆。适用于套类及带孔工件的存放。按插杆的设置角度可分为垂直、水平、倾斜三种形式，如图 3-25 所示。

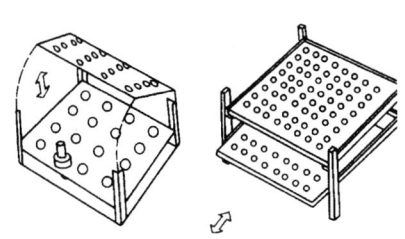

图 3-24 插孔式支撑结构示意图

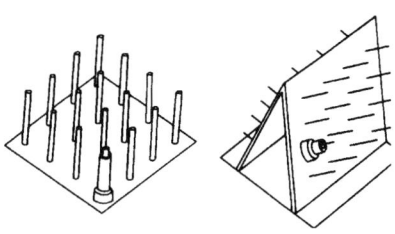

图 3-25 插杆式支撑结构示意图

工件悬挂在挂钩上或挂架上。按其结构又有直接垂挂、工件的悬挂、实际通过挂箱存放工件的平挂式等三种形式，如图 3-26 所示。

工件搁放在特设的支架上。这种架放式是采用较多的一种装载形式。工件直接搁放在适合其形状的支架上，如图 3-27 所示。

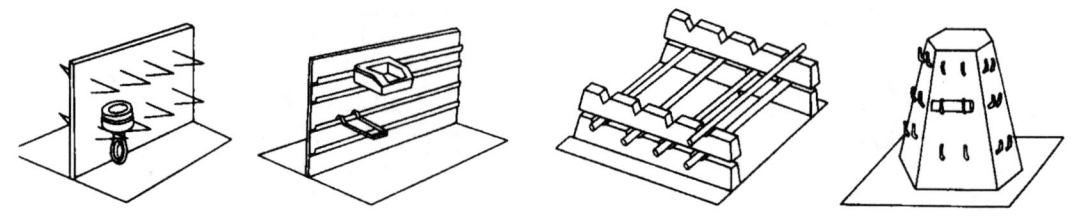

图 3-26　悬挂式支撑结构示意图　　　图 3-27　架放式支撑结构示意图

物料盛放在特定的箱内，该箱用于盛放各种液体或松散状物料，对于不宜堆码或不能堆码自立的工件也常用这种装载方式，如图 3-28 所示。

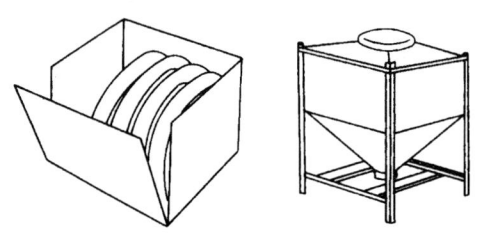

图 3-28　箱式结构示意图

3. 托盘的使用与管理

（1）设计和选择要点。

1）通用和专用托盘应尽可能采用标准托盘。在制订本企业或本行业的标准时，应该采用国内相应的标准或参照国际标准。在托盘作业普及的基础上逐步实现托盘交换制，进而实现托盘联营制。

2）通用托盘种类和尺寸应尽量少，以便于维修和管理。

3）能用通用托盘装载时，就不用专用托盘。必须使用专用托盘时，应尽可能在全企业通用的标准平托盘、立柱式或箱式托盘的基础上，按物料（或工件）的特点和要求决定工件装载形式。

4）必须考虑物料的性质、尺寸、强度；托盘的搬运方式、使用方式、使用范围；搬运设备、运输工具和装卸机具的规格与性能以及作业场地的具体条件。

5）在贮运过程中，应能适应工艺和生产批量的要求，使托盘既是生产过程中的工位器具又是贮运器具。

6）托盘应保证结构简单、刚性好、重量轻和维修方便，必要时可采用异型薄壁型钢。注意实现主要构件标准化，以利于专业厂大量生产。

7）同托盘配套使用的包装盒同期的尺寸与托盘尺寸应有模数关系，以利于码盘和使用安全，提高托盘的满载率。

8）考虑专用托盘的构件（脚、立柱或侧栏板、框架等）标准化，托盘尺寸模数化。支承结构实现组装化，以减少类型，扩大托盘的使用范围。

9）随着绿色物流概念的提出，托盘应尽量少使用木材，而使用塑料复合材料或再生材料，最大限度地保护自然环境。

（2）托盘使用的方法。

1）合理地选择码盘尺寸。货物码盘包装的长、宽、高尺寸，必须与各种车辆内部尺寸和叉车的装卸性能相适应，既能充分利用车辆的内容积，便于装卸和运输，又能保证码盘包装的安全和充分利用仓容，有利于储存。

码盘的高度既要适应车辆内部的高度和叉车最大起升高度，又要考虑作业间隙、货物重量和产品原包装的规格。

2）科学地选择货物码放方式。托盘码放方式有多层不交错堆码、层间纵横交错堆码、砖砌体堆码式码垛和中心留孔堆码等。

多层不交错堆码是以最简单的排列形式，在托盘上将包装箱向一个方向并列，而且从最下层到最上层是完全一致的堆码模型。这种模型的堆码，由于各层间的货物未能啮合，会引起垛间分离，安稳性较差，如图3-29（a）所示。

层间纵横交错堆码是奇数层的货物之间成90度角堆码的模型。在正方形托盘一边长度为货物的长、宽尺寸的公倍数的情况下，可以采用这种模型，如图3-29（b）所示。

砖砌体堆码是将货物纵横排列，组合成一层，而奇数层和偶数层之间成180度进行堆码的模型。这个模式多用于长方形托盘装运袋包装货物的堆码，如图3-29（c）所示。

中心留孔堆码是用风车型的堆码形式，在各层中改变货物的方向进行堆码。可以采用这种堆码模型的范围有：正方形托盘中，一层排放四个货物，且货物的长度与宽度尺寸之和与托盘的一个边长吻合时，可采用这种模型。其特点是适用于这种模型的货物尺寸范围广，但在长度和宽度尺寸相差过大时，中央部分的无效空间也过大，致使托盘的表面利用率降低，如图3-29（d）所示。

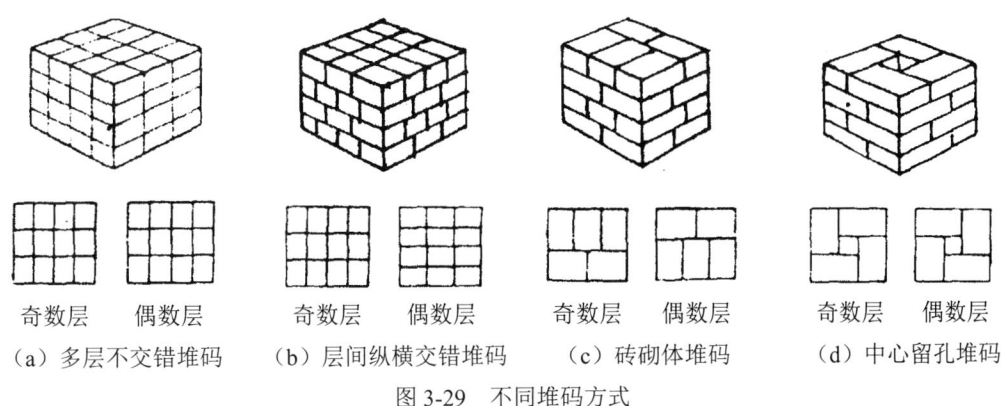

（a）多层不交错堆码　　（b）层间纵横交错堆码　　（c）砖砌体堆码　　（d）中心留孔堆码

图3-29　不同堆码方式

如果从瓦楞纸箱的耐压强度方面考虑，为减少最下层箱的破损，可采用下面三层不交错堆码，上部层纵横交错堆码和中心留孔堆码的方法。

（3）防止倒垛的方法。采用一贯托盘包装货运法，在卡车货台上装载托盘货物时，由于托盘和车厢内壁有间隙以及托盘与托盘之间有间隙，所以防止倒垛是要克服的重要问题之一。常见防止货物倒垛的主要措施有扎带方式、对托盘采取处置措施的技术、涂胶粘结方式、特殊包装、网罩紧固、层间夹纸板、收缩薄膜包装等方式。

3.4.3 叉车

叉车：具有各种叉具，能够对物品进行升降和移动以及装卸作业的搬运车辆。叉车又称铲车、叉式举货机，是物流领域最常用的具有装卸搬运功能的机具。

1. 叉车的特点

叉车是一种用来提取、搬运、堆码单元货物的车辆，叉车机动灵活，既可用于集装箱装卸，又可用于杂件装卸，既可用于对堆场垂直堆码作业，又可用于水平运输，应用广泛，性能可靠，造价不高。它是能完成出库、搬运、装卸、入库等四种复合作业、使用非常方便的机械设备。叉车主要用于港口、码头、机场、车站、仓库和工厂等进行成件货物的装卸和搬运。当配合多种附属机构装置时，叉车还能用于散装货物和不包装的其他货物的装卸和搬运。

叉车与其他搬运设备一样，能够减轻装卸工人繁重的体力劳动，提高装卸效率，缩短车辆停留时间，降低装卸成本。它有以下特点：

（1）机械化程度高。在使用各种自动的取物装置或在货叉与货板配合使用的情况下，可以实现装卸工作的完全机械化，不需要工人的辅助体力劳动。

（2）机动灵活性好。叉车底盘与汽车相比较，它的轮距较小，这样叉车的转弯半径就很小，作业时灵活性增强。叉车外形尺寸小、重量轻，能在作业区域内任意调动，适应货物数量及货流方向的改变，可机动地与其他起重运输设备配合工作，提高机械的使用率。

（3）通用性强。在几乎所有的物流领域都有所应用，和托盘配合其通用性更强，可适应能装上托盘的各种货物的装卸搬运，还可以"一机多用"。在配备与使用各种取货装置，如货叉、铲斗、臂架、串杆、货夹、抓取器等的条件下，可以适应各种品种、形状和大小货物的装卸作业。

（4）能提高仓库容积的利用率。叉车堆码高度一般可达 3m，采用高门架叉车可达到 5m。能够充分利用空间堆放货物，使仓库容积的利用率提高。

（5）有装卸、搬运双重功能。叉车是装卸搬运一体化的设备，在实际应用中，装卸、搬运两个操作合二为一。

（6）经济效果好。叉车与大型起重机械比较，它的成本低、投资少，能获得较好的经济效果。

（7）有利于开展托盘成组运输和集装箱运输。托盘化能使物流周转速度加快，托盘的装卸搬运主要靠叉车；集装箱能实现"门对门"运输，在没有起重设备的情况下，需要叉车装卸搬运。

2. 叉车的分类

（1）按照采用的动力方式分类及其特点（表 3-2）。

表 3-2 叉车按照动力方式的分类及其特点

类型	特点
内燃式叉车	采用的动力装置是内燃机，根据动力不同又可分为汽油机式叉车、柴油机式叉车和液化石油气式叉车。其特点是机动性好、功率大、用途较广泛，一般情况下，重、大吨位的叉车采用内燃机作为动力

续表

类型	特点
电动式叉车	又称电瓶式叉车。以蓄电池为动力，用直流电机驱动。它具有操作容易、无废气污染、适合在室内作业的特点，随着环保要求的提高，电动式叉车需求有较快的增长
手动式叉车	手动液压叉车，由于无动力，使用、维护简便，起重量较低

（2）按照性能和功用进行分类及其特点（表3-3）。

表3-3 叉车按照性能和功用分类及其特点

类型	特点
平衡重式叉车	其货叉位于叉车的前部，为了平衡货物重量产生的倾翻力矩，在叉车的后部装有平衡重，以保持叉车的稳定。平衡重式叉车是目前应用最广泛的叉车，占叉车总量的80%左右
插腿式叉车	叉车的两条腿向前伸出，支撑在很小的车轮上。支腿的高度很小，可同货叉一起插入货物底部，由货叉托起货物。货物的重心落到车辆的支撑平面内，因此稳定性很好，不必再设平衡重。插腿式叉车一般由电动机驱动，蓄电池供电。它的作业特点是起重量小、车速低、结构简单、外形小巧。适用于通道狭窄的仓库内作业
侧面式叉车	侧面式叉车的门架和货叉在车体的一侧。在出入库作业的过程中，车体进入通道，货叉面向货架或货垛，适合于窄通道作业，有利于装搬条形长尺寸货物。室外工作一般采用充气轮胎，室内工作一般采用实心轮胎
前移式叉车	有两条前伸的支腿，前轮较大，支腿较高，作业时支腿不能插入货物的底部，而门架可以带着整个起升机构沿支腿内侧的轨道移动。前移式叉车与插腿式叉车一样，都是货物的重心落到车辆的支撑平面内，因此稳定性很好。适用于车间、仓库内作业
集装箱式叉车	该车专门用于集装箱的装卸搬运，也有正面式和侧面式两类，它的主要特点是可搬运较大重量的货物
高货位拣选式叉车	主要用于高位拣货。操作台上的操作者可与装卸装置一起上下运动，并拣选储存在两侧货架内的货物，适用于多品种少量入出库的特选式高层货架仓库。起升高度一般4~6m，最高可达13m。为保证安全，操作台起升时，只能微动运行

（3）按照用途进行分类及其特点（表3-4）。

表3-4 叉车按照用途分类及其特点

类型	特点
通用叉车	在大多数情况下都可以使用的叉车
专用叉车	具有专门用途的叉车，如堆垛式叉车、集装箱叉车、箱内作业叉车

3. 常用的叉车

平衡重式叉车主要依靠叉车前后移动才能叉卸货物。这种叉车特点是：为保持平衡因而自重大、轮距大、行走稳定，但转弯半径大。按驱动形式不同，平衡重叉车有内燃机驱动和蓄电池驱动两种，如图3-30所示。

平衡重式叉车有四轮型和三轮型，依靠换装各种叉车附件可用来装卸搬运多种货物，主要用于车站、工厂、货场等领域，尤其适于路面较差，搬运较长的领域。

（a）平衡重式内燃机叉车　　　　　（b）平衡重式蓄电池叉车

图 3-30　平衡重式叉车

内燃式平衡重叉车的运行特点和汽车相似，常采用汽车的标准部件，故维护、保养及配件的供应均较方便。蓄电池式平衡重叉车构造简单、活动部件少、磨损小、操作与维护保养容易；但需要充电设备、蓄电池怕震动、对路面要求高，且行走速度低。平衡重叉车均从正面取货，适应性强；其作业场所以室外为主，小型的也用于室内；最大起重量为40t，最大起升高度为3m，内燃式最高速度为25km/h，蓄电池式最高速度为12km/h。

插腿式叉车是叉车前方带有小轮子的支腿能与货叉一起伸入货板叉货，然后由货叉提升货物。由于货物重心位于前后车轮所包围的底面积之内，叉车的稳定性好。一般采用蓄电池作为能源，用于室内搬运，起重量一般在2t以下。

插腿式叉车比平衡重式叉车结构简单，自重和外形尺寸小，适合在狭窄的通道和室内堆垛、搬运，但速度低，行走轮直径小，对地面要求较高，如图3-31所示。

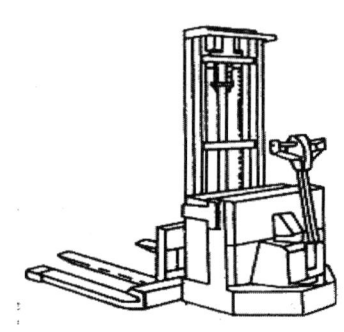

图 3-31　插腿式叉车

前移式叉车结构的主要特点是车前部设有跨脚插腿，跨脚前端装有支轮，和车体的两轮形成四轮支承，作业时，重心在四个轮的支撑面中，比较稳定。前移式叉车的货叉可沿叉车纵向前后移动。取货卸货时，货叉伸出，叉卸货物以后或带货移动时，货叉退回到接近车体的位置，因此叉车行驶时的稳定性也好。

前移式叉车分门架前移式［图3-32（a）］和货叉前移式［图3-32（b）］两种。前者的货叉和门架一起移动，叉车驶近货垛时，门架可能前伸的距离要受外界空间对门架高度的限制，因此只能对货垛的前排货物进行作业。货叉前移式叉车的门架则不动，货叉借助于伸缩机构单独前伸。如果地面上具有一定的空间允许插腿插入，叉车能够超越前排货架，对后一排货物进行作业。

前移式叉车车体较平衡重式小、转弯半径小，可减小通路宽度，由于没有平衡重量的问题，因而自重轻，一般相同起重能力，车自重轻约 500kg。前移式叉车主要靠电池驱动，起重量一般在 3t 以下，最大起重量可达到 5t，起重高度最大 3m，最高速度为 15km/h。它的优点是车身小、重量轻、转弯半径小、机动性好，不需在货堆间留出空处。但行走速度较慢且轮子半径较小，对地面要求较高。主要用于室内搬运作业，节省通道面积，用于配送中心及工厂厂房内，尤其在运行地域狭小之处宜于选用这种叉车。

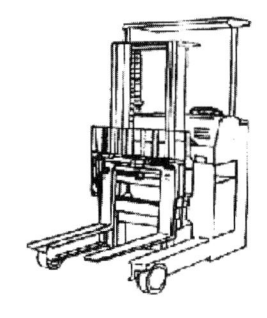 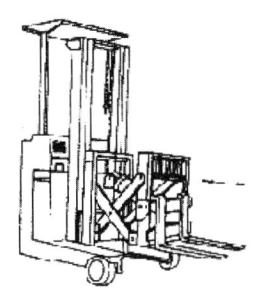

（a）门架前移式叉车　　　　　　（b）货叉前移式叉车

图 3-32　前移式叉车

侧叉式叉车主要用于搬运长大件货物。门架和货叉位于车体中部的一侧，如图 3-33 所示，不仅可上下运动，还可前后伸缩。叉货时，先将千斤顶顶着地，门架向外推出，叉取货物后，货叉起升，门架退后，然后下降货叉，货物即自动放置在叉车一侧的前后车台上。将千斤顶收起后，叉车即可行驶。由于货物沿叉车的纵向放置，可减少长大货物对道路宽度的要求，同时，货物重心位于车轮支承底面之内，叉车行驶时稳定性好，速度快，司机视野比正叉平衡重式叉车好。由于门架和货叉只能向一侧伸出，当需要在对侧卸货时，必须将叉车驶出通道，掉头以后才能进行卸货。侧面叉车能以较快的速度搬运长件货物，最大起重量为 40t，最大起升高度为 3m，最高速度为 30km/h。

侧面式堆垛叉车，如图 3-34 所示。叉车的门架和货叉侧向车体的一方。其作业的主要特点有两个：一是在出入库作业的过程中，车体进入通道，货叉面向货架或货堆，这样，在进行装卸作业时不必再先转弯然后作业。二是有利于装搬条形长尺寸物，因为长尺寸物与车体平行，不受通道宽度的限制。这些特点使侧面式叉车适合于窄通道作业。

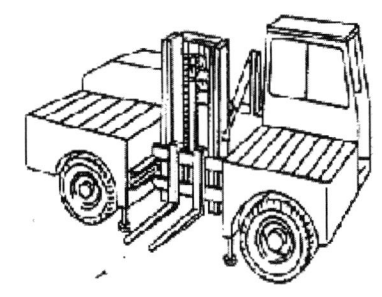 

图 3-33　侧叉式叉车　　　　　　图 3-34　侧面式堆垛叉车

跨车是作业时车身跨在货物上用夹具夹起货物后运行的一种高架式叉车，如图 3-35 所示。

图 3-35　跨车

按用途与结构特点分类，跨车有通用跨车、集装箱跨车和门式跨车。通用跨车用于中、短距离搬运长大件，提升装置可用货叉、夹具、吊钩、电磁吸盘、串杠等。门式跨车可跨越铁路车辆、汽车及并列的几列大型集装箱进行装卸、搬运和堆垛。集装箱跨车是搬运、堆垛集装箱的专用跨车。跨车多用内燃机作为动力，运行速度快，载重量大，全部车轮均能转向，转向性能好，但其重心集中在上部，重心高，空车行走时稳定性较差，故要求在良好的地面条件下作业。

拣选式叉车主要特点是操作者能随装卸装置一起在车上进行拣货作业，当叉车行进到某一货位前，货叉取出货盘，操作人员将所需数量拣出，再将货盘放回，如图 3-36 所示。

拣选式叉车是适应拣选式配货而使用的叉车，在少批量、多品种拣货作业时，这种叉车与高层货架配合，形成一种特定的拣选工艺。

由于拣货者与货叉同时升降，这种车的安全性要求较高，一般采用电池式叉车，且起重量不大，行走稳定。在现代物流设施中，随配送中心数量的增加，拣货作业数量增加，这种叉车越来越为重要。

这种叉车在行进方向两侧或一侧作业，或货叉能旋转 180°，向前、左、右三个方向做叉货作业的三方向堆垛叉车，如图 3-37 所示。

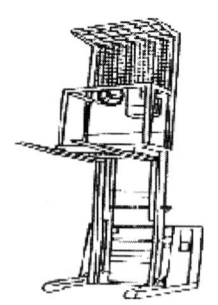

图 3-36　拣选式叉车

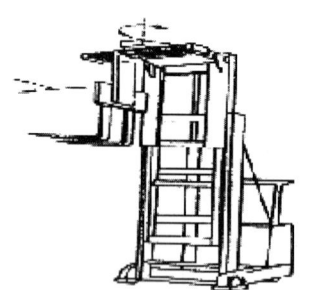

图 3-37　三向堆垛式叉车

集装箱叉车是集装箱码头和堆场上常用的一种集装箱专用装卸机械，如图 3-38 所示，主要用作堆垛空集装箱等辅助性作业，也可在集装箱吞吐量不大（年低于 3 万标准箱）的综合性码头和堆场进行装卸与短距离搬运。

集装箱正面吊是通过改变可伸缩动臂的长度和角度，实现集装箱装卸和堆垛作业的工业搬运车辆。如图 3-39 所示，与集装箱叉车相比，具有自重轻、视野好、机动性好、设备投资小等优点。广泛用于集装箱码头、公路集装箱枢纽站等中小型堆场的堆垛作业，也可以作为码头前沿与堆场间的短距离搬运作业。随着我国集装箱运输、公路集装箱枢纽站的发展，正面吊必将迅速发展。

图 3-38　集装箱叉车

图 3-39　集装箱正面吊

这种叉车无动力源，由人工推动叉车，通过液压设备，手动液压柄起降货叉，这种叉车由操作工人人力操作，灵活机动，操作方便简单，价格便宜，因此，从追求合理化角度看，在某些不需要大型机械的地方，可以有效应用，如在小件货物、精品仓库、商店、配送中心中广泛的应用。

（1）手动托盘搬运车，在使用时将其承载的货叉插入托盘孔内，由人力驱动液压系统来实现托盘货物的起升和下降，并由人力拉动完成搬运作业。它是托盘运输中最简便、最有效、最常见的装卸、搬运工具，如图 3-40 所示。

（2）手推液压堆高车是利用人力推拉运行的简易式插腿式叉车。适用于工厂车间、仓库内效率要求不高，但需要有一定堆垛、装卸高度的场合。如图 3-41 所示。

图 3-40　手动托盘搬运车

图 3-41　手推液压堆高车

电动托盘搬运车是由外伸在车体前方的、带脚轮的支腿来保持车体的稳定，货叉位于支腿的正上方，并可以作微起升，使托盘货物离地进行搬运作业的电动插腿式叉车。根据司机运行操作的不同可分：步行式电动托盘搬运车，如图 3-42（a）所示。踏板驾驰式电动托盘搬运车，如图 3-42（b）所示。侧座式电动托盘搬运车，如图 3-42（c）所示。

伸缩臂式叉车与平衡重式叉车相比，具有如下特点：适用的作业范围广；可以跨越障碍进行货物的堆垛作业；通过变换叉车属具进行多种作业；稳定性有所改善；伸缩臂式叉车整车重心后移，利于提高运行的稳定性；通过臂杆的移动而不需要车辆的移动来对准货位，利于提高堆垛的稳定性。前方视野良好，如图 3-43 所示。

托盘式叉车又称为托盘搬运车，是以搬运托盘为主的搬运车辆，如图 3-44 所示。托盘搬运车与平衡重式叉车相比，体形小、重量轻。采用人工操作时，负载不能太大。当搬运 2t 以上的货物时，搬运起来就比较费力，适合于短距离搬运。

（a）行式电动托盘搬运车　　（b）踏板驾驰式电动托盘搬运车　　（c）侧座式电动托盘搬运车

图 3-42　电动托盘搬运车

 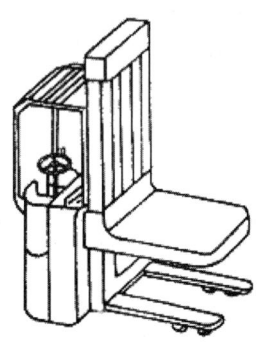

图 3-43　伸缩臂式叉车　　　　　　　　图 3-44　托盘式叉车

4. 叉车属具

叉车属具是叉车的辅助机构，是一种安装在叉车上以满足各种货物搬运和装卸作业特殊要求的专用机具，是用于取货的各种取货装置，由于货物的形状和尺寸的差异，需要配备多种叉车属具以提高叉车的通用性。它使叉车成为具有叉、夹、升、旋转、侧移、推拉或倾翻等多用途、高效能的货物搬运工具。叉车属具大大丰富了叉车的作业性能，使企业获得高效的生产率及良好经济效益。恰当的叉车属具可以扩大叉车的使用范围、保证作业安全、减少工人的劳动强度、提高叉车的作业效率。常用的叉车属具有货叉、吊架、侧夹器、推货器和集装箱吊具等。

5. 叉车的维护与管理

（1）叉车的选用原则。叉车的种类很多，形式规格各异，在流通管理中首先应了解叉车的选用原则，才能充分发挥叉车的使用价值，叉车的选用原则有以下两点：

1）首先满足使用性能要求。选用叉车时应合理地确定叉车的技术参数，如起重量、工作速度、起升高度、门架倾斜角度等。如果需要的起重量是非标准系列，则最好选用标准大于所需起重量，这样使用较经济；同时还要考虑叉车的通过性能是否满足作业场地及道路要求。除此之外，选用叉车要求工作安全可靠，叉车要跑得快、停得下，无论在任何作业条件下，都要具有良好的稳定性。

2）选择使用费用低、经济效益高的叉车。选择叉车除考虑叉车应具有良好的技术性能外，还应有较好的经济性，使用费用低、燃料消耗少、维护保养费用低等。可以用重量利用系数和比功率大小，进行定量比较叉车的经济性。

（2）选择叉车的影响因素。

1）叉车功用。根据叉车的功用不同，选择某一种类型的叉车。

2）作业情况。根据作业区的日吞吐量、作业高度、搬运距离进行选择。作业区的日吞吐量是指作业区如车站、码头和仓库等每天进来和出去的货物的总重量或搬运托盘的数量。根据作业区的日吞吐量，确定所选叉车的搬运能力和叉车的数量。叉车的搬运能力表现为叉车在一定时间内所搬运托盘的数量或重量，它除了与叉车本身的额定载重量有关外，还与叉车的使用环境及操作者有关。叉车的使用环境即作业区的大小及通道的长短。

根据作业区的作业高度不同，来选择叉车的货叉最大起升高度。在选择时应保证货叉的最大起升高度高于作业区的作业高度。

根据作业区的搬运距离不同，来选择叉车的运行速度。根据搬运距离的远近，来选择叉车的类型。

3）托盘。大部分叉车都是以托盘为操作单位的，所以托盘的尺寸和规格直接影响叉车的类型选择。如：托盘及所载货物的重心超过叉车的载荷中心距，叉车的载重能力将下降。

4）作业区的场地。作业区场地的光滑度、平整度状况和承重能力极大地影响叉车的使用，尤其是使用提升的室内叉车时。使用场地一般可分为三种情况：起伏较大的地面、波浪状的地面和平整的地面，较大起伏的地面应尽量避免。如果作业场地承重能力不足，在选择叉车时，应充分考虑叉车的自重对地面的影响。

5）电梯及集装箱的高度。如果需要叉车进出电梯或者在集装箱内作业，则电梯和集装箱的入口高度会影响叉车类型的选择，这时应该充分考虑叉车的高度是否满足在电梯和集装箱内部作业的要求。

3.4.4 货架设施

1. 货架的概述

（1）货架的概念。货架：用立柱、隔板或横梁等组成的立体储存物品的设施。

货架在物流及仓库中占有非常重要的地位，随着现代工业的迅猛发展，物流量的大幅度增加，为实现仓库的现代化管理，改善仓库的功能，不仅要求货架数量多，而且要求货架具有多功能，并能实现机械化、自动化要求。

（2）货架的作用。货架在现代物流活动中，起着相当重要的作用，仓库管理实现现代化，与货架的种类、功能有直接的关系。货架的作用及功能有如下几方面：

1）提高库容利用率。货架是一种架式结构，可充分利用仓库空间，提高库容利用率，扩大仓库储存能力。

2）减少商品的损耗。存入货架中的货物，互不挤压，货物损耗小，可完整保证商品本身的性能，减少商品的损耗，提高商品的存储质量。

3）便于作业。货物处于货架中的货格中，便于存取、计量、清点，可以做到先进先出的原则。

4）保证商品质量。可以采取防潮、通风、防尘、防盗、防破坏等措施，以提高货物存储质量。

5）利于实现仓库自动化。很多新型货架的结构及功能有利于实现仓库的机械化及自动化管理。

2. 货架的分类

（1）按货架的适用性分 { 通用货架 / 专用货架

（2）按货架的制造材料分 { 钢货架 / 钢筋混凝土货架 / 钢与钢筋混凝土混合式货架 / 木制货架 / 钢木合制货架等

（3）按结构特点分 { 层架 / 层格架 / 橱架 / 抽屉架 / 悬臂架 / 三角架 / 栅型架

（4）按货架的可动性分 { 固定式货架 / 移动式货架 / 旋转式货架 / 组合货架 / 可调式货架 / 流动储存货架

（5）按货架的载货方式分 { 悬臂式货架 / 橱柜式货架 / 棚板式货架

（6）按货架的构造分 { 组合可拆卸式货架 / 固定式货架 { 单元式货架 / 一般式货架 / 流动式货架 / 贯通式货架 }

（7）按货架高度分 { 低层货架　高度在 5m 以下 / 中层货架　高度 5～15m / 高层货架　高度在 15m 以上

（8）按货架载重量分 { 重型货架　每层货架载重量在 500kg 以上 / 中型货架　每层货架载重量 150～500kg / 轻型货架　每层货架载重量在 150kg 以下

3. 各种常用货架

（1）层架。层架由立柱、横梁、层板构成，架子本身分为数层，层间用于存放货物，分单面层架和双面层架，用于存放各自能独立堆码不致散乱混杂的货物。层架结构简单，适用性强，存取作业方便，但存放货物的数量有限，便于零星发料，是企业仓库里普遍使用的一种货架，如图 3-45 所示。

层架种类繁多，如果按层架存放货物的重量分类，可以分为重型层架（图 3-46）、中型层架（图 3-47）和轻型层架（图 3-48）；按其结构特点分类，有层格式、抽屉式等类型；按照货架封闭程度可分为开放型、半开放型、金属网型、前挡板型等。

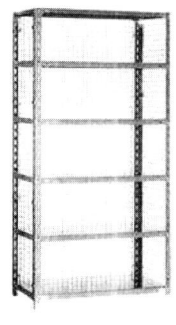

图 3-45　层架

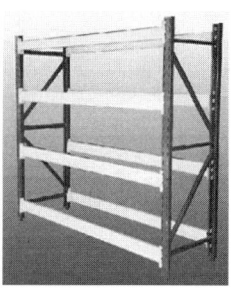

图 3-46　重型层架

图 3-47　中型层架

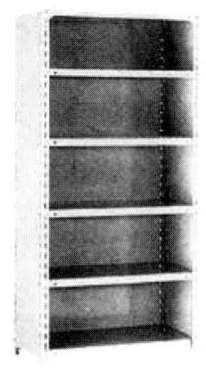

图 3-48　轻型层架

一般轻型层架主要适合人工存取作业，轻型层架主要用于小批量、零星收发的小件货物的储存，其规格尺寸及承载能力都与人工搬运能力相适应，高度通常在 2.4m 以下，厚度在 0.5m 以下。中型和重型层架则要配合叉车等工具储存大件、重型货物。中型和重型的货架尺寸则较大，高度可达 4.5m，厚度可达 1.2m，宽度可达 3m。

层格式货架（图 3-49）：层格架的某些层或整体每层中用间隔板分成若干个格。层格式货架的每格原则上只能放一种货物，货物不易混淆，但存放数量不大。层间光线暗，存放数量少。主要用于规格复杂多样，必须互相间隔开的物品。

抽屉式货架（图 3-50）：抽屉式货架与层格架类似，区别在于层格中有抽屉。具有防尘、防湿、避光的特点。主要用于存放比较贵重或怕尘土、怕湿的小件货物。

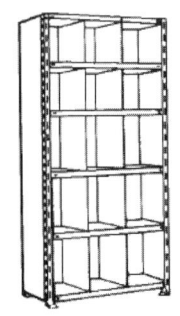　　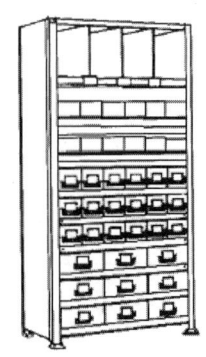

图 3-49　层格式货架　　　　　　　　图 3-50　抽屉式货架

封闭式层格架也叫橱架。是装有橱门的封闭式层格架，用以存放比较贵重的小件物品，如精密仪器零件等。这种货架有良好的防尘作用。

（2）托盘货架。托盘货架是专门存放堆码在托盘上货物的货架，其承载能力和每层空间适合于存放整托盘货物。托盘货架结构多采用杆件组合，不仅拆迁容易，层间距还可根据码货高度调整。通常总高度在 6m 以下，架底撑脚需要装叉车防撞装置，如图 3-51 所示。

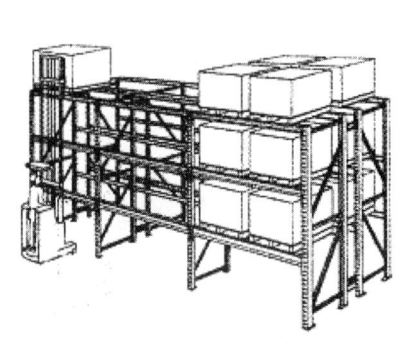　

图 3-51　托盘式货架

托盘货架结构简单，可调整组合，安装简易，费用经济；出入库不受先后顺序的限制；托盘装载不同货物时可立体存放，库容率较高。原则上，每一个托盘占一个货位。存取作业时，较高的托盘货架使用堆垛起重机存取，较低的托盘货架可用叉车存取。这样，可实现机械化存取作业，提高劳动生产率，同时也便于实现计算机的管理和控制。

（3）阁楼式货架。阁楼式货架是上下两层堆叠制成阁楼布置的货架，如图 3-52 所示。其结构有的是由底层货架承重，上部搭置楼板，形成一层新的库面，有的是由立柱承重，上部搭置楼板形成库面。阁楼式货架通常上层适用于存放较轻的货物，下层适合存放较重的货物。货物提升可用输送机、提升机、电动葫芦、叉车，也可用升降台。在阁楼上面可用轻型小车或托盘牵引车进行货物的堆码。

阁楼式货架可充分利用空间，适合多品种少批量存储。阁楼式货架可用于旧库改造，一般的旧库，库内有效高度 4.5m 以上，如果平面存放，受人的高度所限，只能利用 2m 左右。采用阁楼式货架后，几乎可成倍提高原有的仓库利用率。阁楼式货架的缺点是存取作业效率较低。阁楼式货架适用于各种场合多品种存储方式，尤其适用于五金、汽配、电子元件的分类存储。

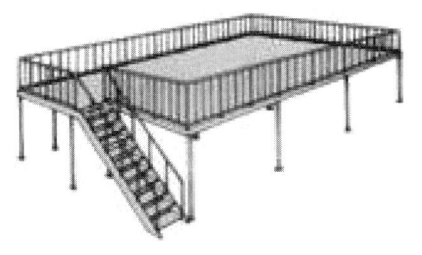 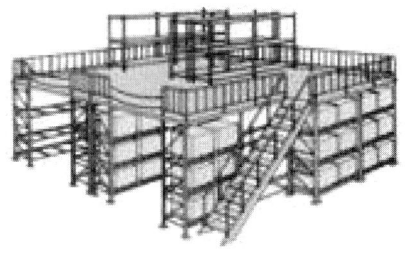

图 3-52 阁楼式货架

（4）悬臂式货架。悬壁架是在一根立柱上，安装与其垂直的多层相互平行的横梁，组合而构成的边开式货架，有单面［图 3-53（a）］和双面两种［图 3-53（b）］。单面货架使用时，须有一面靠墙。这种货架一般采用金属材料制成，主要用来存放各种中小型的长形金属材料。其尺寸一般根据所存放物料尺寸的大小确定。为防止货物损伤，常在悬臂上加垫木质衬垫或橡胶带以起保护作用，如图 3-53 所示。

（a）单面悬臂式货架　　　　　　　　（b）双面悬臂式货架

图 3-53 悬臂式货架

悬臂架为开放式货架，一般存放长条形材料，不太便于机械化作业。轻质材料可用人力存取操作，金属材料可配合跨距较宽的设备存取。

悬臂式货架一般高度 6m 以下，空间利用率较低，约 35%～50%。

（5）移动式货架。移动式货架是一种底部带轮且可整体移动的货架。在货架下面装滚轮，在仓库地面上装有导轨，通过开启控制装置，货架可通过轮子沿导轨移动。货架结构可以设计成普通层架，也可以设计成托盘货架。控制装置附加有变频控制功能用来控制驱动、停止时的速度，以维持货架的货物稳定，有时还设有确定位置的光电感测器及制动电动机，以提高起动或停止时的稳定度和精确度，如图 3-54 所示。

（a）人力推动式　　　　（b）摇把驱动式　　　　（c）电动移动式货架

图 3-54 移动式货架

移动式货架平时相互依靠，密集排列在一起。存取货物时，通过手动或电力驱动装置使货架沿轨道水平移动，形成作业通道，便于人工或机械存取作业。它不像固定货架那样每列必须留出通道，只需一条通道即可，这样可以大幅度减少通道面积，地面使用率可达80%，有利于提高仓库面积利用率。而且可直接存放每一种货物，不受先进先出的限制。

用移动式货架，货物存取方便、易于控制、安全性能好。但是，相对来说其机电装置较多，维护较困难。

（6）重力式货架。重力式货架的基本结构与普通层架类似，不同的是其每一层隔板与水平面均可形成一定的倾斜角度，低端作为出货端，高端作为入货端，这样托盘或箱装货物便会由重力作用自动向低端滑移，如图3-55所示。是一种把静态存储变成动态存储的货架。按其构造分为滚轴式货架和轨道式货架。前者在货架的层板纵梁上装配许多滚轴；后者在货架主柱上装配有一定倾斜度的轨道纵梁，用带有轮子的台车依靠货物自身的重力或人的推力进行运动。还可以在滚轮下埋设充气软管控制倾斜角度，以调整货物滑移的速度。这种货架没有通道，只有入口和出口处，是一种高密度存储系统，适用于企业的中间仓库。

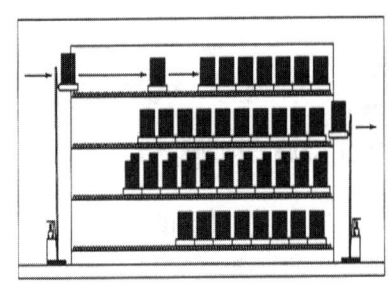 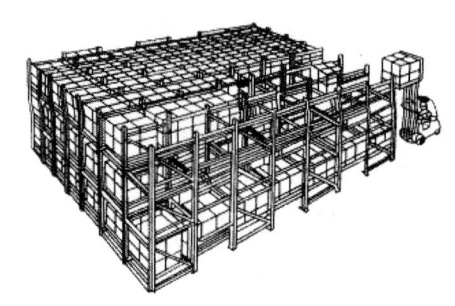

（a）重力式货架示意图　　　　　　（b）重力式货架立体图

图3-55　重力式货架

重力式货架和一般货架相比，大大缩小了作业面，并且每个滑道只存取一种货物，有利于进行拣选，因此常作为分拣式货架。重力式货架固定了出入库位置，减少了出入库工具的运行距离，避免了普通货架出入库时，装卸搬运工具在通道中穿行，易出差错，工具运行线路难以规划，运行距离长的缺点。采用重力货架后，叉车运行距离可缩短1/3。重力式货架的入库作业和出库作业完全分离，两种作业可各自向专业化、高效率方向发展，且出入库时，工具不互相交叉、不互相干扰，可降低事故率，增加安全性。

重力式货架适用于大量存储的场所，也适用于拣选场所，可普遍用于配送中心、商店的拣选配货操作中，也用于生产线的零部件供应线上。

（7）驶入式货架和驶出式货架。驶入式货架采用钢质结构，钢柱上一定位置上有向外伸出的水平突出构件或悬轨，当叉车将托盘送入时，突出的构件或悬轨可托住托盘及货物。货架上无托盘货物时，货架正面便成了无横梁状态，形成了若干通道可方便叉车出入。驶入式货架只有一端可以出入叉车。

驶出式货架的结构和驶入式货架类似，只是驶出式货架两端均可出入叉车。驶入式货架、驶出式货架分别如图3-56和图3-57所示。

驶入式货架和驶出式货架能起到保管场所及叉车通道的双重作用，属高密度配置。库容利用率可高达 90% 以上，适用于大批量少品种配送中心使用，但不适合太长或太重物品。

图 3-56　驶入式货架

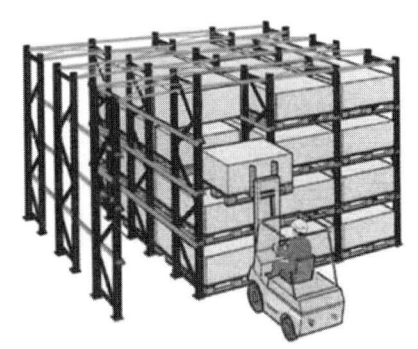

图 3-57　驶出式货架

驶入式货架存取货时受先后顺序的限制，难以做到先进先出。而驶出式货架则可将出入库作业分设在两端，可以做到货物先进先出。

（8）旋转式货架。旋转式货架又称回转式货架，属于拣选型货架。该种货架可以水平、垂直、立体方向回转，每一层均能围绕主轴转动的货架。货物随货架移动到操作者面前，而后被操作者选取。这种货架可以省存放货物的行程和时间，节约货架的占用面积，增加储存量。适用于规格繁多、数量不大、出入库频繁的货物。

1）垂直旋转式货架。该种货架类似垂直提升机，在提升机的两个分支上悬挂有成排的货格，提升机可正转，也可以反转。货架的高度 2~6m，10~30 层，如图 3-58 所示。垂直旋转式货架占地空间小，存放的品种多，拣选频率高的货物。

2）多层水平旋转式货架。该货架的高度为 2~4m，单元货位载重为 200~250kg，存贮货物品种多达 2000 种以上，如图 3-59 所示。

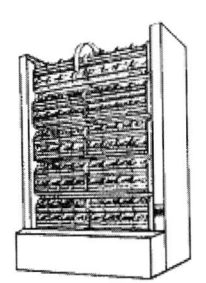

图 3-58　垂直旋转式货架

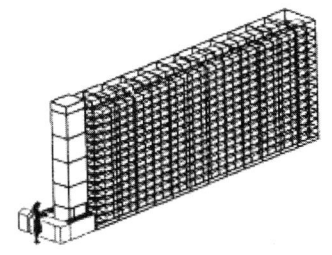

图 3-59　多层水平旋转式货架

3）整体水平旋转式货架。这种货架由多排货架联结而成，每排货架又有若干层货格，货架作整体水平式旋转，每旋转一次，便有一排架到达拣货面，可对这一排的各层进行拣货，如图 3-60 所示。这种货架旋转时动力消耗大，不大适于拣选频度太高的作业。

（9）组合式货架。有些仓库储存的货物品种、规格、形式、大小经常变化，或者把某些建筑物临时作为仓库，这都需要组合式货架，使货格可根据货物的大小而随时调整尺寸。临时性仓库可根据需要装配和拆掉货架，这样，就可以采用组合式货架，如图 3-61 所示。

组合式货架基本构件是带孔型的钢立柱，再加以横梁、搁板和其他各种附件，可组成通用性很强的各种货架。它的主要特点是安装和拆卸快速和简便，如图 3-62 所示。

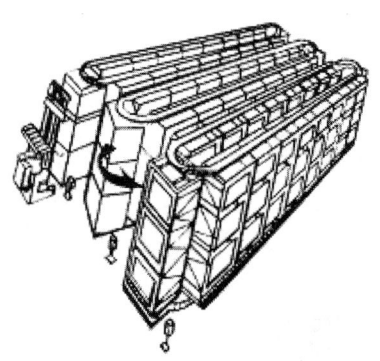

图 3-60　整体旋转式货架

图 3-61　组合式货架

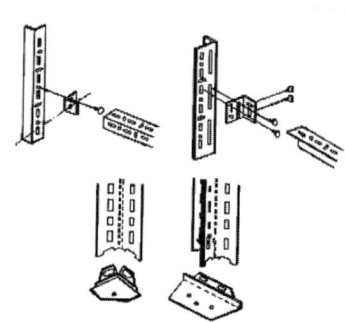

图 3-62　组合式货架基本构件

4. 货架的选型

对于不同的仓库选择不同的货架。在选择时，应根据货物的品种、数量、出入库频率、保管要求、费用水平等条件进行合理的选择。

（1）货架的选型原则。

1）实用性原则。货架首先应该满足于所储存货物的品种、规格尺寸和性能的要求，能满足货物先入先出的原则要求，同时，适用于配套机械的存取作业。

2）低成本高效益原则。选择货架应考虑与货架配套的机械设备，只要适合货物的储存，尽量选择低成本高效益的设备。

3）安全可靠性原则。货架的强度和刚度要满足载重量的要求，并有一定的安全余量。在使用期限内，应保证货架的强度和刚度的要求。对于存放危险品的货架应有特殊的规定。

4）尽量采用先进的技术原则。货架的选择是实用，但要考虑将来的发展，仓储设备的更新，货架要注意与先进的机械设备配套。

（2）货架的选择。

1）改造仓库货架的选择。有很多企业，将原来的堆垛储存仓库改建成货架储存仓库，以利于仓库的利用率和作业效率。由于仓库是在原有旧仓库的基础上改建的，因此仓库的高度较低，所以，尽量采用中低层托盘式货架，以便逐步实现机械化作业。为了提高库容，也可以采用阁楼式货架。

2）新建立体化仓库货架的选择。对于新建立体化仓库，应该根据储存货物的品种、规格、吞吐量和仓库的规模以及仓库的高度进行合理的选择。对于小型仓库，如果自动化程度一般，可以选择托盘式货架、重力式货架和移动式货架；对于自动化程度较高的大型高层立体化仓库，可以选择托盘式货架或旋转式货架，以利于计算机控制。

3）固定式货架和流动式货架的选择。对于固定式货架，由于技术比较成熟，可以借鉴的经验较多，投资也相对小一些。当仓库所存储的货物多品种、小批量、以拣选作业为主的情况下，应选用流动式货架。

3.4.5 起重机

1. 起重机的概念

（1）起重机的概念。起重机械：一种以间歇作业方式对物品进行起升、下降和水平移动的搬运机械。

起重机的工作流程是：取物装置从取物点由起升机构把货物提起、运行、旋转，将货物移位并在指定位置放下，接着进行反向运动，使取物装置回升原位。起重机工作时各机构经常是处于起动、制动以及正向、反向等相互交替的运动状态之中，并且在两个工作循环之间，一般有短暂的停歇。起重机以装卸为主要功能，搬运的功能较差，搬运距离很短。大部分起重机械机体移动困难，因而通用性不强，往往是港口、车站、仓库、物流中心等处的固定设备。同时，起重机的作业方式，是从货物上部起吊，因而，作业需要空间高度较大。

（2）起重机的发展方向。

1）发展大型起重机械。现代生产需要越来越多的大型起重机，尤其是大型造船起重机，大型浮式起重机和安装用的大型门式起重机。起重量可达 2500～3000t。

2）发展大型装卸设备。为了适应现代化港口和矿场对大量散状、块状物料的输送和集装箱运输的需要，港口大型岸壁装卸桥、集装箱装卸桥、斗轮堆取料机等，大型散料装卸设备得到迅速发展。

3）减轻机器的自重。减轻机器的自重不仅可以节省原材料，而且也可以节约动力。目前各国都在朝着采用新材料、改进结构形式、减轻机器自重方面努力。如对汽车起重机的臂架、门座起重机的象鼻梁以及大型装卸设备的关键部分，采用高强度钢材和合理的结构形式，提高机器的可靠性和减轻自重。

4）提高起重机械的作业性能。应用自动控制及电子计算机等先进技术，采用电力、液压驱动提高起重机的作业性能，如在高效率的装卸设备上，要求具有较高的起升、运行速度和精确的自动控制系统；在自动化运输系统中，要求起动的平滑性、停车的准确性、快速性等。

5）人体工程学的应用。应用人体工程学，研究起重机司机室的合理布置，采取措施减少司机作业强度，加强环境保护。减少振动和噪声、减少内燃机驱动起重机的废气污染等。

6）研究新的搬运技术。新的搬运技术包括自动化仓库的自动堆存取料系统，以及放射性物料的特种搬运工艺等。

2. 起重设备的分类

起重设备种类很多，按照一定方法，可以对起重设备进行科学分类。按起重设备综合特征分类，可分为：

- 起重设备
  - 轻小型起重设备
    - 千斤顶
    - 手板葫芦
    - 手拉葫芦
    - 电动葫芦
  - 桥式类起重机
    - 悬挂梁式起重机
    - 通用桥式起重机
    - 龙门起重机
      - 轨道龙门起重机
      - 轮胎龙门起重机
    - 装卸桥
      - 抓斗装卸桥
      - 集装箱装卸桥
      - 多用途装卸桥
  - 臂架类起重机
    - 缆索起重机
    - 桅杆起重机
    - 甲板起重机
    - 固定旋转臂式起重机
    - 流动起重机
      - 汽车起重机
      - 轮胎起重机
      - 履带起重机
    - 门座起重机
      - 港口门座起重机
      - 水工门座起重机
      - 船台起重机
      - 安装门座起重机
      - 多用途门座起重机
    - 浮式起重机
  - 堆垛类起重机
  - 升降机

起重设备主体是起重机，起重机又可按以下方法分类。

（1）按起重机取物装置分类。

- 起重机
  - 吊钩起重机
  - 抓斗起重机
  - 电磁起重机
  - 吊钩抓斗起重机（两用式）
  - 吊钩电磁起重机（两用式）
  - 抓斗电磁起重机（两用式）
  - 吊钩抓斗电磁起重机（三用式）
  - 集装箱起重机
  - 集装箱吊钩起重机（两用式）

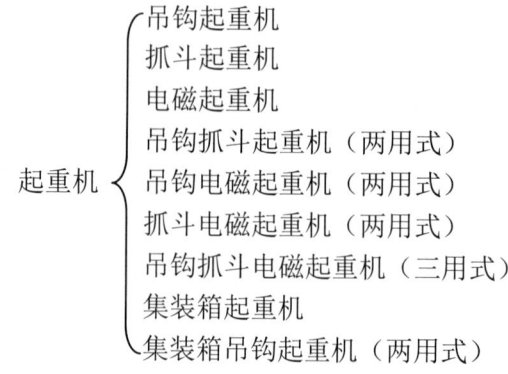

（2）按起重机用途分类。

$$\text{起重机}\begin{cases}\text{通用吊钩起重机}\\\text{堆垛起重机}\\\text{装卸起重机}\\\text{专用起重机}\begin{cases}\text{抓斗装卸桥}\\\text{集装箱装卸桥}\\\text{集装箱龙门起重机}\end{cases}\\\text{多用途起重机}\\\text{其他用途起重机}\end{cases}$$

（3）按起重机使用场合分类。

$$\text{起重机}\begin{cases}\text{港口起重机}\\\text{船上起重机}\\\text{货场起重机}\\\text{仓库起重机}\\\text{随车起重机}\\\text{车间起重机}\\\text{建筑起重机}\\\text{其他场合用起重机}\end{cases}$$

（4）按起重机特殊条件分类。

$$\text{起重机}\begin{cases}\text{防腐起重机}\\\text{防爆起重机}\\\text{绝缘起重机}\\\text{慢速起重机}\end{cases}$$

（5）按起升机构分类。

$$\text{起重机}\begin{cases}\text{小车式起重机}\\\text{牵引式起重机}\end{cases}$$

（6）按起重机运行方式分类。

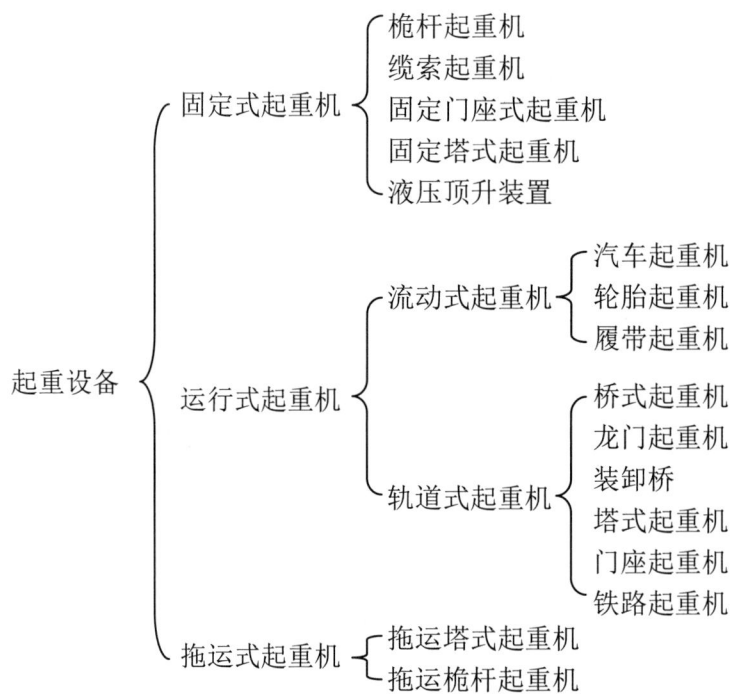

3. 轻小型起重设备

轻小型起重设备，包括千斤顶、起重葫芦、卷扬机等。

千斤顶（图 3-63）体积小、重量轻，靠人力驱动顶升重物，它的起重量范围大，但顶升高度小。通常在港口用于机械、车辆检修。

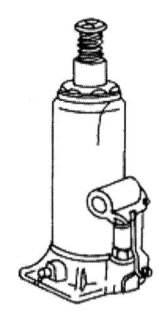

图 3-63　千斤顶

手拉葫芦（图 3-64）轻便可靠，常用于安装维修时吊运小件设备。手拉葫芦是以焊接环链作为挠性承载件的起重工具，也可与手动单轨小车配套组成起重小车，用于手动梁式起重机或者架空单轨运输系统。

手扳葫芦（图 3-65）是由人力通过手柄扳动钢丝绳或链条等运动机构来带动取物装置运动的起重葫芦。它广泛用于船厂的船体拼装焊接，电力部门高压输电线路的接头拉紧，农林、交通运输部门的起吊装车、物料捆扎、车辆拽引以及工厂等部门的设备安装、校正等。根据承载件的不同可分为钢丝绳手扳葫芦和环链手扳葫芦。

图 3-64 手拉葫芦

图 3-65 手扳葫芦

电动葫芦（图 3-66）靠电动机驱动卷筒或链轮起升重物，具有结构紧凑、操作方便、价格便宜的特点。因此，在车间和仓库里得到了广泛的应用，且单独使用或用于起重机的工作机构之中。若把电动葫芦固定吊挂在空中，可用地面操纵来起吊物品；若悬挂在循环封闭的工字梁上，电动葫芦则成为作业线上的起升输送设备；如果和梁式起重机、单梁门式起重机配套，则可作为起升机构来用。

电动葫芦的种类很多，按中华人民共和国机械工业部行业标准，将电动葫芦分为八种：常速钢丝绳电动葫芦（HC）、常慢速钢丝绳电动葫芦（HM）、重级工作制电动葫芦（HZ）、双卷筒电动葫芦（HT）、防爆电动葫芦（HB）、防腐电动葫芦（HF）、环链电动葫芦（HH）和板链电动葫芦（HL）。其中常速钢丝绳电动葫芦和常慢速钢丝绳电动葫芦的用途最广。

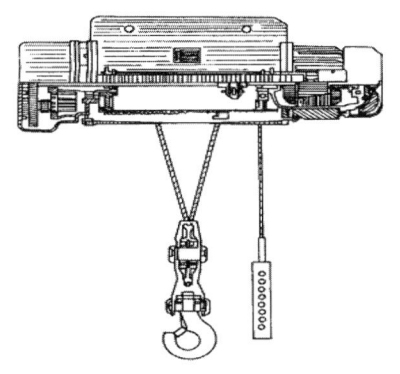

(a) HC 型常速钢丝绳电动葫芦

(b) 环链式电动葫芦

图 3-66 电动葫芦

卷扬机又称绞车，是由手动或电机驱动并包括卷筒、减速装置和制动装置的起重、牵引设备，在港口中以电机为主，可用于缆车以及牵引铁路车辆、船舶或土法装卸中搬运重件。

4. 桥式和门式起重设备

（1）桥式起重机。桥式类型起重机指由能运行的桥架结构和设置在桥架上能运行的起升机构组成的起重设备。桥式类起重机配有起升机构、大车运行机构和小车运行机构，大车沿轨道纵向运行；小车在桥架主梁上沿轨道横向运行，以及起升机构的升降运动。这些运动构成了一个可在整个长方形场地及其上空作业的范围，桥式起重机的大车轨道通常安装在仓库、作业场所的两侧梁柱或两侧地面上，因而具有起重量大、占地面积小，且运行时不妨碍作业场地的特点。

1）桥式起重机应用场合。桥式起重机是拥有量最大和使用量最广泛的一种轨道运行式起重机，其数量约占各种起重机总数量的60%~80%，额定起重量从几吨到几百吨。桥式起重机起重量大、速度快、作业面辐射大、效率高、通用化程度高，广泛用于车间、仓库、货场装卸搬运货物。但由于桥式起重机须在装卸作业场地修建桥墩，造成建造费用较高，作业上不够方便，再加上其只能在跨度范围内布置货位，货位面积较小，在一些场合，桥式起重机有被龙门起重机取代的趋势。

2）桥式起重机的分类。桥式起重机的类别很多，按桥架结构不同可分为单梁桥式起重机（图3-67）和双梁桥式起重机（图3-68）两种。

单（主）梁桥式起重机：具有一根主梁的桥式起重机，起重小车常为手拉葫芦、电动葫芦作为起升机构部件装配而成。手动单梁桥式起重机各机构的工作速度较低、起重量较小、自身质量小，便于组织生产，成本低，适用于搬运量不大，对速度与生产率要求不高的场合。电动单梁桥式起重机的工作速度、生产率较手动的高，起重量也较大。

图3-67 单（主）梁桥式起重机

图3-68 双梁桥式起重机

双（主）梁桥式起重机：具有两根主梁的桥式起重机。双梁桥式起重机通常由起升机构、大车运行机构、小车运行机构、桥与小车架等组成，特别适用于大悬挂跨度和大起重量的平面范围物料输送。

3）桥式起重机的特点。

a. 与其他类型起重机相比，桥式起重机本身无支腿，稳定性较好。工作速度稍高些，单机生产率高。

b. 桥式起重机用电动机提供动力，电动机的故障率远远低于内燃机。各机构分别驱动，传动方法简单，使用、保养、维修方便。

c. 桥式起重机的桥墩是一种永久性建筑物，给货场的扩建、改建带来困难。受桥墩限制，桥吊主架无法带悬臂，不仅货位得不到充分利用，也给装卸作业带来影响。

（2）龙门起重机和装卸桥。龙门起重机的结构为门型框架，承载主梁下安装两条支脚，可以直接在地面的轨道上行走，为了增加作业面积，主梁两端可以具有外伸悬臂梁。它的起重小车在主梁的轨道上行走，而整机则沿着地面轨道行走。

1）龙门起重机应用场合。龙门起重机又称龙门吊或门式起重机，它是由支承在两条刚性或一刚一柔支腿上的主梁构成的门形框架得名。龙门起重机主要用于室外，进行单件和成组的长大笨重物品的吊运、装卸、安装作业，龙门起重机具有场地利用率高、作业范围大、适应面广、通过性强等特点，在库场、车站、港口、码头等场所，担负着生产、装卸、安装等作业过程中的货物装卸搬运任务，是企业生产经营活动中实现机械化和自动化的重要生产力。龙门起重机运用十分普遍，其使用数量仅次于桥式起重机。

2）龙门起重机的分类。龙门起重机按照门架结构型式分：可分为半门架式、L 型单主梁双悬臂门架、双主梁箱型门架、双主梁无悬臂门架等龙门起重机。按主梁数目分：可分为单主梁龙门起重机（图 3-69）和双主梁龙门起重机（图 3-70）。按照悬臂结构进行分类：可分为双悬臂龙门起重机、单悬臂龙门起重机、无悬臂龙门起重机。按支腿形状分：可分为 L 型、折线型、C 型、A 型、O 型等支腿形状的起重机。除了轨道式龙门起重机（图 3-71），还有轮胎式龙门起重机（图 3-72）。

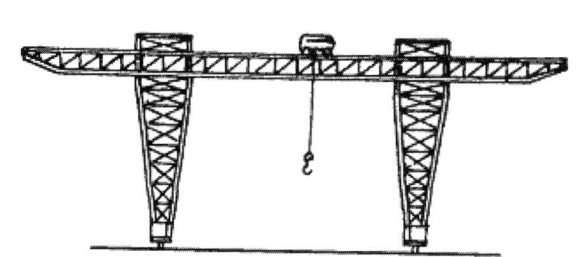

图 3-69 单主梁龙门起重机

图 3-70 双主梁龙门起重机

图 3-71 轨道式龙门起重机

3）龙门起重机的特点。

a. 与桥式起重机相比，龙门起重机的走行轨道直接铺设在作业场地，并且行走轨道面的高度可与作业场地在同一平面上，因此，龙门起重机下的货位面积、通道等能得到充分利用。

b. 龙门起重机没有固定永久性建筑物（只有行走轨道的基础埋置于地表面以下），如果货场改建、变迁，则影响不大。

c. 大多数龙门起重机两端带有一定长度的悬臂，不仅作业面积增大，货位得到充分利用，而且汽车等短途搬运设备与铁路车辆可直接进行装卸或换装，提高了装卸效率，加速了车辆和货位的周转。

4）装卸桥。装卸桥也是一种大型的起重机，在港口码头、车站等处用于室外装卸散状物料，如谷物、化肥、砂子、煤炭等。装卸桥是龙门起重机的另一种形式，通常把跨度大于 35m、起重量不大于 40t 的龙门起重机称为装卸桥。装卸桥取物装置以双绳抓斗或其他专用吊具为主，主要用在大型散堆货场装卸和搬运散货。

图 3-72 轮胎式龙门起重机

装卸桥与龙门起重机的不同点是它的跨度大，用抓斗作取物装置，工作速度快，效率高，起升速度大于 60 m/min；小车运行速度在 120m/min 以上，最高达 360m/min。为减少冲击力，在小车上设置减振器。大车为调整装卸桥工作位置而运行，速度较低，一般为 25m/min 左右。一般生产率达 500~1000t/h。

装卸桥的结构方式有桁架式（图 3-73）、箱型（图 3-74）两种，采用桁架结构可减少整机自身质量，而采用箱型结构便于制造。

图 3-73 桁架式装卸桥

图 3-74 箱型结构装卸桥

5. 臂架类起重设备

臂架类型起重机，主要利用臂架的边幅（俯仰）、绕垂直轴线回转配合升降货物，使动作灵活，满足装卸要求。其形式可分为固定式、移动式和浮式起重机。

固定式臂架起重机直接安装在码头或库场的墩座上，只能原地工作。其中有的臂架只能俯仰不能回转，如悬臂式起重机（图 3-75）。

图 3-76 所示为桅杆动臂起重机。既可俯仰又可回转，如桅杆起重机、船舶吊杆等。

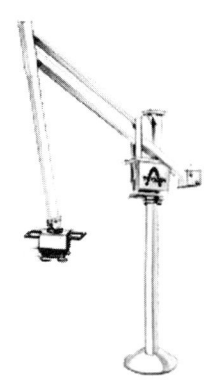

图 3-75　悬臂式起重机

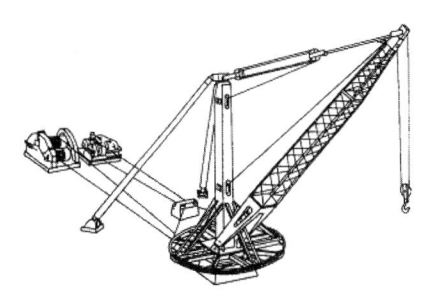

图 3-76　桅杆动臂起重机

移动式臂架起重机（图 3-77）是指在带载或空载情况下，能在无轨道路或专用轨道行驶，机体靠重力保持稳定的臂架式旋转起重机。这类起重机机动灵活、稳定性较好、操纵简单方便、移动迅速，广泛用于港口、车站、厂矿、货场等部门的装卸和安装作业。

移动式起重机按运行部分的结构不同，可分为汽车起重机、轮胎起重机、履带起重机和轨道起重机，其中轮胎起重机、汽车起重机拥有量大，使用普遍。

浮式起重机（图 3-78）是以专用浮船作为支撑和运行装置，浮在水上作业，可沿水道自航或拖航的水上臂架起重机。它广泛用于海河港口，可单独完成船—岸间或船—船间的装卸作业，也可配合岸上的起重设备加速船舶装卸。

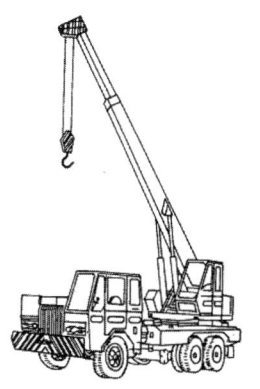

图 3-77　移动式起重机

图 3-78　浮式起重机

本章思考题

1. 如何实现包装合理化？
2. 装卸搬运设备的作用有哪些？
3. 装卸搬运合理化原则是什么？

 案例分析

TECHPLASTUS 联合公司包装管理的合理化

TECHPLASTUS 联合公司是《财富》杂志上排名 500 强的塑料容器生产商。其产品主要是装食物的塑料容器，容器必须有两个组件组成，即盒与盖。公司原先的作业方式是将配套好的盖和盒以一对的形式包装贮存。传统的操作过程要求首先生产盒与盖，然后在生产线上完成盒与盖的配套包装过程，再将其送到仓储中，随着业务的发展，产品的品种从 80 种增长至 500 种，而这些产品盒与盖又有许多是可以相互匹配的。这样，传统的操作过程使得产成品库存迅速增加，同时，缺货的现象却又经常发生。仓库操作人员经常需要从现有库存中打开包装，拿出产品，并进行重新的装配，以使产品满足已有订单的需求。这样一方面使得工作的效率降低，同时也常常不能满足客户的需求，产品库存的精确性也受到了影响。

TECHPLASTUS 联合公司的解决方法是在生产线末端重新设计包装过程，将盒与盖进行独立的包装，并独立地进入到仓库中的一个配套装配工作区，而不先进行盒与盖的配套。当每天收到客户订单时，再根据需要将所需的盒与盖放入包装线，两者被压缩包装在一起并按顾客的要求打上标签，然后成品被放上拖车运走。需求量大的盒与盖平时可以多装配一些，然后包装入库储存，再进行大量库存的打标签和装运。

TECHPLASTUS 联合公司用于包装线的投资不到 20000 美元。把配套安装作业放到仓储过程中完成，使得流动资金的周转效率大大提高，仓储的空间利用率也得到提高，同时库存的精确度也达到一个更能接受的水平。

【资料来源：根据网络资料整理编写】

问题：TECHPLASTUS 联合公司是如何实现包装合理化的？

第4章 仓储管理

- 知识目标：通过本章的学习，掌握储存与库存控制的基本理论，仓库的基础知识，学习储存作业的程序及内容。
- 技能目标：掌握仓库作业的技巧和策略。
- 能力目标：通过学习，能够熟练应用仓储管理原理，具有管理中小型仓库储存作业、库存控制和储存合理化运作的能力。

引导案例

互联网+仓储企业易代储

易代储是在国家"互联网+"战略背景下诞生的互联网物流服务企业，易代储定位于面向中小微企业的互联网仓库运营管理平台，旨在整合各类优质仓库资源，搭建全国区域最广、库房最多的管理平台，通过精准匹配，帮助仓库资源商快速出租，为中小微企业提供仓储一站式解决方案，实现共仓共享，按需定制的灵活仓储租赁方式，从而提升供应链管理价值。易代储标准化园区已经覆盖北京、上海、天津、广州、深圳、重庆、成都、香港等多个城市。

对于每一个有仓的库主而言，快速把仓出租出去，应该是最大的愿望，但往往事与愿违。中介也找了，横幅也挂了，信息也发了，就是无人问津，在网上搜集的客户需求信息更是虚假到令人冒汗，时间久了，就会发现网络信息原来都是网站为引流做的，根本无法真正解决去库存需求。自平台开放以来，通过对客户痛点的洞察和把控，易代储在品牌营销、产品、仓库信息化、物业管理、金融等方面为客户打造出一系列解决方案，因此吸引了众多仓库资源方的入驻，服务过众多企业，如微软、飞利浦、顺丰、圣象地板、圆通快递等，服务赢得客户的好评。在实操的过程中，易代储总结了一套让仓库快速出租的经验。易代储目前的业务类型主要包括以下几个方面：

仓储租赁：易代储通过提供丰富的产品类别、灵活的仓储租赁方式，满足不同客户对仓储服务需求，如封闭货柜、托盘位、灵活库位面积、灵活时间。

在线选仓平台：在线选仓平台通过精准匹配及时提供与客户需求相关的仓库，客户通过线上选仓、实景看库，不仅可以获取真实有效的库房信息，也降低了从找仓到交易过程的整体成本。在线选仓精准匹配，一键获取所需，轻松方便找仓库，在线实景看图，360度全景拍摄展示，让客户更清晰地了解仓库。

仓库物业运营管理：为构建物流仓储生态链平台，易代储成立博园物业管理有限公司，专业的物业管理服务，独创的联合安全员体系和动环检测系统（红外监测、温度检测、传感器），特有的客户管理复盘会和增值服务（快递代收、自动售卖机等），努力实现园区管理军事化、视频监控实时化、用电安全数字化、经营分析互通化、生活服务社区化，通过全方位的管理，打造一支为互联网仓储健康快速、可持续发展的护航铁军。物业团队以复转军人为主要班底，由管理经验丰富的转业干部挂帅，实现园区管理的军事化。

云仓系统：易代储云仓系统主要以 SaaS（软件云服务）方式提供服务，为仓库管理、物业管理、智能监控、运输管理提供强有力的技术支撑，实现仓储信息化的进一步升级，提升整体仓储运营管理效率。专业空间建模 SMS、智能仓库管理 WMS、仓库智能监管 ESW、自动订单管理 OMS、物流调度 TMS，努力实现一站式信息化解决方案。

供应链金融：易代储针对中小微企业，设计出系列金融产品，产品包括库存融资、预付款融资、应收账款金融、设备金融等。为客户提供优质的融资解决方案。解决企业资金缺口，支持企业发展，为客户提供一站式高标准仓库+库内设备+配套资金的综合解决方案。

【资料来源：根据网络资料整理编写】

问题：易代储的出现解决了我国仓储行业存在的哪些问题？

4.1 储存概述

4.1.1 储存的概念

储存：保护、管理、贮藏物品。

保管：对物品进行储存，并对其进行物理性管理的活动。

储存和运输是物流的两个主要功能要素：运输是以改变"物"的空间状态为目的的活动，储存是以改变"物"的时间状态为目的的活动，以克服产需之间的时间差异获得更好的效用。储存使物品安全放置一段时间，从而实现了物品在"供应链"中上下环节的衔接，并调节上下环节流量的差异，从而保持了生产与流通的正常，使社会再生产不断发展。

4.1.2 储存的功能

储存主要是对流通中的商品进行检验、保管、加工、集散和转换运输方式，并解决供需之间和不同运输方式之间的矛盾，提供场所价值和时间效益，使商品的所有权和使用价值得到保护，加速商品流转，提高物流效率和质量，促进社会效益的提高。概括起来，储存的功能可分为如下几个方面：

1. 调节功能

储存作为社会再生产各环节之间，以及社会再生产各环节之间的"物"的停滞，构成了上一步活动和下一步活动的必要条件。一方面储存可以调节生产与消费的关系，仓库具有一定的空间，用于储存物品，并根据物品的特性，仓库内配有相应的设备，以保持储存物品的完好性。对社会再生产过程来讲，商品的生产与消费之间存在着矛盾，主要表现在生产与消费地理分离、生产与消费之间有一定的时间间隔且生产与消费方式上存在着差别，这些矛盾既不能在生产领域里解决，也不可能在消费领域里得到解决，而只能在流通领域里通过商品的仓储活动加以解决。例如，适当的原材料和半成品的储存，可以防止因缺货造成的生产停顿；季节生产但全年都有市场需求的大米、小麦等家用产品的供应只能通过仓储来解决。适当的储存为市场中商品的需求提供了存货缓冲,使生产和销售活动在受到物料来源和顾客需求的限制条件下提高效率。

【小资料4-1】

马克思关于储存作用的论述

储存所起的作用,马克思早就明确说过:"生产过程和再生产过程的不断进行,要求一定量的商品(生产资料)不断处在市场上,也就是形成储备。"(《资本论》第2卷,第155页),他还说:"商品停滞要看作商品出售的必要条件。"(《资本论》第2卷,第165页)。

另一方面,还可以实现对运输的调节,因为产品从生产地向销售地流转,主要依靠运输完成,但不同的运输方式在运向、运程、运量及运输线路和运输时间上存在着差距,一种运输方式一般不能直达目的地,需要在中途改变运输方式、运输线路、运输规模、运输方法和运输工具,以及为协调运输时间和完成产品倒装、转运、分装、集装等物流作业,还需要在产品运输的中途停留。

储存的这些作用,在工业化时期称作"蓄水池"作用;在现代物流领域,它起到对整个物流过程的调节作用,称作"调节阀"作用。

2. 整合功能

装运整合是仓储的一个经济利益,通过这种安排,整合仓库接收来自一系列制造厂商指定送往某一特定地点的产品或原材料,然后把它们整合成单一的一票装运。假如超市需要从不同的供应商那里得到不同的商品,各供应商分别送货就会产生较高的运输成本,但改由仓储企业整合装运后,各供应商将超市所需的商品送到仓库,由仓库把它们压缩整合,进行一票装运。其好处是有可能实现最低的运输费率,减少由多个供应商向同一顾客进行供货所产生的顾客收货站台处发生拥挤和堵塞的现象。仓库可以把从制造商到仓库的内向转移和从仓库到顾客的外向转移都整合成更大的装运。为了提供有效的整合装运,每一个制造厂商都必须把该仓库作为货运储备地点,或用作产品分类和组装设施。整合仓库可以由单独一家厂商使用,也可以由几家厂商联合起来共同使用。通过这种整合,每一个单独的制造商或托运人都能够享受到物流总成本低于其各自分别直接装运的成本。

4.1.3 储存的逆作用

物流系统中,储存是一种必要的活动。但由其特点决定,也经常存在冲减物流系统效益,恶化物流系统运行的趋势。所以甚至有人明确提出,储存中的"库存"是企业的癌症。主要因为储存的代价太高:①固定费用支出。库存会引起仓库建设、仓库管理、仓库工作人员工资、福利等费用开支增高。②机会损失。储存物资占用资金所付之利息,以及这部分资金如果用于另外项目会有更高的收益,所以,利息损失和机会损失都是很大的。③陈旧损坏与跌价损失。物品在作为库存期间可能发生各种物理、化学、生物、机械等损失,严重者会失去全部价值及使用价值。随储存时间的增加,存货无时无刻不在发生陈旧变质,一旦错过有利的销售期,又不可避免出现跌价损失。④保险费支出。近年来为分担风险,我国已开始对储存物采取投保缴纳保险费方法,保险费支出在有些国家、地区已达到相当大的比例,在网络经济时代,社会保障体系和安全体系日益完善,这个费用支出的比例还会呈上升的趋势。⑤进货、验收、保管、发货、搬运等可变工作费。

上述各项费用支出都是降低企业效益的因素,再加上在企业全部运营中,储存对流动资金的占用达到40%~70%的高比例,在非常时期,有的企业库存甚至占用了全部流动资金,使企业无法正常运转。

4.2 仓库的功能与分类

4.2.1 仓库的概念

仓库:保管、存储物品的建筑物和场所的总称。主要有库房、货棚、货场等。

仓库曾经被认为是只具备仓储功能,而现在库存的"流速"已成为评价仓库功能的重要指标。仓库是"河流"而不再是"水库"或"蓄水池";仓储管理已从静态管理转变为动态管理,对仓储管理的基础工作也提出了更高的要求。从现代物流系统的角度来看,仓库是从事储存、包装、分拣、流通加工和配送等物流作业活动的物流节点设施。

1. 库房

库房是指有屋顶和维护结构,供储存各种货物的封闭式建筑物。库房主要用于存放怕雨雪、怕风吹日晒、要求保管条件比较好的货物。按照建筑结构分,有混凝土、砖木、简易库房等;按库房的性能分,有简单库房、保温库房和冷藏库房等。

2. 货棚

供存储某些货物的简易建筑物,一般没有或只有部分围壁。货棚是一种半封闭式仓库建筑,只有顶棚和部分维护结构。一般存放怕受雨雪侵蚀,但温度变化对其影响不大的货物。货棚比库房结构简单,就地取材,建造时间短,但性能差,使用年限短。货棚主要分为以下两种:

(1)固定货棚:不能移动的货棚。这种货棚结构简单,造价低,但货棚低矮,装卸搬运机械在棚内作业不方便。

(2)活动货棚:能沿一定轨道移动的货棚。这种货棚既不影响机械作业,又可以及时加盖、通风,有利于货物的保管、劳动力和材料的节约。按移动货棚的动力不同,可分为人工推动式和电力机械驱动式;按其运行轨道不同可分为单轨式和双轨式。

3. 货场

也称"露天仓库",是地面经过适当处理但没有任何建筑物的存货场地。它比库房、货棚用料省、建造快、花钱少、容量大,只要地平整,有围墙,有管理人员住房,就可存放商品。但货场对自然条件的适应能力差,储存的货物有一定局限性。一般用来存放对保管没有严格要求或进入生产过程后需要再加工的物资,如大型圆钢、铸件、生铁等。

4.2.2 仓库的功能

仓库的一个最基本的功能就是存储货物,并对存储的货物实施保管和控制。但随着人们对仓库概念的深入理解,仓库也担负着货物处理、流通加工、物流管理和信息服务等功能,其涵义远远超出了单一的存储功能。

一般来讲,仓库具有以下功能:

（1）储存和保管的功能。这是仓库的最基本的传统功能。仓库具有一定的空间，用于储存物品，并根据物品的特性，配有相应的设备，以保持储存物品的完好性。如储存精密仪器的仓库，需要防潮、防尘、恒温等，应设置空调、恒温等控制设备。在仓库作业时，防止搬运和堆放时碰坏、压坏物品，从而要求搬运机具和操作方法的不断改进和完善，提高储存和保管能力。仓库建筑和场地、货架的分割和封闭，能避免货物混合、防止失落、流失等。

（2）维护和加工的功能。仓库在仓储商品的同时，无论从管理责任还是经济利益考虑，都需要保证仓储物不发生不正常的变化，这就需要仓库对仓储物进行维护、养护，确保仓储物的品质不变。由于流通加工的发展，货物在仓储阶段处于停滞状态，是开展加工的最佳时机，不影响仓储物流通的速度。仓库不仅具备储存、保管货物的设备，而且还增加了分袋、配套、捆装、流通加工、移动等设施。这样，既扩大了仓库的经营范围，提高了物资的综合利用率，又方便了消费者，提高了服务质量。

（3）信息传递功能。仓库是物流的节点，货物入仓和出仓都需要经过仔细的检查和核对，并需要完整地记录，因而仓库信息是货物的最为准确的信息，也是动态物流中最为准确的信息。存货人对仓储物的数量管理有赖于仓库的统计和盘点，并由仓库提供。仓库是物流信息的最重要的组成环节。

目前，仓库的信息传递越来越多地依赖于计算机和互联网，例如，通过使用电子数据交换系统（EDI）或条形码技术来提高仓库物品的信息传递速度的准确性，通过互联网（Internet）来及时了解仓库的使用情况和物资的存储情况。

4.2.3　仓库的分类

仓库按不同的标准可进行不同的分类，企业可以根据自身的条件选择建设或租用不同类型的仓库。

1. 按使用范围分类

（1）自有仓库。这类仓库附属于企业、机关和团体，仓库的建设、存储物品的管理以及出入库等业务均处于本单位管理责任范围内。它又可分为供应仓库（存储原材料）、生产仓库（存储半成品）和销售仓库（存储产成品）。

（2）公用仓库。国家或公共团体建设的为公共事业配套服务的仓库，如机场仓库、铁路仓库、港口仓库等。

（3）营业仓库。按照仓库业管理条例取得营业许可，保管他人物品的仓库称为营业仓库。营业仓库是社会化的一种仓库，面向社会，以经营为手段、以盈利为目的。与自有仓库相比，营业仓库的使用效率较高。

（4）保税仓库。经海关批准设立的专门存放保税货物及其他未办结海关手续货物的仓库。这类仓库由海关统一进行监督管理，专门存放进口未纳税的商品。

2. 按保管物品的种类分类

（1）专业仓库。用于存放一种或某一大类物品的仓库。

（2）综合仓库。用于存放多种不同属性物品的仓库。

3. 按保管的条件分类

（1）普通仓库。用于存放无特殊保管要求的物品，常温保管、自然通风、无特殊功能的仓库。

(2) 冷藏仓库。有良好的保温隔热性能以保持较低温度的仓库，专门用来储存冷冻物品。

(3) 保温、恒温恒湿仓库。能调节温度并能保持某一温度或湿度的仓库。

(4) 特种仓库。用于存放易燃、易爆、有毒、有腐蚀性或有辐射性的物品的仓库。

(5) 气调仓库。用于存放要去控制库内氧气和二氧化碳浓度的物品的仓库。

4. 按建筑结构分类

(1) 平房仓库（图4-1）。单层建筑物，有效高度一般不超过5～6m，这种仓库构造简单，造价较低，适宜于人工操作，各项作业也方便简单。

图4-1　平房仓库

(2) 多层仓库（图4-2）。多层仓库也称楼房仓库，为两层以上的建筑物，是钢筋混凝土建造的仓库。仓库楼房各层间依靠垂直运输机机械联系，也有的楼层间以坡道相连，称为坡道仓库。多层仓库，虽然有使货物上下移动进行作业的缺点，但在土地受到限制的港湾、都市等地，建造多层仓库可以扩大仓库的实际使用面积。

图4-2　多层仓库

(3) 高层货架仓库（图4-3）。高层货架仓库也称立体仓库，建筑物本身虽是平房结构，但高层顶棚的顶很高、内部设施层数很多，具有可以保管10层以上货物托盘的能力。这是仓库中一种管理自动化程度较高，存货能力较强的仓库。根据库房高度使用9m、12m或22m的货架，使货物堆放立体化。在作业方面，主要使用计算机控制，有堆码机、吊机等装卸机械自动运转，货物可以方便省力地自动进出仓库，实现了机械化和自动化，因此也称自动化仓库，或称无人仓库。

(4) 罐式仓库（图4-4、图4-5）。以各种罐体为储存库的大型容器型仓库，主要用于储存石油、天然气和液体化工产品等，如球罐库、柱罐库等。

此外，还有露天仓库（俗称"货场"，用于存放较大型的货物）、地下仓库（储存安全性高，主要储存石油等物资）和水上仓库等。

图 4-3　高层货架库

图 4-4　球罐库

图 4-5　柱罐库

5. 按仓库内的形态分类

（1）地面型仓库。地面型仓库一般指单层地面库，多使用非货架型的保管设备。

（2）货架型仓库。货架型仓库指采用多层货架保管的仓库。在货架上放着货物和托盘，货物和托盘可在货架上滑动。货架仓库内部如图 4-6 所示。

图 4-6　货架仓库

（3）自动化立体仓库。指出入库用运送机械存放取出，用堆垛机等设备进行机械化自动化作业的高层货架仓库。自动化立体仓库的入库、检验、分类整理、上货入架、出库等作业由计算机管理控制的机械化、自动化设备来完成。

6. 按仓库所处位置分类

（1）港口仓库。储存水路运输货物的仓库，一般仓库地址在港口附近，以便进行船舶的装卸作业。

（2）车站仓库（图4-7）。储存铁路运输货物的仓库，通常在火车货运站附近。

图 4-7　车站仓库

（3）汽车终端仓库。在卡车货物运输的中转地点建设的仓库，为卡车运输提供方便条件。

（4）工厂仓库。工厂仓库是工厂内保管设施的总称，如按物品类别分为原材料仓库、配件仓库、产成品仓库和半成品在制仓库等。

4.2.4　自动化立体仓库

自动化立体仓库（Automatic Storage and Retrieval System，AS/RS）：由高层货架、巷道堆垛起重机（有轨堆垛机）、出入库输送机系统、自动化控制系统、计算机仓库管理系统及其周边设备组成，可对集装单元物品实现自动化存取和控制的仓库。

自动化仓库系统是在不直接进行人工处理的情况下能自动的存储和取出物料的系统。这个定义覆盖了不同复杂程度及规格的极为广泛多样的系统。狭义的"自动化仓库系统"是指使用多层货架、能在巷道内的任何货位存储和取出货物的搬运车以及实行计算机控制和通信的系统。

自动化立体仓库（图4-8）简称高架仓库，一般是指采用几层、十几层乃至几十层高的货架来储存单元货物，并用相应的搬运设备进行货物入、出库作业的仓库。由于这类仓库能充分利用空间储存货物，故常形象地将其称为"立体仓库"。根据国际自动化仓库会议的定义，所谓自动化仓库就是采用高层货架存放货物，以巷道起重机为主，结合入库出库周边设备来进行作业的一种仓库。它把计算机与信息管理和设备控制集成起来，按照控制指令自动完成货物的存取作业，并对库存货物进行管理。

1. 自动化立体仓库的特点

（1）提高空间利用率。使用高层货架存储货物，存储区可以大幅度地向高空发展，充分利用仓库地面和空间，因此节省了库存占地面积，提高了空间利用率。目前世界上最高的立体仓库已达 70m。立体仓库单位面积的存储量是普通仓库的 5～10 倍。采用高层货架储存并结合计算机管理，可以实现货物的先入先出原则，防止货物的自然老化、变质、生锈或发霉。立体仓库也便于防止货物的丢失及损坏，对于防火防潮等大有好处。集装箱化的存储也利于防止货物搬运过程中的破损。

图 4-8　自动化立体仓库

（2）提高工作效率。自动存取 ASJRS 使用机械和自动化设备，运行和处理速度快，提高了劳动生产率，降低操作人员的劳动强度。同时，能方便地纳入企业的物流系统，使企业物流更趋合理化。

采用自动化存取后，还能较好的适应黑暗、低温、污染、有毒和易爆等特殊场合的物品存储需要。如国内已有的冷冻物品自动化仓库和存储胶片的自动化仓库，在低温和完全黑暗的库房内，由计算机自动控制货物的出入库作业。从而改善了工作环境，保证了安全操作，促进文明生产。

（3）提高仓库管理水平。计算机控制能够准确无误地对各种信息进行存储和管理，减少了货物处理和信息处理过程中的差错，而人工管理则不能做到这一点。同时借助于计算机管理还能有效地利用仓库储存能力，便于清点和盘库，合理减少库存，加快资金周转，节约流动资金，从而提高仓库的管理水平。如某制造公司的仓库，在采用自动化仓库后，库存物资金额比过去降低了 40%，节约资金数百万元。

【小思考 4-1】

仓库的自动化程度是不是越高越好？

2．自动化立体仓库的分类

作为一种特定的仓库类别，自动化仓库具体又可分为不同的形式：

（1）按建筑形式分类及其特点（表 4-1）。

表 4-1 按建筑形式分类及其特点

类型	特点
整体式自动化仓库	货架除了储存货物以外,还可以作为建筑物的支撑结构,就像是建筑物的一部分,即库房和货架形成一体化结构
分离式自动化仓库	储存货物的货架独立存在,建在建筑物内部。它可以将现有的建筑物改造为自动化仓库,也可以将货架拆除,使建筑物用于其他目的

（2）按货物存取形式分类及其特点（表 4-2）。

表 4-2 按货物存取形式分类及其特点

类型	特点
单元货架式自动化仓库	一种最常见的自动化仓库结构,货物先放在托盘或集装箱内,再装入仓库货架的货格中
移动货架式自动化仓库	由电动货架组成,货架可以在轨道上行走,由控制装置控制货架的合拢和分离。作业时货架分开,在巷道中可进行连续作业。不作业时可将货架合拢,只留一条作业巷道,从而节省仓库面积,提高空间的利用率
拣选货架式自动化仓库	分拣机构是这种仓库的核心组成部分,有巷道内分拣和巷道外分拣两种方式。每种分拣方式又分人工分拣和自动分拣两种

（3）按货架构造形式分类及其特点（表 4-3）。

表 4-3 按货架构造形式分类及其特点

类型	特点
单元货格式自动化仓库	使用最广、适用性较强的一种自动化仓库形式。其特点是货架沿仓库的宽度方向分成若干排,每两排货架为一组,其间有一条巷道供堆垛起重机或其他起重机作业。每排货架沿仓库纵长方向分为数列,沿垂直方向又分若干层,从而形成大量货格,用以储存货物
贯通式自动化仓库	在某些情况下,可以取消位于各排货架之间的巷道,将货架合并在一起,使同一层、同一列的货物相互贯通,形成能依次存放多货物单元的通道。在通道一端,由一台入库起重机将货物单元装入通道;而在另一端由出库起重机取货
水平循环货架式自动化仓库	仓库的货架本身可以在水平面内沿环行路线来回运行。每组货架由数十个独立的货柜构成,用一台链式输送机将这些货柜串联起来。每个货柜的下方有支承滚轮,上部有导向滚轮。输送机运转时,货柜便相应地运动
垂直循环货架式自动化仓库	与水平循环货架式仓库相似,只是把水平面内的环行旋转改为垂直面内的旋转。这种仓库的货架本身是一台垂直提升机,提升机的两个分支上都悬挂有货格。提升机根据操作命令可以正转和反转,使需要提升的货物降落到最下面的取货位置上

3. 自动化仓库的构成

自动化立体仓库发展到今天,新型设备层出不穷。但从传统的意义上看,自动化立体仓库包括以下主要内容：

（1）高层货架。货架是构成自动化立体仓库的最基本单元。在很多非自动化立体仓库中,货架也是构成立体仓库必需的部分。

（2）巷道堆垛机。巷道堆垛机完成单元货物入库到货格和从货格中取出的操作,是自动化立体仓库系统的重要设备。

（3）输送系统。输送系统主要负责自动化立体仓库外围的自动输送。其设备有数十种之多，如辊子输送机、链条输送机、有轨小车、自动导向小车（AGV）等。在配送系统中，分拣系统也是输送系统的基本内容。

（4）计算机控制与管理系统。计算机系统是构成自动化立体仓库系统的不可缺少的部分。这包括各种可编程控制器、监控计算机、管理计算机等。信息采集系统（如条码系统、称重系统、尺寸检测装置等）通常也包括在内。

（5）托盘。作为自动化立体仓库不可缺少的部分，托盘负责物料的装载与存储。

（6）其他。为了完成立体仓库的操作，根据实际情况还应配置叉车、托盘搬运车、起重机等外围设备。

建立自动化立体仓库是土建、机械和电器等多专业的综合工程，这些专业技术及其设备在立体仓库的设计和施工中互相交叉，又互相制约。物流路线在自动化仓库中起着重要的作用。

4. 自动化仓库的使用条件

自动化仓库具有一般普通仓库不可比拟的优点。但是，要建立和使用自动化仓库需要具备一定的条件。

（1）物资出入库要频繁和均衡。自动化仓库具有作业迅速、准确的特点。一般出入库频繁的货物使用自动化仓库较合适，否则自动化仓库的上述特点便不能得到充分的体现。自动化仓库要求均衡作业，出入库频率不可忽高忽低。否则，仓库作业停顿的时间过长或时紧时松都不利于自动化仓库发挥应有的效能。

（2）对一些条件有特殊要求。由于自动化仓库使用高层货架，仓库的地坪承载能力要比普通仓库大几倍。这样建造具有相当承压的地坪，就必须考虑建库地址的地质状况。自动化仓库进行自动作业，巷道堆垛起重机自动从货格中送取货箱和托盘，对货格的规格尺寸有严格的要求，以保证作业的吻合。

（3）一次性投资大。要建造自动化仓库，必须慎重考虑资金以及材料设备的供应情况。

（4）需要一支专业技术队伍。自动化仓库的设计、材料、资金的预算，以及对投产后经济活动的分析预测等，这些大量基础工作必须在建库前完成。从电子计算机的安装、仓库作业程序的编制、调试到运转以及出现故障后的排除，都要求配备懂得电子技术的专门人员。另外，机械设备的管理与维修等也需要配备相应的技术人员。

4.3 储存作业

仓库作业过程可以分为物品流动过程和信息流通过程。物品流动过程是从库外流向库内，并经过合理停留再流向库外的过程。就其作业内容和作业顺序看主要包括接运、验收、入库、保管、保养、出库、发运（配送）等环节。

信息流是指保管物品的信息流动，它是借助于一系列信息文件来实现的。这些文件包括各种物资单据、凭证、台账、报表、资料等。它们在仓库作业各阶段的传递过程中逐渐形成了信息流。信息流一方面是伴随着物流而产生，另一方面它又保证和调节着物流的数量、方向、速度和目标，使之按一定的目标和规则运动。因此，仓库作业过程是以物流为主，物流与信息流并行的过程。

储存的基本作业过程可以分为三个阶段，即货物入库阶段、储存阶段和发运阶段，如图4-9所示。

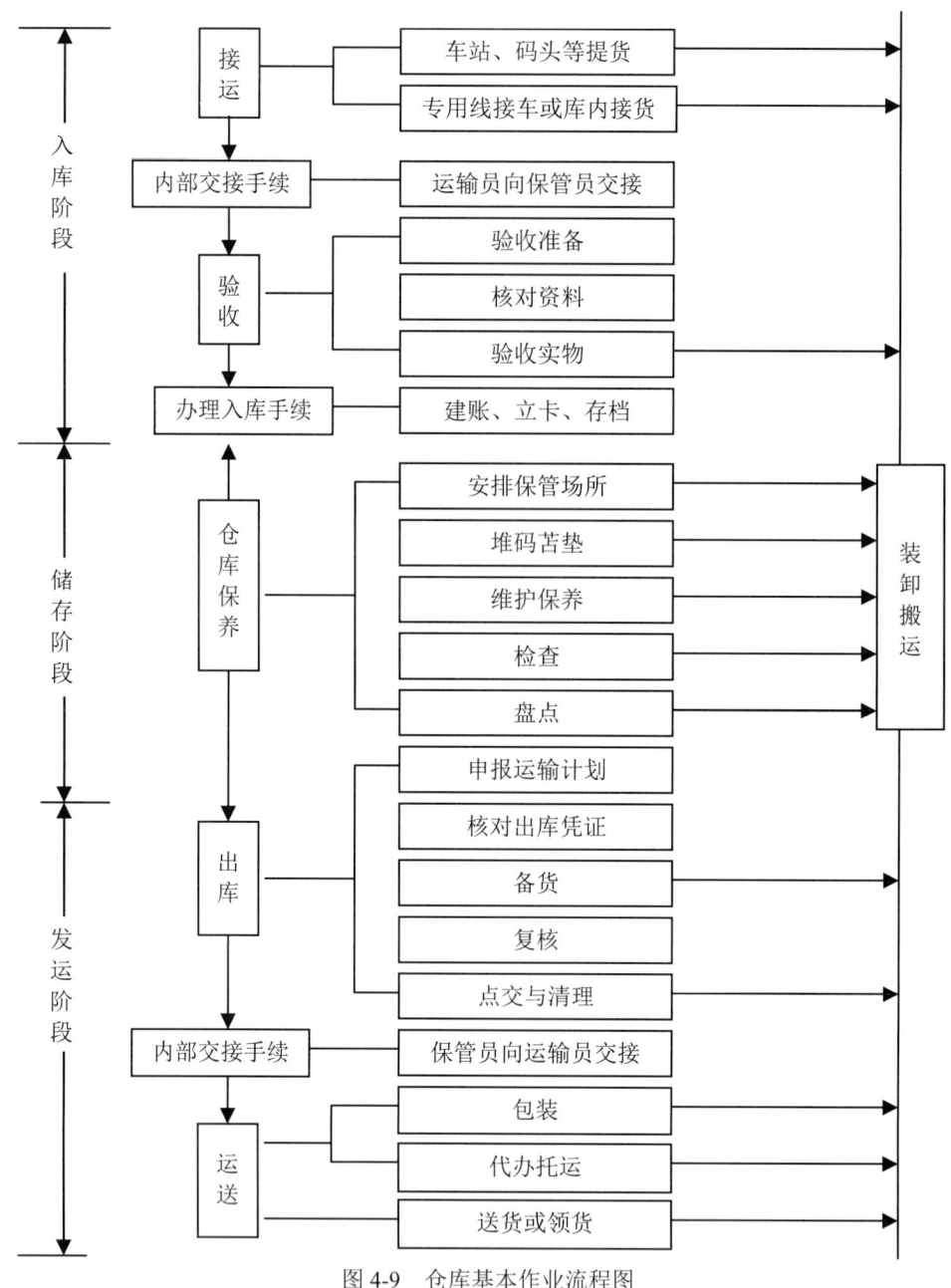

图 4-9 仓库基本作业流程图

4.3.1 入库业务

1. 接收

接收工作是仓库进行货物入库前发生交接的一项工作。它的主要任务是根据到货通知，及时、准确地向有关部门提取入库货物，并为入库做好一切准备工作。接收工作手续要清楚、责任要分明，要避免把一些运输过程中或运输前发生的货损或错误带入仓库，从而造成责任难分和工作中的困难。可以说接收工作是入库业务流程的第一道作业环节。接收工作主要有以下几项内容：

（1）与发货单位或部门及承运单位联络。物流部门的仓库机构应与发货单位或承运单位建立联系，以掌握接货的有关信息，从而制订接货计划，安排接货的人力、物力等。

（2）制订接货计划。与有关部门联络完毕，在充分掌握了到货的时间、地点、数量、重量、体积等基本情况以后，仓库部门就要制订接货计划。接货计划有两个方面的主要内容，一方面是根据内部情况，与发货单位或部门商定到货接取计划；另一方面是安排自己的接货时间、接货人员、接货地点、需要的接货装备等。

（3）办理接货手续。按接货计划在确定的时间办理各种接货手续，如提货或接取手续、财务手续等。

（4）根据接货计划进行接货。接收工作通常在车站、码头、仓库或利用专用线进行。如果货物由供货单位直接运送到仓库，则不必组织库外运输。但是如果需要到接货地点提货，仓库部门除要选择运输路线、确定派车方案外，更要注意物品在回库途中的安全。

仓库内接货的处理比较简单，存货单位或供货单位将物品直接接运送到仓库储存时，应由保管员或检验人员直接与送货人员办理交接手续，当面检验并做好记录。若有差错，应填写记录，由送货人员签字证明，据此向有关部门提出索赔。

2．商品的检验

由于企业组织商品的来源复杂，供方的销售管理水平不同，包装质量各有好坏，途中的运输装卸条件也各有差异等，到达企业的商品，在数量上和质量上都有可能发生差错的情况。因此，对入库商品必须进行检验。它是做好仓库保管工作的首要一环，也是企业进行全面质量管理的重要内容之一。

商品检验，就是按照订购的要求或合同规定，对到达企业的商品进行检查和核对。

【小思考 4-2】

为什么要进行商品检验？

商品检验一般包括以下环节：检验准备、核对证件、实物检验和做出检验记录。

（1）检验准备。检验准备主要是为保证检验工作及时而准确地完成，提高检验效率，减少劳动消耗。主要包括组织检验人员搜集并熟悉检验凭证及产品的有关质量标准，准备相应准确的检验工具，如磅秤、量器、卡尺等。大批量物品的数量检验，必须要有装卸搬运机械的配合，应做好设备的申请调用。针对到库物品的性质、特点和数量，确定物品的存放地点、堆码形式和保管方法，其中要为可能出现的不合格物品预留存放地点，安排好装卸工具及劳动力。

此外，对于特殊物品的检验，例如毒害品、腐蚀品、放射品等，还要准备相应的防护用品，计算和准备堆码苫垫材料，进口物品或存货单位指定需要质量检验的，应通知有关检验部门会同检验。

（2）核对证件。采购单、供货合同、协议书和入库通知单是承接到货的凭证。货物到达时，对供方企业送交的质量证明书、合格证、磅码单、发货明细表等，以及运输部门提交的运单、运输和数量等，确认无误后才可以进行实物检验。

（3）实物检验。

1）检验方法和标准。仓库对到库物品进行的质量检验是根据仓储合同约定来施行的。合同没有约定的，按照物品的特性和惯例确定。由于新产品的不断出现，不同物品具有不同的质量标准，仓库应认真研究各种检验方法，必要时要求客户、货主提供检验方法和标准，或者要求收货人共同参与检验。

仓库常用的检验方法主要有：

a. 视觉检验。在充足的光线下，利用视力观察物品的状态、颜色、结构等表面状况，检查有无变形、破损、脱落、变色、结块等损害情况，以判定质量。同时检验物品标签、标志是否具备、完整、清晰等，标签、标志与物品内容是否一致。

b. 听觉、触觉、嗅觉、味觉检验。通过摇动、搬运操作、轻度敲击物品的声音，或利用手感鉴定物品的细度、光滑度、黏度、柔软程度等来判定有无结块、干涸、融化、受潮，或通过物品所特有的气味、滋味判定是否新鲜，有无变质。

c. 测试仪器检验。利用各种专用测试仪器进行物品性质测定，如含水量、密度、黏度、成分、光谱等测试。

d. 运行检验。对物品进行运行操作，如电器、车辆等，检查操作功能是否正常。

2）数量检验。在进行检验之前，首先要明确检验程度。检验程度是指对入库物品实施数量和质量检验的数量，分为全验和抽验。原则上应采用全验的方式，对于大批量、同包装、同规格，较难损坏的物品，质量较高、可信赖的可以采用抽验的方式检验。但是在抽查中发现不符合要求较多时，应扩大抽查范围，甚至全检。实物的数量点检，一般由仓库负责。数量点检要按供需双方约定或供货合同规定的计量方法来点检。按数量供货的，要清点计数；按重量供货的，要过磅称量；按理论重量换算供货的，要检尺换算，例如金属材料中的板材、型材等，按规定的换算方法换算成重量检验；按体积供货或以体积为计量单位的物品，做数量检验时要先检尺，后求积，例如木材、竹材、砂石等；有定尺或定量包装供货的，可以适当抽验，把点校的结果作为到货的实收数量；某些电子设备的检验需要在收货方的技术人员指导下，带上防静电手套，在防尘、防静电的环境中根据装箱单逐一登记序列号，点查件数。

在进行数量检验时，必须注意同供货方采用相同的计量方法。采取何种方式计数要在检验记录中做出记载，出库时也按同样的计量方法，避免出现误差。

3）质量检验。实物的质量检验是货物检验的核心内容，是整个检验工作不能忽略的部分。一般情况仓库只作外观检查或一般的试测检验；对于技术复杂、性能要求高，需要进行理化试验的商品，要由企业的技术检验科负责检验。

对货物的外包装检验，仓库主要是检验包装有无被撬、开缝、污染、破损、水渍等不良情况。包装的含水量（表4-4）是影响货物保管质量的重要指标，一些包装物含水量高表明货物已经受损害，需要进一步检验。

表4-4　几种包装物安全含水量

包装材料	安全含水量	说明
木箱（外包装）	18%～20%	内装易霉、易锈物品
	18%～23%	内装一般物品
纸箱	12%～14%	五层瓦楞纸的外包装及纸板衬垫
	10%～12%	三层瓦楞纸的外包装及纸板衬垫
胶合板箱	15%～16%	
布包	9%～10%	

(4) 做出检验记录。经过实物检验，可能发现一些问题，如证件不全、包装破损、数量短缺、外观变形、质量不合要求等。检验人员要如实做出检验记录，迅速反映给有关部门联系解决。在解决之前，商品要妥善保管，单独存放，以便复验，解决以后才能入库。记录加以核对，看是否符合有关采购单规定的型号、式样、规格。

【小思考4-3】

包装箱体印刷为什么不能磨损？

(5) 检验中发现问题的处理。货物入库检验牵涉面较广，因此仓储企业的入库检验人员在验收货物时必须认真负责，并做好有关记录，以便发生纠纷时可以分清责任。对于检验中发现的问题，一般可采取以下处理办法：

1) 件数不符：如点收时发现货物的实际件数与单证记载不一致，经复验认定后，应制作相应的单证纪录，按实收数签收，并将短缺情况通知有关方。

2) 包装异样：点收时对货物包装有疑问的（如可能已被拆过或已破损），收货人员应会同货物运送人员开箱检验，如发现有缺损情况，应即做好有关记录，对货物专择地方堆放，以便处理。

3) 有货无单：货物送达仓库时，仓库管理人员尚未收到有关单证。此时，可将货物作暂存处理，并即通知有关方面补送单证，并等单证到齐后再检验入库。

4) 有单无货：为便于仓储方事先准备，货物的单证往往先期送达仓库，然而，有时会遇到货物迟迟未抵的情况。此时，应立即与货物托运保管人联系，当查实无货来库时，将单证退回并注销。

5) 货未到齐：因某种原因，同一单证上的货物未能全部运抵库场，仓库管理人员应按实际收到数在有关单证上签收。

3. 入库

需要入库的物品经过数量和质量检验等工作后，可以安排卸货、搬运等工作，表示仓库接受物品。在卸货、搬运、堆垛作业完毕后，与送货人办理交接手续，并建立仓库台账。商品入库的程序如图4-10所示。

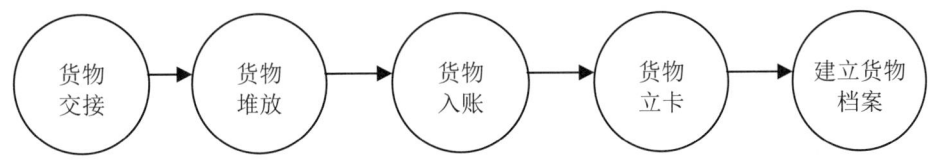

图4-10 货物的入库流程

(1) 交接手续。交接手续是指仓库对收到的物品向送货人进行的确认，表示已接受物品。办理完交接手续，意味着划分清运输、送货部门和仓库的责任。完整的交接手续包括：

1) 接收物品。仓库通过理货、查验物品，将不良物品剔出、退回或者编制残损单证等明确责任，确定收到物品的确切数量、物品表面状态良好。

2) 接受文件。接受送货人送交的物品资料、运输的货运记录、普通记录等，以及随货在运输单证上注明的相应文件，如图纸、准运证等。

3）签署单证。仓库与送货人或承运人共同在送货人交来的送货单、交接清单（表 4-5）上签字，各方签署后留存相应单证。提供相应的入库、查验、理货、残损单证、事故报告由送货人或承运人签署。

表 4-5 到接货交接单

收货人	发站	发货人	品名	标记	单位	件数	重量	车号	运单号	货位	合同号
备注											

送货人　　　　　接收人　　　　　经办人

（2）堆放。货物入库后首先要进行合理的堆放。充分利用仓库现有的储存条件使货物得到妥善保管，加大仓库利用率，减少储存成本。

（3）登账。物品入库，仓库应建立详细反映物品仓储的明细账，登记物品入库、出库、结存的详细情况，用以记录库存物品动态和入出库过程。在登销账目时，必须以正式收发凭证为依据。

登账的主要内容有：物品名称、规格、数量、件数、累计数或结存数、存货人或提货人、批次、金额，注明货位号或运输工具、接（发）货经办人。内容见表 4-6。

表 4-6 入库单

NO.

送货单位：　　　　　入库日期：　　　年　　月　　日　　　入货仓库：

货物编号	品名	规格	单位	数量	检验	实收数量	备注

会计：　　　　　　　仓库收货人：　　　　　　　　　　制单：

本单一式三联，第一联：送货人联；第二联：财务联；第三联：仓库存查。

（4）立卡。物品入库或上架后，将物品名称、规格、数量或出入状态等内容填在料卡上，称为立卡。料卡又称为货卡、货牌，插放在货架上物品下方的货架支架上或摆放在货垛正面明显位置。料卡的内容见表 4-7。

（5）建档。仓库应对所接受仓储的物品建立存货档案，以便物品管理和保持客户联系，也为将来可能发生的争议保留凭据。同时有助于总结和积累仓库保管经验，研究仓储管理规律。

存货档案应一货一档设置，将该物品入库、保管、交付的相应单证、报表、记录、作业安排、资料等的原件或者附件、复制件存档。存货档案的内容主要包括：

1）物品的各种技术资料、合格证、装箱单、质量标准、送货单、发货清单等。

2）物品运输单据、普通记录、货运记录、残损记录、装载图等。

3）入库通知单、检验记录、磅码单、技术检验报告。

4）保管期间的检查、保养作业、通风除湿、翻仓、事故等直接操作记录，存货期间的温度、湿度、特殊天气的记录等。

5）出库凭证、交接签单、送出货单、检查报告等。

6）其他有关该物品仓储保管的特别文件和报告记录。

表 4-7　货物的料卡

货物名称	
货物编号	
入库时间	
规格与等级	
单价	
收入数量	
出库数量	
结存余数	
存储位置	
备注	

4.3.2　保管业务

商品完成验收入库程序到出库作业为止的这段时间，称为商品保管阶段。商品处于保管阶段，围绕保护其使用价值和质量而进行的养护、管理等一系列技术活动，称为商品（仓库）保管业务。

储存在仓库里的物品，表面上看是静止不变的，但实际上每时每刻都在发生着变化。在一段时间内，物品发生的轻微变化，凭人的感观是觉察不到的，只有当其发展到一定程度后才被发现。保管保养是仓库最基本的任务，库存损耗指标又是衡量一个仓库管理水平的重要指标。因此对于仓储管理人员来说，认识和掌握各种库存物变化的规律，才能采取相应的组织管理和技术管理措施，有效地抑制外界因素的影响，为库存物创造适宜的保管环境，最大限度地减缓和控制物品的变化速度和程度，维护库存物的使用价值和价值。

1. 商品保管的意义、任务与原则

（1）商品保管的意义。

1）它决定保护库存商品使用价值（表现为质量）与价值（表现为数量）的水平，从而在相应程度上保证流通的顺利进行。

2）它决定仓库容量实际利用的程度，从而左右仓库的储存量及人、财、物的合理使用程度。

3）它决定仓库的业务信誉、制约商品在库的费用水平与保管成本，从而为提高仓库的社会经济效益提供保证。

（2）商品保管的任务。为了保证商品流通的顺利进行，应实现"四保"：

1）保质：库存商品无论储存时间长短，都应通过保管活动使其保持原来的质量标准。

2）保量：商品库存期间其实物数量与账务数量一定要相符。做到件数不短缺，重量不亏损，账、卡、物相符。

3）保安全：通过一系列保管活动，做到防火、防盗、防变质，确保库存商品安全无事故。

4）保急需：仓库应在最短时间内，按用户需求，将调拨单所列商品按质、按量及时准确地发放出库。

（3）商品保管的原则。

1）面向通道进行保管。为使物品出入库方便，容易在仓库内移动，基本条件是将物品面向通道保管。

2）尽可能地向高处码放，提高保管效率。有效利用库内容积应尽量向高处码放，为防止破损，保证安全，应当尽可能使用棚架等保管设备。

3）根据出库频率选定位置。出货和进货频率高的物品应放在靠近出入口，易于作业的地方；流动性差的物品放在距离出入口稍远的地方；季节性物品则依其季节特性来选定放置的场所。

4）同一品种在同一地方保管。为提高作业效率和保管效率同一物品或类似物品应放在同一地方保管，员工对库内物品放置位置的熟悉程度直接影响着出入库的时间，将类似的物品放在邻近的地方也是提高效率的重要方法。

5）根据物品重量安排保管的位置。安排放置场所时，当然要把重的东西放在下边，把轻的东西放在货架的上边。需要人工搬运的大型物品则以腰部的高度为基准。这对于提高效率、保证安全是一项重要的原则。

6）依据形状安排保管方法。依据物品形状来保管也是很重要的，如标准物的商品应放在托盘或货架上来保管。

7）便于识别的原则。将不同颜色、标记、分类、规格、样式的商品分别存放。

8）便于点数的原则。每垛商品可按五或五的倍数存放，以便于清点计数。

9）依据先进先出的原则。保管的重要一条是对易变质、易破损、易腐烂的物品；对于机能易退化、老化的物品，应尽可能按先入先出的原则，加快周转。由于商品的多样化、个性化、使用寿命普遍缩短这一原则是十分重要的。

2. 商品的变化及影响因素

（1）商品变化的形式。商品在仓储过程中的变化形式归纳起来有物理机械变化、化学变化、生化变化及因某些生物活动而引起的变化等。

1）物理机械变化。物理变化是指只改变物质本身的外表形态，不改变其本质，没有新物质的生成，而且有可能反复进行的质量变化现象。物品的机械变化是指物品在外力的作用下，发生形态变化。物理机械变化的结果不是数量损失，就是质量降低，甚至是物品失去使用价值。物品常发生的物理机械变化主要有挥发、熔化、串味、冻结、沉淀、破碎、变形等形式。

2）化学变化。物品的化学变化与物理变化有本质的区别。它是构成物品的物质发生变化后，不仅改变了物品的外表形态，也改变了物品的本质，并且有新物质生成，且不能恢复原状的变化现象。物品化学变化过程即物品质变过程，严重时会使物品失去使用价值。物品的化学形式主要有氧化、分解、化合、老化、曝光、锈蚀等。

【小思考4-4】

茶叶在库存如何保管保养？

3）生化变化及其他生物引起的变化。生化变化是指有生命活动的有机体物品，在生长发育过程中,为了维持它的生命,本身所进行的一系列生理变化。如粮食、水果、蔬菜、鲜鱼、鲜蛋等有机体物品,在储存过程中,受到外界条件的影响和其他生物作用,往往会发生这样或那样的变化。这些变化主要有呼吸、发芽、霉腐、虫蛀等。

（2）影响商品变化的因素。物品发生质量变化,是由一定因素引起的。为了保养好物品,确保物品的安全,必须找出变化的原因,掌握物品质量变化的规律。通常引起物品变化的因素可分为内因和外因两种,内因决定了物品变化的可能性和程度,外因是促进这些变化的条件。

1）影响商品变化的内因。物品本身的组成成分、分子结构及其所具有的物理性质、化学性质和机械性质决定了物品发生损耗的可能程度。通常情况下,固态物品比液态物品稳定且易保存保管,液态物品又比气态物品稳定并易保存保管；化学性质稳定的物品不易变化、不易产生污染；物理吸湿性、挥发性、导热性都差的不易变化；机械强度高、韧性好的物品易保管。

2）影响商品质量变化的外因。物品储存期间的变化虽然是物品内部活动的结果,但与储存的外界因素有密切关系。这些外界因素主要包括：自然因素、人为因素和储存期。

a. 自然因素。自然因素主要指温度、湿度、有害气体、日光、尘土、杂物、虫鼠雀害、自然灾害等。

b. 人为因素。人为因素是指人们未按物品自身特性的要求或未认真按有关规定和要求作业,甚至违反操作规程而使物品受到损害和损失的情况。这些情况主要包括：保管场所选择不合理；包装不合理；装卸搬运不合理；堆码苫垫不当；违章作业。

c. 储存期。物品在仓库中停留的时间越长,受外界因素影响发生变化的可能性就越大,而且发生变化的程度也越深。物品储存期的长短主要受采购计划、供应计划、市场供求变动、技术更新、甚至金融危机等因素的影响,因此仓库应坚持先进先出的发货原则,定期盘点,将接近保存期限的物品及时处理,对于落后产品或接近淘汰的产品限制入库或随进随出。

3. 储位管理

由于分类配送被重视,为了配合配送时效及市场少量多样的需求,货品的流通将变得快速、复杂。如何有效地掌控货物的去向和数量呢？最有效的方法就是利用储位来使货品处于"被保管状态",能够明确地指示储位的位置,货品在储位上的变动情况等。一旦货物处于"被"保管状态,就能时时刻刻掌握货品的去向、数量,知道其去向并了解其位置。

储位即商品在仓库中存放的地点（地址）,以便于查找、拣选。配送中心的每一个商品与仓储（地点）位置都有一一对应的关系,这就是储位管理系统。建立储位管理系统,可以方便、合理、安全、高效地保管商品,提高仓储保管效率。

（1）储位管理的基本原则。

1）明确指示储存位置。先将储存区域经过详细规划区分,并标示编号,让每一项预备储放的商品均有位置可以储放。此位置必须是很明确的,而且经过储位编码的,不能是边界含糊不清的位置,例如走道、楼上、角落,或某某货品旁等。有些物流中心习惯将走道当成储区位置来使用,这种做法虽然短时间会得到一些方便,但会影响进出作业,违背了储位管理的基本原则。

2）有效定位货品。依据商品保管区分方式的限制,寻求合适的储存单位、储存策略、指派法则,有效地将商品放置在先前规划的储位上。所谓"有效地"就是刻意经过安排的,例如冷藏的货就该放冷藏库,快速流通的货就该放置在靠近出口处,香皂就不应该和香烟放一起,这就是此原则的基本应用。

3) 确定登录异动。当商品被有效地配置在规划好的储位上后，剩下的工作就是储位维护。商品不管是因拣货取出或因产品汰旧换新，或是受其他作业的影响，使商品的位置或数量有了改变时，就必须确定记录变动情况，以使物账与实际数量能够完全吻合。由于此项变动登录工作非常烦琐，仓管作业人员在忙碌工作中的"刻意惰性"，使得这个原则是进行储位管理最困难的部分，也是目前各物流中心储位管理作业成败的关键所在。

（2）确定储位方法。确定储位的方法主要有定位储存、随机储存、分类储存、分类随机储存和共同储存等五种。

1) 定位储存即指每一项货物都有固定的储位。例如：易燃易爆物必须存于一定高度并满足安全标准及防火条件的储位，化学原料和药品必须分开储存，重要保护物品要有专门的储位等。定位储存方法易于管理，搬运次数较少。但是需要较多的空有固定储位，占用储存空间大，有时会出现"空位"浪费。

2) 随机储存指每一项货物储位都不是固定的，而是随机产生的。这种方法的优点在于共同使用储位，最大限度地提高了储区空间的利用率，减少了储位占用。通过模拟实验，随机储存比定位储存节约了 35%的移动储存时间、增加了 30%的储存空间。但是，随机储存对货物的出入库管理及盘点工作带来了困难，特别是周转率高的货物可能会被置于离出入口较远的储位，增加了出入库的搬运距离。一般来讲，这种方法适用于仓储空间有限以及货物品种少而体积小的储存情况。

3) 分类储存通常是按产品相关性、流动性、尺寸和重量以及产品特性等来分类储存。每一项分类的货物都有固定的储位，这样分类清楚，便于管理。

4) 分类随机储存是指每一类货物有固定的储区，但在各类储区中，每个储位的指定是随机的。其优点在于既吸收了分类储存的优点，易于商品的管理，又吸收了随机储存的优点，可节省储位数量，提高储区利用率。

5) 共同储存是指当确切知道各种货物进出仓库的时间时，使不同货物共用相同的储位。当然，这在管理上会带来一定的困难，但是比随机储存更容易。并且会减少储位空间，缩短搬运时间，有一定的经济性。

（3）储位管理的范围。在物流中心的所有作业中，其所使用到的保管区域均属于储位管理的管理范围，其范围因作业方式不同而有下列四类保管区域的定义与区分：预备储区、保管储区、动管储区、移动储区。

（4）储位管理的对象。储位管理的对象有两类：一是保管货品，二是其他资材。储位管理考虑的基本要素有储位空间、物品、人员、设备与资金等关联要素。

（5）储位管理的方法步骤。如果储放空间不足，就必须先行对储放空间进行规划配置，空间规划配置期间附带的对于储放设备及搬运设备的选用也一并考虑。当两者都决定后，接着是对保管区域与设备进行储位编码。编码完成后，考虑用什么模式对货品进行指派，最后是储位维护。要做好储位维护的工作，除了使用传统的人工表格登录外，也可应用一些查核与改善的方法来监督与鼓励，这就是储位管理的进行步骤与方法，如图4-11所示。

4. 商品堆垛

堆码是指根据物品的包装、外形、性质、特点、重量和数量，结合季节和气候情况，以及储存时间的长短，将物品按一定的规律码成各种形状的货垛。堆码的主要目的是便于对物品进行维护、盘点等管理和提高仓容利用率。

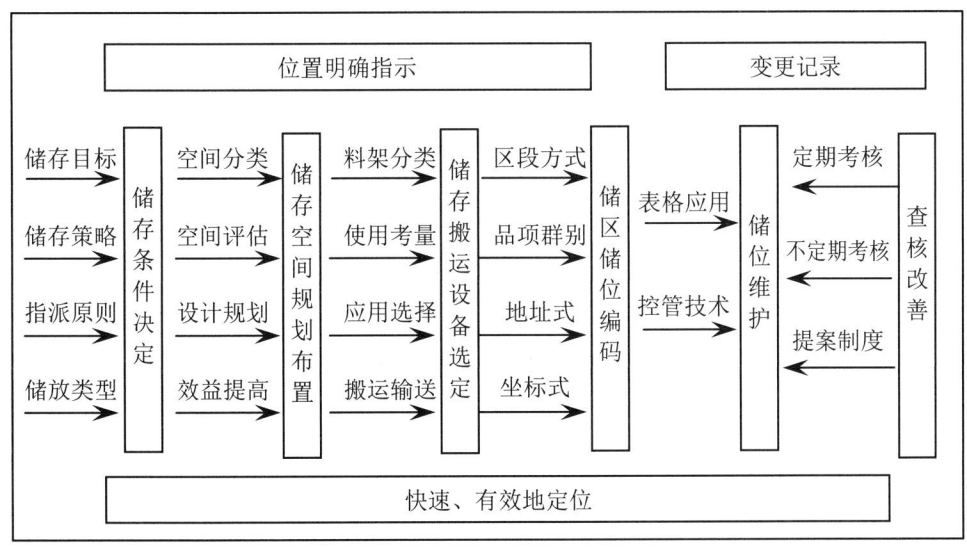

图 4-11 储位管理进行的步骤

（1）基本原则。

1）分类存放。分类存放是仓库存储规划的基本要求，是保证物品质量的重要手段，因此也是堆码需要遵循的基本原则。这里包括：不同类别的物品分类存放，甚至需要分区分库存放；不同规格、不同批次的物品也要分位、分堆存放；残损物品要与原货分开；对于需要分拣的物品，在分拣之后，应分位存放，以免混串。分存还包括不同流向物品、不同经营方式的物品分类分存。

2）选择适当的搬运活性。为了减少作业时间、次数，提高仓库物流速度，应根据物品作业的要求，合理选择物品的搬运活性。对搬运活性高的入库存放物品，也应注意摆放整齐，以免堵塞通道，浪费仓容。

3）面向通道、不围不堵。面向通道包括两方面意思，一是货垛以及存放的物品的正面尽可能面向通道，以便查看，物品的正面是指标注主标志的一面。二是所有物品的货垛、货位都有一面与通道相连，处在通道旁，以便能对物品进行直接作业。只有在所有货位都与通道相通时，才能保证不围不堵。

（2）基本要求。

1）合理。合理是指性质、品种、规格、等级、批次不同的物品和不同客户的物品，应分开堆放。货垛形式适应物品的性质，有利于物品的保管，能充分利用仓容和空间；货垛间距符合作业要求以及防火安全要求；大不压小，重不压轻，缓不压急，不会围堵物品，特别是后进物品不堵先进物品，确保"先进先出"。

2）牢固。牢固是指堆放稳定结实，货垛稳定牢固，不偏不斜。货垛形式要保证不压坏底层物品或外包装，不超过地坪承载能力；货垛较高时，上部适当向内收小；可滚动的物品，使用木楔或三角木固定，必要时使用绳索、绳网对货垛进行绑扎固定。

3）定量。定量是指每一货垛的物品数量保持一致。货垛应该采用固定的长度和宽度，且为整数，如 50 袋成行，每层货量相同或成固定比例递减，以便做到过目知数；此外每垛的货垛牌或料卡应填写完整，标记清楚，排放在明显位置。

4）整齐。整齐是指货垛堆放整齐，垛型、垛高、垛距标准化和统一化，货垛上每件物品都排放整齐，垛边横竖成列，垛不压线；物品外包装的标记和标志一律朝垛外。

5）节约。节约是指尽可能堆高，避免少量物品占用一个货位，以节约仓容，提高仓库利用率；妥善组织安排，做到一次作业到位，避免重复搬倒，节约劳动消耗；合理使用苦垫材料，避免浪费。

6）方便。方便是指选用的垛型、尺度、堆垛方法应方便堆垛、搬运装卸作业，从而提高作业效率；垛型方便理数、查验物品，方便通风、苦盖等保管作业。

（3）堆垛设计的内容。为了达到上述基本要求，必须根据保管场所的实际情况、物品本身的特点、装卸搬运条件和技术作业过程的要求，对物品堆垛进行总体设计。设计的内容应包括垛基、垛型、货垛参数、堆码方式、货垛苦盖、货垛加固等。

1）垛基。垛基是货垛的基础，其主要作用是承受整个货垛的重量，将物品的垂直压力传递给地坪；将物品与地面隔离，起防水、防潮和通风的作用；垛基空间为搬运作业提供方便条件。因此，垛基良好的条件包括：

a. 将整垛物品的重量均匀地传递给地坪。垛基本身要有足够的抗压强度和刚度。为了防止地坪被压陷，应扩大垛基同地坪的接触面积，衬垫物要有足够的密度。

b. 保证良好地防潮和通风。垛基应为敞开式，有利于空气流通。可适当增加垛基的高度，特别是露天货场的垛基，其高度应在300mm～500mm左右。必要时可增设防潮层。露天货场的垛基为了利于排水还应保持一定的坡度。

c. 保证垛基上存放的物品不发生变形。露天场地应平整夯实、衬垫物应放平摆正，所有衬垫物要同时受力，而且受力均匀。大型设备的重心部位应增加衬垫物。

2）垛型。垛型是指货垛的外部轮廓形状。按垛底的平面形状可以分为矩形、正方形、三角形、圆形、环形等。按货垛立面的形状可以分为矩形、正方形、三角形、梯形、半圆形，另外还可以组成矩形—三角形、矩形—梯形、矩形—半圆形等复合形状，如图4-12所示。

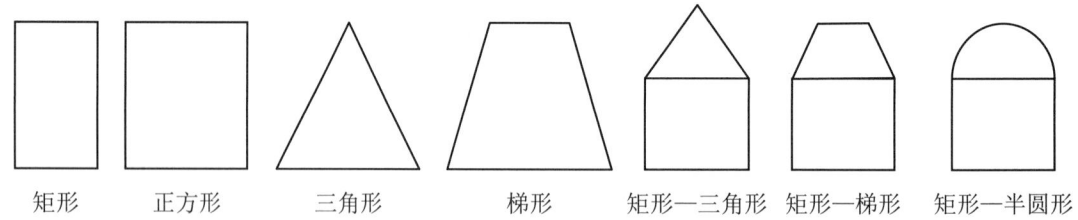

图 4-12　货垛立面示意图

各种不同立面的货垛都有各自的特点。矩形垛、正方形垛易于码垛，便于盘点计数，库容整齐，但随着堆码高度的增加货垛稳定性就会下降。梯形垛、三角形垛和半圆形垛的稳定性好，便于苦盖，但是又不便于盘点计数，也不利于仓库空间的利用。矩形—三角形等复合型货垛恰好可以整合它们的优点，尤其是在露天存放的情况下更需加以考虑。

垛型的确定根据物品的特征、保管的需要，能实现作业方便、迅速和充分利用仓容的原则。仓库常见的垛型如下：

a. 平台垛。平台垛是先在底层以同一个方向平铺摆放一层物品，然后垂直继续向上堆积，每层物品的件数、方向相同,垛顶呈平面,垛型呈长方体。平台垛适用于包装规格单一的大批量物品、包装规则、能够垂直叠放的方形箱装物品、大袋物品、规则的软袋成组物品、托盘成组物品。平台垛多用在仓库内和无需遮盖的堆场堆放的物品码垛。

平台垛具有整齐、便于清点、占地面积小、堆垛作业方便的优点。但该垛型的稳定性较差,特别是小包装、硬包装的物品有货垛端头倒塌的危险,所以在必要时(如太高、长期堆存、端头位于主要通道等)要在两端采取稳定的加固措施。对于堆放很高的轻质物品,往往在堆码到一定高度后,向内收半件物品后再向上堆码,以保证货垛稳固。

b. 起脊垛。起脊垛是先按平台垛的方法码垛到一定的高度,然后再以卡缝的方式逐层收小,将顶部收尖成屋脊形。起脊垛是用于露天货场堆码的主要垛型,货垛表面的防雨遮盖从中间起向下倾斜,便于雨水排泄,防止水湿物品。有些仓库由于陈旧或建筑简陋有漏水现象,仓内的怕水物品也采用起脊垛堆垛并进行苫盖。

起脊垛是平台垛为了遮盖、排水的需要的变形,具有平台垛操作方便、占地面积小的优点,适用于平台垛的物品都可以采用起脊垛堆垛。但是起脊垛由于顶部压缝收小,形状不规则,无法在垛堆上清点物品,顶部物品的清点需要在堆垛前以其他方式进行。另外,由于起脊的高度使货垛中间的压力大于两边,因而要注意货垛高度以免中间底层物品或地面被压损坏。

c. 立体梯形垛。立体梯形垛是在最底层以同一方向排放物品的基础上,向上逐层同方向减数压缝堆码,垛顶呈平面,整个货垛呈下大上小的立体梯形形状。立体梯形垛用于包装松软的袋装物品和上层面非平面而无法垂直叠码的物品的堆码,如横放的桶装、卷形、捆包物。立体梯形垛极为稳固,可以堆放得较高。对于在露天堆放的物品可采用立体梯形垛,为了排水需要也可以在顶部起脊。

为了增加立体梯形垛的空间利用率,在堆放可以立直的筐装、矮桶装物品时,底部数层可以采用平台垛的方式堆放,在一定高度后才用立体梯形垛。

d. 行列垛。行列垛是将每票物品按件排列成行或列排放,每行或列一层或数层高,垛型呈长条形。行列垛适用于存放批量较小物品的码垛作业,如零担物品。为了避免混货,每批独立开堆存放。长条形的货垛使每个货垛的端头都延伸到通道边,可以直接作业而不受其他物品阻挡。但每垛货量较少,垛与垛之间都需留空,垛基小而不能堆高,使得行列垛占用面积大。

e. 井型垛。井型垛用于长形的钢材、钢管及木方的堆码。它是在以一个方向铺放一层物品后,再以垂直的方向铺放第二层物品,物品横竖隔层交错逐层堆放。垛顶呈平面。井型垛垛型稳固,但层边物品容易滚落,需要捆绑或者收进。井型垛的作业较为不便,需要不断改变作业方向。

f. 梅花形垛。对于需要立直存放的大桶装物品,将第一排(列)物品排成单排(列),第二排(列)的每件靠在第一排(列)的两件之间的卡位,第三派(列)同第一排(列)一样,而后每排(列)以此卡缝排放,形成梅花形垛。梅花形垛物品摆放紧凑,充分利用了物品之间的空隙,节约面积而又能有效利用空间。

3)货垛参数。货垛参数是指货垛的长、宽、高,即货垛的外形尺寸。

通常情况下要先确定货垛的长度,例如长形材料的定尺长度就是其货垛的长度,包装成件物品的垛长应为包装长度或宽度的整数倍。货垛的宽度应根据库存物品的性质、要求的保管条件、搬运方式、数量多少以及收发制度等确定。一般多以两个或五个单位包装为货垛宽度。货垛高度主要根据库房高度、地坪承载能力、物品本身和包装物的耐压能力、装卸搬运设备的类型和技术性能，以及物品的理化性质等来确定。在条件允许的情况下应尽量增加货垛高度，以提高仓库的空间利用率。

三个参数决定了货垛的大小，要注意的是每个货垛不宜太大，以利于先进先出和加速货位的周转。

（4）物品堆码存放的基本方法。物品的码放要根据仓库的条件，以及物品的特性、包装方式和形状、保管的需要，确保物品质量、方便作业和充分利用仓容。

1）散堆法。散堆法适用于露天存放的没有包装的大宗物品，如煤炭、矿石、黄沙等，也可适用于库内少量存放的谷物、碎料等散装物品。

散堆法是直接用堆扬机或者铲车在确定的货位后端直接将物品堆高，在达到预定的货垛高度时，逐步后退堆货，后端先形成立体梯形，最后成垛，整个垛型呈立体梯形。由于散货具有流动性、散落性，堆货时不能堆到太近货位四边，以免散落使物品超出预定的货位。散垛法决不能采用先堆高后平垛的方法堆垛，以免堆超高时压坏场地地面。

2）堆垛法。对于有包装（如箱、桶、袋、箩筐、捆、扎等包装）的物品，包括裸装的计件物品，采取堆垛的方式存储。用堆垛方法储存物品能充分利用仓容，做到仓库内整齐、方便作业和保管。物品的堆码方式主要取决于物品本身的性质、形状、体积、包装等。一般情况下多采取平放（卧放），使重心最低，最大接触面向下，易于堆码，稳定牢固。但也有些物品不易平放堆码，必须竖直立放，见表4-8。

表4-8 需竖直立放的物品表

物品类别	实例	特征
片状易碎品	玻璃、片状砂轮、成卷石棉纸及云母带	机械强度比较低，抗冲击性能差，当平放时受到垂直压力或撞击易破碎
某些橡胶、塑料及沥青制品	橡胶管、成卷橡胶版、人造革、地板革、油毛毡、油纸	受热后变软发粘，若平放堆垛，受压后易粘结变形，影响质量
某些桶装、罐装、坛装物品	油脂、涂料、酸类、压缩气体及液化气体	由于其封口均在上端，所以应立放，以防渗漏外溢，并便于对其密封性进行检查
缠绕在辊筒上的物品	钢丝绳、钢绞线、电缆、纸张	必须使辊筒两端板直立存放，否则易松动，维护保养困难，搬运不便
其他具有立放标志的物品		

常见堆码方式有：

a. 重叠式。重叠式也称直堆法，是逐件、逐层向上重叠堆码，一件压一件的堆码方式。为了保证货垛稳定，在一定层数后（如10层）改变方向继续向上，或者长宽各减少一件继续向上堆放，俗称四面收半件。该方法较方便作业、计数，但稳定性较差。适用于袋装物品、箱装、箩筐装物品，以及平板、片式物品等，如图4-13所示。

b. 纵横交错式。每层物品都改变方向向上堆放。适用于管材、捆装、长箱装物品等。该方法较为稳定，但操作不方便，如图4-14所示。

c. 仰伏相间式。对上下两面有大小差别或凹凸的物品，如槽钢、钢轨、箩筐等，将物品仰放一层，再反一面伏放一层，仰伏相向相扣。该垛极为稳定，但操作不便。

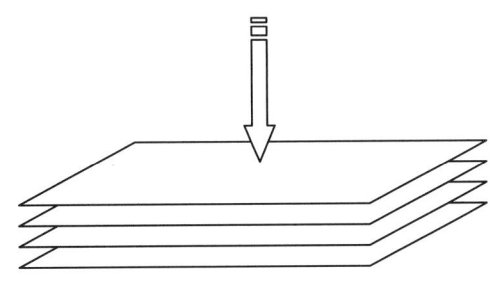

图 4-13 重叠式堆码

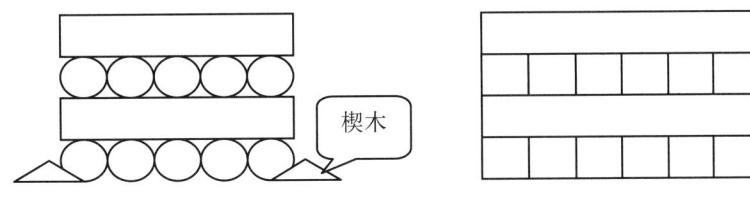

图 4-14 交错式堆码

d. 压缝式。将底层并排摆放，上层放在下层的两件物品之间。如果每层物品都不改变方向，则形成梯形形状；如果每层都改变方向，则类似于纵横交错式。

e. 通风式。物品在堆码时，每件相邻的物品之间都留有空隙，以便通风、层与层之间采用压缝式或者纵横交错式。通风式堆码可以用于所有箱装、桶装以及裸装物品堆码，起到通风防潮、散湿散热的作用，如图4-15所示。

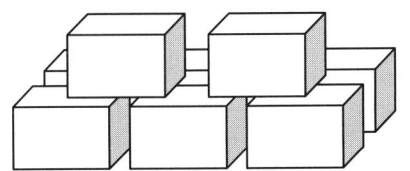 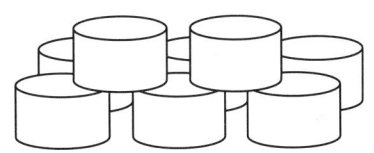

图 4-15 通风式堆码

f. 栽柱式。码放物品前在货垛两侧栽上木桩或者钢棒，然后将物品平码在桩柱之间，几层后用铁丝将相对两边的柱栓联，再往上摆放物品。此法适用于棒材、管材等长条状物品。

g. 衬垫式。码垛时，隔层或隔几层铺放衬垫物，衬垫物平整牢靠后，再往上码。适用于不规则且较重的物品，如无包装电机、水泵等。

3）托盘上存放物品的堆码图谱。由于托盘在物流系统中的运用得到认同，因此就形成了物品在托盘上的堆码形式。托盘是具有标准规格尺寸的集装工具，因此，在托盘上堆码物品可以参照典型堆码图谱来进行。

a. 硬质直方体物品。参照 GB/T4892—1996《硬质直方体运输包装尺寸系列》硬质直方体在 1140mm×1140mm 托盘上的堆码图谱，如图 4-16 所示。

b. 圆柱体物品。参照 GB/T13201—1997《圆柱体运输包装尺寸系列》，圆柱体在 1200 mm×1000mm，1200 mm×800mm，1140 mm×1140mm 托盘上的堆码图谱，如图 4-17 所示。

5. 垫垛和苫盖

（1）垫垛。垫垛是指在物品码垛前，在预定的货位地面位置，使用衬垫材料进行铺垫。

常见的衬垫物有枕木、废钢轨、货架板、木板、钢板等。

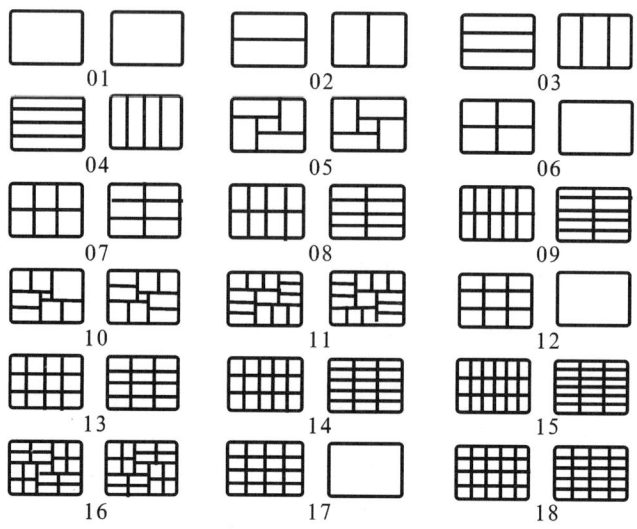

图 4-16　硬质直方体在 1140mm×1140mm 托盘上的堆码图谱

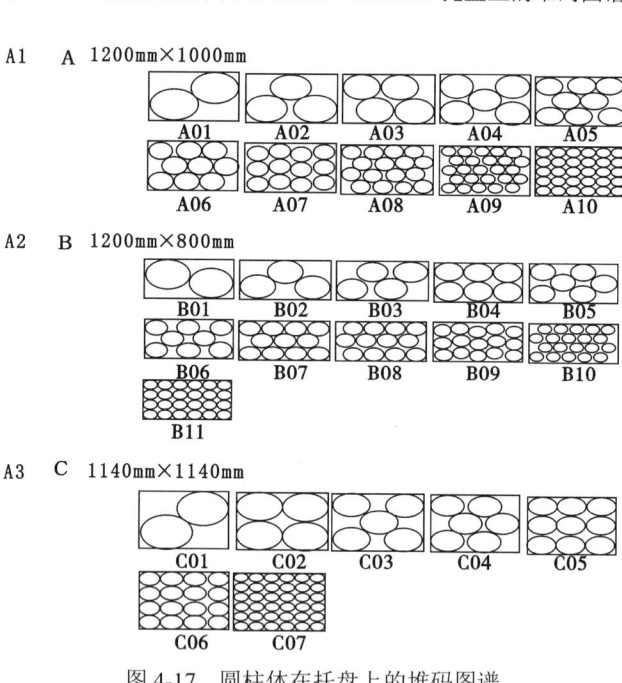

图 4-17　圆柱体在托盘上的堆码图谱

1）垫垛的目的：①使地面平整；②使堆垛物品与地面隔离，防止地面潮气和积水浸湿物品；③通过强度较大的衬垫物使重物的压力分散，避免损害地坪；④使地面杂物、尘土与物品隔离；⑤形成垛底通风层，有利于货垛通风排湿；⑥使物品的泄漏物留存在衬垫之内，防止流动扩散，以便于收集和处理。

2）垫垛的基本要求：①所使用的衬垫物与拟存物品不会发生不良影响，并具有足够的抗压强度；②地面要平整坚实、衬垫物要摆平放正，并保持同一方向；③层垫物间距适当，直接接触物品的衬垫面积与货垛底面积相同，垫物不伸出货垛外；④要有足够的高度，露天堆场要达到 0.3~0.5m，库房内 0.2m 即可。

3）衬垫物数量的确定。一些单位质量大的物品在仓库中存放时，如果不能有效分散物品对地面的压强，则可能对仓库地面造成损伤，因此需要考虑在物品底部和仓库地面之间衬垫木板或钢板。

衬垫物的使用量除考虑将压强分散为仓库地坪载荷的限度之内，还需要考虑这些库用消耗材料所产生的成本，因此，需要确定使压强小于地坪载荷的最少衬垫物数量。计算公式为：

$$n = \frac{Q_{物}}{L \times W \times C - Q_{自}}$$

式中，n 为衬垫物数量；$Q_{物}$ 为物品重量；L 为衬垫物长度；W 为衬垫物宽度；C 为仓库地坪承载能力；$Q_{自}$ 为衬垫物自重。

例题：30t 重设备的衬垫方案设计。

某仓库内要存放一台自重 30t 的设备，该设备底架为两条 2m×0.2m 的钢架。该仓库地坪承载能力为 3t/m²。问需不需要垫垛？如何采用 2m×1.5m、自重 0.5t 的钢板垫垛？

解：物品对地面的压强为：

$$\frac{30}{2 \times 2 \times 0.2} = 37.5 \text{（t/m}^3\text{）}$$

因为 37.5t/m² 远大于仓库地坪承载能力，所以必须垫垛。

据公式

$$n = \frac{Q_{物}}{L \times W \times C - Q_{自}} = \frac{30}{2 \times 1.5 \times 3 - 0.5} = 3.3$$

根据计算结果知需要使用 4 块钢板衬垫，将 4 块钢板平铺展开，设备的每条支架分别均匀地压在两块钢板之上。

（2）苫盖。苫盖是指采用专用苫盖材料对货垛进行遮盖，以减少自然环境中的阳光、雨雪、刮风、尘土等对物品的侵蚀、损害，并使物品由于自身理化性质所造成的自然损耗尽可能地减少，保护物品在储存期间的质量。常用的苫盖材料有帆布、芦席、竹席、塑料膜、铁皮铁瓦、玻璃钢瓦、塑料瓦等。

1）苫盖的基本要求。苫盖的目的是为了给物品遮阳、避雨、挡风、防尘。苫盖的要求如下：

a. 选择合适的苫盖材料。选用符合防火、无害的安全苫盖材料；苫盖材料不会与物品发生不利影响；且成本低廉、不易损坏、能重复使用、没有破损和霉烂。

b. 苫盖牢固。每张苫盖材料都需要牢固固定，必要时在苫盖物外用绳索、绳网绑扎或者采用重物镇压。

c. 苫盖的接口要有一定深度的互相叠盖，不能迎风叠口或留空隙，苫盖必须拉挺、平整，不得有折叠和凹陷，防止积水。

d. 苫盖的底部与垫垛平齐，不腾空或拖地，并牢固地绑扎在垫垛外侧或地面的绳桩上，衬垫材料不露出垛外，以防雨水顺延渗入垛内。

e. 使用旧的苫盖物或在雨水丰沛季节，垛顶或者风口需要加层苫盖，确保雨淋不透。

2）苫盖方法。

a. 就垛苫盖法。直接将大面积苫盖材料覆盖在货垛上遮盖，适用于起脊垛或大件包装物品，一般采用大面积的帆布、油布、塑料膜等。就垛苫盖法操作便利，但基本不具有通风条件。

b. 鱼鳞式苫盖法。将苫盖材料从货垛的底部开始，自下而上呈鱼鳞式逐层交叠围盖。该法一般采用面积较小的席、瓦等材料苫盖。鱼鳞式苫盖法具有较好的通风条件，但每件苫盖材料都需要固定，操作比较烦琐复杂。

c. 活动棚苫盖法。将苫盖物料制作成一定形状的棚架，在物品堆垛完毕后，移动棚架到货垛遮盖；或者采用即时安装活动棚架的方式苫盖。活动棚苫盖法较为快捷，具用良好的通风条件，但活动棚本身需要占用仓库位置，也需要较高的购置成本。

6. 出库业务

货物出库是库存保管工作的最后阶段，把货物及时准确地发放到客户手中是库存保管工作的最终任务。为了做到这一点，出库的货物应按入库的时间安排好出库顺序；对有保管期限的货物，应在限期内发出；货物出库凭证必须符合要求，确保出库工作迅速、顺利地进行。

（1）出库前的准备工作。为了使货物出库迅速、加快物流速度，仓库在货物出库前应安排好出库的时间和批次。同时做好出库场地、机械设备、装卸工具及人员的安排。

（2）出库程序。出库程序包括核单备货－复核－包装－点交－登账－清理等过程。出库必须遵循"先进先出，推陈储新"的原则，使仓储活动的管理实现良性循环。

1）核单备货。仓库发放货物必须有正式的出库凭证。物流保管人员接到发货通知后，经过仔细核对，检查无误后方可备货。

物流保管人员按照出库凭证上的要求进行备货。规定发货批次的，按规定批次备货；未定批次的，按先进先出的原则备货。

备货过程中，凡计重货物，一般以入库检验时标明的重量为准，不再重新计重。需分割或拆捆的应根据情况进行。

2）复核。为防止差错，备好货物后必须再度与出库凭证核对出库货物的名称、规格、数量等以保证出库的准确性。只有加强出库的复核工作，才能防止错发、漏发和重发等事故的发生，确保出库货物数量准确、质量完好。

【小思考4-5】

出库时需要复核哪些内容？

3）包装。出库物品的包装必须完整、牢固，标记必须正确清楚，如有破损潮湿、捆扎松散等不能保障运输中安全的，应加固整理，破损的包破箱不得出库。各类包装容器上若有水渍、油迹、污损，也均不能出库。

包装是仓库生产过程的一个组成部分。包装时，严禁互相影响或性能互相抵融的物品混合包装。包装后，要写明收货单位、到站、发货号、本批总件数、发货单位等。

4）点交。货物复核无误后即可出库。发货时应把货物直接点交给提货人，办清交接手续。若是代运，则需向负责包装和运输的部门点交清楚。

5）登账。点交后，保管员应在出库单上填写实发数、发货日期等内容，并签名。然后将出库单连同有关证件资料，及时交货主，以便货主办理货款结算。

6）现场和档案的清理。经过出库的一系列工作程序之后，实物、账目和库存档案等都发生了变化。应将下列几项工作彻底清理，使保管工作重新趋于账、物、资金相符的状态。

a. 按出库单，核对结存数。

b. 如果该批货物全部出库，应查实损耗数量，在规定损耗范围内的进行核销，超过损耗范围的查明原因，进行处理。

c. 一批货物全部出库后，可根据该批货物入出库的情况，采用的保管方法和损耗量，总结保管经验。

d. 清理现场，收集苫垫材料，妥善保管，以待再用。

在整个出库业务程序过程中，复核和点交是两个最为关键的环节。复核是防止差错的重要和必不可少的措施，而点交则是划清仓库和提货方两者责任的必要手段。

（3）商品出库时的问题处理。货物出库时，应按出库凭证（提货单）对实物进行质量检查和数量核对。发现问题应停止发货或按照相应的规定进行处理，以提高服务质量，杜绝差错事故。下面来看当货物出库时如果发现了问题应该如何处理。

1）出库凭证出现的问题处理：

a. 凡出库凭证超过提货期限，用户前来提货，必须先办理手续，按规定缴足逾期仓储保管费，然后方可发货。任何非正式凭证都不能作为发货凭证。提货时，用户发现规格开错，保管员不得自行调换规格发货。

b. 凡发现出库凭证有疑点，或发现出库凭证有假冒、复制、涂改等情况时，应及时与仓库保卫部门以及出具出库单的单位或部门联系，妥善处理。

c. 商品进库未检验，或者期货未进库的出库凭证，一般暂缓发货，并通知货主，待货到并检验后再发货，提货期顺延。

d. 如客户因各种原因将出库凭证遗失，客户应及时与仓库发货员和账务人员联系挂失；如果挂失时货已被提走，保管人员不承担责任，但要协助货主单位找回商品；如果货还没有提走，经保管人员和账务人员查实后，做好挂失登记，将原凭证作废，缓期发货。

2）货物数量出现问题的处理。货物每次出库都要对货物的数量进行仔细的盘查，以免发生少发、多发、漏发等问题。

若出现提货数量与商品实存数不符的情况，一般是实存数小于提货数。造成这种问题的原因主要有：

a. 商品入库时，由于检验问题，增大了实收商品的签收数量，从而造成账面数大于实存数。

b. 仓库保管人员和发货人员在以前的发货过程中，因错发、串发等差错而形成实际商品库存量小于账面数。

c. 货主单位没有及时核减开出的提货数，造成库存账面数大于实际储存数，从而开出的提货单提货数量过大。

d. 仓储过程中造成了货物的毁损。当遇到提货数量大于实际商品库存数量时，无论是何种原因造成的，都需要和仓库主管部门以及货主单位及时取得联系后再作处理。

4.4 库存控制

4.4.1 库存管理及其作用

1. 库存的含义

企业的高层管理者在经营活动中越来越重视库存的作用，有的企业家和经济学家甚至把物流管理定义为对静止或运动库存的管理。

(1) 库存的含义。库存是指储存作为今后按预定的目的使用而处于闲置或非生产状态的物品。广义的库存还包括处于制造加工状态和运输状态的物品。

一般来说，企业在销售阶段，为了能及时满足顾客的要求，避免发生缺货或延期交货现象，需要有一定的成品库存。在采购生产阶段，为了保证生产过程的连续性，需要有一定的原材料、零部件的库存。而库存商品要占用资金，发生库存维持费用，并存在库存积压而产生损失的可能。因此，既要防止缺货，避免库存不足，又要防止库存过量，避免发生大量不必要的库存费用。

(2) 库存的分类。库存可从几个方面来分类，从生产过程的角度可分为原材料库存、零部件及半成品库存、成品库存三类。从库存物品所处状态可分为静态库存和动态库存。静态库存指长期或暂时处于储存状态的库存，这是人们一般意义上认识的库存概念。实际上广义的库存还包括处于制造加工状态或运输状态的库存，即动态库存。

从经营过程的角度可将库存主要的分为以下七种类型：

1) 经常库存。企业在正常的经营环境下为满足日常的需要而建立的库存。这种库存随着每日的需要不断减少，当库存降低到某一水平时（如订货点），就要进行订货来补充库存。这种库存补充是按一定的规则反复地进行。

2) 安全库存。为了防止由于不确定因素（如大量突发性订货、交货期突然延期等）而准备的缓冲库存。

3) 生产加工和运输过程的库存。生产加工过程的库存指在处于加工状态以及为了生产的需要暂时处于储存状态的零部件、半成品或成品。运输过程的库存指处于运输状态或为了运输的目的而暂时处于储存状态的物品。

4) 季节性库存。为了满足特定季节中出现的特定需要（如夏天对空调机的需要）而建立的库存，或指对季节性出产的原材料（如大米、棉花、水果等农产品）在出产的季节大量收购所建立的库存。

5) 促销库存。为了对应企业的促销活动产生的预期销售增加而建立的库存。

6) 投机库存。为了避免因货物价格上涨造成损失或为了从商品价格上涨中获利而建立的库存。

7) 存淀库存或积压库存。因物品品质变坏不再有效用的库存或因没有市场销路而卖不出去的商品库存。

(3) 库存的功能。一般来说，库存功能有：①防止断档。缩短从接受订单到送达货物的时间，以保证优质服务，同时又要防止脱销；②保证适当的库存量，节约库存费用；③降低物流成本。用适当的时间间隔补充与需求量相适应的合理的货物量以降低物流成本，消除或避免销售波动的影响；④保证生产的计划性、平稳性以消除或避免销售波动的影响；⑤展示功能。⑥储备功能，在价格下降时大量储存，减少损失，以应灾害等不时之需。

2. **库存管理的含义**

库存管理是指在物流过程中对商品数量的管理。过去认为仓库里的商品多，表明企业发达、兴隆，现在则认为零库存是最好的库存管理。库存多，占用资金多，利息负担加重。但是如果过分降低库存，则会出现断档。

库存管理应特别考虑两个问题：

（1）根据销售计划，按计划生产的商品在市场上流通时，要考虑在什么地方存放，存放多少。

（2）从服务水平和经济效益出发来确定库存量以及如何保证补充的问题。

3. 库存管理的作用

库存存在于企业经营过程的各个环节间，在采购、生产、销售的不断循环的过程中，库存使各个环节相对独立的经济活动成为可能。同时库存可以调节各个环节之间由于供求品种及数量的不一致而发生的变化，把采购、生产和销售等企业经营的各个环节连接起来起润滑剂的作用。

对于库存在企业中的角色，不同的部门存在不同的看法。库存管理部门力图保持最低的库存水平以减少资金占用，节约成本。销售部门愿意维持较高的库存水平和尽可能备齐各种商品，避免发生缺货现象，以提高顾客满意度。采购部门为了降低单位购买价格，往往利用数量折扣的优惠，通过一次采购大量的物质来实现最低的单位购买价格，而这样不可避免会增大库存水平。制造部门愿意对同一产品进行长时间的大量生产，这样可以降低单位产品的固定费用，然而这样又往往会增加库存水平。运输部门则倾向于大批量运送，利用运量折扣来降低单位运输成本，这样会增加每次运输过程中的库存水平。总之，库存管理部门和其他部门的目标存在冲突，为了实现最佳库存管理，需要协调和整合各个部门的活动，使每个部门不仅以有效实现本部门的功能为目标，更要以实现企业的整体效益为目标。

高的顾客满足度和低的库存投资似乎是一对相冲突的目标，过去人们曾经认为这对目标不可能同时实现。现在，通过应用创新的物流管理技术，同时伴随改进企业内部管理和强化部门协调，企业可同时实现这对目标。

4.4.2 合理库存与最低库存

1. 合理库存的含义

合理库存是指以保证商品流通和社会再生产需要为限度的储存。合理库存是合理的储存量、合理库存结构分布与合理库存时间的有机统一。

（1）合理库存量。合理库存量是指在新的商品（或生产资料）到来之前，能保证在这期间商品（或生产资料）正常供应的数量。合理库存必须以保证商品流通正常进行为前提。影响合理库存量的因素有：

1）社会需求量。库存量与市场需求有直接关系，为了满足消费的需要，要求有相应数量的商品，随时可投放市场。在其他条件不变的情况下，库存量与市场需求量成正比。

2）商品再生产时间。库存量必须与再生产时间相适应。在其他条件不变的情况下，库存量的大小与再生产周期的长短成正比。

3）交通运输条件。商品从生产领域进入消费领域，需要运输工具和运输公司，交通运输发达的地区和不发达地区，其在途中的时间是不同的。

4）管理水平和设备条件。库存量的大小也受企业本身条件的限制。如仓库设备、进货渠道、中间环节、进货时间等，都会影响商品库存量。

（2）合理库存结构。合理库存结构是指商品的不同品种、规格之间库存量的比例关系。社会对商品的需要既要求供应总量的满足，又要有品种、规格的选择，而且要求的结构也在不断变化，所以，确定合理库存数量的同时，还必须考虑不同商品其品种、规格在储存中的合理比例关系，以及市场变化情况，以便确定正确的商品库存结构。

（3）合理库存时间。

1）库存时间受商品销售时间的影响。商品销售得快，储存时间就短；商品销售得慢，储存时间就长，甚至积压在库。所以，物流部门要随时了解生产销售情况，促进生产，扩大销售，加速周转。

2）库存时间还受物品的物理、化学、生物性能的影响。超过物品本身自然属性所允许的储存时限，物品会逐渐失去其使用价值。因此，储存的时间还必须以保证物品安全，减少损失、损耗为前提。

（4）合理库存网络。仓库网点的合理布局，也是合理库存的一个重要条件。就流通领域而言，在商品流通过程中，商业批发企业和零售企业为了完成销售任务，分别进行一定数量的商品库存。由于批发和零售企业的经营特点和供应范围不同，对批发环节和零售环节的储存要求也有所不同。批发企业，一般担负着经济区的供应任务，它要依靠一定的库存来调剂市场，起"蓄水池"的作用。所以，在批发环节，库存要大，要合理设置储存网点。零售企业处于流通渠道末端，网点分散，销售量小，因而，在零售环节，一般附设小型仓库，库存量小，应勤进快销，加速周转。就生产领域而言，物资主要是分散储存在各工厂的仓库里，储存应适量，不宜过多，以免原材料大量积压。

2. 组织合理库存的重要意义

（1）组织合理库存可以减少国家财富的占用。用于储存过程的物资是不增加价值的，相反，它是用于生产财富的一种扣除。这种储存过程占用的物资越多，用于生产的财富就越少。所以，进行合理库存，可以相对地减少储存过程中资金积压，而增加用于生产的资金。

（2）组织合理库存，可以缩短物资流通的周期，从而加速再生产的过程。由于流通时间是社会再生产总时间的一个组成部分，而社会再生产时间等于生产时间和流通时间之和，所以，组织合理库存能够相对缩短物资在流通领域内停滞的时间，加快物资周转，从而加速整个社会再生产的过程。

（3）合理库存可以减少费用开支。物资在储存期间不但不增加价值，而且需要花费一定的储存费用。储存费用包括保管费、保险费和损耗价值。一般工业企业的库存资金占流动资金的 80%左右。按一般规律，每年的库存费用要占到库存货物价值的 25%左右。可见，组织合理库存既可以减少保管费用，降低储存性物质损耗，又可以加快资金周转，节约利息支出，是降低物流成本，提高物流经济效益的重要途径。

（4）组织合理库存，可以减少不必要的中转环节，避免迂回、倒流运输，节约运力。

3. 最低库存

最低库存的目标涉及资产负担和相关的周转速度。通过整个物流系统进行存货配置的金融价值是物流作业的总的负担。结合存货可得性的高周转率，意味着分布在存货上的资金得到了有效的利用。因此，保持最低库存的目标是要把存货配置减少到与顾客服务目标相一致的最低水平，以实现最低的物流总成本。随着经理们谋求减少存货配置的设想，类似"零库存"之类的概念已变得越来越流行。

重新设计系统的现实是，作业的缺陷一直要到存货被减少到其最低可能的水平时才会显露出来。虽然消除一切存货的目标很具吸引力，但必须记住，存货在一个物流系统中能够并且确实有助于某些重要利益的实现。当存货在制造和采购中产生规模经济时，它能提高投资报酬率。其目标是要将存货减少和控制在最低可能的水平上,而同时实现所期望的作业目标。要实现最低存货的目标,物流系统设计必须控制整个公司而不仅是每一个业务点的资金负担和周转速度。

【小案例 4-1】

戴尔不懈追求的目标是降低库存量。21 世纪初期,戴尔公司的库存量相当于 5 天的出货量,康柏的库存天数为 26 天,一般 PC 机厂商的库存时间为 2 个月,而中国 IT 巨头联想集团是 30 天。当客户把订单传至戴尔信息中心,由控制中心将订单分解为子任务,并通过 Internet 和企业间信息网分派给上游配件制造商。各制造商按电子订单进行配件生产组装,并按控制中心的时间表供货。戴尔只需在成品车间完成组装和系统测试,剩下的就是客户服务中心的事情。一旦获得由世界各地发来源源不断的订单,生产就会循环不停、往复周转,形成规模化。戴尔公司分管物流配送业务的副总裁迪克·亨特说,高库存一方面意味着占有更多的资金,另一方面意味着使用了高价物料。戴尔公司的库存量只相当于一个星期出货量,而别的公司库存量相当于四个星期出货量,这意味着戴尔拥有 3%的物料成本优势,反映到产品低价就是 2%或 3%的优势。

【资料来源:根据网络资料整理编写】

4.4.3 库存控制及其目标方法

储存管理的关键是库存控制问题,库存控制的中心又是如何确定合理库存量的问题。很明显,如果库存量过大就会造成库存积压,不仅占用一定的流动资金,支付过多的利息,而且占库压库,增加保管费用,甚至造成物资的物质损耗和精神损耗;如果库存量过小,就会造成物质供不应求,企业停工待料,市场脱销,丧失销售机会。为了不缺货,就得增加订货次数,这样就增加了订货费用,所有这些都会影响物资流通的经济利益。因此,库存量必须控制在一个合适的水平上。

1. 库存过程

库存量的变化,受着库存过程的影响,因此必须对库存过程实行控制。一个完整的库存过程,可以分为如下四个活动阶段:

(1)订货活动阶段。从外出订货或发出订单开始,直到订货成交为止的整个活动过程。其作用是使物资的所有权从供方转移到需方。订货过程即商流过程。

(2)进货活动阶段。主要是把货物从供方运进需方仓库的过程。增加库存量,属于物流活动。

(3)保管活动阶段。从物资验收入库开始,直到将物资实行一系列的保管保养活动,是物流性质的活动。

(4)供应销售活动阶段。即出售物资的过程,把出库物资送到消费者手中。在此阶段,库存量将逐渐减少。

从上述四个阶段的活动分析可以看出:①订货过程使储存得到补充,使库存量增加;②供应销售过程是对储存的需求,使库存量减少;③保管活动对库存量没有影响。我们可以看到,控制库存,就必须控制订货进货和供应销售这两方面。但是,对销售实行控制,就会影响对用户的服务,降低用户的满足程度,从而减少用户,降低仓储的经济效益。因而对订货进货过程进行控制才是可行的。

库存过程控制的关键是对订货过程的控制，因此要制订一个适宜的订货进货策略，或者叫存储策略，其主要是解决什么时候订货？（多少时间补充一次库存？）每次订货要订多少？（每次补充多少库存？）以及订货的方法？衡量订货策略的好坏标准，是储存过程所支出的平均费用是否最低。

2. 库存目标

库存的问题不是孤立的，它和营销问题、仓库问题、材料运输问题、采购问题、财务问题等都有着千丝万缕的联系，因此，物料管理所涉及的目标并不完全一致，有些甚至是互斥的。库存问题是企业内部不同职能部门间矛盾的根源，这种矛盾是由于不同的职能部门在涉及存货的使用问题上负有不同的任务而引起的，表明各部门对库存的态度（表 4-9）。

表 4-9 各部门对库存的态度

部门	典型的反应
市场经营与销售	如果总是缺货或无足够的品种，可不能用空空如也的货车去销售，那样就不能保住我们的用户
生产	如果按大批量生产，就可能降低单位成本，有效地经营
采购	如果整批大量购进，就能降低单位成本
财务	从哪里筹集资金来支付存货的货款？库存水平应更低些
仓储	这里已经没有货位了，什么也不能再放了

由此看出，物料管理所涉及的目标并不是完全一致，甚至不容易叙述清楚。其主要的目标是使库存投资最少，对用户的服务水平最高和保证企业的有效（低成本）经营。一些带有共性的次一级目标是单位成本低、存货周转率高、质量稳定、与供应商保持良好的关系以及保持供应持续不断等。很容易看出上述目标很不一致，有的甚至相互抵触。因此，要根据现实条件和环境的各种限制，很好地将这些目标协调起来，也就是所谓的"次级优化"。"次级优化"是用来描述以系统的目标为代价而使子系统最优化的术语。

3. 库存要求

仓库有两种库存：计划库存和扩充库存。这两种库存的要求是不同的。

（1）计划库存要求。仓库主要强调商品流，而不管存货的周转率，所有入库的货物都必须至少保存一段时间。计划库存是指基本库存，存量可能得到不断地补充。计划库存的期限因物流系统的不同而不同，而物流系统的不同则依赖于其完成周期。在物流系统中，计划库存必须提供足够的库存数量以便使仓库能充分发挥其作用。

（2）扩充库存要求。扩充库存是指超出了仓库正常操作所需的计划库存的那部分库存。在特殊情况下，客户可能在货物出运之前，要求将这些货物再多保存几个月的时间。这时，仓库就需要扩充库存了。因此，为了控制和衡量仓库搬运的绩效，必须仔细地按库存的类型区分存货的周转情况。有一些商品，如季节性商品，要求储存到有季节需求的时候才出运。当大量的库存都要求与市场供需相适应的时候，周转率就非常低了。在这种情况下，物流系统中的仓储就要进行调整以适应季节的需要，于是就出现了对扩充库存的需求。需要扩充库存的其他因素还包括不稳定的需求、商品调节、投机性购物以及减价等。

当商品有不稳定的需求波动时，仓库也应该有安全库存以满足客户要求。例如空调，由于空调价格较贵，因而更愿意储存小批量的货，但如果持续高温天气出现，那么制造商只有在很有限的时间内来配送另外的空调，这时就需要扩充库存了。

商品调节（如催熟香蕉）有时也需要扩充库存，虽然食品配送中心通常都没有催熟间来使这些食品催熟到最佳质量状态。但是，这一过程也可以在仓库中完成。

仓库也要储存为了投机目的而购来的商品。是否要购买这样的商品以及购买多少，要视具体的物品而定，而扩充库存则能对此起到调节作用。

扩充库存还常成为商品减价的理由。早期的销售商常因扩充库存而实行减价销售。此外，销售商也可能在一年中的某一时期进行减价销售。在这种情况下，仓库就可能超过计划库存。为此，像肥料、玩具或低档商品的制造商，就可能对一些非季节性库存实行减价，把库存的负担转嫁给销售商。

4. 库存控制系统

（1）库存控制系统的任务。库存控制系统是解决订货时间和订货数量问题的常规联动系统。一个有效的系统要达到下列目的：

1）保证获得足够的货物和物料。

2）鉴别出超储物品、畅销品与滞销品。

3）向管理部门提供准确、简明和适时的报告。

4）花费最低的成本金额完成前述三项任务。

（2）库存控制系统的内容。一个完整的库存系统所涉及的内容远不止是各种定量库存模型，还必须考虑以下六个极其重要的方面：

1）开展需求预测和处理预测误差。

2）选择库存模型，如经济订货量（EOQ）、经济订货间隔期（EOI）、经济生产量（EPQ）、物料需求计划（MRP）、一次性订货量（SOQ）。

3）测定存货成本（订购、储存、缺货成本）。

4）用以记录和盘点物品的方法。

5）验收、搬运、保管和发放物品的方法。

6）用以报告例外情况的信息程序。

（3）库存控制系统常见的种类。

1）连续库存系统。这个系统以经济订货量（EOQ）和订货点的原理为基础，连续库存系统要保持存货数量的纪录，并在存货量降至一定水平时进行补充供应。

2）双堆库存系统。其特点是没有连续的库存纪录，属于固定订货量系统。订货点由肉眼来判定，当存货消耗一堆时便开始订货，其后的需求由第二堆来满足。

3）定期库存系统。在定期库存系统中，在储物品的数量要按固定的时间间隔进行检查。

4）非强制补充供货库存系统。其也称为最小最大系统，是连续系统和定期系统的混合物。库存水平均按固定的间隔进行检查，但订货要在库存余额已经降至预定的订货点时才进行。

5）物料需求计划（MRP）库存系统。物料需求计划库存系统广泛地用于计划生产。由于属于材料和零件的物品被最终产品所耗用，故存货水准均根据用最终物品表示的需求量来得出。物料需求计划系统是一种派生的订货量系统，这种系统的作用是按反工艺方向，并根据最终产品或主要装配件的计划完工日期，来确定各种零件和材料需要订购的日期和数量。该系统在预先已知最终产品的具体需求量和某项物品的需求量按某种可预测的方式同其他物品的需求量联系在一起时,可得到良好的效果。

所有库存系统都有各自的优缺点,因此,适用范围也不同。例如,连续系统最适用于高价物品,对于这类物品要经常检查;双堆系统用在由于作用小或单价低而无需经常检查的场合;定期系统适用于零售领域和供货渠道较少或货源来自中心仓库的场合。

5. 库存成本最小化

在物流系统中增加仓库数目对平均库存的总体影响如图 4-18 所示。平均临时库存的减少图中以曲线 1 表示。设定平均临时库存与网络中仓库数之间存在着线性关系。

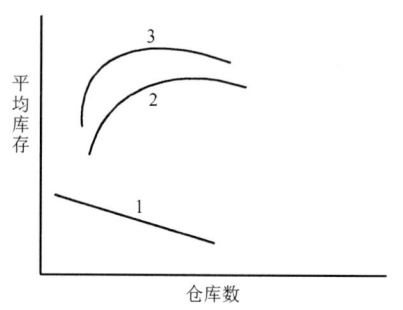

1—平均临时库存;2—平均安全库存;3—平均库存

图 4-18　平均库存与仓库数的函数

当仓库增加时,曲线 2(平均安全库存)上升,由于每一个设施的净增量是有限的,因此真实库存是以递减率增加的(为适量不确定性而增加的安全库存,仅与分配至那个仓库的需求有关,未扣去由于更短的补充周期而导致的少的领先时间不确定性而产生的安全库存的减少),这样,用于维持客户服务绩效所增加的库存随着每一个新的仓库增加到系统中而减少。平均库存曲线 1 代表了安全库存和临时库存结合的影响,观察结论是安全库存控制了临时库存减少的影响。对于整个系统而言,平均库存是安全库存加上订货量的一半再加上临时库存。这样,给定相同的需求及客户服务目标,随着物流系统中使用的仓库数量增加,全部库存以递减的速率增加。

4.5　储存管理合理化

4.5.1　储存合理化的概念

储存合理化是用最经济的办法实现储存的功能。马克思讲:"商品储备必须有一定的量,才能在一定时期内满足需要量。"(《资本论》第 2 卷,第 164 页)。这是储存合理化的前提或本质,如果不能保证储存功能的实现,其他问题便无从谈起了。

但是,储存的不合理又往往表现在对储存功能实现的过分强调,因而是过分投入储存力量和其他储存劳动所造成的。所以,合理储存的实质是,在保证储存功能实现前提下的尽量少的投入,也是一个投入产出的关系问题。

网络经济时代,在许多领域仍然需要依靠储存来保证正常生产节奏和充裕的市场,但是这已经不是普遍适用的了。在某些领域,储存合理化的概念,就是没有储存的概念。网络经济时代可以利用有效的信息技术、现代物流技术、现代管理技术,通过配送方式、供应链方式来满足需要,来取代"必须有一定的量"满足需要的方式。当然,这种合理化的难度是非常大的。但它毕竟是新经济时代的一个新的发展。

4.5.2 储存保管合理化的主要标志

(1)质量标志。保证被储存物品的质量是完成储存功能的根本要求,只有这样,商品的使用价值才能通过物流之后得以最终实现。在储存活动中增加了多少时间价值或是得到了多少利润,都是以保证质量为前提的。所以,储存合理化的主要标志中,为首的应当是反映使用价值的质量。

现代物流系统已经拥有很有效的维护物品质量,保证物品价值的技术手段和管理手段,也正在探索物流系统的全面质量管理问题,即通过物流过程的控制,通过工作质量来保证储存物品的质量。

(2)数量标志。在保证功能实现的前提下,储存有一个合理的数量范围。目前,运用管理科学的方法,已能在各种约束条件下,对合理数量范围做出决策,但较为实用的还是在消耗稳定、资源及运输可控的约束条件下,所形成的储存数量控制方法。

(3)时间标志。在保证功能实现的前提下,寻求一个合理的储存时间。这是和数量有关的问题,储存量越大而消耗速率越慢,则储存的时间必然长,相反则必然短。在具体衡量时,往往用周转速度指标来反映时间标志,如周转天数、周转次数等。

在总时间一定的前提下,个别被储物品的储存时间也能反映合理程度。如果少量被储物品长期储存,成了呆滞物或储存期过长,虽反映不到宏观周转指标中去,也标志储存存在不合理。

(4)结构标志。根据被储物品的不同品种、不同规格、不同花色的数量比例关系,对储存合理性的判断,尤其是相关性很强的各种物品之间的比例关系更能反映储存合理与否。由于这些物品之间相关性很强,只要有一种物品出现耗尽,即使其他物品仍有一定数量,也会无法投入使用。所以,不合理结构造成的影响并不仅局限在某一种物品本身,而是有扩展性。

(5)分布标志。即不同地区储存数量的比例关系,以此判断对当地需求的保障程度,也可以此判断对整个物流的影响。

(6)费用标志。仓租费、维护费、保管费、损失费、资金占用利息支出等,都能从实际费用上判断储存的合理与否。

4.5.3 不合理储存主要表现

(1)储存时间过长。储存时间从两个方面影响储存这一功能要素的效果,两者此消彼长的结果,形成了储存的一个最佳时间区域。一方面是经过一定的时间,被储物品可以获得"时间效用";另一是随着储存时间的增加,有形及无形损耗加大,是"时间效用"的一个逆反因素。从"时间效用"角度来考察,储存一定时间,效用可能增大,时间继续增加,效用也会出现减缓甚至降低,时间效用甚至可能出现周期性波动,因而储存的总效果是确定储存最优时间的依据。

【小思考4-6】

储存时间过长一定是不好的么?

（2）储存的数量过大。储存数量也主要从两方面影响储存这一功能要素的效果，这两方面利弊的消长，也使储存数量有一个最佳的区域，超过这个数量区域的储存量，是不合理的储存。

储存数量对储存效果的影响是：一方面储存以一定数量形成保证供应、保证生产、保证消费的能力。一般而言，单就保证的技术能力而言，数量大可以有效提高这一能力，但是保证能力的提高不是与数量成比例，而是遵从"边际效用"的原理，每增加一单位储存数量，总能力虽会随之增加，但所增加的保证供应能力（边际效用）却逐渐降低。另一方面，储存的损失是随着储存数量的增加而基本上成比例地增加，储存量越大，损失量也越大，如果管理力量不能也按比例增加的话，甚至还可能出现储存量增加到一定程度，损失陡增的现象。

可以明显地看出：储存数量的增加会引起储存损失无限度增加，而保证能力增加却是有限度的，因而可以肯定地说，超出一定限度的储存数量是有害而无益的。

（3）储存数量过低。储存数量过低，会严重降低储存对供应、生产、消费的保证能力。储存量越低，储存的各种损失也会越降低，两者彼此消长的结果是，储存数量降低到一定程度，由于保证能力的大幅度削弱会引起巨大损失，其损失远远超过由于减少储存量，在防止库损、减少利息支出损失等方面带来的收益。所以，储存量过低，也是会大大损害总效果的不合理现象。当然，如果能够做到降低储存数量而不降低保证能力的话，数量的降低也是绝对好的现象，在储存管理中，利用现代信息技术所提供的及时、准确的信息，通过建立有效的供应链和配送系统，在网络经济时代是完全可以做到这一点的，网络经济时代普遍追求的零库存就是出于这个道理。

所以，不合理储存所指的"数量过低"，是有前提条件的，即保证能力由数量决定而不是其他因素决定。

（4）储存条件不足或过剩。储存条件也从两方面影响储存这一功能要素的效果，这两方面利弊消长的结果，也决定了储存条件只能在恰当范围内，条件不足或过剩，都会使储存的总效益下降，因而是不合理的。

储存条件不足，指的是储存条件不足以为被储存物提供良好的储存环境及必要的储存管理措施，因此往往造成被储物的损失。储存条件不足主要反映在储存场所简陋，储存设施不足以维护保养手段及措施不力，不足以保护被储物。

储存条件过剩，指的是储存条件大大超过需要，从而使被储物过高负担储存成本，使被储物的实际劳动投入大大高于社会平均必要劳动量，从而出现亏损。

（5）储备结构失衡。储备结构失衡包括几个方面：①储存物的品种、规格、花色失调。存在总量正常，但不同品种、规格、花色此有彼无的现象。②储存物不同品种、规格、花色的储存期失调、储存量失调。存在此长彼短或此多彼少的失调现象。③储存物储存地域的失调。在大范围地理位置上或局部的范围内多少、有无失调，这对于地域辽阔的大国来讲，会是严重的问题。

4.5.4 储存管理合理化的实施途径

1. 将静态储存变为动态储存

将静态储存变为动态储存有以下几途径：

（1）加快储存的周转速度。周转速度一快，会带来一系列的合理化好处：资金周转快、资本效益高、货损降低、仓库吞吐能力增加、成本下降等。在网络经济时代，信息技术和现代管理技术、现代科技手段可以有效地支持库存周转的加快。例如，通过快速、及时的信息传递，掌握资源和需求，做到有效的衔接，而不完全通过库存数量提供保证。另外许多物流技术可以缩短操作时间，加快周转，诸如采用单元集装存储，建立快速分拣系统等。

（2）视野从仓库储存放大到整个物流系统。在整个物流系统的运行过程中，许多物品动态地存在于运输车辆、搬运装卸的过程之中，也可以把它看成是一种动态的储存。只要有有效的信息管理技术的支持，这些动态的储存完全可以起到一般储存的作用，取代静态的库存。

（3）对静态的仓库实行动态的技术改造。

2. 实施重点管理

储存是一个相当繁杂的经济活动。对于工业企业而言，总是要处理上万种供应品和销售品的物流问题，这么庞杂的体系，其对于企业供应、企业经营和企业销售影响是不同的，对于企业经济效益的贡献也是不同的。任何一个企业，即使采取最先进的信息技术和计算机管理手段，管理的力量出于管理成本的约束，也毕竟是有限的。所以，采取重点管理的方法是使复杂物流系统实现合理化的手段之一。

实施重点管理，一般通过 ABC 分析来选择重点，再进一步确定重点管理方法。ABC 分类管理就是将库存物品按品种和占用资金的多少分为特别重要的库存（A 类）、一般重要的库存（B 类）和不重要的库存（C 类）三个等级，然后针对不同等级分别进行管理与控制。

3. 采用有效的"先进先出"方式

就物流系统而言，即使整个系统形成了有效的动态运转，也经常会出现一部分物品远低于动态平均水平的储存期过长的现象。保证每个被储物品的储存期不致过长，"先进先出"的管理措施是一种有效的方式，也成了储存管理的准则之一。

有效的"先进先出"方式主要有：

（1）采用计算机存取系统。采用计算机管理，根据入库时的时间记录，依靠按时间排序的软件，可以自动排列出出货的顺序，从而实现"先进先出"。这种计算机存取系统还能将先进先出和快进快出结合起来，即在保证一定先进先出前提下，将周转快的物品随机存放在便于存储之处，以加快周转，减少劳动消耗。

（2）在仓库中采用技术流程的办法保证"先进先出"。最有效的方法是仓库中的技术流程采用贯通式货架系统。利用货架的每层形成贯通的通道，从一端存入物品，从另一端取出物品，物品在通道中自行按先后顺序排队，不会出现越位等现象。贯通式货架系统可以从技术手段上解决"先进先出"问题，同时，又有提高仓库利用率的优势，又能使仓库管理实现机械化、自动化，是现代仓库的重要技术措施。

（3）"双仓法"储存。给每种被储物都准备两个仓位或货位，轮换进行存取，再配以必须在一个货位中取光才可补充的规定，则可以保证实现"先进先出"。这种方法在管理上比较简单，设备的投入、管理的投入都比较低，但是库存水平一般比较高，适合于资金占用量不大、经常使用又无需进行重点管理的物资采用。

4. 提高储存密度，提高仓容利用率

主要目的是减少储存设施的投资，提高单位存储面积的利用率，以降低成本、减少土地占用，有三类方法：

（1）采取高垛的方法，增加储存的高度。具体方法有：采用高层货架仓库、采用集装箱等都可比一般堆存方法大大增加储存高度。

（2）缩小库内通道宽度以增加储存有效面积，采用窄巷道式货架，配以轨道装卸车辆，以减少车辆运行宽度要求，采用侧叉车、推拉式叉车，以减少叉车转弯所需的宽度。

（3）减少库内通道数量以增加储存有效面积。具体方法有采用密集型货架，采用可进车的可卸式货架，采用各种贯通式货架，采用不依靠通道的桥式吊车装卸技术等，如密集式仓库，如图4-19所示。

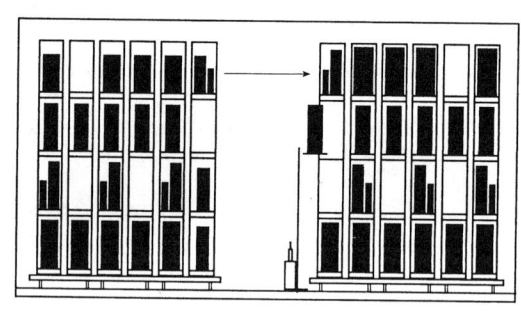

图4-19　密集式仓库

5. 采用有效的储存定位系统

储存定位的含义是被储物位置的确定。如果定位系统有效，能大大节约寻找、存放、取出的时间，节约不少物化劳动及活劳动，而且能防止差错，减少空位的准备量，提高储存系统的利用率。采取计算机储存定位系统，尤其对于存储品种多、数量大的大型仓库而言，已经成了必不可少的手段。

6. 采用有效的监测清点方式

对储存物品数量和质量的监测不但是掌握基本情况之必须，也是科学库存控制之必须。实际工作差错，就会使账物不符，所以，必须及时且准确地掌握实际储存情况，经常与账卡核对，这无论是人工管理或是计算机管理都是必不可少的。此外，经常的监测也是掌握被存物品质量状况的重要工作。

监测清点的有效方式主要有：

（1）"五五化"堆码。是我国手工管理中采用的一种科学方法。储存物堆垛时，以"五"为基本计数单位，堆成总量为"五"的倍数的垛形，堆码后，有经验者可过目成数，大大加快了人工点数的速度，且少差错。即使在网络经济时代，也不可避免有一些临时的存储需求，例如建筑工地的临时仓库、开发前期的用料准备仓库和出于各种原因暂时无法建立计算机管理系统的仓库，都需要对人工管理实行科学化。所以，在长期实践中，根据中国人的计数习惯所形成的"五五化"方式，仍是需要掌握的。

（2）光电识别系统。在货位上设置光电识别装置，该装置对被存物扫描，并将准确数目自动显示出来。这种方式不需人工清点就能准确掌握库存的实有数量。

（3）电子计算机监控系统。用电子计算机指示存取，可以防止人工存取所易于出现的差错，如果在被存物品上采用条形码认寻技术，使识别计数和计算机联结，每存、取一件物品时，识别装置自动将条形码识别并将其输入计算机，计算机会自动做出存取记录。这样只需向计算机查询，就可了解所存物品的准确情况，而无需再建立一套对实有数的监测系统。

7. 采用现代储存保养技术

现代储存保养技术是防止储存损失,实现储存合理化的重要方面。

(1) 气幕隔潮。在潮湿地区或雨季,室外湿度高且持续时间长,仓库内如想保持较低的湿度,就必须防止室内外空气的频繁交换。一般仓库打开库门作业时,便自然形成了空气交换的通道。由于作业的频繁,室外的潮湿空气会很快进入库内,一般库门、门帘等设施隔绝潮湿空气的效果不理想。

"气幕"就是在库门上方安装鼓风设备,使之在门口处形成一道气流。由于这道气流有较高压力和流速,在门口便形成一道气墙,可有效阻止库内外空气交换,防止湿气侵入。气幕还可以起到保持室内温度的隔热作用。

(2) 气调储存。即通过调节和改变环境空气成分,从而抑制被储存物品的化学变化和生物变化,抑制害虫生存及微生物活动,达到保持被储存物品质量的目的。

具体方法有:在密封环境中更换配合好的气体;充入某种成分的气体;抽去或降低某种成分气体等。气调方法对于有新陈代谢作用的水果、蔬菜、粮食等物品的长期保质、保鲜储存很有效。例如,粮食可长期储存,苹果可储存三个月。气调储存对于防止生产资料在储存期的有害化学反应也有一定作用。

(3) 塑料薄膜封闭。塑料薄膜虽不完全隔绝气体,但是能隔水、隔潮。用塑料薄膜封垛、封袋、封箱,可有效地造成封闭小环境,阻隔内外空气交换,完全隔绝水分。在封闭环境内如果再加入杀虫剂、缓蚀剂或某种抑制微生物生存的气体,则内部可以长期保持这种物质的浓度,形成一个长期稳定的小环境。

8. 采用集装箱、集装袋、托盘等运储装备一体化的方式

这种方式通过物流活动的系统管理,将储存、运输、包装、装卸实现了一体化,不但能够使储存实现合理化,更重要的是促使整个物流系统的合理化。

本章思考题

1. 储存的逆作用是什么?
2. 储存的基本作业过程有哪几个阶段?
3. 如何进行储位管理?
4. 库存管理在企业经营中的作用?
5. 组织合理库存的重要意义?
6. 储存合理化的主要标志有哪些?

案例分析

仓储物流的新机遇将是自动化、智能化

放眼国内当前工业现状,"升级转型"的春风已经从传统制造业吹向更多的行业。作为工业供应链中重要的一环,物流业正沐浴着"春风"快马加鞭地朝着自动化、智能化的方向迈进。

仓储物流升级的核心出发点是为减少劳动力需求,同时在当市场空间和份额增速减缓、

设备更新及人力资源利用等对制造成本降低空间有限时,自动化带来的物流成本下降将为工业企业带来"第三利润源"。

随着文化产业的蓬勃发展,作为产业链上游的印刷行业发展势头迅猛。然而印刷业高速增长的背后却带来了一系列矛盾,比如无休止的加班让工人变成生产机器、交货经常延迟进而影响公司信誉等问题。

北美最大的布朗印刷公司在仓储物流升级之前,落后的物流系统与激增的业务需求之间就曾产生过巨大的隔阂。工厂屡次扩建不仅使得物料变得分散,而且缩小了半成品和成品托盘所需的暂存区域,严重影响了生产计划和重要客户指定的发货日期。

在经过市场分析和调研后,布朗印刷厂决定携手德马泰克(自动化物流系统集成商),借助其行业资源和细分市场优势,以及相关行业配套的辅助自动化产品,共同打造自动化系统方案。

考虑到布朗印刷公司的明尼苏达州沃西卡工厂的经营现状,11台胶印机和16台装订机,负责300多种月刊和产品目录的印刷生产,每天约有453592kg印刷品从这里运出。基于此,自动化解决方案分两个主要阶段执行。

第一阶段:AGV小车运输系统

德马泰克AGV小车具有最小的转弯半径、简单的设计等优势被布朗印刷厂选中,工厂决定采用26量AGV小车,用于负责74322m^2设施中的大部分托盘运输。

第二阶段:半成品自动化立体仓库

自动化立体仓库是现代工业生产和物流配送的重要组成部分。与传统平库相比,其单位面积存储空间更大,存储和输送效率更高。

德马泰克构建的这一自动化立体仓库,18m高,包括13,200个货位和6台旋转叉车堆垛机,可处理重达1361kg的负载。单深货架提供了所需的存储密度,同时可以提取完整的库存单元用于装订作业。自动化立体仓库提供托盘,用于拣选货物到转运车,转运车将单个托盘运送到工作站。已完成邮件包裹通过输送机运送,并通过垂直升降机送至包裹装运区。

德马泰克物料跟踪控制软件对每台装订机的托盘缓存区进行管控,确保适时将半成品托盘交付到正确的机器料斗中。此外,成品托盘通过射频终端进入正确的集货区、装运平台和拖车。

在纸张价格、人工成本大幅上涨的情况下,智能物料配送系统将是印刷业发展的必经之路,这也正是布朗印刷厂为何选择智能物料输送、搬运解决方案的根本原因。

现阶段我国仓储发展正处在自动化和集成自动化阶段,而工业物流和社会物流规模的迅速扩张,对物流节点间的协同及效率提出了更高的要求,智能仓储物流应运而生。

这将是物流行业的一个新机遇!

【资料来源:根据网络资料整理编写】

问题:思考仓储管理未来发展新趋势。

第 5 章 运输管理

- 知识目标：通过本章的学习，了解各种运输方式的划分；熟悉各种运输方式的特征和优缺点；掌握各种运输方式的运输业务及应该注意的问题；知晓各种运输方式适合的运输范围。
- 技能目标：掌握常见货物运输方式运作的技巧和策略。
- 能力目标：通过学习，能够熟练应用物流运输原理，具有运输规划和管理的能力。

引导案例

德邦快递多措并举保障春茶运输

2020 年，需求少、运输难、用工难为春茶上市设置了重重阻碍。新茶采摘周期短，从原产地采摘到递交至茶客手中，需要经历多道流程，对快递运输的时效与安全是极大的考验。春茶苦短，更有"明前茶，贵如金"的说法，质地较脆的茶叶在外力的挤压碰撞下很容易产生破碎、串味、返潮等多种现象，在多年的春茶运输过程中，身为德邦快递春茶运输团队相关负责人，赵理平深刻意识到了茶农与茶商们的真正诉求。

当时效成为茶农茶商的核心要求，货物安全成为茶农茶商的底线诉求，要求在保障货物安全的基础上，再保障时效性。数年的春茶运输经验为德邦快递团队积累了丰富的经验，在深入茶农群体调研、德邦快递春茶运输团队数百人研讨之后，德邦快递双重安全保障包装成功出炉，以三层瓦楞纸高强度纸箱耐磨耐撞、外层包裹防水纤袋以及塑料薄膜有力杜绝茶叶返潮、串味现象，有效助力春茶出山。

其他方面，由于茶山偏远，为了解决茶农装货难、装货慢等诸多问题，德邦快递深入产茶区增开营收点，于主要道路设立收货点，甚至把代收点开到茶山上，实行全区域覆盖。同时，为了减少茶农的隐患与担忧，德邦快递大胆创想，将运输流程可视化，全天候 24 小时直播运输状况，从装货到卸货一应俱全，为茶农专设理赔机制，遣专人负责，力争保障疫情之下春茶出山的顺利进行。在时效方面，德邦快递相较往年增派 50%的人员与车辆，场地直发，空路联运，一二线城市均可实现次日达。

【资料来源：根据网络资料整理编写】

5.1 运输概述

物流离不开交通运输，运输是物流的主要手段，是物流的重要环节。整个物流活动是由包装、装卸、保管、库存管理、流通加工、运输和配送等活动组成，其中运输是物流活动的主要组成部分。为了适应物流的发展，必须要有一个四通八达、畅行无阻的运输线路网系统作为支持。

运输：指用专用运输设备将物品从一地点向另一地点运送。其中包括集货、分配、搬运、中转、装入、卸下、分散等一系列操作。运输活动本身一般并不创造产品价值，只创造附加价值。

5.1.1 运输的功能

1. 产品转移

产品在任何形式状态下都离不开运输。运输的主要功能就是产品在价值链中往返移动。运输的主要目的就是以最低的时间、财务和环境资源成本，将产品从原产地转移到规定地点。此外，产品灭失损坏的费用也必须是最低的，同时，产品转移所采用的方式必须能满足顾客有关交付履行和装运信息的可行性等方面的要求。

2. 产品储存

即将运输车辆临时作为储存设施。在仓库空间有限的情况下，利用运输车辆储存是一种可行性的选择。但本质上，利用车辆进行储存只是一种临时的、动态的储存设施。它的使用还要结合装卸成本、储存能力、延长前置时间进行综合考虑。因此，对物资的临时储存是一项比较特别的运输功能。

5.1.2 运输与物流的关系

1. 便利和可靠的运输服务是有效组织输入和输出物流的关键

企业的工厂、仓库与其供货厂商和客户之间的地理分布直接影响着运输费用。因此，运输条件是企业、选择工厂、仓库、配送中心等物流设施配置地点需要考虑的主要因素之一。

2. 运输影响着物流的其他构成因素

选择的运输方式决定着装运货物的包装要求。使用不同类型的运输工具决定其配套使用装卸搬运设备及收和发运站台的设计；企业库存量的大小，直接受运输状况的影响，发达的运输系统能够比较适量、快捷和可靠地补充库存，以降低必要的储备水平。

3. 运输费用在物流费用中占有很大的比重

运输费用在物流费用中占有很大的比重，表 5-1 是美国、加拿大公司 2001 年物流成本构成情况。

表 5-1　美国、加拿大公司 2001 年物流成本构成情况

成本内容	美国公司/%	加拿大公司/%
客房服务/订单清关	8	8
仓储	25	25
运输	37	36
管理	9	8
库存搬运	21	23

数据来源：《中国港务周刊》，总第 427 期，第 6 页。

从表中可以看出运输成本超过了总的物流成本的 1/3。组织合理运输,以最小的费用、较快的时间,及时、准确、安全地将货物从其产地运到销地,是降低物流费用和提高经济效益的重要途径之一。

4. 运输与包装的关系

货物包装的材料、规格、方法等都会不同程度地影响运输。作为包装的外廓尺寸应该充分与运输车辆的内廓尺寸相吻合,这对于货物的装载率提高有着重要意义,将给物流水平的提高带来巨大影响。

5. 运输与装卸的关系

物流运输活动必然伴随着装卸活动。物流运输发生一次,至少伴随着两次装卸活动,即物流运输的装卸作业。货物在运输前必须要装车,此时装卸质量的高低将对运输产生巨大影响。装卸工作组织得力,装卸活动开展顺利,可以使物流运输工作顺利进行。当货物通过运输到达目的地后,装卸是为最终完成运输任务所做的补充劳动,使物流运输的目的得以最终完成。同时,通过装卸还可以把不同的运输方式衔接起来。

6. 运输与储存的关系

储存保管是使货物暂时处于停滞的状态,它是货物投入消费前的准备阶段。货物的储存量虽然直接决定于需要量,但货物的运输也会给储存带来重大影响。当仓库中储存的一定数量的货物正好是消费领域急需时的货物时,运输就成为连接二者的关键因素。这时,运输活动组织不善或运输工具不得力,就会无端增大货物储存量,而且还会造成货物损耗增加。

7. 运输与配送的关系

在企业的物流活动中,将货物大批量、长距离地从生产工厂直接送达客户或配送中心称为运输;货物再从配送中心就近发送到地区内各客户手中称为配送。

5.1.3 运输方式的分类

现代运输方式的分类可按运输工具、运输线路、运输的作用及运输协作程度以及是否集装等进行分类。

1. 按运输工具分类

(1) 公路运输。公路运输是主要使用汽车或其他车辆(如人、畜力车)在公路上进行货客运输的一种方式。公路运输主要承担近距离、小批量的货运和水运、铁路运输难以到达地区的长途、大批量货运及铁路、水运优势难以发挥的短途运输。公路运输主要是灵活性强,公路建设期短,投资较低,易于因地制宜,对收货站设施要求不高,可采取"门到门"运输形式。即从发站者门口直到收货者门口,而不需转运或反复装卸搬运。公路运输也可作为其他运输方式的衔接手段,公路运输的经济半径,一般在 200 公里以内。

(2) 铁路运输。铁路运输是使用铁路列车运送客货的一种运输方式。铁路运输主要承担长距离、大数量的货运,在没有水运条件地区,几乎所有大批量货物都是依靠铁路,它是在干线运输中起主力运输作用的运输形式。

铁路运输主要是速度快,运输不大受自然条件限制,载运量大,运输成本较低,但是灵活性差,只能在固定线路上实现运输,需要以其他运输手段配合和衔接。铁路运输经济里程一般在 200 公里以上。

（3）水运运输。水运是使用船舶运送客货的一种运输方式。在全球贸易中，水路运输是居于主导地位的运输方式，各种产品都可以通过这种方式来完成运送。水运主要承担大数量、长距离的运输，是在干线运输中起主力作用的运输形式。在内河及沿海，水运也常作为小型运输工具使用，担任补充及衔接大批量干线运输的任务。

【小思考5-1】

水路货物运输的特点是什么？

（4）航空运输。航空运输是使用飞机或其他航空器进行运输的一种形式。航空运输的单位成本很高，因此，主要适合运载的货物有两类，一类是价值高、运费承担能力很强的货物，如贵重设备的零部件、高档产品等；另一类是紧急需要的物资，如救灾抢险物资等。

航空运输的主要是速度快，不受地形的限制。在火车、汽车都达不到的地区也可依靠航空运输，因而有其重要意义。

（5）管道运输。管道运输是利用管道输送气体、液体和粉状固体的一种运输方式。其运输形式是靠物体在管道内顺着压力方向顺序移动实现的，和其他运输方式重要区别在于管道设备是静止不动的。

管道运输主要是由于采用密封设备，在运输过程中可避免散失、灭失等损失，也不存在其他运输设备本身在运输过程中消耗动力所形成的无效运输问题。另外，运输量大，适合于大且连续不断运送的物资。

2. 按运输线路分类

（1）干线运输。干线运输是利用铁路、公路的干线，大型船舶的固定航线进行的长距离、大数量的运输，是进行远距离空间位置转移的重要运输形式。干线运输一般速度较同种工具的其他运输要快，成本也较低。干线运输是运输的主体。

（2）支线运输。支线运输是与干线相接的分支线路上的运输。支线运输是干线运输与收、发货地点之间的补充性运输形式，路程较短，运输量相对较小，支线的建设水平往往低于干线，运输工具水平也往往低于干线，因而速度较慢。

（3）城市内运输。城市内运输是一种补充性的运输形式，路程较短。干线、支线运输到站后，站与用户仓库或指定接货地点之间的运输，由于是单个单位的需要，所以运量也较小。

（4）厂内运输。在工业企业范围内，直接为生产过程服务的运输。一般在车间与车间之间、车间与仓库之间进行。小企业中的这种运输以及大企业车间内部、仓库内部则不称"运输"，而称"搬运"。

3. 按运输作用分类

（1）集货运输。将分散的货物汇集集中的运输形式，一般是短距离，小批量的运输，货物集中后才能利用干线运输形式进行远距离及大批量运输，因此，集货运输是干线运输的一种补充形式。

（2）配送运输。将据点中已按用户要求配好的货分送各个用户的运输。一般是短距离、小批量的运输，从运输的角度讲是对干线运输的一种补充和完善的运输。

4. 按运输的协作程度分类

（1）一般运输。孤立地采用不同运输工具或同类运输工具而没有形成有机协作关系的为一般运输。如汽车运输、火车运输等。

（2）联合运输。联合运输简称联运，是使用同一运送凭证，由不同运输方式或不同运输企业进行有机衔接运输货物，利用每种运输手段的优势充分发挥不同运输工具效率的一种运输形式。

联合运输实行一次托运、一次收费、一票到底、全程负责。对用户来讲，可以简化托运手续，方便用户，同时可以加速运输速度，也有利于节省运费。联合运输的形式大致有两大类：一类是交通运输部门之间的联运，指由两种以上运输工具的接力运输，或虽是同一种运输工具，但需要通过中转完成的运输形式，例如铁海联运、公铁联运、公海联运等；另一类是货物的产、供、运、销各部门组成的运输大协作，例如一条龙联合运输。

（3）多式联运。多式联运是联合运输的一种现代形式。一般的联合运输，规模较小，在国内大范围物流和国际物流领域，往往需要反复地使用多种运输手段进行运输，在这种情况下，进行复杂的运输方式衔接，并且具有联合运输优势的联合运输称作多式联运。

5.2　运输业务

5.2.1　公路货物运输业务

1. 公路货物运输种类

由于采用的运输工具和承运的货物种类的差异，公路货物运输依据不同的分类标准划分为以下几种类型：

（1）按货物运输组织方法的不同划分。

1）整车运输。按照公路《价规》和《货规》的规定，托运方一次托运货物的数量、性质、形状和体积在 3t 以上者为整车运输。货物重量虽在 3t 以下但不能拼装，需单独供车装运的货物，也按整车运输办理，适用整车费率。

2）零担运输。零担运输是指托运人一次托运货物的质量不足 3t 的为零担运输，适用零担费率。零担运输一般需要特别的运输处理作业，如要求定线路、定班期发运。我国公路货物运输规定，凡 1kg 重的货物，体积超过 4dm^3 的为轻泡货物，按其长、宽、高计算体积，每 4dm^3 折合 1kg，以千克为计费单位。

（2）按运送速度的不同划分。

1）一般货物运输。一般货物运输主要是指在运送速度上没有特殊的要求，只要满足常规的货物运送的速度要求就可以达到托运人的意愿的运输方式。

2）快件运输。根据《道路零担货物运输管理办法》的规定，快件货运是指从货物受理的当天 15h 起算，300km 运距内，24h 以内运达；1000km 运距内，48h 以内运达；2000km 运距内，72h 以内运达的运输方式。由于快件运输对运达时间的限定，一般是由专门从事该项业务的公司和运输公司、航空公司合作，派专人以最快的速度在发件人、货运中转站或机场、收件人之间递送急件。

3）特快专运。特快专运是指应托运人要求即托即运，在约定时间内运达的运输方式。

（3）按经营方式的不同划分。

1）公共运输业。公共运输业专门经营汽车货物运输业务并以整个社会为服务对象的经营方式，主要形式见表 5-2。

表 5-2　公共运输经营方式

类别	运营方式说明
定期定线	不论货载多少，在固定路线上按时间表行驶
定线不定期	在固定路线上视货载情况，派车行驶
定区不定期	在固定的区域内根据货载需要，派车行驶

2）契约运输业。契约运输业指按照承托双方签订的运输契约运送货物。托运人一般都是一些大的工矿企业，常年运量较大而且又稳定。契约期限一般都比较长，短的有半年、一年，长的可达数年。按契约规定，托运人保证提供一定的货运量，承运人保证提供所需的运力。

3）自用运输业。自用运输业指工厂、企业、机关自购汽车，专为运送自己的物资和产品，一般不对外营业。

4）汽车货运代理。汽车货运代理本身既不掌握货源也不掌握运输工具，他们以中间人身份一面向货主揽货，一面向运输公司托运，借此收取手续费用和佣金。有的汽车货运代理人专门从事向货主揽取零星货载，加以归纳集中成为整车货物，然后自己以托运人名义向运输公司托运，赚取零担和整车货物运费之间的差额。

（4）按货物类别不同划分。

1）普通货物运输。普通货物是指运输、保管及装卸工作中没有特殊要求、不必采用专用汽车运输的货物。零担货物运输也存在普通零担货物运输。普通零担货物系指《公路价规》中列明并适于零担运输的一、二、三等普通货物。

2）特种货物运输。特种货物是指货物的本身性质、体积、质量和价值等方面有特别之处，在运输、保管或装卸等环节上必须采取特别措施方能保证货物完好地实现位置的移动。特种货物包括危险货物、贵重货物、长大笨重货物、易腐货物、冷藏货物、鲜活货物等。

2. 整车运输作业

整车货物运输一般不需要中间环节，或中间环节很少，送达时间短，相应的货运集散成本较低。货物运输过程一般包括货物托运与承运、装运前的准备工作、装车、运送、卸车、保管和交付等环节。按货物运输的阶段不同，可将货运作业划分为发送作业、途中作业和到达作业。

（1）发送作业。货物在始发站的各项货运工作统称为发送作业，主要由受理托运、组织装车和核算制票三部分组成。

1）货物托运。无论是货物交给汽车运输企业运输，还是汽车运输企业主动承揽货物，都必须由货主办理托运手续。托运一般采用书面方式，先由货主填写托运单，托运单是货主（托运方）与运输单位（承运方）之间签订的货运合同。由货主填写托运单经运输单位审核并由双方签章后，具有法律效力。托运单确定了承运方与托运方在货物运输过程中的权利、义务和责任，是货主托运货物的原始凭证，也是运输单位承运货物的原始依据。根据托运单，货主负责向运输单位按时提交准备好的货物，并按规定的方式支付运费。

2）货物承运。运输单位应负责及时派车将货物安全运送到托运方指定的卸货地点交给收货人。货物承运后应及时派车装运。货物承运并已装车完毕后，承运人应填制汽车运输货票。运输货票是向托运人核收运费的收据、凭证，也是收货人收到货物的证明。运输货票由各省、自治区、直辖市交通主管部门按照交通部规定的内容与格式统一印制。

办理货运业务时，应注意以下事项：

第一，货物承运后，承运人对货物运输的全过程负责，必须适时检查，妥善保管，注意防火、防潮、防腐、防丢失，发现情况及时采取措施。有特殊要求的货物，必须遵守商定的事项。

第二，承运中的一项重要条款是运输期限。通常由托、承运双方按下列规定共同商定：托运人负责装卸的，运输期限从货物装载完毕开始至车辆到达指定卸货地点止；承运人负责装卸的，运输期限从装车时间开始至货物运到指定地点卸载完毕止。

3）货物装卸。货物装车、卸车是货物始发或到达所不可缺少的作业。不论它是由托运人自理，还是由承运人承办，都应强化质量意识，杜绝或减少货损货差事故的发生。货物装卸时，货物承运人应监装监卸，保证装卸质量，并尽量压缩装卸作业时间。

（2）途中作业。货物在运送途中发生的各项货运作业统称为途中作业，主要包括途中货物整理或换装等内容。为了方便货主，整车货物还允许途中拼装或分卸作业，考虑到车辆周转的及时性，对整车拼装或分卸应加以严密组织。

为了保证货物运输的安全与完好，便于划清企业内部的运输责任，货物在运输途中如发生装卸、换装、保管等作业，驾驶员之间、驾驶员与站务人员之间应认真办理交接检查手续。一般情况下交接双方可按货车现状及货物装载状态进行，必要时可按货物件数和重量交接，如接收方发现有异状，由交出方编制记录备案。

（3）到达作业。货物在到达站发生的各项货运作业统称为到达作业，主要包括货运票据的交接、货物卸车、保管和交付等内容。车辆装运货物抵达卸车地点后，收货人或车站货运员应组织卸车。卸车时，对卸下货物的品名、件数、包装和货物状态等应进行必要的检查。货物交接卸车完毕，收货人应在运输货票上签收，再由驾驶员带回交调度室或业务室。

3. 零担运输作业

（1）零担货源的组织。获取零担货运的货源是零担货运正常开展的重要基础，一般通过下述方法：

1）实行合同运输。合同运输是公路运输部门行之有效的货源组织形式，它具有以下特点：①逐步稳定一定数量的货源；②有利于合理安排运输；③有利于加强企业责任感，提高运输服务质量；④有利于简化运输手续，减少费用支出；⑤有利于改进产、运、销的关系，优化资源配置。

2）设立零担货运代办站。零担货物具有零星、分散、品种多、批量小、流向广的特点，零担货物运输企业可以自行设立货运站点，也可以与其他社会部门或企业联合设立零担货运班站，这样既可以加大零担货运站点的密度，又可以有效利用社会资源，减少企业成本，弥补企业在发展中资金人力的不足。

3）委托社会相关企业代理零担货运业务。零担货运企业还可以委托货物联运公司、日杂百货打包公司、邮局等单位代理零担货运受理业务。利用这些单位现有的设施和营销关系网络，取得相对代理关系是现代市场经济出现的一种有效的经营管理模式，这种模式可以充分调动社会各方面的经济资源，将有利于零担货运的经济资源重新配置。

4）聘请货运信息联络员，建立货源情报网络。在有较稳定的零担货源的物资单位聘请货运信息联络员，可以随时掌握货源信息，以零代整，组织整车货源。

5）设立信息化的网络受理业务。可以利用现代信息技术，创建数字化的零担货运受理平台，形成虚拟的零担货物业务网络，进行网上业务受理和接单工作。

（2）零担货物运输的组织形式。社会生产和人民生活对零担货物运送时间和方式、收发和装卸交接等的不同需要，要求零担货物运输采取不同的营运组织方式，这些组织方式形成了零担货物运输的基本组织形式。非固定式零担货运的完成是通过非固定式零担车的组织来实现，非固定式零担车是指按照零担货流的具体情况，临时组织而成的一种零担车，通常在新辟零担货运线路或季节性零担货物线路上使用。

固定式零担货物运输一般靠固定式零担车完成，因此固定式零担货物运输的组织，实际上就是固定式零担车的组织，固定式零担车通常称为汽车零担货运班车，这种零担货运班车一般是以营运范围内零担货物流量、流向，以及货主的实际要求为基础组织运行。运输车辆主要以厢式专用车为主，实行定车、定期、定线、定时运行。零担货运班车主要采用以下几种方式运行：

1）直达式零担班车。直达式零担班车是指在起运站将各个发货人托运的同一到站，且性质适宜配载的零担货物，同车装运后直接送达目的地的一种货运班车。

2）中转式零担班车。中转式零担班车是指在起运站将各个发货人托运的同一线路、不同到达站且性质允许配载的各种零担货物，同车装运至规定中转站，卸后复装，重新组成新的零担班车运往目的地的一种货运班车。

3）沿途式零担班车。是指在起运站将各个发货人托运的同一线路不同到达站，且性质允许配装的各种零担货物，同车装运后在沿途各计划停靠站卸下或装上零担货物再继续前进直至到最后终点站的一种货运班车。在上述三种零担班车运行模式中，以直达式零担班车最为经济，是零担货运的基本形式。

（3）零担货物运输的一般流程。零担货运企业承托、仓储、配装、发送、交接零担货物，按照相关规定办理业务手续，统称为零担货物运输商务作业。零担货运商务作业是根据零担货运工作的特点，按照流水作业形式构成的一种作业方式。它的内容及程序是：受理、托运、过磅起票、验收入库、开票收费、配运装车、卸车保管、提货交付。

零担货物运输的作业流程如图 5-1 所示。

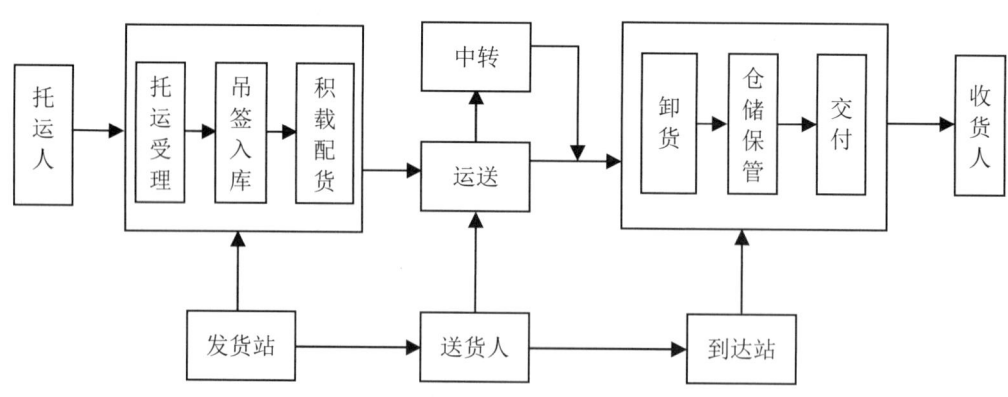

图 5-1　零担货物运输的作业流程

5.2.2　铁路货物运输业务

1. 铁路货物运输种类

（1）铁路货物运输按照运输条件的不同分为按普通运输条件办理的货物运输和按特殊运

输条件办理的货物运输两种。

特殊货物有铁路阔大货物（包括超长货物、集重货物和超限货物）运输、铁路危险货物运输、铁路灌装货物运输和铁路鲜活货物运输，其他各种货物运输均属于普通货物运输。

（2）按照运输速度的不同分为按普通货物列车办理的货物运输、按快运货物列车办理的货物运输和按班列办理的货物运输三种。

1）普通货物运输。按正常速度行驶的货物列车进行的运输。

2）快运货物运输。为加速货物运输，提高货物运输质量，适应市场经济的需要，铁路开办了快运货物运输（简称快运），在全路的主要干线上开行了快运货物列车。托运人按整车、集装箱、零担运输的货物，除不宜按快运办理的煤、焦炭、矿石、矿建等品类的货物外，托运人都可以要求铁路按快运办理，经发送铁路局同意并切实做快运安排，货物即可按快运货物运输。

3）班列运输。为了适应市场经济发展的需要，向社会提供优质服务，铁路开展了货运五定班列运输。货运五定班列（简称班列）是指铁路开行的发行站间直通、运行线和车次全程不变，发到日期和时间固定，实行以列、组、车或箱为单位报价的办法，即定点、定线、定车次、定时、定价的货物列车。班列按其运输内容分为集装箱货物班列（简称集装箱班列）、鲜活货物班列（简称鲜活班列）、普通货物班列（简称普通班列）。班列的开行周期，实行周历，按每周 X 列开行。

【小案例 5-1】

中欧班列作为一带一路的实质性产物，串起了古老丝路上的颗颗明珠，从太平洋一隅到大西洋彼端，为东西方架起了一座经济文化增强交流的"金桥"。运输网络覆盖亚欧大陆的主要区域，相比较于传统海运空运，中欧班列有着固定车次、线路等条件开行，往来于中国与欧洲及一带一路沿线各国的集装箱国际铁路联运班列。铺划了西中东 3 条通道中欧班列运行线：西部通道由我国中西部经阿拉山口（霍尔果斯）出境，中部通道由我国华北地区经二连浩特出境，东部通道由我国东南部沿海地区经满洲里（绥芬河）出境。

【资料来源：根据网络资料整理编写】

（3）铁路货物运输按照一批货物的重量、体积、性质、形状分为整车运输、零担运输和集装箱运输三种。

1）整车运输。一批货物的重量、体积、性质或形状需要一辆或一辆以上铁路货车装运（用集装箱装运除外），即属于整车运输，简称为整车。我国现有的货车以棚车、敞车、平车和罐车为主，标记载重量（简称为标重）大多为 50t、60t 及其以上，棚车的容积在 $100m^3$ 以上。达到这个重量或容积条件的货物，应按整车运输。

2）零担运输。为了便于装卸、交接和保管，有利于提高作业效率和货物安全，除限按整车办理的货物外，一件体积最小不得小于 $0.02m^3$（一件重量在 10kg 以上的除外）、每批件数不超过 300 件的货物，均可按零担运输办理。

3）集装箱运输。以集装箱作为运输单位进行货物运输的一种最先进的现代化运输方式。它具有"安全、迅速、简便、价廉"的特点，有利于减少运输环节，可以通过综合利用铁路、公路、水路和航空等各种运输方式，进行多式联运，实现"门到门"运输。

2. 铁路运输作业

货物发送作业组织装车；货车、集装箱的施封等。

（1）货物的托运。包括托运人向承运人的发站申报运输要求、提交货物运单、进货、缴费、与发站共同完成承运手续；发站受理托运人的运输要求、审查货物运单、验收货物及其运输包装、填制货物运输票据、核收运输费用、在货物运单上加盖发站的日期戳。

1）运单的填写。运单的填写，分为托运人填写和承运人填写两部分。在运单中"托运人填写"（粗线的左侧）和"领货凭证"有关各栏由托运人填写，右侧各栏由承运人填写。承、托双方在填写时均应对运单所填记的内容负责，运单的填写要做到正确、完备、真实、详细、清楚、更改盖章。铁路规定：严禁中介部门代理（代办）国内危险货物运输。因此，在办理国内危险货物运输时，托运人应直接向铁路办理托运手续。在办理托运手续时，须出具《资质证书》、经办人身份证和业务培训合格证书。

2）货物的准备。所托运的货物应符合一批的要求，不得将不能按一批托运的货物作为一批托运。在铁路运输过程中，保证货物的件数和重量的完整是承运人必须履行的义务。因此，铁路明确地规定了确定货物件数和重量的范围。

按整车运输的货物，原则上按件数和重量承运，但有些非成件货物或一批货物件数和规格过多，在承运、装卸、交接和交付时，点件费时费力，只能按重量承运，不再计算件数。只按重量承运、不计算件数的货物有散堆装货物以及以整车运输的规格相同（规格在 3 种以内视作规格相同）一批数量超过 2000 件、规格不同一批数量超过 1600 件的成件货物。

整车货物和集装箱货物，由托运人确定重量；零担货物除标准重量标记重量或有过秤清单以及一件重量超过车站衡器最大称量的货物外，由承运人确定重量，并核收过秤费。

货物的重量，包括货物包装重量。对于托运人确定重量的整车货物、集装箱货物和零担货物，承运人应进行抽查，重量不符时应进行处理并向托运人或收货人核收过秤费。

在储运过程中有特殊要求的货物，应在包装上标打包装储运图示标志。对于危险货物，还应在包装上按规定标打危险货物包装标志。对于零担货物，还应在包装上标打货物标记，货签上填写的内容必须与运单相应内容一致。

（2）货物的装车作业。货物装车或卸车的组织工作，在车站公共装卸场所以由承运人负责。有些货物虽在车站公共装卸场所内进行装卸作业，由于在装卸作业中需要特殊的技术或设备、工具，仍由托运人或收货人负责组织。

1）托运人、收货人装卸的范围。除车站公共装卸场所以外进行的装卸作业，装车由托运人、卸车由收货人负责。货物的装卸不论由谁负责，都应在保证安全的条件下，积极组织快装、快卸，昼夜不断地作业，以缩短货车停留时间，加速货物运输。

由托运人装车或收货人卸车的货车，车站应在货车调到前，将调到时间通知托运人或收货人。托运人或收货人在装卸车作业完了，应将装车完了或卸车完了的时间通知车站。托运人、收货人负责组织装卸的货车，超过规定的装卸车时间标准或规定的停留时间标准，承运人向托运人或收货人核收规定的货车使用费。

2）装车的基本要求。

a. 货物重量应均匀分布在车板上，不得超重、偏重和集重。

b. 装载应认真做到轻拿轻放、大不压小、重不压轻，堆码稳妥、紧密、捆绑牢固，在运输中不发生移动、滚动、倒塌或坠落等情况。

c. 使用敞车装载怕湿货物时，应堆码成屋脊形，苫盖好蓬布，并将绳索捆绑牢固。

d. 使用棚车装载货物时，装在车门口的货物，应与车门保持适当距离，以防挤住车门或湿损货物。

e. 使用罐车及敞、平装运货物时，应各按其规定办理。

f. 所装货物需进行加固时，按《铁路货物装载加固规则》的规定办理。

3）装车前的检查。

为保证装车工作质量，使装车工作顺利进行，装车前应做好以下"三检"工作：

a. 检查运单，即检查运单的填记内容是否符合运输要求，有无漏填和错填。

b. 检查待装货物，即根据运单所填记的内容核对待装货物品名、件数、包装，检查标志、标签和货物状态是否符合要求。集装箱还需检查箱体、箱号和封印。

c. 检查货车，即检查货车的技术状态和卫生状态。

通过检查，若发现不符合使用的情况时，应采取适当措施，必要时予以更换。

4）监装（卸）工作。装卸作业前货运员应向装卸工组详细说明货物的品名、性质，布置装卸作业安全注意事项和需要准备的消防器材及安全防护用品，装卸剧毒品应通知公安到场监护。装卸作业时要轻拿轻放，堆码整齐牢固，防止倒塌。要严格按规定的安全作业事项操作，严禁货物倒放、卧装（钢瓶及特殊容器除外）。包装破损的货物不准装车。卸完后应关闭好车门、车窗、盖、阀，整理好货车装备物品和加固材料。

装车后需要施封、苫盖篷布的货车由装车单位进行施封与苫盖篷布。卸完后应关闭好车门、车窗、盖、阀，整理好货车装备物品和加固材料。

5）装车后检查。为保证正确运送货物和行车安全，装车后还需要检查下列内容：

a. 检查车辆装载。主要检查有无超重、偏重、超限现象，装载是否稳妥，捆绑是否牢固，施封是否符合要求，表示牌插挂是否正确。对装载货物的敞车，要检查车门插销、底开门搭扣和篷布苫盖、捆绑情况。

b. 检查运单。检查运单有无误填和漏填，车种、车号和运单记载是否相符。

c. 检查货位。检查货位有无误装或漏装的情况。

（3）货物的途中作业。

1）货运合同变更。主要包括两种情况：一是变更到站。货物已经装车挂运，托运人或收货人可按批向货物所在的中途站或到站提出变更到站。如：邯郸运往渭南的货物在洛阳东站要求变更到宝鸡。为保证液化气体运输安全，液化气体罐车不允许进行运输变更或重新起票办理新到站，如遇特殊情况需要变更或重新起票办理新到站时，需经铁路局批准。二是变更收货人。货物已经装车挂运，托运人或收货人可按批向货物所在的中途站或到站提出变更收货人。

铁路是按计划运输货物的，货运合同变更必然会给铁路运输工作的正常秩序带来一定的影响。所以，对于下列情况承运人不受理货运合同的变更：①违反国家法律、行政法规；②违反物资流向；③违反运输限制；④变更到站后的货物运到期限大于容许运输期限；⑤变更一批货物中的一部分；⑥第二次变更到站的货物。

托运人或收货人要求变更时，应提出领货凭证和货物运输变更要求书，提不出领货凭证时，应提出其他有效证明文件，并在货物运变更要求书内注明。提出领货凭证是为了防止托运人要求铁路办理变更，而原收货人又持领货凭证向铁路要求交付货物的矛盾。

2）货运合同的解除。整车货物和大型集装箱在承运后挂运前，零担和其他型集装箱货物在承运后装车前，托运人可向发站提出取消托运，经承运人同意，货运合同即告解除。

解除合同，发站退还全部运费与押运人乘车费。但特种车使用费和冷藏车回送费不退。此外，还应按规定支付变更手续费、保管费等费用。

3）货运合同变更和解除的处理。托运人或收货人要求变更或解除时，应提出领货凭证和货物运输变更要求书，提不出领货凭证时，应提出其他有效证明文件，即领货凭证以外的能够证明其是运输合同当事人的书面文件，这些文件一般是单位介绍信等，并在货物运输变更要求书内注明。提出领货凭证是为了防止托运人要求铁路办理变更，而原收货人又持领货凭证向铁路要求交付货物的矛盾。

4）运输阻碍的处理。因不可抗力的原因致使行车中断，货物运输发生阻碍时，铁路局对已运的货物，可指示绕路运输。或者在必要时先将货物卸下妥善保管，待恢复运输时再行装车继续运输。因货物性质特殊（如危险货物发生燃烧、爆炸或动物死亡、易腐货物腐烂等）绕路运输或卸下再装，可造成货物损失时，车站应联系托运人或收货人请其在要求的时间内提出处理办法。超过要求时间未接到答复或因等候答复将使货物造成损失时，比照无法交付货物处理，所得剩余价款（缴纳装卸、保管、运输、清扫、洗刷除污费）后，通知托运人领取。

（4）货物的到达领取。

1）自卸货车的交接。为了实现专用线、专用铁路管理的基本要求，根据厂矿要求应签定专用线、专用铁路运输协议。协议的内容包括专用线、专用铁路调车组织方法、装卸作业组织、日班计划的编制和执行、铁路货车在专用线或专用铁路内停留时间标准以及货车、货物和货运用具的交接地点、凭证与方法等。

交接凭证使用"货车调送单"。交接方法：施封的货车、集装箱，凭封印交接；不施封的货车、集装箱凭门窗关闭状态，敞车、砂石车等按货物装载状态和规定标记交接。交接地点，专用线在装卸地点，专用铁路在双方约定的车辆交接线。

2）卸车工作。为使卸车作业顺利进行，防止误卸和确认货物在运输过程中的完整状态，便于划分责任，在卸车时要认真做好检查工作。主要检查货物件数与运单记载是否相符，堆码是否符合要求；卸后货物安全距离是否符合规定等。

a. 货物的暂存。对到达的货物，收货人有义务及时将货物搬出，铁路也有义务提供一定的免费保管期间，以便收货人安排搬运车辆，办理仓储手续。免费保管期间规定为：由承运人组织卸车的货物，收货人应于承运人发出催领通知的次日（不能实行催领通知或会同收货人卸车的货物为卸车的次日）起算，2 天（铁路局规定 1 天的为 1 天）内将货物搬出，不收取保管费。超过此期限未将货物搬出，对其超过的时间核收货物暂存费。

b. 票据交付。收货人持领货凭证和规定的证件到货运室办理货物领取手续，在支付费用和在货票丁联盖章（或签字）后，留下领货凭证，在运单和货票上加盖到站交付日期戳，然后将运单交给收货人，凭此领取货物。如收货人在办理货物领取手续时领货凭证未到或丢失时，机关、企业、团体应提出本单位的证明文件；个人应提出本人居民身份证、工作证（或户口簿）或服务所在单位（或居住单位）出具的证明文件。

货物在运输途中发生的费用（如包装整修费、托运人责任的整理或换装费、货物变更手续等）和到站发生的杂费，在到站应由收货人支付。

c. 现货交付。现货交付即承运人向收货人点交货物。收货人持货运室交回的运单到货物存放地点领取货物，货运员向收货人点交货物完毕后，在运单上加盖"货物交讫"戳记，并记明交付完毕的时间，然后将运单交还给收货人，凭此将货物搬出货场。

在实行整车货物承运前保管的车站，货物交付完毕后，如收货人不能在当日将货物全批搬出车站时，对其剩余部分，按件数和重量承运的货物，可按件数点交车站负责保管；只按重量承运的货物，可向车站声明。

收货人持加盖"货物交讫"的运单将货物搬出货场，门卫对搬出的货物应认真检查品名、件数、交付日期与运单记载是否相符，经确认无误后放行。

5.2.3 水路货物运输业务

1. 水路货物运输的种类

（1）按照距离划分，水运有以下四种形式：

1）沿海运输，是使用船舶通过大陆附近沿海航道运送客货的一种方式，一般使用中、小型船舶。

2）近海运输，是使用船舶通过大陆邻近国家海上航道运送客货的一种运输形式，视航程可使用中型船舶，也可使用小型船舶。

3）远洋运输，是使用船舶跨大洋的长途运输形式，主要依靠运量大的大型船舶。

4）内河运输，是使用船舶在陆地内的江、河、湖泊等水道进行运输的一种方式，主要使用中、小型船舶。

（2）水路运输按其营运方式可分为班轮运输和租船运输两种营运方式。

1）班轮运输。班轮运输是指船舶在特定的航线上按照船期表所进行的货物运输。班轮运输又分为定期班轮和不定期班轮两种。定期班轮严格按照预先公布的船期表运行，船舶到、离港的时间及计划停靠的港口固定不变，是班轮运输的主要形式。不定期班轮根据预先公布的船期表运行，但船舶到港、离港的时间有一定的伸缩性，有固定的始发港、目的港，中途停靠港则视货源情况可能有增减。

班轮运输的货物主要是件杂货，包括工业制品、半成品、食品、工艺品等，与大宗散货相比，批量较小、货物种类多、收发货人数多且分散，不易于组织整船运输。而且这些货物的价值相对较高，并有一定的时间要求，为保证运输质量，对适航船舶的性能也有较高要求。

2）租船运输。租船运输是指船舶出租人（船东）向承租人提供船舶的全部或部分舱位装运约定的货物，从某一港运至另一港，由承租人支付租金的运输方式。它不同于班轮运输，没有预先制订的船期表、航线，也没有固定的停靠港口。船舶的航线、运输货物的种类以及装卸港口等都是根据货主的要求而定，并依据双方签订的租船合同来明确彼此的权利和义务。

租船运输的主要特点是采用租船合同组织运输，出租人与承租人双方首先要签订租船合同，合同条款是双方权利和义务的依据；租船运输的运价，受国际航运市场的行情影响大，一般为双方议价或称市场价，货主难以把握，一般委托货运代理参加洽谈。

租船运输适合大宗的低价值货物运输，如粮食、饲料、矿产品、石油及其制品、农药、化肥、水泥等散杂货整船装运。

2. 班轮运输业务

班轮运输（liner shipping）亦称定期船运输，是指班轮公司将船舶按事先制订的船期表，在特定航线的各挂靠港口之间，为非特定的众多货主提供规则的、反复的货物运输服务，并按价运本的规定记收运费的一种营运方式。其具体流程如下：

(1) 订舱。洽订班轮舱位，可由货主或其代理人以电话或传真形式向船公司（也称货运代理）提出货物托运申请，填写托运单（也称订舱委托书）递送船公司作为订舱依据。船公司收到托运单后，审核托运单，确定委托费用和运杂费，待订妥了装运船舶后，将全套装货单交给货主填写，将托运单的配舱回单（装货单）退回。然后由船公司代表货主作为托运人向外轮代理公司（也称船代）办理托运手续。

(2) 备货交接。货主应在接到装货通知之前，办妥出口货物的包装、刷唛、报关、报验、投保、纳税等工作，并取得海关放行证，在规定的时间内将符合装船条件的货物运到承运人指定的港区仓库或货场。由承运人委托的港口理货和装卸代理，负责出口货物入库的验收、装卸搬运作业。仓库核对进场货物与装货单证无误后，签发场站收据给托运人。

(3) 装船换单。承运人在班轮进港之前编制完装船计划，待班轮进港后按照装船计划装船。托运人凭经签署的站场收据换取由船长或大副签收的收货单，亦称大副收据，表明货物已装船。托运人凭收货单向外轮代理公司交付运费，并凭缴款单据换取正式提单。托运手续全部办理完毕后，速将有关货运提单和其他单证寄收货人备查提货。

(4) 海上运输。海上运输中承运人对装在船内的货物负有保管、照料及安全抵达目的港的责任和义务。起航后电告到达港卸货代理人，通报到达时间和货物装载信息。

(5) 到港卸货交付。卸货港的货运代理人根据船舶发来的到港电报、编制有关单证、约定泊位，约定装卸代理准备卸船，同时通知收货人做好接收货物的准备。船舶到港，货物一般集中卸在当地海关监管仓库或指定地点，等待海关和商检部门查验放行。对于鲜活货物也可在船边交货。收货人或其代理，根据货物到港通知立即到海关办妥货物的报关、报检手续，连同装船提单交给卸货港代理人。卸货代理审核无误后，收货人付清应付的费用后，签发提货单给收货人。收货人凭提货单前往码头仓库提货，并与之办理交接手续。

3. 租船运输业务

国际租船运输业务一般在航运交易市场或租船代理公司自愿平等进行。航运交易市场是船舶承租人和出租人进行船舶租赁活动的交易场所。通常设在世界上货主和船东汇集、外贸与运输繁荣发达的地方。当前国际上主要的航运交易市场有伦敦、纽约、东京、奥斯陆、汉堡、鹿特丹、中国香港、上海等。国际上的租船业务几乎都是通过租船经纪人来进行的。租船经纪人熟悉租船市场行情，精通租船实务，在整个租船过程中起桥梁或中间人的作用，对顺利开展租船业务至关重要。

(1) 租船运输业务分类。租船运输根据货物运输的需要主要分为航次租船、定期租船和光船租赁三种方式。

1) 航次租船是指出租人所供的船舶在特定的港口之间完成承租人一个或数个航次的货物运输。承租人除负担运费、滞期费等，其他一切营运费和管理费均由船东负责清缴。

2) 定期租船是指出租人提供船舶给承租人使用一个时期，由承租人支付租金，并负责安排船舶调度和经营管理。而船东负责船员的工资、给养和船舶航行与维修费用。

3) 光船租赁是指出租人只提供船舶，不提供船员，由承租人自己配备船员，负责经营管理，承担一切风险和营运费用。

(2) 租船业务。租船业务流程主要包括询盘、报盘、还盘、接受和签订租船合同等五个环节。

1) 询盘。通常由承租人以期望条件，通过租船经纪人寻求租用所需要的船舶，即货求船。

询盘一般采用电报或电传的形式，向船舶代理通告需要承租的船舶类型和装运输货物种类、数量、装运港、装运期限、租船方式以及租船租金等事项。询盘也可由出租人通过船舶经纪人向航运交易市场发出求货载信息，即为船求货。

2）报盘。报盘也称报价或发盘，是出租人对承租人询价的回应。若是船舶所有人先提出的询盘，则报盘人是承租人。报盘又分实盘和虚盘。实盘为报盘条件不可改变，并附加时效的硬性报价；虚盘则是可磋商、修改的报价。报盘内容主要是关于租金的水平、选用的租船合同范本及范本条款的修改和补充等。

3）还盘。还盘是询价双方通过平等谈判、协商、讨价还价的过程。

4）接受。通过双方的谈判，最后达成一致意见即可成交。成交后交易双方当事人应签署一份"订租确认书"，就商谈租船过程中双方承诺的主要条件予以确认，对于细节问题还可进一步商讨。

5）签订租船合同。签订确认书只是一种意向合同，正式租船合同要按租船合同范本予以规范，进行编制，明确租船双方的权利和义务，双方当事人签署后即可生效。之后，哪一方提出更改或撤销等异议，造成的损失由违约方承担。

租船运输合同正式签订以后，船舶所有人就可按照合同的要求，安排船舶投入营运。

有时由于货主急于求船或船东急于求货，使租船流程变得简单、直接。承租人询盘过程省略，直接进入还盘，提出的承租条件需船东当场决定是否成交，经过紧急磋商达成共识。这种情况下的成交，可能造成某一方付出的代价较大。

租船业务中，租船经纪人代表各自委托人（或代表双方）洽谈租船业务，代为签约，可迅速有效地促成租船业务的成交，减少船东或租船人大量的事务性工作，减少了租约中的责任风险，协调了租船市场的正常运营。租船业务成交后，由船东付运费的1.25%～2.5%给经纪人作为佣金。

（3）标准租船合同范本。为了简化签订租船合同的手续，加快签约的进程和节省为签订租船合同而发生的费用，也为了能通过在合同中列入一些对自己有利的条款，以维护自己一方的利益，在国际航运市场上，一些航运垄断集团、大的船公司或货主垄断组织，先后编制了供租船双方选用、作为洽商合同条款基础的租船合同范本。租船合同范本的种类很多，标准航次租船合同代表范本是"金康"（GENCON），定期租船合同代表范本有"纽约土产"（NYPE），光船租船合同代表范本有"光租"（BARECON）等。

5.2.4 航空货物运输业务

1. 航空货物运输种类

（1）班机运输（Scheduled Air-Line）。班机是指定期开航的、定航线、定始发站、定目的港、定途经站的飞机。一般航空公司都使用客货混合型飞机（Combination Carrier），一方面搭载旅客，一方面又运送少量货物。但一些较大的航空公司在一些航线上开辟定期的货运航班，使用全货机（All Cargo Carrier）运输。班机运输特点：

1）班机由于固定航线、固定停靠港和定期开飞航，因此国际间货物流通多使用班机运输方式，能安全迅速地到达世界上各通航地点。

2）便利收、发货人可确切掌握货物起运和到达的时间，这对市场上急需的商品、鲜活易腐货物以及贵重商品的运送是非常有利的。

3）班机运输一般是客货混载，因此，舱位有限，不能使大批量的货物及时出运，往往需要分期分批运输。这是班机运输不足之处。

（2）包机运输（Chartered Carrier）。分整包机与部分包机两种：

1）整包机。即包租整架飞机，指航空公司按照与租机人事先约定的条件及费用，将整架飞机租给包机人，从一个或几个航空港装运货物至目的地。包机人一般要在货物装运前一个月与航空公司联系，以便航空公司安排运载和向起降机场及有关政府部门申请、办理过境或入境的有关手续。

包机的费用：一次一议，随国际市场供求情况变化。原则上包机运费是按每一飞行公里固定费率核收费用，并按每一飞行公里费用的 80%收取空放费。因此，大批量货物使用包机时，均要争取来回程都有货载，这样费用比较低。只使用单程，运费比较高。

2）部分包机。由几家航空货运公司或发货人联合包租一架飞机或者由航空公司把一架飞机的舱位分别卖给几家航空货运公司装载货物。适用于托运不足一架整飞机舱位。但货量又较重的货物运输。

（3）集中托运（Consolidation）。由空运货代公司将若干单独发货人的货物集中起来组成一整批货物，由其各航空公司托运到同一到站，货到国外后由到站地的空运代理办理收货、报关并分拨给各个实际收货人。

（4）陆空联运（TAT Combined Transport）。陆空联运是火车、飞机和卡车的联合运输方式。简称 TAT（Train-Air-Truck），或火车、飞机的联合运输方式，简称 TA（Train-Air）。

我国空运出口货物通常采用陆空联运方式。是因为我国幅员辽阔，而国际航空港口岸主要有北京、上海、广州等。虽然省会城市和一些主要城市每天都有班机飞往上海、北京、广州，但班机所带货量有限，费用比较高。如果采用国内包机，费用更贵。因此在货量较大的情况下，往往采用陆运至航空口岸，再与国际航班衔接。由于汽车具有机动灵活的特点，在运送时间上更可掌握主动，因此一般都采用"TAT"方式组织出运。

（5）急件传递（Air Express）。不同于一般的航空邮寄和航空货运，它是由专门经营这项业务的公司与航空公司合作，设专人用最快的速度在货主、机场、用户之间进行传递。目前是由快递公司办理。通常用于样品、目录、宣传资料、书籍报刊之类的空运快递业务，由国内空运代理委托国外代理办理报关、提取、转送和送交收货人。

2. 航空货物的出口运输代理业务程序

航空货运的出口程序是指航空货运公司从发货人手中接货到将货物交给航空公司承运这一过程的手续以及必备的单证。

（1）托运受理。托运人即发货人。发货人在货物出口地寻找合适的航空货运公司，为其代理空运订舱、报关、托运业务；航空货运公司根据自己的业务范围，服务项目等接受托运人委托，并要求其填制航空货物托运书，以此作为委托与接受委托的依据，托运人应对托运书上所填内容及所提供与运输有关运输文件的正确性和完备性负责。

（2）订舱。航空货运公司根据发货人的要求及货物本身的特点（一般来说，非紧急的一般货物可以不预先订舱），填写民航部门要求的订舱单，注明货物的名称、体积、质量、件数、目的港、时间等，要求航空公司根据实际情况安排航班和舱位，也就是航空货运公司向航空公司申请运输并预订舱位。

（3）货主备货。航空公司根据航空货运公司填写的订舱单安排航班和舱位，并由航空货运公司及时通知发货人备单、备货。

（4）接单提货。代理人在收运国际货物时，应认真完成下列程序：

1）重点检查。

a. 货物内容：了解托运人所交运的货物是否属于特定条件下运输的货物。凡中国及有关国际政府和空运企业规定禁运和不承运的货物，不得接受。

b. 目的地：代理人应了解托运人所交货物是否系通航地点，如目的地无航站时，可建议托运人将货物到达站改为离目的地最近的通航地点，但收货人栏内仍须填货物的目的地。

c. 货物的包装和体积：代理人在收运货物时，应检查货物的包装情况和货物的尺寸。对于包装不牢，过于简陋以及带有旧标志的包装，应要求托运人重新包装。另外应检查货物的体积是否符合所装载机型的要求，对于联程货物，则应考虑其中转航站所使用的机型。

d. 海关手续：检查货物的报关手续是否齐备。

如要求代理人代理报关，要求发货人提供相关报关单证，主要有报关单、合同副本、商检证明、出口许可证、出口收汇核销单、配额许可证、登记手册、正本的装箱单、发票等。

2）托运书上有关各栏的检查。上述四点均符合要求时，请托运人填写托运书，代理人应着重检查以下栏目：

a. 货物品名栏：检查货物品名栏内的品名是否填写得过于笼统，如"鱼罐头"不应笼统地填写为"食品"。另外应检查托运人所填写的货物尺寸是否注明计量单位，对于危险物品，则应要求注明其专用名称和包装级别。

b. 收货人姓名和地址栏：代理人应了解收货人所在城市名称是否属于不同国家中的重名城市，遇有此种情况时，必须要求加上国名，运往美国的货物还应加上州名。本栏不得出现"TO Order"字样，因为航空货运单不能转让。

c. 托运人签字栏：检查托运人签字栏内是否有托运人的签字。

3）对货物进行称重和量尺寸。代理人对货物应进行称重和量尺寸，以便计算出计费重量。如托运人自己将货物重量填入栏内时，代理人必须进行复核。

4）计算运费。在计算运费前，必须准确地确定费率，计算完运费后，必须进行复核。

（5）缮制单证。航空货运公司审核托运人提供的单证，绘制报关单，报海关初审。缮制航空货运单，并将收货人提供的货物随行单据订在运单的后面；如果是集中托运的货物，要制作集中托运清单、航空分运单，一并装入一个信袋，订在运单后面。

（6）报关。持缮制完的航空运单、报关单、装箱单、发票等相关单证到海关报关放行。海关将在报关单、运单正本、出口收汇核销单上盖放行章，并在出口产品退税的单据上盖验讫章。

（7）货交航空公司。将盖有海关放行章的航空运单与货物一起交给航空公司，由其安排航空运输，随附航空运单正本、发票、装箱单、产地证明、品质鉴定书等，航空公司验收单、货无误，在交接单上签字。

（8）信息传递。货物发出后，航空货运公司及时通知国外代理收货。通知内容包括航班号、运单号、品名、数量、质量、收货人的有关资料等。

（9）费用结算。费用结算主要涉及航空货运公司、承运人和国外代理三个方面与发货人的结算，即向发货人收取航空运费、地面运费及各种手续费、服务费，向承运人支付航空运费并向其收取佣金，可按协议与国外代理结算到付运费及利润分成。

3. 航空货物的进口运输代理业务程序

航空货物进口程序是指航空货物从入境到提取或转运和整个过程中所需通过的环节、所需办理的手续以及必备的单证。航空货物入境后，要经过各个环节才能提出海关监管场所，而每经过一道环节都要办理一定的手续，同时，出具相关的单证。

（1）到货。航空货物入境后，即处于海关监管之下，货物存在海关监管仓库内。同时，航空公司根据运单上的发货人发出到货通知。若运单上的第一收货人是航空货运公司，则航空公司会把有关货物运输单据交给航空货运公司。

（2）分类整理。航空货运公司在取得航空运单后，根据自己的习惯进行分类整理，对集中托运货物和单票货物、运费预付和运费到付货物应区分开来。集中托运货物需对总运单项下的货物进行分拨，按每一分运单的货物分别处理。分类整理后，航空货运公司编上公司内部的编号，以便于用户查询和内部统计。

（3）到货通知。航空货运公司根据收货人资料寄发到货通知，催促其速办报关、提货手续。

（4）缮制单证。根据运单、发票及证明货物合法进口有关批文缮制报关单，并在报关单的右下角加盖报关单位的报关专用章。

（5）报关。将制作好的报关单连同正本的货物装箱单、发票、运单等递交海关，向海关提出办理进口货物报关手续。海关经过初审、审单、征税等环节后，放行货物。只有经过海关放行后的货物才能提出海关监管场所。

（6）提货。凭借盖有海关放行章的正本运单到海关监管场所提取货物并送货给收货人，收货人也可自行提货。

（7）费用结算。货主或委托人在收货时，应结清各种费用。

5.2.5 管道货物运输业务

管道运输的关键问题是在管道运行过程中利用技术手段对管道运输实行统一的指挥和调度，以保证管道在最优化状态下长期安全而平稳的运行，从而获得最佳经济效益。

1. 管道输送计划管理

根据管道所承担的运输任务和管道设备状况编制合理的运行计划，以便有计划地进行生产。管道输送计划管理首先是编制管道输送的年度计划，根据年度计划安排管道输送的月计划、批次计划、周期计划等。然后根据这些计划安排管道全线的运行计划，编制管道站、库的输入和输出计划，以及分输和配气计划。另一方面，根据输送任务和管道设备状况，编制设备维护检修计划和辅助系统作业计划。

2. 管道输送技术管理

根据管道输送的货物特性，确定输送方式、工艺流程和管道运行的基本参数等，以实现管道生产最优化。管道输送技术管理的内容包括随时检测管道运行状况参数，分析输送条件的变化，采取各种适当的控制和调节措施调整运行参数，以充分发挥输送设备的效能，尽可能地减少能耗。对输送过程中出现的技术问题，要随时予以解决或提出来研究。管道输送技术管理和管道输送计划管理都是通过管道的日常调度工作来实现的。

3. 管道输送设备管理

对管道站、库的设备进行维护和修理，以保证管道的正常运行。管理的内容主要包括：

对设备状况进行分级、登记；记录各种设备的运行状况；制订设备日常维修和大修计划；改造和更新陈旧、低效能的设备；保养在线设备。

4. 管道线路管理

对管道线路进行管理，以防止线路受到自然灾害或其他因素的破坏。管理内容主要包括：日常的巡线检查；线路构筑物和穿越、跨越工程设施的维修；管道防腐层的检漏和维修；管子的渗漏检查和维修；清管作业和管道沿线的放气、排液作业；管道线路设备的改造和更换；管道线路的抗震管理；管道紧急抢修工程的组织等。

5. 管道运输安全管理

安全生产管理是企业管理的重要组成部分，是企业生存的根本。安全生产管理是保证生产正常进行，防止发生伤亡事故，确保安全生产而采取的各种对策、方针和行动的总称。它要管理好人、物和环境。安全生产管理同样存在计划、实施、检查、处理循环。

5.3 运输管理概述

5.3.1 运输质量管理

运输质量的好坏意义重大，它不仅对物流企业自身有影响，而且对全社会也有重大影响。各种运输方式的质量管理内容虽然不尽相同，但对其要求却是一致的。

管理机构进行货运质量管理的主要任务是制定道路货物运输质量管理规章制度和办法，组织、指导、考核、监督全行业货运质量管理工作，处理货运质量纠纷，使全行业的货物运输达到安全优质、准确及时、经济方便、热情周到、完好送达、用户满意的目的。

1. 公路货物运输质量考核指标

货物运输质量事故是指货物从托运方起，至承运方将货物交收单位签证止的承运责任期内，发生的货物丢失、短少、变质、污染、损坏、误期、错运以及由于失职、借故刁难、敲诈勒索而造成的不良影响或经济损失。公路货物运输质量考核指标主要有以下几项内容：

（1）货运质量事故的分类。按货运质量事故造成货物损失金额不同划分，有以下几种类别：

1）重大事故，即货损金额在 3000 元以上的运输质量事故，以及经省级有关部门鉴证为珍贵、尖端、保密物品在运输过程中发生灭失、损坏的事故。

2）大事故，即货损金额在 500 元以上至 3000 元的货运质量事故。

3）一般事故，即货损金额在 50 元以上至 500 元的货运质量事故。

4）小事故，即货损金额在 20 元以上至 50 元的货运质量事故。

此外，货损金额在 20 元以下的货运质量事故不做事故统计上报，但企业要进行内部记录和处理。

【小思考 5-2】

如何看待公路货物运输的超载问题？

（2）货运质量事故考核指标和标准。目前，我国汽车货物运输质量考核的指标和标准主要是：

1）重大货运质量事故次数。国家要求汽车运输经营户杜绝发生重大货运质量事故。

2）货运质量事故频率。指每完成百万吨公里发生货运质量事故次数。事故次数以一车一次为计算单位，全国平均考核标准一般为每百万吨公里 0.7 次。其计算公式为：

$$货运质量事故频率=(货运质量事故/完成货运周转量)\times100\%$$

3）货损率。指运输统计报告期内，发生货运质量事故造成货损吨数占货运总吨数的比例。其计算公式为：

$$货损率=(货运吨数/货运总吨数)\times100\%$$

4）货差率。指运输统计报告期内，发生货运质量事故造成货差货物的吨数占货运总吨数的比例。其计算公式为：

$$货差率=(货差吨数/货运总吨数)\times100\%$$

5）货运质量事故赔偿率。指运输统计报告期内，发生货运质量事故所赔偿的金额占货运总收入金额的比例。其计算公式为：

$$货运质量赔偿率=(质量事故赔偿金额/货运总收入金额)\times100\%$$

6）完成运时及时率。指运输统计报告期内，按托运要求的时间完成的货运吨数占完成货运总吨数的比例。完成运量及时率考核标准国家暂不作统一规定，由各地根据实际情况自定标准。其计算公式为：

$$完成运量及时率=(按规定要求的时间完成吨数/完成货运总吨数)\times100\%$$

2. 水路货物运输质量考核指标

本标准适用于从事营业性内、外贸货物运输及相关的港口装卸、储存、驳运等作业的企业、单位和个体联户。

（1）水路货物运输重大事故认定标准。发生以下任何一种事故，皆为重大货运事故：

1）内贸货物每一运单的货物损失赔偿金额达 30 万元以上或外贸货物每一提单的货物损失金额达 250 万元以上的货运事故（一票整船货物除外）。

2）同一事故或同一航次内涉及一票以上的内贸货物的货物损失赔偿金额达 200 万元以上或外贸货物的货物损失赔偿金额达 500 万元以上的货运事故。

发生重大货运事故，应在事故发生后两个工作日内，上报行业主管部门。

（2）货运质量考核指标。

1）无重大货运事故。

2）货物赔偿率不得超过千分之十。

5.3.2 运输价格管理

【小案例 5-2】

有待关注的汽车货运价格

汽车货运是简单劳动，准入门槛较低，导致汽车货运市场竞争激烈。市场运量的过剩，经营者往往用运价差别来招徕货主，而运价恰是承运商与货主的利益矛盾所在。虽然价格早已由市场调节，但由于竞争激烈，加之诸多客观因素，导致目前货运价格混乱。一些不规范竞争者想方设法超载，用低价同正规承运商竞争。有鉴于此，加大打击非法运输的力度，净化运输市场，维护正规汽车货运商的利益是政府相关部门应着力解决的一个问题。

【资料来源：根据网络资料整理编写】

运输价格是运输企业对特定货物或旅客所提供的运输劳务的价钱。它是运输业借以计算和取得运输收入的根本依据。运输价格的高低直接关系到运输企业的收入水平。同时，货物运输价格又是物流总成本中的有机组成部分，它的高低也会影响企业的生产经营决策。

1. 运输价格的特点

（1）是一种劳务价格。运输价格是运输劳务产品价格，只有销售价格这一种表现形式。同时，由于运输产品的不可储存性，因此，当运输需求发生变化时，只能靠调整运输能力来达到运输供求的平衡，而在现实中，运输能力的调整一般具有滞后性，故运输价格因供求关系而产生波动的幅度往往比一般有形商品大。

（2）是商品销售价格的组成部分。在外贸进、出口货物中，班轮货物的运价占商品价格的比率为 1.1%~28.4%，大宗而价廉货物的比率可达到 30%~50%。由此可见，货物运价的高低直接影响商品的销售价乃至实际成交与否。

（3）具有按不同运输距离或不同航线而有所区别的特点。距离运价是我国沿海、内河、铁路、公路运输中普遍采用的一种运价形式，而航线运价广泛地使用于远洋运输和航空运输中。

（4）具有比较复杂的比价关系。因不同运输方式或运输工具会使所运货物在时间、速度等因素上有差别，而这些差别均会影响到运输成本和供求关系，所以，必然会在价格上有所反映。

2. 运输价格的种类

运输价格可按不同运输对象、不同运输方式以及多种运输方式的联合等划分为若干种类。

（1）按货物运输价格的适用范围划分，有国内货物运输价格和国际货物运输价格。

国内货物运价又区分为交通部直属运输企业适用的货物运价和地方运输企业所适用的货物运价。

国际货物运价按其适用范围主要有两种，一是班轮公司运价。如中国远洋（集团）公司制订的运价表、中波轮船股份有限公司制定时运价表。二是双边运价。是货方向船方协商制订的货运价格，如《中国对外贸易运输公司第三号运价表》是中国外运公司代表货方同船方商定的，凡经外运公司承办的我国进出口货物，除少数外国班轮公司运输的货物外，均可适用。

（2）按对货物运输价格的管理方式划分，有国家定价、国家指导价、市场调节价三种。国家定价如我国对国有铁路货物运输、承路、公路运输中的救灾货运输、航空运输中的公布货运输等均实行国家定价；交通部直属企业的计划内货物实行国家指导价；除以上两种情况以外均实行市场调节价。

（3）按运输货物种类划分，有普通货物运价、危险货物运价、冷藏货物运价和集装箱货物运价四种。在普通货物运价中，一般又按其不同的运输条件和货物本身价值高低等因素划分为 10 个等级，铁路《货物运价分类表》中将货物分为大类 146 项，共规定了 17 个运价号。

（4）按货物批量大小划分，有整批货物运价、零担货物运价。按规定零担货物运价要高于整批货物运价。铁路、公路货物的整批或零担的认定，以一次托运量是否能装满一整车（车辆或车厢）为标准，能装满整车的为整批货，否则为零担货。

（5）按不同运输方式划分，有水路货物运输价格、铁路货物运输价格、公路货物运输价格、航空货物运输价格、管道货物运输价格和货物联运运价。

3. 运输价格形成因素

形成运输价格的因素主要有运输成本、运输供求关系、运输市场结构模式、国家有关经济政策以及各种运输方式之间的竞争等。

（1）运输成本。运输成本是运输企业在进行运输生产过程中发生的各种耗费的总和，在正常情况下，运输企业为有抵偿运输成本而不至于亏本并能扩大再生产，则要求运输价格不低于运输成本。

（2）供求关系。运输供给和需求对运输市场价格的调节，通常是由于供求数量不同程度的增长或减少引起的。为分析方便，我们假定其中一个量不变为前提来讨论运输市场价格的影响：一是当运输需求不变，供给发生变化对运输市场价格的影响；二是运输供给不变，需求发生变化对运输市场价格的影响。

（3）市场结构模式。依据运输市场的竞争程度，其市场结构可大体分为以下四种类型：

1）完全竞争运输市场。完全竞争运输市场指运输企业和货主对运输市场价格均不能产生任何影响的市场。此种市场上，运输企业和货主都只能是运输价格的接受者，运输价格完全由供求关系决定。在现实中，虽然并不存在这种市场，但基本具备该市场条件的是海运中的不定期市场。

2）完全垄断运输市场。完全垄断运输市场指某一运输市场完全被一个或少数几个运输企业所垄断和控制。在这种市场上，垄断企业有完全自由的定价权，它们可通过垄断价格，获得高额利润。在现实中，完全垄断运输市场并不存在。但我国铁路运输因由国家独立经营，对铁路运输货物实行指令性价格，所以具有垄断运输市场的性质。但是，我国铁路运输货物实行所谓的"垄断价格"，其出发点并不是获得高额利润，而主要是从运输成本、运输供求关系、国家经济政策等因素来定价。同一般定义上的以获取最大利润为目的的"垄断价格"有很大程度上的区别。

3）垄断竞争运输市场。垄断竞争运输市场指既有独占倾向又有竞争成分的市场。我国沿海、内河以及公路运输市场基本上属于这一类型。这种市场的主要特点是同类运输产品，在市场上有较多的提供者，市场竞争激烈；新加入运输市场比较容易；不同运输企业提供的运输产品在质量上有较大差异，而某些运输企业由于存在优势而产生了一定的垄断性。

4）寡头垄断运输市场。寡头垄断运输市场指某种产品的绝大部分由少数几家运输企业垄断的市场。在这种市场中，运输价格主要不是由市场供求关系决定，而是由几家大企业通过协议或某种默契规定的。海运中的班轮运输市场是较为典型的寡头垄断市场。

（4）各种运输方式之间的竞争。影响运输价格水平的竞争因素有：运输速度、货物的完好程度以及是否能实现"门到门"运输等。以运输速度为例，若相同起讫地的货物可采用两种不同运输方式，运输速度较慢的运输方式只能实行较低的运价。这是因为，就货主而言，它增加了流动资金的占用和因货物逾期丧失市场机会造成的市场销售损失。与运输速度较快的那种运输方式相比，其理论降价幅度为上述两项费用之和。

（5）国家经济政策。国家对运输业实行的税收政策、信贷政策、投资政策等均会直接或间接地影响运输价格水平，长期以来，国家为扶植运输业，在以上诸方面均实行优惠政策。例如，目前国家对运输业所征营业税是第三产业中最低的，其税率为3%。而税金是包含在运输价格中的，如果营业税率降低，在运输成本和利润不变的情况下，运输价格可随之降低。因此，目前国家对运输业实行的优惠税率政策有利于稳定运输价格并促进运输业的发展。

4. 运输价格的结构形式

运价的结构形式，是指按货物运输距离的差别制订的运价或按不同运输线路制订的运价。一般将前者称为距离运价或里程运价形式，后者称为线路运价或航线运价形式。

(1) 距离运价。距离运价又可以分为均衡里程运价和递远递减运价两种形式。

1) 均衡里程运价。均衡里程运价指对同一货种而言，货物运价率（即每吨货物运价）的增加与运输距离的增加成正比关系，也即每吨公里运价不论其运输距离的长短均为一不变值。如公路货物运价就是采取的这种均衡里程运价形式。之所以采用均衡里程运价形式，主要是因为公路货物运输成本的变化与运输距离的变化有其内在的联系，也即其运输成本的增加（或减少）与运输距离的增加（或减少）基本上成正比，因此，采用均衡里程运价形式能较好地反映运输成本的变化。

2) 递远递减运价。递远递减运价指对同一货种而言，每吨货物运价虽然随运输距离的增加而相应增加，但并不成正比增加，致使每吨公里货物运价随运输距离的增加而逐渐降低。所谓"递远递减"，是针对每吨公里运价随运输距离增加而相应减少而言的。递远递减运价被广泛使用于我国水路运输（包括沿海和内河）和铁路运输中。

(2) 线路运价。线路运价指按运输线路或航线不同分别制定不同的货物运价。它被广泛使用于国际海运和航空货物运输中。以运输成本为基础的距离运价有时在实际中无法实施。因为国际海运和航空运输线路一般都较长，而每条线路的自然条件和运输条件千差万别，即使运输距离相同，其发生的运输成本也会有很大差别，例如北大西洋航线与太平洋航线的船舶运输显然不能相提并论。此外，各线路的运输供求关系、竞争状况以及社会、政治环境等也各不相同，因此只有按不同线路（或航线）分别确定运价才更符合实际情况。

综上所述，从理论上看，无论何种运输方式只有采用线路运价的形式才比较符合运输价格的形成规律。但在实际操作中，由于港、站的密度大，加之货种复杂，为简化运价的制定和运费的计算，目前在我国水路、公路、铁路运输中采用距离运价有其合理性一面，但对航区或运输区域的划分应予以改进和完善。例如，公路应取消按省（市）划分运输区域的定价方法，而改为按平原地区、丘陵地区、高原地区分别定价更为适当。

【小思考 5-3】

运输企业的竞争主要表现在哪几个方面？

5.3.3 运输单证

运输运作必然涉及一定的运输单证，其中最主要的单证包括：提单、运单、运费清单、货物清单等。货物运输所涉及的单证因其所使用的运输方式而异。

(1) 海运单证。海运中使用的单证主要包括：提单或海运单、舱单、装货单、提货单、大副收据等。

提单（Bill of Lading，B/L）是普遍用于海上货物运输的基本单证，它是装运货物的收据和货物运输合同的证明，是承运人据以交付货物的单证，也是货物发生灭失、损坏或延误时的索赔证明。提单通常包含货物、运输当事人、航次等方面的信息，提单背面的条款还规定了承、托双方的权利义务。提单按照不同的分类方法可分为许多种，例如，按是否装船可分为已装船提单和备运提单；按提单抬头不同可分为记名提单、指示提单、不记名提单。

海运单是海运界新兴的一种单证，它是发货人和承运人之间的货物运输合同的凭证，是替代传统提单的一种不可转让的运输单证。指定的收货人只需提供表明身份的证据即可提取货物。

舱单包括货物舱单和运费舱单。前者汇总所有已装船货物，后者提供关于货物运费的情况。

装货单是承运人或代理在接受托运人提出的托运申请后，签发给托运人或代理的证明，又是海关监管进出口货物的单证，还是通知码头仓库或船长将货物装船的命令。

提货单是由承运人或其代理签发给收货人或代理人使其能够提取货物的单证。

大副收据是由承运船舶的大副签发给托运人的货物收据，是划分承托双方责任权利的重要依据，也是据以换取已装船提单的单证，也称作"收货单"。

（2）公路运输。公路运输中，主要使用发货单和货物委托书。发货单是据以计算运费的依据和承运人与发货人之间合同的证明。货物委托书是承运货物的收据和发货人与承运人之间的运输合同，表明承运人按统一规定的条款和条件运送发货人提供的货物。

（3）铁路运输。铁路运输中，主要使用发货单和铁路收据。与公路运输类似，发货单也是发货人和铁路承运人之间的合同。铁路收据是铁路接收货物并称重、添加标志、装载货物后，交给发货人的凭证。在国际铁路联运中使用国际铁路联运运单作为发货人与承运人之间的运输合同。

（4）航空运输。空运中使用的单证主要有空运单（Airway Bill）、危险品申报单、活动物证明书、军用物资证明书等。

其中最重要的是空运单。一般航空公司都采用 IATA 的标准格式，格式主要分两种，一种供国内航线使用，一种供国际航线使用。由托运人填写，一式多份，托运人保留一份，一份交航空公司，另一份随货同行，是发货人与承运人双方的运输合同，又是承运人收到货物在良好条件下装运的收据，还可用作账单或发票，作为保险和清关使用的单证。与海运中使用的提单（Bill of Lading）不同，航空运单不可转让，也不可作为交付凭证。

（5）其他单证。除上述各种运输方式专门使用的单证以外，在国际运输过程中，为简化手续，国际货运代理协会联合会（FIATA）和国际商会（ICC）等组织推荐使用一种联合单证，用以代替上述各种专门用途的单证。

随着电子计算机技术和国际互联网络的发展，电子信息交换（EDI）系统的运用日益普遍。运输单据也开始向电子化转变，电子提单等一系列电子化单证逐渐出现，为实现电子商务和无纸化物流运作奠定了基础，从而为国际商务和交流提供更为顺畅的渠道。各国、各地包括联合国等国际组织都在致力于电子单证的研究工作，小范围的使用也正悄然进行，可以预见，在不久的将来，电子运输单证的使用会越来越普遍。

5.3.4 运输成本控制

1. 影响物流运输成本的因素

影响物流运输成本的因素很多，主要涉及三个方面，即产品特征、运输特征和市场特征。尽管这些特征并不一定都是运费表上的组成项目，但是在承运人制订运输费率时，必须对其认真考虑。

（1）产品特征。涉及产品特征的三个因素，即产品密度、产品的可靠性和产品的装载性能，会影响物流运输成本。

1）产品密度。产品密度是指产品的重量和体积之比，它把重量和空间方面的因素结合起来考虑。产品密度影响运输成本的原因是运输成本通常表示为每单位重量所花费的数额，例如每吨金额数等。然而，在重量和空间方面，对运输工具来讲，通常受空间的限制比受重量的限制要大，如，单独的一辆运输车辆，一旦装满，就不可能再增加重量。因此，在计算运输成本时，必须考虑产品的密度。图 5-2 说明每单位重量的运输成本随产品密度的增加而下降的关系。

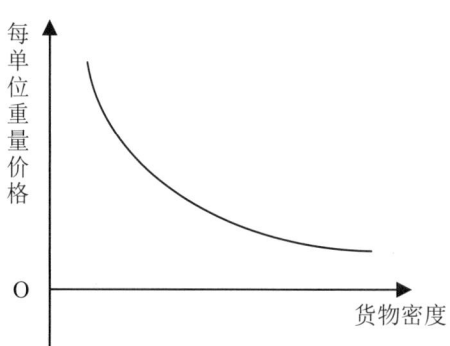

图 5-2　产品密度与运输成本之间的关系

【小思考 5-4】

远洋运价表中以"W/M"字母表示：按货物的毛重或体积计收运费，计收时取其数量较高者。请问这种计价标准的制定与产品的哪种特征相关？

2）产品的稳定性。运输途中，有可能发生货物丢失、货物变质，甚至出现事故。承运人既要考虑产品自身的价值，还要考虑货物的稳定性，即货物的易损坏性、易腐性、易盗性、易自燃性或自爆性等。通常，产品的稳定性越低，承运人承担的责任越大，需要的运输费用也就越高。

3）产品的装载性。产品的装载性是货物的具体尺寸及其对运输工具的空间利用程度的影响。由于某些货物具有不规则的尺寸和形状，以及超重或超长等特征，使其不能很好地被装载。如谷类、矿石及石油等可以完全地装满容器，能很好地利用空间；而机械设备等的空间利用程度则不高。

（2）运输特征。

1）货物的输送距离。货物的输送距离是影响运输成本的主要因素，它直接对劳动、燃料和维修保养等变动成本发生作用。图 5-3 显示了距离和成本的一般关系。当运距为零时，总成本为固定成本，由于固定成本与运距无关，即使没有发生运输活动，这些费用也发生。随着运输距离的增加，运输总成本随之增加，但单位总成本随之减少，主要原因是固定成本及搬运装卸等费用的分摊随运输距离的增加而递减。这也称为运输成本的递远递减特性。

2）运输量。大多数运输活动中存在着规模经济，运输量的大小也会影响运输成本。载重量与运输成本之间的关系如图 5-4 所示，它说明了每单位重量的运输成本会随运输量增加而减少。这是因为固定成本及搬运装卸等费用的分摊可以随运输量的增加而递减。但是，这种关系受到运输工具（如卡车）最大尺寸的限制，一旦该车满载，对下一辆车会重复这种关系。这种关系对管理部门的启示是，小批量的载货应整合成更大的载货量，以利用规模经济。

（3）市场特征。市场特征对运输成本的影响主要反映在三个方面。

第一是竞争因素，即同种运输方式间的竞争、不同种运输方式间的竞争会对运输成本产生影响。例如，铁路、水路、航空及海运之间长期以来都存在不同程度的竞争，有时为了赢得市场份额，会提供一些不同的价格策略或优惠措施等。

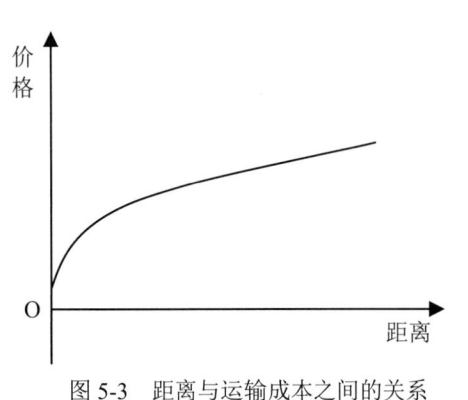

图 5-3　距离与运输成本之间的关系　　图 5-4　重量和运输成本之间的关系

第二是运输的季节性，即旺季和淡季会导致运输费率及运输成本的变化。例如，飞机票的平时价格和春运、黄金周期间的价格相差较大等。

三是运输的方向性，即运输流量的不平衡会导致运输成本的变化。据统计，随着青藏铁路的修建，进藏物资呈现不断增加的趋势，而出藏物资是有限的，这种不平衡性大幅度降低了进出藏物资和人员的运输价格。

2. 运输隐形成本

会计学上将物流成本分为显性成本和隐性成本。显性成本是指明明白白、清清楚楚地记录在会计账簿上的各种成本项目，如材料费、人工费、制造费等。

运输隐性成本是一种隐藏于物流运输总成本之中、游离于财务审计监督之外的成本。它是由运输主体的行为而有意或者无意造成的具有一定隐蔽性的将来成本和转移成本。隐性成本是不能或没有办法反映在会计账簿上的成本。比如，信息失真成本，当一个企业片面地估计了市场形势，认定某种产品将成为市场的热点，进而开始大量生产，可是没过多久，市场饱和，该产品大量积压在库。这种由于产品积压而造成的损失，加大的企业成本其实就是信息失真成本的转化形式。运输隐性成本对于运输将造成了一定的影响，甚至是危害。有效地控制运输隐性成本，是运输成本的关键。

3. 降低运输成本的方法和措施

（1）选择合适的运输工具。在运输活动中，合理选择运输工具能有效控制运输成本，因为对于不同货物的形状、价格、运输批量、交货日期、到达地点等货物特性，都有与之相对应的适当运输工具。评价运输工具的因素包括四个方面：

1）经济性。运输方式的经济性是由运费、包装费、保险金以及搬运装卸费用的合计数来表示的。费用越高，运输工具的经济性就越低。

2）迅速性。运输工具的迅速性是用从发货地到收货地所需时间（天数）来表示的。所需时间越多，则迅速性越低。它与运输工具本身的技术速度和运输组织管理工作有关。

3）安全性。物流运输工具的安全性可以通过历史上一段时间货物的货损率、货差率等来表示。货损率越高，安全性越差，也影响运输成本的高低。

4）便利性。便利性主要表现为运输的经常性（运输工具不受气象条件影响）、运输的灵活性（运输工具可按货主要求，直接将货物送到目的地）、运输的方便性（运输服务质量高、使货主方便满意）。

（2）选择合理的运输方式。当前，社会化运输体系日益完善，在控制运输成本时，要充分利用联运这种社会化运输体系，创造"一条龙"式货运方式，降低运输成本。常用的两种联运方式为综合一贯制运输和国际多式联运。

1）综合一贯制运输。综合一贯制运输是指卡车承担末端输送的复合一贯制运输，它把卡车的机动灵活和铁路、海运的成本低廉及飞机的快速等特点组合起来，完成门到门的运输。综合一贯制运输通过优势互补，提高了运输的效率化，降低运输成本。

2）国际多式联运。国际多式联运是一种高效的运输组织形式，集中了各种运输方式的特点，扬长避短，组成连贯的运输体系，在实现了简化货运环节、加速货运周转、减少货损货差等合理运输目的的基础上，降低运输成本。

（3）优化运输路线。由于不合理的运输如重复运输、迂回运输等现象的存在，造成了运力浪费，增加了不必要的运输成本，而优化运输路线可减少不合理运输。优化运输路线是一个运输决策问题，其通过找到运输工具在公路网、铁路线、水运航道和航空线运行的最佳路线以尽可能地缩短运输时间或运输距离，来降低运输成本。优化运输路线的方法有线性规划法、图表分析作业法、表上作业法、节约里程法等，通过运用这些数学方法进行量化分析，选择最佳运输路线，达到降低运输成本的结果。

1）线性规划法。线性规划法是在运价、路程已知的情况下，对 M 个商品生产地和 N 个销售地的商品运输建立数学模型，利用单纯形法求解，以使满足条件的总费用最小。

2）图表分析作业法。图表分析作业法的步骤是，先在图上标注出货物运出地、运入地、调运量及两地距离，然后根据就近供应原则，在图上制订商品调运方案，并不断判优、调整，使运输总路程最短，最后将结果填入商品调运平衡表。

3）表上作业法。表上作业法是已知各地单位运价和各产销地供需量，在表上求解使总运费最低的调运方案。初始调运方案可根据最小费用（运价）法编制，然后进行判优、调整，直到找到总运费最低的方案。

4）节约里程法。节约里程法是根据巡回送货总路程小于为每个客户单独送货总路程的原理进行。其步骤是：首先计算各目的地相互间的最短距离，然后计算各目的地的节约里程，并按节约里程的大小排序，进而组合成配送路线，最后进行线路为最优调运方案。

（4）开展集运。集运就是利用规模经济来降低运输成本的集中运输策略。承运人为了减低运输成本，将几个小订单运送的货物集中在一起形成较大的运输量后再进行运输的运输组织方式。根据运输规模经济原理，运输量越大，每单位重量货物分摊的成本越低，运输成本就会下降。通常，集运有以下三种运作方法。第一，自发集运，将一个市场区域中到达不同客户的小批量货物集中起来运输。第二，计划集运，将某一个时间段内的订单集中起来组织运输。第三，共同运送，将货物装在同一条路线运行的车上，用同一辆车为更多的客户服务。

（5）减少事故损失。在运输途中，有可能会出现货物丢失、货物变质、甚至出现事故，这些都造成了运输成本不必要的增加。通常，减少事故的发生的做法有：①在日常运输管理中，做好事故防范工作，如使用合格的司机，定期检查、修理运输工具等；②积极购买保险，转移风险，如购买第三责任险、车辆损失险等，以备在事故发生时，将风险转移给保险公司。

【小案例 5-3】

沃尔玛的运输安全

沃尔玛知道，卡车运输是比较危险的，有可能会出交通事故，因此，对于运输车队来说，保证安全是节约成本最重要的环节。沃尔玛的口号是"安全第一，礼貌第一"，而不是"速度第一"。在运输过程中，卡车司机们都非常遵守交通规则。沃尔玛定期在公路上对运输车队进行调查，卡车上面都带有公司的号码，如果看到司机违章驾驶，调查人员就可以根据车上的号码报告，以便于进行惩处。沃尔玛认为，卡车不出事故，就是节省公司的费用，就是最大限度地降低物流成本。由于狠抓了安全驾驶，运输车队已经创造了 300 万 km 无事故的纪录。

【资料来源：根据网络资料整理编写】

5.4 运输合理化

5.4.1 决定物流运输合理化的主要因素

要实现物流工作中的运输合理化，起决定作用的主要有五大因素，如图 5-5 所示。

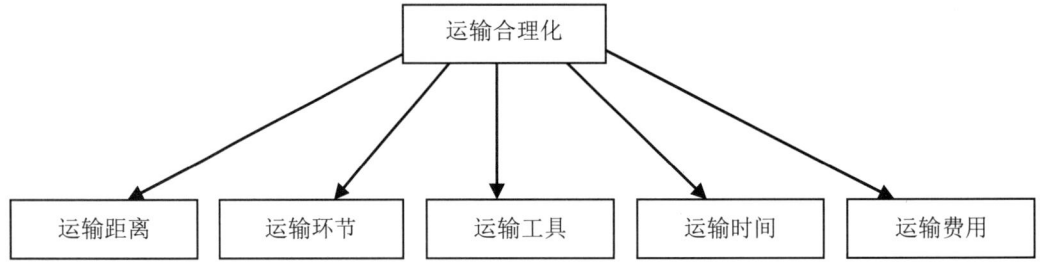

图 5-5 决定运输合理化的主要因素

1. 运输距离

运输距离是决定运输合理与否的一个最基本因素，企业应尽可能就近运输，避免舍近求远。在运输时，运输时间、运输货损、运费、车辆或船舶周转等运输的若干技术经济指标，都与运距有一定比例关系。

2. 运输环节

每增加一次运输，不但会增加起运的运费和总费用，还会增加运输的附属活动，如装卸、搬运、转运等。在运输时，应尽量减少运输环节，尤其是同类运输工具的环节。

3. 运输工具

要根据不同货物的特点，分别利用铁路、水运等运输方式，选择最佳的运输路线，并积极改进装载方法，提高技术装载量，使用最少的运力来运输更多的货物，提高运输生产效率。

4. 运输时间

运输时间的缩短对整个物流过程的时间缩短有着决定性的作用。运输是物流过程中需要花费较多时间的环节，尤其是远程运输，在全部物流时间中，运输时间占的比重最大。运输时间短，有利于运输工具的加速周转，可以充分发挥运力作用，对运输合理化有很大的贡献。

5. 运输费用

运输费用占物流成本比重很大,是衡量运输经济效益的一项重要指标,也是组织合理运输的主要目的之一。运输费用的高低,不仅关系到物流部门的经济核算,而且也影响货物销售成本,为此要积极节约运输成本。

5.4.2 不合理运输的表现

物流中的运输不合理是指不注重经济效果,造成运力浪费、运费增加、货物流通速度降低、货物损耗增加等的运输现象。物流运输不合理的表现主要有以下几种类型:

1. 空驶

空车无货载行驶,可以说是不合理运输的最严重形式。在实际运输组织中,有时候必须调运空车,从管理上不能将其看成不合理运输。但是,因调运不当,货源计划不周,没有采用运输合理化而形成的空驶,是不合理运输的表现。造成空驶的不合理运输主要有以下几种原因:

(1)能利用社会化的运输体系而不利用,却依靠自备车送货提货,这往往会造成单程空驶。

(2)由于工作失误或计划不周,造成货源不实,车辆空去空回,形成双程空驶。

(3)由于车辆过分专用,无法搭运回程货,只能单程实车,单程回空周转。

2. 对流运输

对流运输也称相向运输、交错运输,是指同一种货物或可以相互代用的货物在同一条运输路线或平行运输路线上进行相对方向运输的不合理运输方式。主要有两类表现形式:明显的对流运输和隐含的对流运输。

明显的对流运输指在同一运输路线上的对流。如在图 5-6 中实线为正确的运输线路。

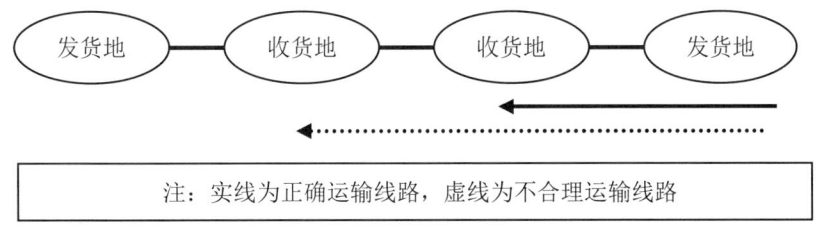

图 5-6 明显的对流运输形式

隐含的对流运输指违反近产近销原则的一种运输。如图 5-7 中,如果有同样的货物要自甲地和丙地各运 50t 至乙地和丁地,则合理的运输方式应该是由甲地发 50t 货物至丁地和自丙地发 50t 货物至乙地,而不是由甲地发 50t 货物至乙地和由丙地发 50t 货物至丁地,这是因为前一种的运输方式的总运输量为 2000t·km,低于后一种运输方式 1000t·km。

3. 迂回运输

迂回运输是舍近求远的一种运输。可以选取短距离进行运输而不办,却选择路程较长路线进行运输的一种不合理形式。迂回运输有一定复杂性,不能简单处置,只有当计划不周、地理不熟、组织不当而发生的迂回,才属于不合理运输,如果最短距离有交通阻塞、道路情况不好或有对噪音、排气等特殊限制而不能使用时发生的迂回不能称为不合理运输。由于迂回运输增加了运输路线,延长了货物在途时间,造成了运力的浪费,如图 5-8 中,如果没有交通堵塞、道路情况不好等因素，最合理的运输方式应该是由甲地向丙地直接运输，而不是经乙地运输至丙地。

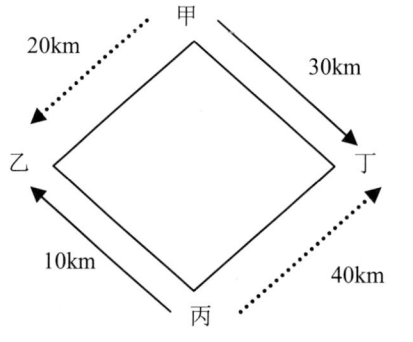

图 5-7　隐含的对流运输

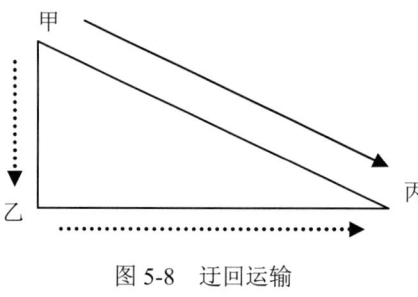

图 5-8　迂回运输

4. 倒流运输

倒流运输是指货物从销售地向产地或其他地点向产地倒流的不合理运输方式（图 5-9）。倒流运输会导致运力浪费、增加运费开支等。

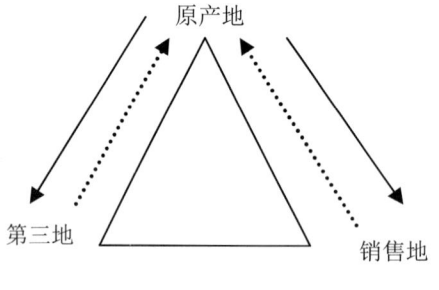

图 5-9　倒流运输

5. 重复运输

重复运输是指一种货物本可以直达目的地，但因物流仓库设置不当或计划不周使其在中途卸下，导致增加运输环节、浪费运输设备和装卸搬运能力，延长了运输时间的不合理运输方式（图 5-10）。

6. 过远运输

过远运输是指相同质量、价格的货物舍近求远的不合理运输方式。即销售地应由距离较近的产地购进所需相同质量和价格的货物，但却超出货物合理辐射的范围，从远距离的地区运来，或产地就近供应，却调到较远消费地的运输现象。过远运输延长了货物运程和在途时间，导致了运力的浪费和资金的积压，增加了运输费用。如在图 5-11 中，A 地和 B 地都是某种材料的生产地，C 地和 D 地是该原料的需求地，则合理的货物运输路线是由 A 地至 C 地和 B 地至 D 地。

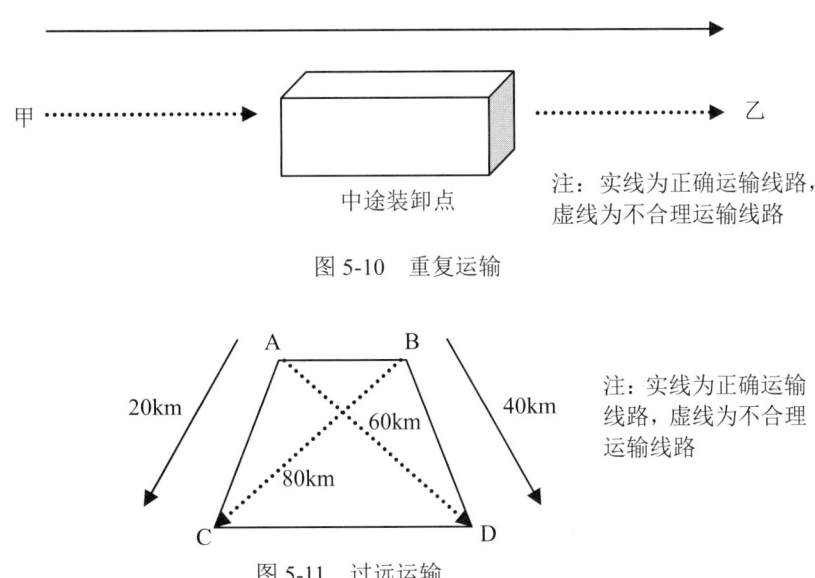

图 5-10　重复运输

图 5-11　过远运输

7. 无效运输

无效运输是被运输的货物含有较多无用的成分，如对煤中的矸石和灰分，原油中的水分，原木的树皮等的运输就是无效运输。原材料基地的加工能力不足，是产生无效运输的主要原因。

8. 虚糜运输

虚糜运输指车（船）的几何容积和标记载量没有被充分利用，造成运力的空驶浪费。

9. 分散货流

分散货流是指把本来集中的货物加以分散，即可以按整车发运的却按零担发运，可以组织直达运输的却组织中转运输。

10. 运力选择不当

运力选择不当是指未比较各种运输工具优势而不正确地利用运输工具造成的不合理现象，常见有以下三种形式。

（1）弃水走陆。在同时可以利用水运及陆运时，不利用成本较低的水运或水陆联运，而选择成本较高的铁路运输或汽车运输，使水运优势不能发挥。

（2）铁路、大型船舶的过近运输。是指不是铁路及大型船舶的经济运行里程却利用这些运力进行运输的不合理做法。主要不合理之处在于火车及大型船舶起运及到达目的地的准备、装卸时间长，且机动灵活性不足，在过近距离中利用，发挥不了运速快的优势。相反，由于装卸时间长，反而会延长运输时间。另外，和小型运输设备比较，火车及大型船舶装卸难度大，费用也较高。

（3）运输工具承载能力选择不当。不根据承运货物数量及重量选择，而盲目决定运输工具，造成过分超载、损坏车辆及货物不满载、浪费运力的现象。尤其是"大马拉小车"现象发生较多。由于装货量小，单位货物运输成本必然增加。

以上对不合理运输的描述，就形式本身而言，主要是从微观方面得出的结论。在实践中，必须将其放在物流系统中做综合判断，否则很可能出现"效益背反"现象。单从一种情况来看，避免了不合理，做到了合理，但它的合理却可能使其他部分出现不合理。只有从系统角度综合进行判断才能有效避免"效益背反"现象，从而控制运输成本。

5.4.3 合理化运输的主要形式

在物流过程中，所谓合理运输，就是按照货物流通规律、交通运输条件、货物合理流向、市场供需情况，走最少的里程，经最少的环节，用最少的运力，花最少的费用，以最快的时间，把货物从生产地运到消费地。也就是用最少的劳动消耗，运输最多的货物，取得最佳的经济效益。

1. 合理装载

合理装载就是通过改善装载方式，提高装载水平，一方面最大限度地利用车船载重吨位，另一方面又充分使用车船装载容积，使单位运输成本降低，最终减少总运输成本。合理装载的方式有：

（1）拼装整车运输。由于整车运输和零担运输运价相差较大，进行拼装整车运输可以减少运输费用。拼装整车运输的做法有零担货物拼整车直达运输、零担货物拼整接力直达或中转分运、整车分卸、整装零担；还可以轻重配装即将重货和轻泡货合理地配装在一起，这样既可充分利用装载容积，又能充分利用载重能力，提高运输工具的使用效率。

（2）实行解体运输。实行解体运输是指将体大笨重、且不易装卸又易致损的货物拆卸后分别包装，既缩小占据的空间，又便于装卸和搬运，提高运输装载效率，如自行车之类的商品以零件的形式进行运输，到了消费地再进行组装和销售。

（3）采用高效的堆码方法。在装卸过程中，根据车船的货位情况和不同货物的包装情况，采取有效的堆码方法，如多层装载、骑缝装载、紧密装载等，提高运输工具的装载量。

【小案例5-4】

上海通用的三维卡车货物装载

为了提高货物的装载量，上海通用采用了三维卡车货物装载系统。该系统能以图像方式模拟各种货物在卡车中的装载方式，计算各种货物的最佳装载位置，计算整个车辆在多次装载前后的重量、重心位置等，并能通过系统优化获得非常高的装载量，达到增加单车运量，提高安全系数甚至节省燃油的目的。

【资料来源：根据网络资料整理编写】

（4）实施集装箱运输。安全、快捷、低价是集装箱运输区别于传统运输方式的主要特征。采用集装箱方式运输的每吨货物装卸费用的下降是生产力发展的必然趋势，也是集装箱运输市场能得以迅速扩展的根本性理由。

（5）实施托盘化运输。托盘化运输是指利用托盘作为单元货载运输的一种方法，其关键在于全程托盘化，即一贯托盘化运输。所谓一贯托盘化就是把保管—发货—运输—进货—保管形成一条龙工序，以托盘为基本用具不改变货物状态，始终一贯地用机械搬运装卸来处理货物。

现代物流系统要求把各个物流功能（包括储存、运输、收发货等）以机械化方式连接起来。一贯托盘化的效果为：交易单位标准化，输送用具有效地返回，减少装卸场地，用机械装卸解放重体力劳动，减少装卸中的货物损伤，缩短时间等。

2. 优化运输方式

在运输活动中，优化运输方式，实现合理化运输的主要措施有：

（1）分区产销，平衡合理运输。分区产销，平衡合理运输是在组织物流活动中，对某种货物，使其一定的生产区固定于一定的消费区，根据产销情况和交通运输条件，按近产近销的原则组织货物运输，使货物走最少的路程。这种方法适合于品种单一、规格简单、生产集中而消费分散或生产分散而消费集中、调运量大的货物，可消除过远、迂回、对流等不合理运输现象，实现合理化运输。

（2）直达运输。直达运输是在组织货物运输时，越过批发商等中转环节，把货物从产地或起运地直接运到目的地，以减少中间的作业环节，实现合理化运输。

（3）"四就"直拨运输。"四就"直拨是减少中转运输环节，力求以最少的中转次数完成运输的一种形式。一般批量到站或到港的货物，首先要进分配部门或批发部门的仓库，然后再按程序分或销售给用户，在这种方式下，往往会出现不合理运输。"四就"直拨，包括就厂直拨、就车站直拨、就仓库直拨和就车船直拨，其具体形式见表5-3。

表5-3 物流运输"四就"直拨的具体形式

主要形式	含义	具体形式
就厂直拨	物流部门从工厂收购商品，经厂验收后，不经过中间仓库和不必要的转运环节，直接调拨给销售部门或直接送到车站码头运往目的地的方式	厂际直拨 厂店直拨 厂批直拨 用工厂专用线、码头直接发运
就车站直拨	物流部门对外地到达车站的货物，在交通运输部门允许占用货物的时间内，经交验收后，直接分拨或发送到各销售部门	直接运往市内各销售部门 直接运往外埠要货单位
就仓库直拨	在货物发货时越过逐级的层层调拨，省略不必要的中间环节，直接从仓库拨给销售部门	对需要储存保管的货物就仓库直拨 对需要更新仓库的货物就仓库直拨 对常年生产、常年销售货物就仓库直拨 对季节性生产、常年销售货物就仓库直拨
就车船直拨	对外地用车、船运的货物，经交接验收后，不在车站或码头停放，不入库保管，随即通过其他运输工具换装，直接运至销售部门	就火车直装汽车 就船直装火车或汽车 就大船过驳小船

（4）先行流通加工。先行流通加工是指由于某些产品的形态和特性不同于一般产品，不适合直接运输，在对它们进行运输前，先经过适当加工，可以减少体积、重量，避免无效运输、虚糜运输等不合理运输现象，实现运输合理化。

（5）计划运输。计划运输是对运输时间和路线等事先做出计划安排，在运输时，选择最佳运输路线和最佳运输时间，避开交通高峰期及交通拥挤地段，避免重复运输、迂回运输等不合理运输现象，实现运输合理化。

3. 开展综合运输

综合运输是把汽车机动灵活的优势和铁路、海运的成本低廉以及飞机快速等特点组合起来，完成门到门运输的运输形式。通过综合运输，可以优势互补，实现运输的效率化、费用低廉化、缩短运输时间。建立综合运输体系是一个复杂的系统工程，主要是要处理好运输系统与国民经济大系统的关系、综合运输系统与各个子系统的关系、各种运输方式内部各个环节之间的关系。

本章思考题

1. 常见的物流运输方式有哪些？
2. 公路货物运输的种类有哪些？
3. 班轮运输业务如何开展？
4. 简述航空进出口业务的流程。
5. 降低运输成本的方法和措施有哪些？
6. 不合理运输表现在哪些方面？
7. 简述合理化运输的形式。

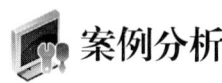 案例分析

京东物流运输成本优化之道

根据 2018 年 5 月 8 日京东发布的季报，京东第一季度营收 1001 亿元，但是净利润只有 10 亿多元，刘强东放出豪言，覆盖全国物流体系的，只有京东一家。京东的自建物流给客户带来了良好体验，次日送达的高效服务让越来越多的人倾向于使用京东购物。

京东运输注重时效性，不会出现车等货的现象，这就造成了空载率高。加之目前诸多城市为物流运输增加了限制，导致京东配送成本进一步增加。京东自营车队在运输路线、运输方式和配送流程方面都需要优化。比如现在京东主要以公路运输为主，没有针对商品特点采用多元化运输方案，没有针对低端用户群体制订相应的低成本物流运输方案。

仓储人员、快递人员和物流人员是京东的主要人员配备，快递人员作为劳动主体，普遍抱怨劳动强度大，受到领导压力大，这种情绪很容易传递给顾客，降低客户体验，尤其是目前"最后一公里"配送人工成本过高，京东正在考虑在某些区域用机器代替人力。尽管京东有超过 100 万的兼职人员，但在自有团队在配送上相对不足，配送员覆盖区域少而成本高。

目前，京东在开发无人送货机，这种思路有助于提高效率，但是配送成本仍然较高，京东应该开发多元化配送手段，多选择低成本运输工具，避开高峰期配送，合理规划路线。同时，要利用网络共享平台加大兼职人员的覆盖面积，确保每个区域都有京东配送的兼职人员，并且强化管理。比如由于京东自身建立当日达业务成本较高，所以目前京东和达达等企业联合，利用网站平台的注册配送员构建配送网络，用户只要手机下单，15 分钟内就有附近的骑手上门揽件，通过京东同城中转站配送，并且由下一个骑手终端送达。同时为了提升客户体验，建立快速理赔机制，减少流转环节，增加可靠性和用户操作的方便性。

【资料来源：根据网络资料整理编写】

问题：决定京东运输合理化的主要因素是什么？

第 6 章　配送与配送中心

学习目标

- 知识目标：通过本章的学习，掌握配送的基本理论及配送中心的运作流程，学习现代物流配送的基本方法、技巧和策略。
- 技能目标：掌握现代物流配送中心的设计与建设方法和现代物流配送中心的经营管理技能。
- 能力目标：通过学习，能够熟练运用配送理论，具有管理中小型物流配送中心实务运作能力。

屈臣氏的物流配送中心

高效的物流配送体系向来是屈臣氏保持最大销售量，及最低成本库存的核心竞争力。屈臣氏的行政总裁曾经说过："如果说我们有什么比别人干得好的话，那就是配送中心，那可是我们的'发动机'啊。"

一头装货一头卸货的月台构成了屈臣氏配送中心的特色。这种同时作业的交叉配送方式，极大地提升了配送中心的货物处理能力，很多商品在没有进入仓库的情况下就安排配送了，减少了存储和再次搬运的成本，加速了商品配送的速度。屈臣氏的竞争对手5天送货一次，而屈臣氏却是起码1天一次，这样充分减少零售店里的库存，有效降低了成本，包括场地费用以及人员的开销。

屈臣氏配送中心与供应商实现共赢，屈臣氏愿意将低配送成本的方法及设施和供应商共同分享。和屈臣氏直接联系的供货商配送方式有两种，一种是送货到各个零售店中，另一种是送到屈臣氏的物流配送中心。由于大部分供应商离配送中心的距离较近，因此集中式的配送方式必然会节省很多钱，而省下来的钱又可以重新返回给消费者。

屈臣氏配送中心具有很强的货物处理能力，它每周能处理10万箱的货物，并且会根据众多分店的不同需求设计出不同的物流解决方案，自动将产品分类到不同的区域。整个屈臣氏的配送系统是高度一体化的，它采取传送带运输、商品代码追踪等形式，加上商品补货系统和激光识别系统的配合，对整个商品配送过程实行控制。

屈臣氏配送中心的选址十分科学，它处在100多家分店的中部位置，这样的设置满足了配送最优原则，以320公里左右的一个商业圈建立一个配送中心。这使得一个配送中心能够基本满足附近100多个分店的配货需求。

【资料来源：根据网络资料整理编写】

6.1 配送概述

6.1.1 配送的定义

配送：在经济合理区域范围内，根据客户要求，对物品进行拣选、加工、包装、分割、组配等作业，并按时送达指定地点的物流活动。

从物流角度来说，配送几乎包括了所有的物流功能要素，是物流在小范围内全部活动的体现。一般来说，配送集装卸、包装、保管、运输于一身，通过这一系列活动完成将物品送达客户的目的。特殊的配送则还要以加工活动为支撑，包含的面更广。配送包含以下六层含义：

一是"配"——配货，即将用户所需的不同货物组合在一起。

二是"送"——送货，即将需要的商品送到用户手上，是"配"和"送"的有机结合。一般而言，经济发达地区"配"的比例大些，经济落后地区"送"的比例大些。

三是按用户的要求进行。用户对物资配送的要求包括数量、品种、规格、供货周期、供货时间等。

四是在物流结点完成的。物流结点可以是物流配送中心、物资仓库，也可以是商店或其他物资集散地。

五是流通加工、整理、拣选、分类、配送、配装、末端运输等一系列活动的集合。

六是配送在将货物送交收货人后即告完成。

【小思考6-1】

现代配送与传统配送的区别是什么？

6.1.2 配送模式

配送按配送机构的经营权限和服务范围不同可以分为配销模式和物流模式二种，其运作特点如图6-1所示。

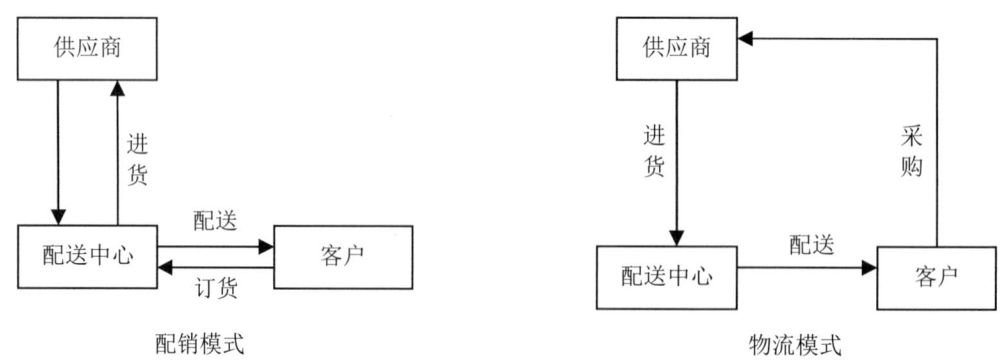

图6-1 配送模式

1. 配销模式

配销模式又称为商流、物流一体化的配送模式，其含义是指配送的组织者既从事商品的进货、储存、分拣、送货等物流活动，又负责商品的采购与销售等商流活动。

这类配送模式的组织者通常是商业企业，也有些是生产企业附属的物流机构。这些经营实体不仅独立地从事商品流通的物流过程，而且将配送活动作为一种"营销手段"和"营销策略"，既参与商品交易、实现商品所有权的让渡与转移，又在此基础上向客户提供高效优质的物流服务。在我国的物流实践中，连锁商业企业或其他企业自营的配送中心、许多汽车配件中心所开展的配送业务等都属于这种模式。

配销模式的特点在于：对于流通组织者来说，由于其直接负责货源组织和商品销售，因而能形成储备资源优势，有利于扩大营销网络和经营业务范围，同时也便于满足客户的不同需求。但这种模式由于其组织者既要参与商品交易，又要组织物流活动，因此，不但投入的资金、人力、物力比较多，需要一定的经济实力，而且也需要较强的组织和经营能力。

2．物流模式

物流模式是指商流、物流相分离的模式。是指配送组织者不直接参与商品的交易活动，不经销商品，只负责专门为客户提供验收入库、保管、加工、分拣送货等物流服务。其业务实质上是属于"物流代理"，从组织形式上看，其商流和物流活动是分离的，分别由不同的主体承担。在我国的物流实践中，这类模式多存在于在传统储运企业基础上发展起来的物流企业中，其业务是在传统的仓储与运输业务基础上增强配送服务功能，以更快的速度、更高的服务水平为社会提供全面的物流服务。在国外，这种配送模式也普遍存在于运输业配送中心、仓储业配送中心。

物流模式的主要特点在于其业务活动仅限于物流代理，业务比较单一，有利于提高专业化的物流服务水平；占用流动资金少，其收益主要来自服务费，经营风险较小。但由于配送企业不直接掌握货源，所以，其调度和调节能力比较差。

6.1.3 配送的流程

虽然在市场经济条件下，用户所需要的很多种东西都广泛采用配送形式，但是，一般认为，以多品种、少批量、多批次、多用户的配送物品，能够最有效地通过配送实现末端的资源配置。这种类型的配送对象，配送工艺流程比较复杂，具有代表性，将这种配送对象的配送流程确定为标准的配送流程，如图6-2所示。

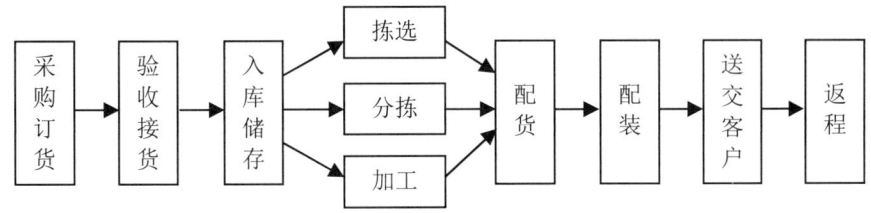

图6-2 配送一般流程

6.1.4 现代配送的类型

1．按照经营形式不同进行分类

（1）销售配送。销售配送是指配送企业是销售企业，或销售企业作为销售战略一环，所进行的促销型配送，或者是和电子商务网站配套的销售型配送。这种配送的配送对象往往是不固定的，用户也往往是不固定的，配送对象和用户依据对市场的占有情况而定，配送的经营状况也取决于市场状况，配送随机性较强而计划性较差。各种类型的商店配送、电子商务网站一般都属于销售配送。

用配送方式进行销售是扩大销售数量、扩大市场占有率、获得更多销售收益的重要方式。由于是在送货服务前提下进行的活动，所以也受到用户欢迎。

销售配送的经营模式有以下几种：

1）电子商务的销售配送。

a. 和 B2C 电子商务配套的"门到人"销售配送。这种销售配送的用户是以生活资料为主体的最终消费者。这就决定了在管理上要面临数量庞大的用户、需求不稳定的用户、个性化及突发性需求的用户、每次需求品种及数量都较小的用户，当然，在这种情况下，很难实行计划配送，因而有非常大的管理难度。

b. 和 B2B 电子商务配套的"门到门"配送。这种销售配送的用户是以生产资料为主体的企业，或是以零售为主的商业企业。这些用户的特点是需求品种规格较多、数量较大、需求较稳定而且用户的数量确定、用户的随机性较小。所以，这种类型的销售配送，比较容易建立精细的计划管理。

在网络经济时代中，和虚拟网上交易相配套，利用配送方式将网上销售的商品送交用户，这是网络经济运行中必须要做的事情，销售配送作为电子商务重要的支撑力量，是不可或缺的，因而也是"新经济"的一种经济活动方式。

2）批发分销型销售配送。批发分销型销售配送的应用领域主要是大型商业批发企业、大型工农业企业在国际贸易中或全国性、大范围的批发分销活动。

3）零售型销售配送。零售型销售配送是面向广大消费者的配送，主要是"门到人"和"门到门"方式的配送。零售型销售配送可以采用电子商务的交易方式，也可以采用电话订货、传真订货、通信订货以及现在广泛采用的商店购货等方式进行交易活动，然后采用"商物分离"的方式，由配送中心或者商店进行配送。这是通用的配送方式，前面所讲的和电子商务配套的销售配送只是其中的一个类型。

（2）供应配送。供应配送往往是针对特定的用户，用配送方式满足特定用户的供应需求的配送方式。

这种配送方式配送的对象是确定的，用户的需求是确定的，用户的服务要求也是确定的，所以，这种配送可以形成较强的计划性、较为稳定的渠道，有利于提高配送的科学性和强化管理。有了这个前提条件，才可以建立"供应链管理"的管理方式。供应配送可以由本企业自行组织或者交由第三方物流公司进行。

（3）供应、销售一体化配送。这是指生产企业或者是销售企业以自己生产和经营的产品供应给用户的配送形式。第三方物流只是受用户之委托，以自己的专业特长和配送渠道代理用户进行供应，而不是货物的所有者。货物所有者在实现销售的同时对用户完成了供应，这是在有连锁关系的企业之间、子企业和母企业之间经常采用的方式。这种方式对销售者来讲，能获得稳定的用户和销售渠道，有利于本身的稳定和持续发展，有利于强化与用户的关系并取得销售效益。对于用户来讲，能获得稳定的供应，可大大节约自身组织供应所耗用的人力、物力、财力，提高供应保证程度。

供应、销售一体化的配送，是配送经营中的重要形式。这种形式有利于形成稳定的供需关系，有利于保持流通渠道的畅通稳定。

（4）代理配送。这种配送在实施时不发生商品所有权的转移，配送企业受生产者委托代送商品，对配送商品不拥有所有权，配送企业不能取得商品销售的经营性收益，只能取得按销售额的一定比例获得佣金。这种配送组织管理方式，是企业将配送业务完全交由社会物流服务商承担，依靠社会物流服务商的专业配送服务，可以使企业专注于本身的核心竞争力和核心生产力，往往可以取得更好的供应保障和更低的成本。

这种供应配送按用户送达要求的不同可以分为以下几种形式：

1)"门到门"配送。即由配送企业将用户供应需求配送到用户"门口"，以后的事情由用户自己去做，有可能在用户企业内部进一步延伸成企业内的配送。

2)"门对库"配送供应。由配送企业将用户供应需求直接配送到企业内部各个环节的仓库。

3)"门到线"供应配送。由配送企业将用户的供应需求直接配送到生产线。显然，这种配送可以实现企业的"零库存"，对配送的准时性和可靠性要求较高。

2. 按配送时间和数量的多少进行分类

（1）定时配送。这种配送是按规定的时间间隔进行配送，每次配送的品种、数量可按计划执行，也可以在配送之前以商定的联络方式通知需要配送货物的时间和数量。一般可以分为日配和准时－看板方式两种形式。

【小思考 6-2】

什么是准时－看板方式配送？

（2）定量配送。它是指按规定的数量（批量）在一个指定的时间范围内进行配送。这种方式配送数量固定，备货工作较为简单，可以按托盘、集装箱及车辆的装载能力确定配送数量，能有效利用托盘、集装箱等集装方式，也可做到整车配送，配送效率和运力利用率大大提高。

（3）定时定量配送。这种方式是按照规定的配送时间和配送数量进行配送，兼有定时配送和定量配送的特点，要求配送管理水平较高。

（4）定时定路线配送。它是在规定的运行路线上制订到达时间表，按运行时间表进行配送，用户可按规定路线站点和规定时间接货，或提出其他配送要求。

（5）即时配送。完全按用户提出的配送时间和数量即时进行配送的方式，它是一种灵活性很高的应急配送方式。采用这种方式的物品，用户可以实现保险储备为零的零库存，即以即时配送代替了保险储备。

6.2 配送中心概述

6.2.1 配送中心的定义及其形成

配送中心：从事配送业务且具有完善信息网络的场所或组织，应基本符合下列要求：①主要为特定客户或末端客户提供服务；②配送功能健全；③辐射范围小；④多品种、小批量、多批次、短周期。

日本《物流手册》的定义为："配送中心是从供应者手中接受多种大量的货物，进行倒装、分类、保管、流通加工和信息处理等作业，然后，按照众多需要者的订货要求备齐货物，以令人满意的服务水平进行配送的设施。"

王之泰在《现代物流学》中将配送中心定义为"配送中心是从事货物配备（集货、加工、分货、拣选、配货），和组织对用户的进货，以高水平实现销售或供应的现代流通设施。"

总之，配送中心是以组织配送性销售或供应，执行实物配送为主要职能的流通型物流结点。配送中心的形成及发展是有其历史原因的，它是社会生产和流通系统化、大规模化的必然结果。正如《变革中的配送中心》一文所指出的："由于客户在服务处理的内容上、时间上和服务水平上都提出了更高的要求，为了顺利地满足客户的这些要求，就必须引进先进的分拣设施和配送设备，否则就不可能建立正确、迅速、安全、廉价的作业体制。因此，不少企业都建造了配送中心。可见配送中心是基于物流合理化和拓展市场两个需要而逐步发展起来的。

传统企业在没有配送中心的情况下，物流通路混杂，如图6-3（a）所示。

建立配送中心后，尤其是大批量、社会化、专业化配送中心建立以后，物流通路简捷，显得非常合理和有序，如图6-3（b）所示。

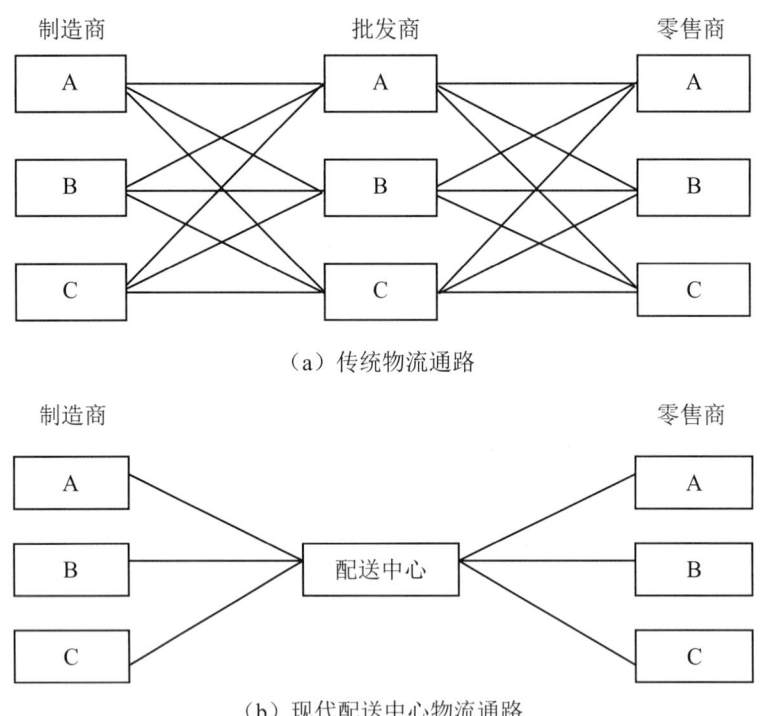

图 6-3　传统物流通路和现代配送中心物流通路

配送中心是物流领域中社会分工、专业分工进一步细化之后产生的。应该看到，在新型配送中心没有建立起来之前，不少物流企业承担的是某些转运的职能，以后再逐步向更高级的"配"的方向发展。

6.2.2　配送中心的种类

对配送中心的适当划分，是进一步深化和细化认识配送中心的必然。

从其配送的范围和组织形式来看，配送中心可分为以下四种：

（1）零售供货配送中心。这是专门为某个集团企业组织供货的配送中心。零售企业发展到一定的规模后，就会从增强企业的核心竞争力的高度去研究建设配送中心的问题。例如，华联、联华、华润万佳、思达等大型连锁超市公司自建的配送中心，就是以销售经营为目的、以配送为手段的，成为企业经营的供货枢纽。其特点是加工能力强，各种物流功能齐全，较适合品种多、批量小的零售企业经营需要。

（2）专业型配送中心。这类配送中心多见于制造业的销售配送系统，用以降低流通费用、提高售后服务质量和及时地将预先配齐的成组元器件运送到规定的加工和装配工位。例如，上海食品集团的新天天配送中心就是以自产各种系列的食品为主体的。又如北京医药物流配送中心、烟草物流配送中心等就是这种类型。其特点是物流设施及物流系统设计、各项功能专业性、针对性强，能够满足各类企业的专业需要。

（3）共同配送中心。这是以城市范围为配送圈的配送中心，近几年营运情况良好的厂商联合的配送中心就属此类。众多厂商通过配送中心的共同配送，向众多的零售店配送商品。它的特点是，运距短、反应速度快、反应能力强，能从事多品种、少批量、多用户的配送。例如，台湾日茂物流公司的家电共同配送中心、日本关西物流中心（对电线产品的共同配送）、日本南王运送株式会社的有明综合物流中心（对百货的共同配送）等。另外，如华联、联华、华润万佳、思达等大型连锁超市公司自建的配送中心，也开始向本公司以外的其他企业实施配送，以充分发挥其配送资源的最大效益，提高经济效益。

（4）区域型配送中心（Regional Distribution Center，RDC）。这是以较强的辐射能力和库存能力，向周边范围的配送据点或用户拣选配送的大型配送中心。这种配送中心的规模较大，用户也较多，配送批量也较大，而且往往是给下一级配送据点（如前端性配送中心）或营业所、批发商、商场等配送。

此外，从其资产所有关系来看，配送中心可分为企业自营型配送中心（如零售供货配送中心）和社会型配送中心（如共同配送中心）两类。目前在我国，企业自营型配送中心发展较快，社会型配送中心（即第三方物流中心）发展较慢。

如果按功能来分类，配送中心还可分为储存型配送中心、中转型配送中心（即货物集散中心）、加工型配送中心等等。

6.2.3 配送中心的功能

配送中心是一种多功能、集约化的物流据点。作为现代物流方式和优化销售体制手段的配进中心，它把收货验货、储存保管、装卸搬运、拣选、分拣、流通加工、配送、结算和信息处理，甚至包括订货等作业有机地结合起来，形成多功能、集约化和全方位服务的供货枢纽。通过发挥配送中心的各项功能，大大压缩整个企业的库存费用，降低整个系统的物流成本，提高企业的服务水平。图6-4是配送中心的功能示意图。

作为一个专业化、集约化的配送中心，通常应具备以下功能：

1. 集货功能

为了满足门店"多品种、小批量"的要货和消费者要求在任何时间都能买到所需的商品，配送中心必须从众多的供应商那里按需要的品种较大批量地进货，以备齐所需商品，此项工作称为集货。

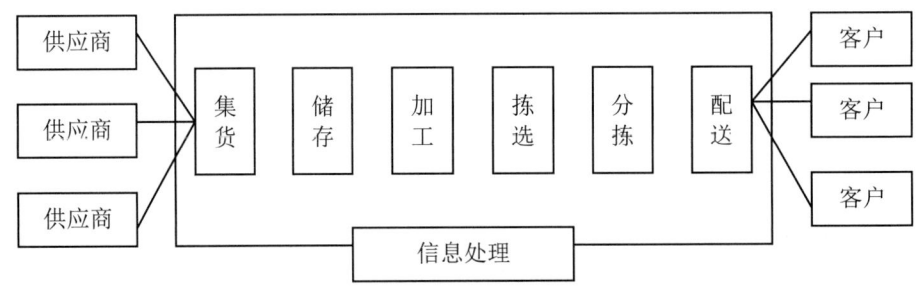

图 6-4 配送中心的功能示意图

2. 储存功能

利用配送中心的储存功能，可有效地组织货源，调节商品的生产与消费、进货与销售之间的时间差。虽然配送中心不是以储存商品为目的的，但是为了保证市场的需求，以及配货、流通加工等环节的正常运转，也必须保持一定的库存。这种集中储存，较之商场"前店后库"的分散储存，可大大降低库存总量，增强促销调控能力。这就是为什么配送中心一定要在达到相当规模后才能获得良好效益的缘故。由于配送中心按照客户或网点反馈的需求信息，及时组织货源，始终保持最经济的库存量，从而既保证了客户及门店的要货，将缺品率降低到最低点，又减少了流动资金的占用和利息的支付。

3. 拣选功能

在品种繁多的库存中，根据各客户的订货单，将所需品种、规格的商品，按要货量挑选出来，并集中在一起，这种作业称为拣选。储存商品的拣选工作在现代物流中占有重要地位。这是因为现代化配送中心要求迅速、及时、正确无误地把订货商品送到客户及门店。而规模较大的配送中心往往是：门店数和商品的种类数都是十分繁多，如百货批发商的配送中心，商品品种可达十几万种，客户遍及全国、甚至世界各地；客户要货的批量又十分零星（有的甚至要开箱拆零）；要货时间十分紧迫，必须限期送到；总的配送量又很大。在这种情况下，货物的拣选已成为一项复杂而繁重的作业，商品的拣选技术也成为现代物流技术发展的一个专门领域。

4. 流通加工功能

它是物品在从生产领域向消费领域流动的过程中，为了促进销售、维护产品质量和提高物流效率，而对物品进行的加工。例如，以往所有商品均由批发、制造商向零售商店直送，使店内的验货工作极其繁重，操作人员要花大量时间来验货、交接。有了配送中心，可以把验货工作集中转移给配送中心承担。又如，配送中心可根据各商店的不同需求，按照销售批量大小，直接进行集配分货；可拆包分装、开箱拆零。再如，以食品为主的连锁超市配送中心，还增加了食品加工的功能，设有肉、鱼等生鲜食品的切分、洗净、分装等小包装生产流水线，并在流通过程的储存、运输等环节进行温度管理，构筑冷藏链和冷冻链供货系统，直接产生经济效益。

5. 分拣功能

所谓分拣是指将一批相同或不同的货物，按照不同的要求（如配送给不同的门店），分别拣开、集中在一起，进行配送。例如，邮政部门把信件、邮包按送达目的地（邮政编码）分开，是典型的分拣作业。

在配送中心里，按照门店（或客户）的订货单，把库存商品拣选后分别集中待配送，这就是连锁超市配送中心分拣作业的任务。这在商品批次很多、批量极零星、客户要货时间很紧，而且物流量又很大的情况下，分拣任务十分繁重，成为不可缺少的一个物流环节。

近二、三十年来，随着市场经济的发展，需求已由卖方市场向买方市场转移。商品趋于"短小轻薄"，流通趋于小批量、多品种和及时制（Just in time），配送中心的商品分拣任务十分艰巨，分拣系统的自动化已成为一项重要的物流技术。

6. 配送功能

与运输相比，配送通常是在商品集结地——物流中心内，完全按照客户对商品种类、规格、品种搭配、数量、时间、送货地点等各项要求，进行分拣、配货、集装、合装整车、车辆调度、路线安排的优化等一系列工作，再运送给客户的一种特殊的送货形式。配送具有不同于传统送货的现代特征。它不单是送货，在活动内容中还有"分货""配货""配车"等项工作，必须具有发达的商品经济和现代交通运输工具的经营管理水平；配送是分货、配货、进货等活动的有机结合体，同时还和订货系统紧密联系，这就必须依赖现代信息的作用，使配送系统得以建立和完善，变成为一种现代化的营销方式。配送功能完善了运输、送货及整个物流系统，大大提高了物流的作用和经济效益；通过配送中心的集中库存使连锁商场实现了低库存或零库存，它有利于降低供货的缺货率。

7. 信息处理功能

配送中心要有相当完整的信息处理系统，能有效地为整个流通过程的控制、决策和运转提供依据。无论在集货、储存、拣选、流通加工、分拣、配送等一系列物流环节的控制，还是在物流管理和费用、成本、结算方面，均可实现信息共享。而且，配送中心与零售商店建立信息直接交流，可及时得到商店的销售信息，有利于合理组织货源，控制最佳库存。同时，还可将销售和库存信息迅速、及时地反馈给制造商，以指导商品生产计划的安排。配送中心成了整个流通过程的信息中枢。

（八）商品采购功能

需要说明的是由于配送中心的性质不同，类型不同，其功能也有侧重。只有商流、物流合一（如连锁企业）的配送中心才具备商品采购功能，单纯的仓储运输型配送中心不具备这种功能。商物流合一的配送中心，商品采购是第一个环节；配送中心需根据各连锁店提出的要货计划，及时进行整理，汇总（一般通过电脑处理）。并结合市场情况（季节变化等），制订合理的采购计划，统一向生产者或批发商采购商品。在采购商品时除按照各连锁店铺确定的品种目录外，还要经常进行分析，并根据季节变化，找出那些处于衰退期的商品品种予以淘汰，同时选择适销对路的新产品进行更新换代。

6.2.4 配送中心的物流流程

1. 综合配送中心的物流流程

流程化管理是现代企业管理的最佳方式，也是现代物流管理的显著特征。配送中心的物流流程，如图 6-5 所示。

如图 6-5 所示，从供应货车到仓库的码头，确认货品"进货"作业的开始，便依序将货品"储存"入库。为了良好地管理在库商品，则定期或不定期地进行"盘点"检查。当收到用户订单后，首先将订单按其性质进行"订单处理"，之后根据处理后的订单信息，进行从仓库中取出用户所需货品的"拣选"作业。拣选完成后一旦发现拣选区所剩余的存货量过低时，则必须由储存区进行"补货"作业。如果储存区的存货量低于规定标准时，便向供应商采购订货。从仓库拣选出的货品经过整理之后即可准备"发货"，等到一切发货准备就绪，司机便可将货品装在配送车上，便向各用户进行"配送"交货作业。另外，在所有作业进行中，可以发现只要涉及物的流动作业，其间的过程就一定有"搬运"的作业。所以"搬运"也是重要的作业流程，如图 6-5 所示。

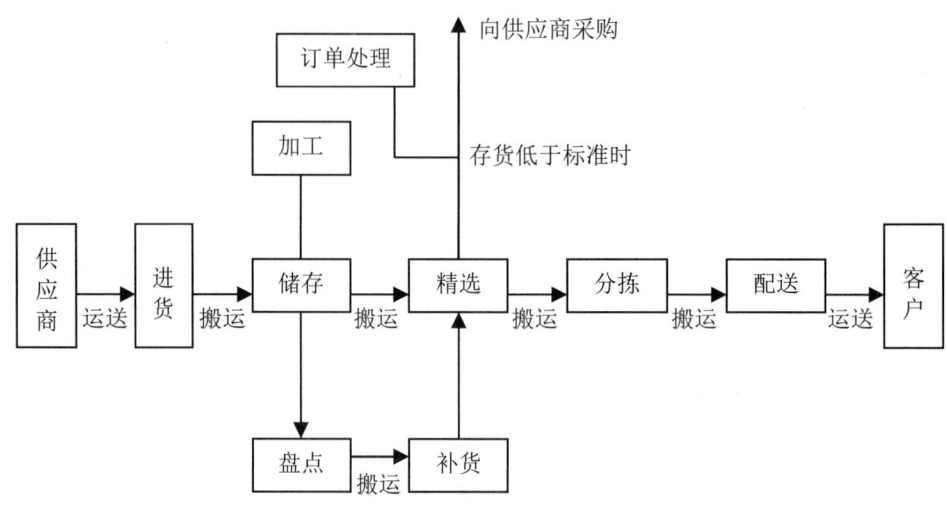

图 6-5　配送中心的基本作业流程图

综合上述作业过程，可归纳为以下九项作业，即进货作业、搬运作业、储存作业、盘点作业、订单处理作业、拣选作业、补货作业、分拣作业、配送作业。

2. 几种不同的配送中心物流流程

配送中心的功能不同，其物流流程不同。并且，配送商品的种类、数量、价值高低、进出库频率等不同，其使用库房、堆放位置、养护方法及出入库时间不同，其物流流程也不同。

从商品的分类管理来看，商品 ABC 分类不同，其物流流程不同。

（1）使用频率（进出库频率）较高的零售商品（属 A 类商品），在流通过程中，整批进货和储存，然后，按客户的订货单配货，送到零售店。由于这类商品进货批量大，故以较低的价格购入，再以零售价出售给消费者，即减少了流通环节，又为企业加倍获利。所以，这类商品的储存，本身是"创利"的，其物流流程如图 6-6 所示。

图 6-6　综合配送中心的物流流程

（2）通过联机系统和商品信息管理系统订购的商品（属 B 类商品），即配送中心按照客户的订单汇总后统一向工厂整箱订货，收到货后，不需储存，直接进行分拣、组配，再送到客户手中。这样可以节约储存费用，加速流通。其物流流程如图 6-7 所示。

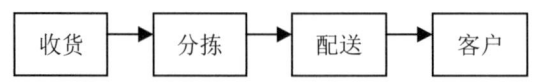

图 6-7　中转型配送中心的物流流程

(3) 直送商品即不经过配送中心的储存，直接从工厂送往客户。如牛奶、面包、豆腐等，需要一定的保鲜要求，通常是不经过配送中心，直接从生产厂配送到零售店。或根据客户运送要求，不经过配送中心结点，直接从生产厂配送到客户手中。这样的配送更加节省、快捷。其物流流程如图6-8所示。

图 6-8　运输型配送中心的物流流程

实践证明，这几类物流流程是最成功、最经济、高效的配送中心物流流程设计。

6.3　配送中心的建设

配送中心是一种物流结点，它不是具有单一的储藏功能的仓库，而是以物流配送为主要机能的流通仓库。配送中心的建设是基于物流合理化和发展市场两个需要而发展的，要考虑一个区域范围内物流系统的整体规划，同时还要满足运营效率和成本的要求，以及日后仓储规模的扩充与发展。因此，配送中心建设是一项建设规模大、投资额高、涉及面广的系统工程。

6.3.1　配送中心建设的原则

1. 适应性原则

配送中心建设必须与国家及省市的经济发展方针、政策相适应，与我国物流资源分布和需求分布相适应；同时还要与一个地区或区域的经济发展特征和主产品特征相适应；既要考虑配送中心本身经营运作上的可行性，又要与区域物流系统规划相适应。

2. 系统性原则

配送中心建设要将国家的物流网络作为一个大系统来考虑，要确立自身在网络中的位置，与整个系统相协调。同时在配送中心的规模、设施与设备的选择、生产作业能力、配送商品的特性等方面要保持协调性、一致性。

3. 经济性原则

配送中心建设的费用涉及的面广，一次性投入较大，比如规划、设计费用、使用费用、基本建设材料费用、人工费用、设施与设备的选择与安装费用等。配送中心建设时，既要充分考虑各种技术、经济因素，进行功能比较，又要进行未来价值分析；既要考虑企业效益，又要兼顾社会效益，总的原则是求得综合成本最低。

4. 前瞻性原则

配送中心建设是一项长期投资，所以，配送中心建设要有全局观念和长远考虑，坚持"立足当前，放眼未来"的原则。应结合国家和企业物流系统的长期规划和现实状况，以及国家和区域经济长期发展规划来考虑，既要符合目前需要，又要考虑未来发展的可能。

6.3.2　配送中心选址的影响因素

1. 自然环境因素

事先了解当地自然环境有助于降低建设风险。要充分考虑气象、地质、水文和地形等自然条件,这些会对商品的储存品质、配送设施设备产生重要影响。

2. 经营环境因素

(1) 产业政策。这是评估的重点,尤其是物流用地比较困难的情况下。主要影响政策包括企业优待措施、城市规划、地区产业政策等。

(2) 主要商品特性。配送中心配送的对象,即商品来源和去向的分布情况,历史和现在以及将来的预测和发展等。

(3) 客户和供应商的分布。这些将直接影响到配送中心的物流费用和库存水平的设置。

3. 基础设施状况

(1) 道路、交通条件。交通条件是影响配送中心成本及效率的重要因素之一。选址应尽可能接近交通运输枢纽,与未来交通规划相适应。

(2) 公共设施状况。主要是周边人力资源分布、工资水平、居住条件等,这些将影响到员工的聘用、劳工招募等。

4. 其他因素

(1) 国土资源利用。主要考虑相关法令规章、土地价格和城市规划等,尽量选在物流园区或开发区。

(2) 环境保护要求。随着经济的发展,人们越来越注重环境的保护。配送中心的选址,要注意有关环境保护问题,以免日后因缺少环保考虑而陷入困境。

6.4 配送中心的作业管理

配送中心的收货环节是商品从生产领域进入流通领域的第一步。基本的环节包括商品从货运卡车上卸货、点数、分类、验收,并搬运到配送中心的存储地点。它包括:卸货作业、验商品条形码、商品点验作业和搬运作业,最终将商品从卸货地点运送到存储地点。

6.4.1 进货管理

1. 进货作业的定义和作业流程

所谓进货作业是指从货车上把货物卸下、开箱,检查其数量、质量,并将有关收货信息书面化等。进货作业过程具有经济双重性,既是物流活动,又涉及商品所有权的转移(由生产转向流通),商品一旦收下,配送中心将承担商品完好的全部责任。因此,进货作业的质量至关重要。图 6-9 所示为进货作业流程图。

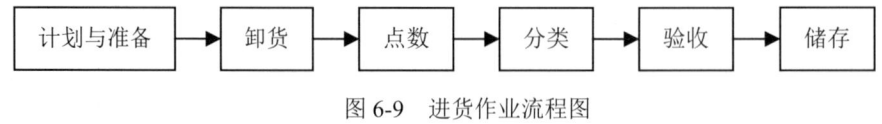

图 6-9 进货作业流程图

2. 进货作业的实施

(1) 进货计划与准备。物流中心的进货作业计划制订的主要基础和依据是需求订单。进货作业的制订必须依据订单所反映的信息,掌握商品到达的时间、品类、数量及到货方式,尽可能准确预测出到货时间,以尽早做出卸货、储位、人力、物力等方面的计划和安排。进货作业计划的制订有利于保证整个进货流程的顺利进行,同时有利于提高作业效率,降低作业成本。

在商品到达物流中心之前，必须根据进货作业计划，在掌握入库商品的品种、数量和到库日期等具体情况的基础上做好进货准备。做好入库前的准备，是保证商品入库稳中有序的重要条件。准备工作的主要内容有：储位准备、人员准备、搬运工具准备、相关文件准备。

（2）卸货作业。配送中心卸货一般在收货站台上进行。送货方到指定地点卸货，并将抽样商品、送货单、增值税发票等交给收货人员验收。卸货方式通常有人工卸货、输送机卸车卸货等。在托盘作业的情形下，应将货物直接卸到托盘。在商品码托盘时应注意：商品标志必须朝上，商品摆放不超过托盘宽度，商品每板高度不得超过规定的高度，商品重量不得超过托盘规定的载重量。托盘上的商品尽量堆放平稳，便于向高堆放。每盘商品件数必须标明，上端用行李松紧带捆扎牢固，防止跌落。

（3）收货验收。收货验收是物流作业的一个重要环节。验收的目的是保证商品能及时、准确、安全地发运到目的地。供应商送来的商品来自各工厂和仓库，在送货过程中相互有个交接关系，验收的目的之一在于与送货单位分清责任；其次在商品运输过程中，因种种原因，可能造成商品溢缺、损坏包括大件溢缺，供需双方当面查点交接分清责任（表6-1）。

表 6-1　商品数量验收方法

商品	验收方法	验收步骤
大件、大批量商品	标记记件法	对每一定件数的商品进行标记，待全部清点完毕后，再按标记计算总数
包装规则、批量不大	分批清点	将商品按每行、列、层堆码，每行、列、层堆码件数相同，清点完毕后统一计算
包装规则、批量大	定额装载	用托盘、平板车和其他装载工具实行定额装载，最后计算入库数量

1）核对验收单证。核对验收单证包括：商品入库通知单，订货合同，供货单位提供的质量证明书或合格证，装箱单或码磅单，检验单及发货明细账，运输单位提供的运单及普通或商务记录，保管员与提运员、接运员或送货员的交接记录等。核对凭证就是对上述证件、资料进行对照核实、整理分类。然后以单核货，逐项对列、件件过目。特别是对品种繁多的小商品要以单对货，核对所有项目，即品名、规格、颜色、等级、标准等，才能保证单货相符、准确无误。

2）商品条码验收：在商品条形码验收作业时要抓住两个关键，即该商品是否是送货预报商品、其商品条码与商品数据库内已登录的资料是否相符。

3）数量验收：一般采取先卸后验的办法，即收货人员根据随车同行单据，查阅核对实送数量与预报数量是否相符。

4）质量验收：质量验收有感官检验和仪器检验等方法。仪器检查是指利用试剂、仪器和设备对商品规格、成分、技术标准等进行物理和生化分析，检验效果科学，但是过程复杂。由于交接时间短促和现场码盘等条件的限制，在收货点验时，通常采用"看""闻""听""摇""拍""摸"等感官检验方法。这种方法比较灵活，但是受操作人员的经验、作业环境和生理状态等因素影响。

【小思考6-3】

怎样验收玻璃、流质、易挥发等特殊货物？

5）包装验收：包装验收的目的是为了保证商品在运行途中的安全。物流包装一般在正常的保管、装卸和运送中，要经得起颠簸、挤轧、摩擦、叠压、污染等影响，在包装验收时，应具体检查：纸板的厚度和卡具、索具的牢固程度，纸箱的钉距、内衬底的严密性；纸箱封条是否破裂、箱盖（底）板是否粘牢、纸箱内包装或商品是否外露；纸箱是否有潮湿、变形、油污、发霉、虫害等情况。

（4）货物编号。为保证物流配送中心的物流作业准确而迅速地进行，在进货作业中必须对货物进行清楚有效的编号，这是极为重要的。编号的重要意义是对货物按分类内容，进行有序编排，并用简明文字、符号或数字来代替货物的"名称""类别"，以便于对货物编号后可通过计算机进行高效率和标准化的管理。

货物编号的方法主要有流水码编号法、条码编号法和商品分类编号法等。

（5）商品收货入库的信息处理。到达配送中心的商品，经验收确认后必须认真填写"验收单"，并将有关入库信息及时准确地登录库存商品信息管理系统，更新库存商品的有关数据。商品信息登录的目的在于后续作业，如为采购进货、储存、拣货、出货等环节提供管理和控制的依据。通过严格的信息管理，利用真实和有效的数据，为流动资产的管理提供依据，因此，商品信息的录入必须及时、准确、全面。入库商品信息通常需要录入以下内容：①商品的一般信息（商品的名称、规格、型号、包装、商品单价等）；②商品的原始条码、内部编码、进货入库单据号码；③商品储位指派；④商品的入库数量、入库时间、进货批次、生产日期、质量状况等；⑤供应商信息（供应商名称、编号、合同号等）。

商品入库验收单见表 6-2。

表 6-2　商品入库验收单

入库商品名称		入库日期	
入库商品数量		储位分配	
入库商品描述			
入库商品交接手续			
移交入库商品人员签字/日期		入库商品接收人员（库管员）签字/日期	
备注			

以上信息录入后，配送中心的信息管理系统将自动更新和储存录入信息，特别是商品入库数量的录入将增加库存商品账面余数，从而保证商品账面数与实际库存数量一致，既为有效地保管商品数量与质量提供依据，也为库存商品数量的控制和采购决策提供参考。对作业过程中产生的单据和其他原始资料应注意根据一定标志，如按不同的供应商或者时间顺序等归类整理，留存备查。

3. 商品验收入库中常见的问题及处理

（1）货单不符。货单不符是指入库商品在数量、品种、规格等方面与入库单据所填不符。在商品入库验收中，如发现商品的数量、品种、规格等的单货不符，应在货运交接单上据实批注，以分清仓库与运输部门的交接责任。同时，仓库应立即查询送货单位，待对方核对确实后，再做处理。如属货主少送的要补充，多送的数量要补单或退货；如属货主单位开错、漏开的，要办理正式更正手续等。总之,仓库发现入库商品单货不符的问题,必须在有关方面做出符合商品入库要求的具体处理后,才能签发凭证。

(2) 商品质量问题。商品质量问题是指入库商品质量出现异状的情况。在商品入库验收中,如发现商品的质量问题出现异状时,应根据不同情况,区别处理。如属异状轻微,不影响使用,而货主单位又要求入库并同意提前出库的,仓库应将异状情况连同货主单位意见,在入库凭证上批注清楚,予以办理入库手续。但在库内,为防止异状情况扩大,要采取保养措施。如属异状严重,但数量又多,仓库应拒绝收货。

(3) 商品包装问题。商品包装问题是指入库商品包装出现异状的情况。在商品入库验收中,如发现商品的包装异状,应会同送货人员开箱检查。并由送货人员开具包装异状记录,或在送货单上注明。同时,在仓库中另行存放,以便处理。

(4) 货单不同行。货单不同行是指入库商品和入库单据出现不同时到达的情况。在商品入库验收中,如发现货单不同行,不能办理入库手续。如果有单无货,则将单据退回货主;如果有货无单,则把商品暂时代管,待入库单到齐后,再办理入库手续。

6.4.2 订单处理

订单处理就是从接到客户订货开始一直到拣选货物为止的作业阶段,其中还包括有关用户和订单的资料确认,存货查询和单据处理等内容。

1. 订单处理的方式

订单处理的方式有人工和计算机两种形式。目前主要是用计算机处理,它不但速度快,效率高,而且成本低。

(1) 传统订货方式。

1) 厂商铺货。即供应商直接将商品放在货车上,一家家去送货,缺多少补多少。此种方法适用于周转率快的商品,或新上市商品。

2) 厂商巡货、隔天送货。即指供应商派巡货人员前一天先到各客户处查寻需补充的商品,隔天再予以补货。传统的供应商采用这种方式可利用巡货人员为商店整理货架、贴标签或提供经营管理意见、市场信息等,也可促销新品。

3) 电话口头订货。即指客户将商品名称及数量,以电话口述向厂商订货。由于每天需向许多供应商要货,且需订货的品项可能达数百种,故花费时间长,错误率高。

4) 传真订货。即指客户将缺货信息整理成文,利用传真机传给供应商。

5) 邮寄订单。即指客户将订货单邮寄给供应商。

6) 客户自行取货。即指客户自行到供应商处看货、补货,此种方式多为传统杂货店因地远近所采用。

7) 业务员跑单接单。即指业务员到各客户处去推销产品,而后将订单带回或紧急时用电话先与公司联系、通知客户订单。

随着市场竞争的日趋加剧,订货的高频率、快速响应要求,使传统的订货方式已无法应付,于是一种划时代的新的订货方式便应运而生,这就是电子订货方式。

(2) 电子订货方式。这是一种借助计算机信息处理,以取代传统人工书写、输入、传送的订货方式。它将订货信息转为电子信息借由通信网络传送,故称电子订货系统(Electronic Ordering System,EOS)。具体做法见表6-3。

表 6-3　电子订货方式及作业

订货方式	具体作业
订货簿或货架标签配合手持终端机及扫描器	订货人员携带订货簿及手持终端机巡视货架，若发现商品缺货就用扫描器扫描订货簿或货架上的商品条形码标签，再输入订货数量，当所有订货资料皆输入完毕后，利用数据机将订货信息传给供应商或配送中心
POS 订货	指客户在 POS 收银机的商品库存档内设定安全存量。每当销售一笔商品时，电脑自动扣除该商品库存。当库存低于安全存量时，便自动生成订单，经确认后便透过通信网络传给配送中心或供应商
订货应用系统	客户利用计算机信息系统里的订单处理系统，将订货信息通过与供应商约定的共同格式，在约定的时间里传送出去。这是一种电子商务订货方式

2. 订单处理的具体内容

面对众多的交易对象时，配送中心需要因地制宜地结合不同客户的不同需求而做出不同的处理，这反映在订货处理上就不难看出订单交易的形态具备其多样性，也就是说配送中心在服务于不同的客户或者是不同的商品时应该采取不同的交易处理方式，见表 6-4。

表 6-4　不同订单形态的作业

订单类别	交易类别	作业方式
内部调拨配送订单	一般的交易订单，接单后按正常的作业程序拣货、出货、配送	接单后，将资料输入订单处理系统，按正常的订单处理程序处理，资料处理完后进行拣货、出货、配送、收款等作业
批发和现金销售	与客户当场直接交易、直接给货的交易订单	订单资料输入，拣出货品交给客户
间接交易订单	客户向物流中心订货，但由供应商直接配送给客户的交易订单	接单，将客户的出货资料传给供应商由其代配。需要将配送中心出货单与供应商的送货单核对，视为事后入库
合约式交易订单	客户签订配送契约的交易，如签订某期间内定时配送某数量商品的合约	输入合约内容的订货资料并设定各批次送货时间，以便在约定日期来临时系统自动产生送货的订单资料
寄库式交易	客户因促销、降价等市场因素而先行订购某数量商品，根据需求再要求出货的交易	当客户要求配送寄库商品时，系统查询客户时候确实有此项寄库商品，出货时扣除商品的寄库量
兑换券交易	客户兑换所兑换商品的配送出货	系统应查核客户是否确实有此兑换券回收资料，按兑换券兑换的商品及兑换条件予以出货，并应扣除客户的兑换券回收资料

订货信息经处理后即可打印或输出出货单据，以便展开后续的物流作业。

（1）拣货单：即出库单。要输出拣货单。拣货单的输出应考虑商品的储存位置，依据储位前后相关顺序排列，以减少拣货人员重复往返取货，同时拣货数量、单位均需详细、准确标明。

（2）送货单：物品配送交货时，通常应附上送货单据供客户清点签收。由于送货单主要给客户签收、确认送货资料，故务必准确、清晰。

（3）缺货信息：待配货完毕后，对于缺货的商品或缺货的订单资料，应向存货系统提供查询界面或报表,以便采购人员紧急采购。

6.4.3 拣货、补货和出货管理

1. 拣货作业

拣货作业(又称配货拣选),它是配送中心根据客户提出的订货单所规定的商品品名、数量和储位地址,将商品从货垛或货架上取出,搬运到理货场所,以备配货送货。

(1)拣选作业的方法。商品拣选作业一般有两种方法,即摘果法和播种法。

1)摘果法。就是让拣货、搬运巡回于储存场所,按某要货单位的订单挑选出每一种商品,巡回完毕也完成了一次配送作业,将配齐的商品放置到发货场所指定的货位,然后,再进行下一个要货单位的配货。

摘果法具有下列优点:即作业方法单纯;订单处理前置时间短;导入容易且弹性大;作业人员责任明确;派工容易、公平;拣货后不必再进行分拣作业;适用于大批量、少品种订单的处理。

摘果法的缺点是:商品品种数多时,拣货行走路线过长,拣取效率降低;拣取区域大时,搬运系统设计困难;少批量、多批次拣取时,会造成拣货路径重复费时,效率降低。

2)播种法。即将每批订货单上的同种商品各自累加起来,从储位上取出,集中搬运到理货场,然后将每一客户所需的数量取出,分放到该客户商品暂储待运货位处,直至配货完毕。

播种法具有下列优点:适合订单数量庞大的系统;可以缩短拣取时的行走搬运距离,增加单位时间的拣取量;越要求少批量、多批次的配送,批量拣取就越有效。

播种法的缺点是:对订单的到来无法做及时的反应,必须等订单达到一定数量时才做一次处理,因此会有停滞的时间产生。

为了提高拣选效率、降低成本,应充分研究上述两种办法的优缺点,甚至可根据两种办法各自的适用范围,有机地将两者混用。例如,当储存区面积较大时,拣选作业中往返行走所费时间占很大比重,此时一人一单拣选到底的方法就不宜采用。如果适当分工,按商品的储区划分,每一拣选人员各拣选订货单中的一部分,如一层库房、一个仓间或几行货架寻找,既能减少拣选人员的往返之劳,又能驾轻就熟,事半功倍,几个拣选人员所费工时之和往往低于一个人拣选的总工时。

(2)拣选作业与设施。由于多品种、少批量物流的影响,使得配送中心经营的商品种类年年增加,零星要货占商品订货单的70%,而这部分商品的销售额不超过30%;特别是拆零的工作量增幅很大,像食品行业拣选的作业量要占据整个工作量的80%。故配送中心对拣选作业的机械化,投入了很大的人力、物力和财力。目前,拣选设备大多采用货架叉车拣选系统、拣选重力货架系统(特别是计算机控制自动显示的重力式货架拣选系统)和电子标签拣选系统。

【小思考6-4】

什么是电子标签拣选系统?

2. 补货作业

补货作业是指以托盘为单位,从货物保管区(Reserve Area)将货物移到另一个作为按订单拣取(Order Picking)用的动管拣货区(Home Area)或配货区,然后将此移库作业做库存

信息处理。补货作业的目的是为了保证拣货区有货可拣,确保配货区有货可配。补货作业与分拣作业息息相关。一旦发现拣货区所剩余的存货量过低时,则必须由储存保管区向拣货去进行补货。当配送中心的规模太大或需配送的货物品种多、批量小时,为了加强分工、提高配货效率,往往还需建立动管拣货区进行补货。如果配送中心的规模小或需配送的货物品种少、批量大时,则不需补货,直接进行拣选、配货。

（1）补货方式。

1）由储存货架区与流动式货架组成存货、拣货、补货系统,如图 6-10 所示。

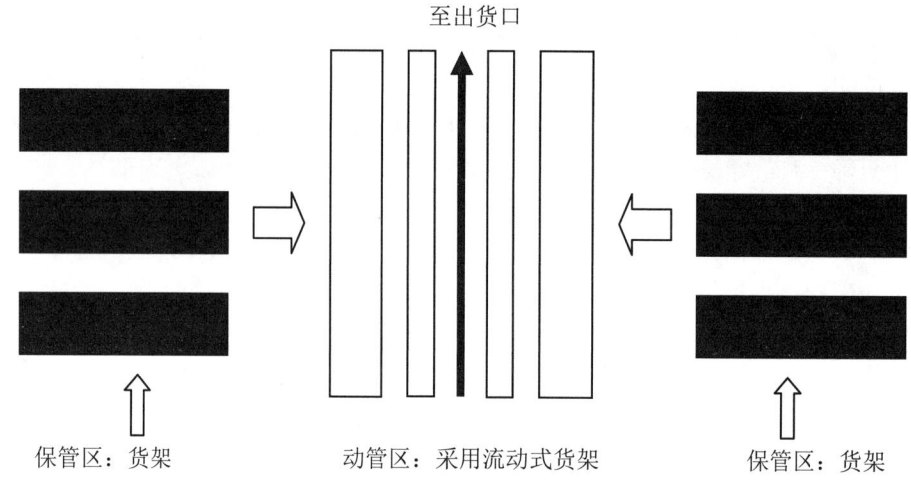

图 6-10　储存保管区向动管区货架补货示意图

【小思考 6-5】

什么是保管区？什么是动管区？

2）将货架的上层作为储存区,下层为拣货区,商品由上层货架向下层货架补货的系统,如图 6-11 所示。这种补货方式在超市较为常见,适合体积不大,每种货品存货量不高,且出货多属中小量（以箱为单位）的货品。

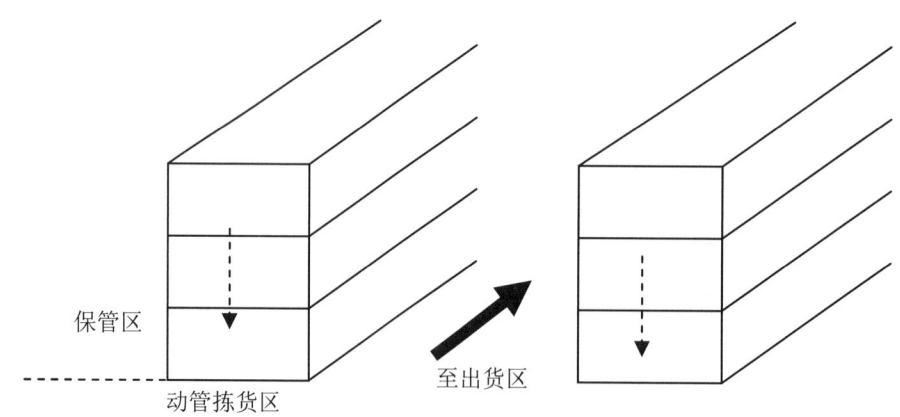

图 6-11　货架上－下层补货示意图

（2）补货时机。补货作业的发生与否，主要看动管拣货区的货物存量是否符合需求。因此究竟何时补货要看动管拣货区的存量；以避免出现在拣货中途才发现动管区货量不足需要补货，而影响整个拣货作业。通常，可采用批次补货、定时补货或随机补货三种方式。

1）批次补货。在每天或每次拣取前，经由电脑计算所需货品的总拣取量，再察看动管拣货区的货品量，在拣取前一特定时点补足货品。此为"一次补助"的补货原则，比较适合一日内作业量变化不大，紧急插单不多，或是每批次拣取量大，需事先掌握的情况。

2）定时补货：将每天划分为数个时点，补货人员在时段内检视动管拣货区货品存量，若不足即马上将货架补满。此为"定时补足"的补货原则。比较适合分批拣货时间固定，且处理紧急时间也固定的情况。

3）随机补货：指定专门的补货人员，随时巡视动管区的货品存量，有不足随时补货的方式。此为"不定时补足"的补货原则，较适合每批次拣货量不大，紧急插单多以至于一日内作业量不易事前掌握的情况。

3. 出货作业

将拣选出来的物品按客户订单分拣集中在一起，装入妥当的容器，做好标记，根据车辆调度安排的趟次等，将物品搬运到出货待运区，最后装车配送。这一连串的物流活动就是出货作业的内容。包括商品分拣、配送加工活动。

（1）分拣作业。拣货作业完成后，再将物品按照不同的客户或不同的配送路线进行分类的工作，就称为"分货"，又称为"分拣"。分拣作业一般在理货场地进行，它的任务是将发给同一客户（如商场）的各种物品汇集在一处，以待发运。

分拣的操作方式大致上可分人工分拣和自动化分拣两种。

1）人工分拣。它是用人力以手推车为辅助工具，将被分拣商品分送到指定的场所堆放待运。批量较大的商品则用叉车托盘作业。目前我国的仓库、配送中心基本上都采用人工分拣。其优点是机动灵活，不需复杂、昂贵的设备，不受商品包装等条件的制约。缺点是速度慢、工作效率低、易出差错。它一般适用于分拣量小、分拣单位少的情况。

2）自动化分拣。随着消费者"多品种、少批量"的消费需求的日趋强烈，配送中心商品分拣和拆零拣选的作业量越来越大，分拣作业已成为物流配送中心的一个重要作业环节。例如，一个配送中心的日分拣量超过 5 万件、一次分拣的客户数超过 100 个的情况，已很常见；同时对服务质量要求也越来越高。人工分拣根本无法满足大规模配送的要求。如何大幅度提高分拣作业的效率和质量，已成为配送中心的一种核心竞争能力。

科学技术的进步日新月异，如激光扫描、计算机控制和条码等高新技术导入物流领域，使自动分拣技术朝高速化、高准确率和低分拣成本方向发展。目前，国外许多大中型配送中心都广泛地使用了自动分拣机进行分拣。

自动分拣系统具有以下优点：提高单位时间内的商品处理量，一台自动分拣机每小时分拣量可达 6000~10000 箱；可提高物流服务品质，使物品在物流作业过程中的货损率大大低于人工作业；降低分货的差错率，通常自动分拣系统的分拣错误率在万分之零点几，这是人工所无法比拟的；自动分拣机成倍地缩短了分拣作业的前置时间，降低了物流成本；同时解决了劳动力不足的问题，把配送中心人员从繁重的分拣作业中解放出来。

（2）配送加工作业。配送加工作业在整个配送作业系统中，处于一种具有可选择性的附带作业地位。它是一项可提高服务水平、增加附加价值的作业。一般较常见的有：进口商品贴中文标签、礼品包装、热缩包装及贴价格标签等。

配送加工作业的方式很多,依客户需求的不同,在作业流程的时间点也不同。

1)贴标签作业。贴标签作业大致可分贴中文说明标签和贴价格标签。贴中文说明标签大部分是以进口商品为主。当商品入库后,就开始进行作业,标签贴完后再进行入库。这主要是针对贸易进口商的一种物流服务项目。另外一种是贴价格标签,这是针对零售店的要求所进行的流通加工,其作业大部分是在拣货完成后进行。

2)热缩包装。在流通加工作业中,热缩包装作业也是一种比较常见的加工方式。主要是针对超市或大卖场的需求,把某些商品按促销要求组合,用热收缩塑料包装材料固定在一起。常用的 PE 膜收缩温度范围在 88~149℃,受热时变软了,冷却后收缩,收缩强度相当大,可承受较大、较重的商品。

3)礼品包装。主要是针对逢年过节时,有部分商品必须组合成礼盒销售,如补酒礼盒、南北货礼盒、食品礼盒等。

4)包装分装。主要是针对国内外厂商的大包装商品或散装商品,以计量(或计重)包装方式改为商品的销售包装。

4. 送货管理

从流通的观念来看,送货是指将被订购的物品,使用卡车或其他运输工具,从制造厂和生产地或配送中心送到客户手中的物流活动。

如何有效地管理送货是非常重要的。如果在这方面失误,会产生种种问题。如从接受订单到出货非常费时,配送效率低下,驾驶员的工作时间不均,货品在输配送过程中的损坏、丢失等。同时,最直接地影响是送货的费用超常。在送货管理中,不仅要对输配送人员的工作时间、重要情况进行管理,而且还要加强对车辆的利用(如装载率、空驶率等)的管控。

(1)送货的特点。送货是配送中心作业的最终和最具体、直接的服务,其服务要点有下列几点:

1)时效性。就是要确保能在指定的时间内交货,这是考核配送中心作业水平的一项重要指标——准点率。

2)可靠性。指将货品完好无缺地送达目的地。这是对配送中心的差错率、货损率的考核。

3)沟通性。由于配送人员是与客户直接接触的人员,因而其表现出的态度、反应会给客户深刻的印象,代表着公司的形象。所以,一些物流企业把卡车司机和送货人员称作"公司的形象大使"。为此,配送人员与客户的沟通显然是非常重要的,它有利于巩固客户的忠诚度。

4)便利性。配送最重要的是要对客户提供方便,因而对于客户点的送货计划,应具有一定的弹性。如紧急送货、信息传递、顺道退货、辅助资源回收等等。

5)经济性。满足客户的服务需求,不仅质量要好,价格也是客户重视的要素。配送中心只有通过自身运作的高效率、物流成本的控制,以经济性来抓住客户。

(2)提高送货效率的措施。这里要着重抓住距离最小、时间最少和成本最低。具体措施为:

1)消除交错输送。可采取减少或消除交错输送的方式,例如,将原先直接由各生产厂送至各客户的零散路线以配送中心来整合与调配转送,以此缓解交通混杂的矛盾、大大缩短输配送距离。

2)利用回程车。依此来降低车辆的空驶率和运输成本。

3）直接运送。在美国的大型零售连锁店，厂商大多将商品直接送至商场成交。以加工食品为例，厂商将产品直接送至零售商场的比例约占 68%，透过一次批发的仅占 32%。这与我国传统的商业流通体制，即大多采取从厂商经总代理商、二次批发，甚至三次批发才到零售店的现状，形成了明显的对比。

4）配送工具的变换选用。由于配送不是简单的"送货上门"，而是运用科学而合理的方法选择配送车辆的吨位、配载方式、确定配送路线，以达到"路程最短、吨公里最小"的目标。

5）建立完善的信息系统。配送中心信息系统主要包括订单处理、库存管理、出货计划管理和输配送管理等四个子系统。为了提高输配送作业的效率，信息系统应具有以下功能：即最佳输送手段的自动检索、配车计划的最优或自动生成、配送路线的自动生成。

6）改善运送车辆的通讯。如装载 GPS 系统，以把握车辆及司机的状况、传达道路信息或气象信息、掌握车辆作业状况及装载状况、传递作业指示、传达紧急信息指令、提高运行效率及安全运转和所在地点。

7）控制出货量。尽可能控制客户出货量，使其均衡化，能有效地提高输配送效率。

8）共同配送。所谓"共同配送"，是指由多家企业共同参与只由一家运输公司承担配送作业的模式。

近年来，共同配送的发展引起业界人们的广泛关注。共同配送是以独自进行配送的若干个企业，通过共同化将配送的商品集中汇总后进行配送的方式，它是共同物流的一个方面。为了达到物流合理化的目的，根据在一定的区域范围内若干个企业的定期配送需要，在这个企业的协助下，采用一家配送企业或两家以上的配送企业共同建立一套配送系统，使配送业务效率化。共同配送即第三方物流模式。

本章思考题

1．配送中心的功能有哪些？
2．配送的作用是什么？
3．拣货作业有哪几种方法，各有什么特点？
4．配送中心建设的原则及应考虑的因素是什么？
5．提高送货效率的措施有哪些？

案例分析

一家成功的便利店背后一定有一个高效的物流配送系统，7-11 从一开始采用的就是在特定区域高密度集中开店的策略，在物流管理上也采用集中的物流配送方案，这一方案每年大概能为 7-11 节约相当于商品原价 10%的费用。

7-11 的物流管理模式先后经历了三个阶段三种方式的变革。起初，7-11 并没有自己的配送中心，它的货物配送是依靠批发商来完成的。以日本的 7-11 为例，早期日本 7-11 的供应商都有自己特定的批发商，而且每个批发商一般都只代理一家生产商，这个批发商就是联系 7-11 和其供应商间的纽带，也是 7-11 和供应商间传递货物、信息和资金的通道。供应商把自己的产品交给批发商以后，对产品的销售就不再过问，所有的配送和销售都会由批发商来完成。对于7-11而言，批发商就相当于自己的配送中心，它所要做的就是把供应商生产的产品迅速有效地运送到7-11手中。为了自身的发展，批发商需要最大限度地扩大自己的经营，尽力向更多的便利店送货，并且要对整个配送和订货系统做出规划，以满足7-11的需要。

渐渐地，这种分散化的由各个批发商分别送货的方式无法再满足规模日渐扩大的7-11便利店的需要，7-11开始和批发商及合作生产商构建统一的集约化的配送和进货系统。在这种系统之下，7-11改变了以往由多家批发商分别向各个便利点送货的方式，改由一家在一定区域内的特定批发商统一管理该区域内的同类供应商，然后向7-11统一配货，这种方式称为集约化配送。集约化配送有效地降低了批发商的数量，减少了配送环节，为7-11节省了物流费用。

配送中心的特定批发商（又称为窗口批发商）提醒了7-11，何不自己建一个配送中心？与其让别人掌控自己的经脉，不如自己把自己的脉。7-11的物流共同配送系统就这样浮出水面，共同配送中心代替了特定批发商，分别在不同的区域统一集货、统一配送。配送中心有一个电脑网络配送系统，分别与供应商及7-11店铺相连。为了保证不断货，配送中心一般会根据以往的经验保留4天左右的库存，同时，中心的电脑系统每天都会定期收到各个店铺发来的库存报告和要货报告，配送中心把这些报告集中分析，最后形成一张张向不同供应商发出的订单，由电脑网络传给供应商，而供应商则会在预定时间之内向中心派送货物。7-11配送中心在收到所有货物后，对各个店铺所需要的货物分别打包，等待发送。第二天一早，派送车就会从配送中心鱼贯而出，择路向自己区域内的店铺送货。整个配送过程就这样每天循环往复，为7-11连锁店的顺利运行修石铺路。

配送中心的优点还在于7-11从批发商手上夺回了配送的主动权，7-11能随时掌握在途商品、库存货物等数据。有了自己的配送中心，7-11就能和供应商谈价格了。7-11和供应商之间定期会有一次定价谈判，以确定未来一定时间内大部分商品的价格，其中包括供应商的运费和其他费用。一旦确定价格，7-11就省下了每次和供应商讨价还价这一环节，少了口舌之争，多了平稳运行，7-11为自己节省了时间也节省了费用。

【资料来源：根据网络资料整理编写】

问题：结合案例，7-11配送中心作业的特点是什么？

第 7 章 物流信息管理

学习目标

- 知识目标：通过本章的学习，掌握物流信息系统的基本理论及物流信息技术的应用原理，学习各类物流信息技术的特点及物流信息系统的开发。
- 技能目标：了解物流信息系统的构成，掌握物流信息技术的基本原理及应用。
- 能力目标：通过学习，能够熟练应用物流信息技术，具有分析中小型物流企业物流信息系统总体结构的能力。

引导案例

北斗让港口作业更加高效

近年来，北斗系统已经在智慧港口建设中大显身手。每一个港口都摆放着成千上万个外形一样的集装箱，但装载的东西却完全不同。吊车手看错箱子并将之送上错误航船的情况时有发生，这叫作"错箱率"。但有了北斗，只要在集装箱上安装一个小小的终端，把集装箱自身的编号和位置信息一起发送出去，人们就知道哪个箱子在什么地方了。装卸和运输都可以准确而高效，大幅度降低了错箱率。目前，许多大型港口的集装箱和装卸集装箱卡车上都安装了北斗终端，有了"智慧大脑"，港口作业将更加高效。

天津港是北斗系统应用较早的港口之一。除了集装箱作业应用，天津港还通过北斗、5G、无人驾驶、可视化等技术实现了更深层次的应用。天津港五洲国际集装箱码头的岸桥、场桥、拖车等全部作业单元在自动化操控中心实现了 3D 实时全景显示，司机在操控中心即可远程操控作业；无人智能卡车在 5G 网络的支持下，精准地行驶、停靠，灵巧地接卸、避障，不需要人工操作便可自动完成道路行驶、精确停车、集装箱装卸、障碍物响应等指定动作。

长江武汉花山港投入营运了利用北斗进行定位的 5G 智能无人集装箱转运卡车。一排排桥吊、船吊、轨道吊依次排开，3 辆约 15m 长、最高载重 75t 的"平板车"自主行驶，停车、装箱、驶离、停车、卸箱等一系列操作完全自主完成。传统集装箱无人转运卡车，主要借助埋在地下的"磁钉"定位实现自动行走；而该无人转运卡车的定位系统由北斗卫星导航系统定位、激光雷达地图定位、识别地表纹理的自然定位组成，通过 5G 网络传输数据，实现方圆 200m 内感知物体，停车定位精度控制在 5cm 以内。港口装卸货，只要桥吊司机和岸桥理货员通过 5G 移动终端设备发出指令，其他过程不需要人工干预。

据统计，全球港口吞吐量和集装箱吞吐量排名前 10 的港口中，中国港口占 7 席，中国的港口货物和集装箱吞吐量连续 16 年居世界第一。可以说，这为北斗港口应用提供了广阔的天地。

未来，随着北斗与 5G、人工智能等技术深度融合，北斗港口应用将不断拓展、不断广泛、不断成熟。北斗将不断助力智慧港口建设，服务国家战略，为国家建设世界一流港口贡献智慧与力量。

【资料来源：根据网络资料整理编写】

7.1 信息与信息管理

7.1.1 信息概述

1. 信息的概念

信息的概念是十分普遍的，客观世界存在着各种各样的信息现象，信息是事物现象及其属性标识的集合。自然的演化需要信息，生命的进化也需要信息，人类的生活更是需要信息。没有信息，千变万化的事物之间就没有了联系，也就没有了大千世界的统一。

（1）数据。所谓数据，即用来反映客观事物的性质、属性相互关系的任何字符、数字和图形。例如"三辆集装箱卡车"，其中的"三"和"集装箱"就是数据。"三"表示了货轮的数量特征，"集装箱"反映了货轮的类型。在信息系统领域中，可以这样定义数据：数据是记录客观事物的可以鉴别的符号；数据不仅包括数字，还可以是文字、图形及声音等。

数据是一种原始记录，没有经过加工的数据是粗糙和杂乱的，它又必须是真实可靠的，必须有积累的价值。现代科技的飞速发展已经使计算机能够处理数量惊人的各种数据，而人们更关注那些经过计算机处理过的数据，因为从这些数据中可以得到有用的信息。

（2）信息。基于不同的领域和不同的研究目的，人们对信息的定义也是五花八门。例如：信息是数据加工处理的结果；信息是一种有用的知识；信息是对现实世界某一方面的客观认识等。信息论的创始人申农对信息的定义是：信息是一种对不确定性的消除。事物的不确定性被消除得越大，信息量就越大，信息的价值越高。

在这里，主要从信息管理与信息系统的角度对信息进行定义：信息是通过一定的物资载体形式反映出来的，表征客观事物变化特征的，由发生源发生，经加工与传递，可以被接收者接收、理解和利用的消息、数据、资料、知识等的统称。

【小思考 7-1】

信息和数据的关系是什么？

2. 信息的构成

信息是由以下五个方面构成：

（1）信息源。信息源是指信息的来源或信息的发生源。任何事物都可发出信息，因此，任何事物都可成为信息源。换句话说，客观事物的存在就是该事物信息的发生源。

（2）信息载体。信息载体是指信息源发生信息时，一般都要以一种符号（图像、文字）或信号（语言、电磁波、声波、光波）等表现出来，通过不同的物质载体，以各种形式传递出去。

（3）信息内容与编译码。信息的内容是指信息所反映的客观事实。编码和译码编码是基于传递方式的要求，把信息由一种信号形式转换成另一种信号形式。编码按照一定的规则将符号排列成为一定序列，编码过程就是符号编排过程。

译码过程，也称反转换过程。按性质说，仍应属于信道编码过程，只不过它是靠近输出端的信道编码过程。为了区别信道两端的这两种过程，将前者称为编码，后者称为译码。

（4）信息传输。信息传递必然要有传输路线，即传输道路，这种信息传递所经过的空间路线即为信道。信道是信息流通系统的干线，是通信系统的重要组成部分。从理论上讲，信道不只是担负信息的传输任务，还具有一定的储存作用。

研究信道的关键问题是信息容量问题，即信道在单位时间内可以传输多少信息，也即以最大速率传输的信息量问题。信道容量与信道储存信息量的能力成正比，因此，通信技术总是向着传输速度快、传输数量大、传输功能高的方向发展。

（5）信息的接收者。信息的接收者应是那些接收信息并使用信息的接收者。接收者可以是人，也可以是物，其中也包括机器。接收者接收信息是通过自己的感受器。收音机、电视机的信息感受器是无线的，人的信息感受器是眼、鼻、耳、口、手、足和皮肤等感觉器官。

随着科技的发展，人们利用科学成果，不断研制出各种仪器，去感知与破译那些不能或不易为人体的感受器所接收或破译的信息，从而扩大了人的信息接收能力。

3. 信息的形态和类型

（1）信息的形态。信息一般有 4 种形态：数据、文本、声音、图像。这 4 种形态可以相互转化，例如，照片被传送到计算机，就把图像转化成了数字。

（2）信息的类型。信息可以从不同角度来分类：

1）按照其重要性程度可分为：战略信息、战术信息和作业信息。

2）按照其应用领域可分为：管理信息、社会信息、科技信息和军事信息。

3）按照信息的加工顺序可分为：一次信息、二次信息和三次信息等。如收货单是一次信息，收货统计表是二次信息，库存分析是三次信息。

4）按照信息的反映形式可分为：文字信息、数字信息、图像信息和声音信息等。

7.1.2 信息技术

1. 信息技术概念

信息技术（Information Technology，IT）是主要用于管理和处理信息所采用的各种技术的总称。它主要是应用计算机科学和通信技术来设计、开发、安装和实施信息系统及应用软件。它也常被称为信息和通信技术（Information and Communications Technology，ICT）。主要包括传感技术、计算机技术和通信技术。

自从 1946 年第一台电子计算机诞生到现在，仅仅 60 多年的时间，计算机技术的发展已经达到了相当高的程度，并形成了以计算机技术和网络技术为龙头的信息产业。计算机和网络对社会的影响越来越大，已经深入到人类活动的各个方面。以计算机技术为核心的信息技术的发展已经并将继续引发人类社会全面和深刻的变革，使人类社会由工业社会迈向信息社会，在各个方面都呈现出与工业社会显著不同的特点。网上书店、网上医院、网上学校、网上购物、网上银行等如雨后春笋般涌现出来，给人们的传统生活方式和工作方式以猛烈的冲击，使人们感受到技术发展的脉搏和信息时代前进的步伐。

2. 信息技术的内容

具体来讲，信息技术主要包括以下几方面技术：

（1）感测与识别技术。它的作用是扩展人获取信息的感觉器官功能，包括信息识别、信息提取、信息检测等技术。这类技术的总称是"传感技术"。它几乎可以扩展人类所有感觉器官的传感功能。传感技术、测量技术与通信技术相结合而产生的遥感技术，更使人感知信息的能力得到进一步的加强。信息识别包括文字识别、语音识别和图形识别等。通常是采用一种叫作"模式识别"的方法。

（2）信息传递技术。它的主要功能是实现信息快速、可靠、安全的转移。各种通信技术都属于这个范畴。广播技术也是一种传递信息的技术。由于存储、记录可以看成是从"现在"向"未来"或从"过去"向"现在"传递信息的一种活动，因而也可将它看作信息传递技术的一种。

（3）信息处理与再生技术。信息处理包括对信息的编码、压缩、加密等。在对信息进行处理的基础上，还可形成一些新的更深层次的决策信息，这称为信息的"再生"。信息的处理与再生都有赖于现代电子计算机的超凡功能。

（4）信息施用技术。这是信息过程的最后环节。它包括控制技术、显示技术等。

7.1.3 信息管理

（1）信息管理的概念和特征。信息管理（Information Management，IM）是人类为了有效地开发和利用信息资源，以现代信息技术为手段，对信息资源进行计划、组织、领导和控制的社会活动。简单地说，信息管理就是人对信息资源和信息活动的管理。其主要特征包括：

1）系统特征。从系统特征来看，信息管理是人员、技术设施、信息、环境等构成的一个信息输入输出系统。系统各部分之间相互联系、相互作用，不断从外部环境收集信息，进行可控性处理后向环境输出信息，借以影响环境并维持系统的生存与发展。

2）要素特征。信息管理的要素特征则表现为信息活动各要素的独特作用：信息人员的主体作用、信息技术的工具作用和信息内容的对象作用。从信息活动的对象来看，信息作为处理对象和最终产品，是信息管理的核心要素，也是信息管理的管理效率、管理目标是否实现的衡量标准。但从信息活动的主体来看，信息人员要素是信息管理的关键要素，因为作为信息管理者的信息人员，其信息管理意识在管理过程中发挥了重要的作用。信息人员的信息管理意识越强，在管理工作中发现并获取有用信息的能力就越强，为自己管理工作服务的能力也就越强，在发展经济工作中所发挥的作用就越大。因此，建立信息人员的信息管理意识对发挥信息管理作用，实现信息管理目标意义重大。

3）过程特征。信息管理的过程特征涵盖了信息活动的全过程，即信息的产生、记录、传播、收集、加工、处理、存储、检索、传递、吸收、分析、选择、评价、利用等。它是一个信息生命周期，是信息资源的形成和利用过程，是任何信息管理活动必然要涉及的过程。

（2）信息系统与管理信息系统。信息系统是与信息加工、信息传递、信息存储以及信息利用等有关的系统。信息系统可以不涉及计算机等现代技术，甚至可以是纯人工的。但是，现代通信与计算机技术的发展，使信息系统的处理能力得到很大的提高。在现在各种信息系统中已经离不开现代通信与计算机技术，所以所说的现代信息系统一般均指人、机共存的系统。

管理信息系统是收集、存储和分析信息，并向组织中的管理人员提供有用信息的系统。它的特点是面向管理工作，提供管理所需要的各种信息。由于现代管理工作的复杂性，管理信息系统一般都是以电子计算机为基础的。按照它所面向的管理工作的级别，可以分为面向高层管理、面向中层管理和面向操作级管理的三种类型。按其组织和存取数据的方式，可以分为使用文件的系统和使用数据库的系统两种类型。按其处理作业方式,可以分为批处理和实时处理的系统两种类型。按其各部分之间的联系方式,可以分集中式和分布式两种类型。管理信息系统的基本特征是具有协助各级管理者的一个信息中心,具有结构化的信息组织和信息流动,可以按职能统一集中电子数据处理作业,通常拥有数据库,具有较强的询问和报告生成能力。

(3)信息管理制度。没有完善的管理制度,任何先进的方法和手段都不能充分发挥作用。为了保障信息管理系统的有效运转,我们必须建立一整套信息管理制度,作为信息工作的章程和准则,使信息管理规范化。建立完善的信息管理制度主要包括以下几个方面:

1)建立原始信息收集制度。一切与组织活动有关的信息,都应准确毫无遗漏地收集。为此,要建立相应的制度,安排专人或设立专门的机构从事原始信息收集的工作。在组织信息管理中,要对工作成绩突出的单位和个人给予必要的奖励,对那些因不负责任造成信息延误和失真,或者出于某种目的胡编乱造、提供假数据的人,要给予必要的处罚。

2)规定信息渠道。在信息管理中,要明确规定上下级之间纵向的信息通道,同时也要明确规定同级之间横向的信息通道。建立必要的制度,明确各单位、各部门在对外提供信息方面的职责和义务,在组织内部进行合理地分工,避免重复采集和收集信息。

3)提高信息的利用率。信息的利用率,一般指有效的信息占全部原始信息的百分率。这个百分率越高,说明信息工作的成效越大。反之,不仅在人力、物力上造成浪费,还使有用的信息得不到正常的流通。因此,必须加强信息处理机构和提高信息工作人员的业务水平,健全信息管理体系,通过专门的训练,使信息工作人员具有识别信息的能力。同时,必须重视用科学的定量分析方法,从大量数据中找出规律,提高科学管理水平,使信息充分发挥作用。

4)建立灵敏的信息反馈系统。信息反馈是指及时发现计划和决策执行中的偏差,并且对组织进行有效地控制和调节。如果对执行中出现的偏差反应迟钝,在造成较大失误之后才发现,这样就会给工作带来损失。因此,组织必须把管理中的追踪检查、监督和反馈摆在重要地位,严格规定监督反馈制度,定期对各种数据、信息进行深入分析,通过多种渠道,建立快速而灵敏的信息反馈系统。

7.2 物流信息管理

7.2.1 物流信息

1. 物流信息的概念

物流信息:反映物流各种活动内容的知识、资料、图像、数据、文件的总称。

物流信息的概念可以从狭义和广义两方面来考察。从狭义范围来看,物流信息是指与物流活动(如运输、保管、包装、装卸、流通加工等)有关的信息。在物流活动的管理与决策中,如运输工具的选择、运输路线的确定、每次运送批量的确定、在途货物的跟踪、仓库库存的有效利用、最佳库存数量的确定、订单管理、如何提高顾客服务水平等,都需要详细和准确的物流信息,因为物流信息对运输管理、库存管理、订单管理、仓库作业管理等物流活动具有支持保证的功能。

从广义的范围来看,物流信息不仅指与物流活动有关的信息,而且包括与其他流通活动有关的信息,如商品交易信息和市场信息等。商品交易信息是指与买卖双方的交易过程有关的信息,如销售和购买信息、订货和接受订货信息、发出货款和收到货款信息等。市场信息是指与市场活动有关的信息,如消费者的需求信息、竞争者或竞争性商品的信息、销售促进活动有关的信息、交通通信等基础设施信息。

在现代经营管理活动中,物流信息与商品交易信息、市场信息相互交叉、融合,有着密切的联系;如零售商根据对消费者需求的预测及库存状况制订订货计划,向批发商或直接向生产商发出订货信息。批发商接到零售商的订货信息后,在确认现有库存水平能满足订单要求的基础上,向物流部门发出发货配货信息。如果发现现有库存不能满足订单要求,则马上组织生产,再按订单上的数量和时间要求向物流部门发出发货配送信息。由于物流信息与商品交易信息和市场信息相互交融、密切联系,所以广义的物流信息还包括与其他流通活动有关信息。广义的物流信息不仅能起到连接整合生产厂家,经过批发商和零售商最后到消费者的整个供应链作用,而且在应用现代信息技术(如 EDI、EOS、POS 互联网、电子商务等)的基础上能实现整个供应链活动的效率化,具体地说,就是利用物流信息对供应链各个企业的计划、协调、顾客服务和控制活动进行有效管理。

2. 物流信息的作用

物流信息是物流系统的功能要素之一。物流信息的功能,如同人们对一般的信息功能的认识一样,可以从不同的角度进行描述。物流信息在发挥物流系统整体效能上的功能,体现在以下几个方面:

(1)物流信息是物流系统整体的中枢神经。物流系统是一个有着自身运动规律的有机整体。物流信息经收集、加工、处理后,成为系统决策的依据,对整个物流活动起着运筹、指挥和协调的作用。如果信息失误,则运筹、指挥活动便会失误;如果信息系统发生故障,则整个物流活动将陷入瘫痪。

(2)物流信息是物流系统变革的决定性因素。人类已进入信息时代,信息化将改变现有社会经济的消费系统和生产系统,从而改变人类生存的秩序。物流是国民经济的服务性系统,社会经济秩序的变革必将要求现有的物流系统结构、秩序随之变革。物流信息化既是这种变革的动力,也是这种变革的实质内容。

(3)物流信息的支持作用。物流信息系统是把各种物流活动与某个一体化过程连接在一起的通道。一体化过程建立在四个层次上:交易、管理控制、决策分析与制订战略计划系统。物流信息对交易、管理控制、决策分析与战略计划起强大的支持作用。

1)物流信息支持交易系统。交易系统是用于启动和记录个别的物流活动的最基本的层次。交易活动包括记录订货内容、安排存货任务、作业程序选择、装船、定价、开发票及消费者咨询等。例如,当收到消费者订单,进入信息系统时,就开始了第一笔交易。按订单安排存货,记录订货内容意味着开始了第二笔交易。随后产生的一笔交易是打印和传送付款发票。在整个交易过程中,当消费者需要而且必须获得订货信息时,通过一系列交易,就完成了消费者订货功能的循环。

2)支持管理控制。管理控制,要求把主要精力集中在功能衡量和报告上。功能衡量对于提供有关服务水平和资源利用等管理反馈来说是必要的。因此,管理控制以可估价的、策略上的、中期的焦点问题为特征,它涉及评价过去的功能和鉴别各种可选方案。普通衡量包括每吨的运输和仓储成本(成本衡量)、存货周转(资产衡量)、供应比率(顾客服务衡量)、每工时生产量(生产率衡量)及顾客的感觉(质量衡量)等。

当物流信息系统有必要报告过去的物流系统功能时,物流系统是否能够在其被处理的过程中鉴别出异常情况也是很重要的。管理控制的例外信息对于鉴别潜在的顾客或订货问题是有用的。例如,有超前活力的物流系统应该有能力根据预测的需求和预期的入库数来预测未来的存货短缺情况。基本的管理控制衡量方法如成本,有非常明确的定义,而另一些衡量方法如顾客服务,则缺乏明确的定义。例如顾客服务可以从内部(企业的角度)或从外部(顾客的角度)来衡量。内部衡量相对比较容易跟踪,而外部衡量却难以获得,因为它们要求的是建立在对每一个顾客监督的基础上的。

3)支持决策分析。决策分析主要是集中精力在决策应用上,在比较、分析各可选方案的物流战略和策略的基础上,协助管理人员鉴别、评估各可选方案。典型分析包括车辆日常工作和计划、存货管理、设施选址,以及有关作业比较和安排的成本—收益分析。对于决策分析,物流信息系统必须包括数据库维护、建模和分析及范围很广的潜在可选方案的报告构件。与管理控制层次相同的是,决策分析也以策略上的和可估计的焦点问题为特征;与管理控制不同的是,决策分析的主要精力集中在评估未来策略上的可选方案,并且它需要相对松散的结构和灵活性,以便进行范围很广的选择。因此,用户需要有更多的专业知识和培训利用它的能力。既然决策分析的应用要比交易应用少,那么,物流信息系统的决策分析趋向于更多地强调有效(针对无利可图的账户鉴别出有利可图的品目),而不是强调效率(利用更少的人力资源实现更快的处理或增加交易量)。

4)支持制订战略计划。制订战略计划的主要精力集中在信息支持上,以期开发和提炼物流战略。这类决策往往是决策分析层次的延伸,但通常更加抽象、松散,并且注重于长期。作为战略计划的支撑,决策中包括通过建立战略联盟使协作成为可能,开发和提炼厂商的能力和市场机会,以及顾客对改进所作的反应。物流信息系统和战略层次的制订,必须把较低层次的数据结合进范围很广的交易计划中,以及有助于评估各种战略概率和损益的决策模型中。

【小资料7-1】

国务院印发的《物流业发展中长期规划(2014—2020年)》文件关于支持物流行业信息化发展的要求:进一步加强物流信息化建设。

加强北斗导航、物联网、云计算、大数据、移动互联等先进信息技术在物流领域的应用。加快企业物流信息系统建设,发挥核心物流企业整合能力,打通物流信息链,实现物流信息全程可追踪。加快物流公共信息平台建设,积极推进全社会物流信息资源的开发利用,支持运输配载、跟踪追溯、库存监控等有实际需求、具备可持续发展前景的物流信息平台发展,鼓励各类平台创新运营服务模式。进一步推进交通运输物流公共信息平台发展,整合铁路、公路、水路、民航、邮政、海关、检验检疫等信息资源,促进物流信息与公共服务信息有效对接,鼓励区域间和行业内的物流平台信息共享,实现互联互通。

3. 物流信息的特点

(1)信息量大。物流信息随着物流活动及商品交易活动的展开而大量发生。多品种少量生产和多频度小数量配送使库存、运输等物流活动的信息大量增加。零售商广泛使用销售时点系统(POS)读取销售时点的商品品种、价格、数量等即时销售信息,并对这些销售信息加工整理,通过电子数据交换(EDI)向相关企业传递。同时为了使库存补充作业合理化,许多企业采用电子自动订货系统（EOS）。随着企业间合作倾向的增强和信息技术的发展，物流信息的信息量在今后将会越来越大。

（2）动态更新快。物流信息的更新速度快、多品种少量生产、多频度小数量配送与利用 POS 系统的即时销售使得各种作业活动频繁发生，从而要求物流信息不断更新，而且更新的速度越来越快。

（3）来源多样化。物流信息不仅包括企业内部的物流信息（如生产信息与库存信息等量齐观），而且包括企业间的物流信息和与物流活动有关的基础设施的信息。企业竞争优势的获得，需要供应链各参与企业之间相互协调合作。协调合作的手段之一是信息及时交换和共享。许多企业把物流信息标准化和格式化，利用 EDI 在相关企业间进行传送，实现信息分享。另外，物流活动往往利用道路、港湾、机场等基础设施。因此，为了高效率地完成物流活动，必须掌握与基础设施有关的信息，如在国际物流过程中必须掌握报关所需信息、港湾作业信息。

【小思考 7-2】

如何收集和选择不同来源的物流信息？

7.2.2 物流信息管理

物流管理很大程度上是对信息的处理，管理组织中存在的大量岗位只是发挥着信息的收集、挑选、重组和转发的"中转站"作用。如果这些工作由正规信息系统来承担，反而会更快、更准、更全面。物流管理人员和决策人员如何利用现代信息技术和充分发挥现代物流管理理论的作用，已经成为企业所面临的一个重要问题。

1. 物流信息管理的概念

物流信息管理，就是对物流全过程的相关信息进行收集、整理、传输、存储和利用的信息活动过程。

物流信息管理不仅包括采购、销售、存储、运输等物流活动的信息管理和信息传送，还包括了对物流过程中的各种决策活动如采购计划、销售计划、供应商的选择、顾客分析等提供决策支持；并充分利用计算机的强大功能汇总和分析物流数据以做出更好的进销存决策，从而能够充分利用企业资源，增加对企业的内部挖潜和外部利用，大大降低生产成本，提高生产效率，增强企业竞争优势。

2. 物流信息管理特点

（1）专业性。物流信息管理是专门收集、处理、储存和利用物流全过程的相关信息，为物流管理和物流业务活动提供信息服务的管理活动。

（2）广泛性。物流信息管理涉及的信息对象广泛，如货物信息、作业人员信息、所使用的设施设备信息、操作技术和方法信息、物流的时间和空间信息等。

（3）灵活性。物流信息管理的规模、内容、模式和范围等，根据物流管理的需要，可以有不同的侧重和活动内容。

3. 物流大数据管理

物流大数据就是通过海量的物流数据，即运输、仓储、搬运装卸、包装及流通加工等物流环节中涉及的数据、信息等，挖掘出新的增值价值，通过大数据分析可以提高运输与配送效率，减少物流成本，更有效地满足客户服务要求。

物流大数据的作用。物流大数据应用对于物流企业来讲具有以下三个方面的重要作用：

（1）提高物流的智能化水平。通过对物流数据的跟踪和分析，物流大数据应用可以根据情况为物流企业做出智能化的决策和建议。在物流决策中，大数据技术应用涉及竞争环境分析、物流供给与需求匹配、物流资源优化与配置等。

在竞争环境分析中，为了达到利益的最大化，需要对竞争对手进行全面的分析，预测其行为和动向，从而了解在某个区域或是在某个特殊时期，应该选择的合作伙伴。

在物流供给与需求匹配方面，需要分析特定时期、特定区域的物流供给与需求情况，从而进行合理的配送管理。在物流资源优化与配置方面，主要涉及运输资源、存储资源等。物流市场有很强的动态性和随机性，需要实时分析市场变化情况，从海量的数据中提取当前的物流需求信息，同时对已配置和将要配置的资源进行优化，从而实现对物流资源的合理利用。

（2）降低物流成本。由于交通运输、仓储设施、货物包装、流通加工和搬运等环节对信息的交互和共享要求比较高，因此可以利用大数据技术优化配送路线、合理选择物流中心地址、优化仓库储位，从而大大降低物流成本，提高物流效率。

（3）提高用户服务水平。随着网购人群的不断增加，客户越来越重视物流服务的体验。通过对数据的挖掘和分析，以及合理地运用这些分析成果，物流企业可以为客户提供最好的服务，提供物流业务运作过程中商品配送的所有信息，进一步巩固和客户之间的关系，增加客户的信赖，培养客户的黏性，避免客户流失。

7.3 物流信息技术

7.3.1 电子数据交换（EDI）

1. 电子数据交换（EDI）概述

（1）电子数据交换的概念。电子数据交换（Electronic Data Interchange，EDI）：采用标准化的格式，利用计算机网络进行业务数据的传输和处理。

EDI 是一种在公司之间传输订单、发票等作业文件的电子化手段。它通过计算机通信网络将贸易、运输、保险、银行和海关等行业信息，用一种国际公认的标准格式，实现各有关部门或公司与企业之间的数据交换与处理，并完成以贸易为中心的全部过程。国际标准化组织（ISO）将 EDI 描述成"将贸易（商业）或行政事务处理按照一个公认的标准变成结构化的事务处理或信息数据格式，从计算机到计算机的电子传输"。

EDI 所传输的数据是指交易双方互相传递的具备法律效力的文件资料，可以是各种商业单证，如订单、回执、发货通知、运单、装箱单、收据发票、保险单、进出口申报单、报税单、缴款单等，也可以是各种凭证，如进出口许可证、信用证、配额证、检疫证、商检证等。

（2）EDI 模块功能（图 7-1）。

1）用户接口模块功能：业务管理人员可用此模块进行输入、查询、统计、中断、打印等，及时地了解市场变化，调整策略。

2）内部接口模块功能：这是 EDI 系统和本单位内部其他信息系统及数据库的接口，一份来自外部的 EDI 报文，经过 EDI 系统处理之后，大部分相关内容都需要经内部接口模块送往其他信息系统，或查询其他信息系统才能给对方 EDI 报文以确认的答复。

3）报文生成及处理模块，该模块有两个功能：一是接受来自用户接口模块和内部接口模块的命令和信息，按照 EDI 标准生成订单、发票等各种 EDI 报文和单证，经格式转换模块处理之后，由通信模块经 EDI 网络发给其他 EDI 用户。二是自动处理由其他 EDI 系统发来的报文。

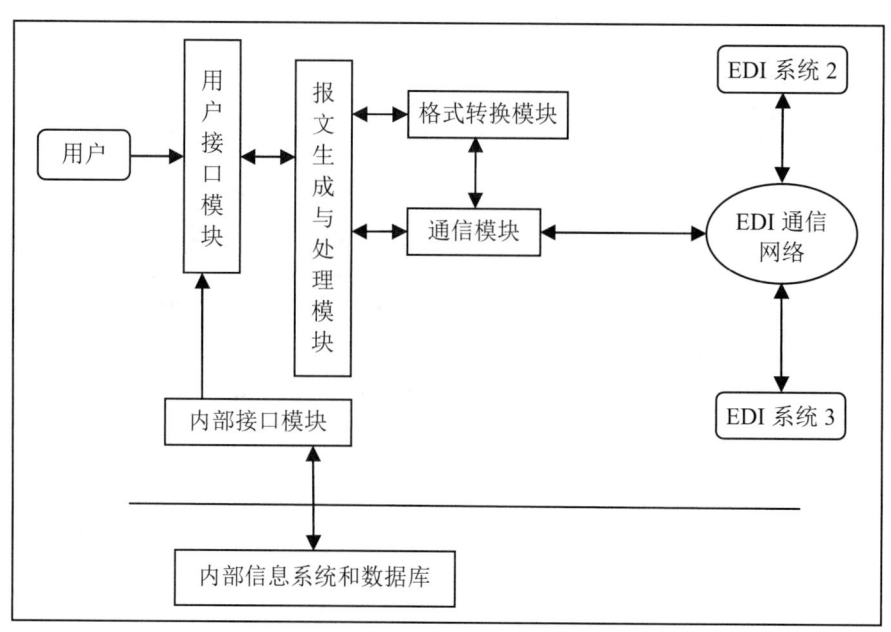

图 7-1　EDI 功能模块示意图

4）格式转换模块功能：所有的 EDI 单证都必须转换成标准的交换格式，转换过程包括语法上的压缩、嵌套、代码的替换以及必要的 EDI 语法控制字符。在格式转换过程中要进行语法检查，对于语法出错的 EDI 报文应拒收并通知对方重发。

5）通信模块功能：该模块是 EDI 系统与 EDI 通信网络的接口，包括执行呼叫、自动重发、合法性和完整性检查、出错报警、自动应答、通信记录、报文拼装和拆卸等功能。

6）命名和寻址功能：EDI 的终端用户在共享的名字当中必须是唯一可标识的。命名和寻址功能包括通信和鉴别两个方面。

2. 实现 EDI 的三项核心技术

EDI 涉及的技术十分广泛。概括地讲，实现 EDI 的技术主要有三个方面，即数据通信技术、标准化和计算机应用技术。

（1）数据通信网络。一个计算机数据通信系统可由计算机终端、主计算机、数据传输和数据交换装置四部分组成。它们通过通信线路连接成一个广域网络。计算机及其各类终端作为用户端点出现在网络中的，它可以访问网上的任意其他节点，以达到共享网上硬件和软件资源的目的。计算机及终端既是资源子网，也是整个计算机网络的端点。而这些节点之间完成通信线路的连接，并在通信线路中完成信息的交换。实现 EDI 的通信功能，受到通信技术的限制，随着通信技术与条件的多样化而呈现出多样化的特点，但它最终必然要统一于国际标准。通信网络 EDI 通信方式有多种。许多应用 EDI 公司逐渐采用第三方网络与贸易伙伴进行通信，即增值网络（VAN）方式。它类似于邮局，为发送者与接收者维护邮箱，并提供存储转送、记忆保管、通信协议转换、格式转换、安全管制等功能。因此通过增值网络传送EDI文件，可以大幅度降低相互传送资料的复杂度和困难度，大大提高EDI的效率。

（2）数据标准化。技术的标准化，是现代工业高度发达的一个重要保证，是衡量一个国家工业化水平的重要标志，其意义有时甚至超过技术本身。

为了避免产生复杂和混乱的电子网络，满足错综复杂的电子数据交换，必须制订一套大家所共同遵守的电子数据交换——EDI标准。各个使用计算机的机构必须在通信中建立统一的标准化的电信线路、传送速度。通信中认可的固定程序（如协议、数据格式化和总汇），各种递的商贸文件，还有"语言"等都要采用统一的编码单证格式、标准语言规则、标准的通信协议等，从而使得参与贸易的各方均能对传递的数据进行接受、认可、处理、复制、提取、再生和服务，实现整个环节的自动化。这是因为EDI的实现要在不同国家和地区、不同行业内开展，并且要应用的信息系统和通信手段各不相同。统一的国际标准和行业标准是必不可少的。标准是实现EDI的保证，也是EDI的语言。

标准化是实现EDI互通互联的前提和基础。要实现信息在不同的电子数据处理（Electronic Date Process，EDP）系统、不同计算机平台上的交换，就必须制订统一仓储EDI标准，主要有以下几类标准：

通信标准：即EDI通信网络的建立在何种通信协议上，以保证网路互联。

EDI报文标准：又称为文电标准，即各种报文类型格式、数据元编码、字段的语法规则及报表生成用的程序设计语言等。

EDI处理标准：即研究EDI报文同其他管理信息系统、数据库的接口标准。

（3）计算机综合运用。有了标准和通信网络，就可以开展EDI工作，但EDI应用的成功还取决于单位、行业、乃至整个社会的计算机综合应用水平。必须把EDI和办公自动化、管理自动化、各种MIS和EDP系统、数据库系统以及CAD、CIMS等结合起来，才能更好地应用EDI。

3. 物流EDI

（1）物流EDI的含义。物流EDI是货主、承运业主以及其他相关的单位之间，通过EDI系统进行物流数据交换，并以此为基础实施物流作业活动的方法。物流EDI参与单位有发送货物业主（如生产厂家、贸易商、批发商、零售商等）、承运业主（如独立的物流承运企业等）、实际运送货物的交通运输企业（铁路企业、水运企业、航空企业、公路运输企业等）、协助单位（政府有关部门、金融企业等）和其他的物流相关单位（如仓库业者、专业报关行等）。

（2）EDI在物流中的应用。根据EDI的应用范围和集成度，将我国的EDI应用模式主要分为两类来研究，即行业应用模式，如海关EDI通关系统、国际集装箱运输EDI示范工程等，在这里即指物流行业应用模式；EDI中心模式，如上海市EDI中心，南昌港口EDI中心等；China EDI模式，由邮电通信网为支撑提供EDI增值服务。

1）EDI行业应用模式。一个传统大型国际物流企业简单的购货贸易过程：需求方向供应方提出订单；供应方得到订单后，就进行它内部的纸张文字票据处理，准备发货；纸张票据中包括发货票等；买方在收到货和发货票之后，开出支票，寄给卖方；卖方持支票至银行兑现。银行再开出一个票据，确认这笔款项的汇兑。

当应用EDI系统后，要把上述双方在贸易处理过程中的所有纸面单证由EDI通信网来传送，并由计算机自动完成全部（或大部分）处理过程。具体为：企业收到一份EDI订单，则系统自动处理该订单,检查订单是否符合要求;然后通知企业内部管理系统安排生产;向零配件供销商订购零配件等;有关部门申请进出口许可证;通知银行并给订货方开出 EDI 发票;向保险公司申请保险单等。从而使整个物流信息活动过程在最短时间内准确地完成。从图中我们可以很直观地看到一个真正的 EDI 系统是将订单、发货、报关、商检和银行结算合成一体,从而大大加速了贸易的全过程。以上应用模式中 EDI 主要应用在物流行业,其涉及部门是物流信息传递一般须涉及部门。这种模式非常适合应用于供应链或大型第三方或第四方物流中。

2)EDI 中心模式。经常在某个区域内,很多小企业不能承受建立 EDI 系统的代价或者有的企业要专注于其核心业务,因此由第三方建立一个 EDI 中心,为此区域内的企业服务,便是 EDI 中心模式。当然物流企业也可以借助 EDI 中心模式来实现自己的 EDI 业务。

7.3.2 地理信息系统(GIS)和全球定位系统(GPS)

1. 地理信息系统(GIS)

地理信息系统(Geographic Information System,GIS):由计算机软硬件环境、地理空间数据、系统维护和使用人员四部分组成的空间信息系统,可对整个或部分地球表层(包括大气层)空间中有关地理分布数据进行采集、储存、管理、运算、分析显示和描述。

GIS 是一种特定的十分重要的空间信息系统。地理信息系统用于分析和处理在一定地理区域内分布的各种现象和过程,解决复杂的规划、决策和管理问题。

2. 全球定位系统(GPS)

全球定位系统(Global Positioning System,GPS):由一组卫星组成的、24 小时提供高精度的全球范围的定位和导航信息的系统。美国从 20 世纪 70 年代开始研制,历时 20 年,耗资 200 亿美元,于 1994 年全面建成,具有在海、陆、空进行全方位实时三维导航与定位能力的新一代卫星导航与定位系统。

(1)GPS 的组成。由空间卫星系统、地面监控系统和用户接收系统对全球监控对象进行动态的监控和跟踪的系统。

1)空间部分——空间卫星系统。GPS 的空间部分是由 24 颗工作卫星组成,它位于距地表 20200km 的上空,均匀分布在 6 个轨道面上(每个轨道面 4 颗),轨道倾角为 55°。此外,还有 4 颗有源备份卫星在轨运行。卫星的分布使得在全球任何地方、任何时间都可观测到 4 颗以上的卫星,并能保持良好定位解算精度的几何图像。这就提供了在时间上连续的全球导航能力。GPS 卫星产生两组电码,一组称为 C/A 码(Coarse/ Acquisition Code11023MHz);一组称为 P 码(Procise Code 10123MHz)。P 码因频率较高,不易受干扰,定位精度高,因此受美国军方管制,并设有密码,一般民间无法解读,主要为美国军方服务,C/A 码人为采取措施而刻意降低精度后,主要开放给民间使用。

2)地面控制部分——地面监控系统。地面控制部分由一个主控站,5 个全球监测站和 3 个地面控制站组成。监测站均配装有精密的时钟和能够连续测量到所有可见卫星的接收机。监测站将取得的卫星观测数据,包括电离层和气象数据,经过初步处理后,传送到主控站。主控站从各监测站收集跟踪数据,计算出卫星的轨道和时钟参数,然后将结果送到 3 个地面控制站。地面控制站在每颗卫星运行至上空时,把这些导航数据及主控站指令注入卫星。这种注入对每颗 GPS 卫星每天一次,并在卫星离开注入站作用范围之前进行最后的注入。如果某地面站发生故障,那么在卫星中预存的导航信息还可用一段时间,但导航精度会逐渐降低。

3）用户设备部分——GPS 信号接收机。用户设备部分即 GPS 信号接收机。其主要功能是能够捕获到按一定卫星截止角所选择的待测卫星，并跟踪这些卫星的运行。当接收机捕获到跟踪的卫星信号后，即可测量出接收天线至卫星的伪距离和距离的变化率，解调出卫星轨道参数等数据。根据这些数据，接收机中的微处理计算机就可按定位解算方法进行定位计算，计算出用户所在地理位置的经纬度、高度、速度、时间等信息。接收机硬件和机内软件以及 GPS 数据的后处理软件包构成完整的 GPS 用户设备。GPS 接收机的结构分为天线单元和接收单元两部分。接收机一般采用机内和机外两种直流电源。设置机内电源的目的在于更换外电源时不中断连续观测。在用机外电源时机内电池自动充电。关机后，机内电池为 RAM 存储器供电，以防止数据丢失。目前各种类型的接收机体积越来越小，重量越来越轻，便于野外观测使用。

（2）原理及应用。这个系统通过 24 颗地球同步卫星全天候向地面发送授时和定位信号，其中高精度的信号仅供美国军方和北约盟军使用，普通用户只能够接收和解析低经度的民用信号。如果对接收到的民用信号进行差分处理，也可以得到精度很高的定位数据。目前一般的差分 GPS 接收机都可以得到 1m 精度的定位数据，在欧美市场上已经出现了厘米级的差分 GPS 接收机。普通用户只需购买 GPS 接收机，就可享受免费的导航、授时和定位服务。经近 10 年来我国测绘等部门的使用表明，GPS 以全天候、高精度、自动化、高效益等显著特点，赢得广大测绘工作者的信赖，并成功地应用于大地测量、工程测量、航空摄影测量、运载工具导航和管制、地壳运动监测、工程变形监测、资源勘察、地球动力学等多种学科，从而给测绘领域带来一场深刻的技术革命。

目前全球定位系统技术在农业、林业、水利、交通物流、航空、测绘、安全防范、军事、电力、通信、城市管理等领域都有广泛应用。

3. 北斗卫星导航系统

（1）概述。北斗卫星导航系统（以下简称北斗系统）是中国着眼于国家安全和经济社会发展需要，自主建设运行的全球卫星导航系统，是为全球用户提供全天候、全天时、高精度的定位、导航和授时服务的国家重要时空基础设施。

北斗系统提供服务以来，已在交通运输、农林渔业、水文监测、气象测报、通信授时、电力调度、救灾减灾、公共安全等领域得到广泛应用，服务国家重要基础设施，产生了显著的经济效益和社会效益。基于北斗系统的导航服务已被电子商务、移动智能终端制造、位置服务等厂商采用，广泛进入中国大众消费、共享经济和民生领域，应用的新模式、新业态、新经济不断涌现，深刻改变着人们的生产生活方式。中国将持续推进北斗应用与产业化发展，服务国家现代化建设和百姓日常生活，为全球科技、经济和社会发展做出贡献。

北斗系统秉承"中国的北斗、世界的北斗、一流的北斗"发展理念，愿与世界各国共享北斗系统建设发展成果，促进全球卫星导航事业蓬勃发展，为服务全球、造福人类贡献中国智慧和力量。北斗系统为经济社会发展提供重要时空信息保障，是中国实施改革开放 40 余年来取得的重要成就之一，是新中国成立 70 年来重大科技成就之一，是中国贡献给世界的全球公共服务产品。中国将一如既往地积极推动国际交流与合作，实现与世界其他卫星导航系统的兼容与互操作，为全球用户提供更高性能、更加可靠和更加丰富的服务。

（2）发展历程。20 世纪后期，中国开始探索适合国情的卫星导航系统发展道路，逐步形成了三步走发展战略：2000 年年底，建成北斗一号系统，向中国提供服务；2012 年年底，建成北斗二号系统，向亚太地区提供服务；2020 年，建成北斗三号系统，向全球提供服务。

（3）发展目标。建设世界一流的卫星导航系统，满足国家安全与经济社会发展需求，为全球用户提供连续、稳定、可靠的服务；发展北斗产业，服务经济社会发展和民生改善；深化国际合作，共享卫星导航发展成果，提高全球卫星导航系统的综合应用效益。

（4）建设原则。中国坚持"自主、开放、兼容、渐进"的原则建设和发展北斗系统。

自主。坚持自主建设、发展和运行北斗系统，具备向全球用户独立提供卫星导航服务的能力。

开放。免费提供公开的卫星导航服务，鼓励开展全方位、多层次、高水平的国际合作与交流。

兼容。提倡与其他卫星导航系统开展兼容与互操作，鼓励国际合作与交流，致力于为用户提供更好的服务。

渐进。分步骤推进北斗系统建设发展，持续提升北斗系统服务性能，不断推动卫星导航产业全面、协调和可持续发展。

（5）基本组成。北斗系统由空间段、地面段和用户段三部分组成。

空间段。北斗系统空间段由若干地球静止轨道卫星、倾斜地球同步轨道卫星和中圆地球轨道卫星等组成。

地面段。北斗系统地面段包括主控站、时间同步/注入站和监测站等若干地面站，以及星间链路运行管理设施。

用户段。北斗系统用户段包括北斗兼容其他卫星导航系统的芯片、模块、天线等基础产品，以及终端产品、应用系统与应用服务等。

（6）发展特色。北斗系统的建设实践，走出了在区域快速形成服务能力、逐步扩展为全球服务的中国特色发展路径，丰富了世界卫星导航事业的发展模式。

北斗系统具有以下特点：一是北斗系统空间段采用三种轨道卫星组成的混合星座，与其他卫星导航系统相比高轨卫星更多，抗遮挡能力强，尤其低纬度地区性能优势更为明显。二是北斗系统提供多个频点的导航信号，能够通过多频信号组合使用等方式提高服务精度。三是北斗系统创新融合了导航与通信能力，具备定位导航授时、星基增强、地基增强、精密单点定位、短报文通信和国际搜救等多种服务能力。

4. GIS/GPS 在物流领域中的应用

GIS 应用于物流分析，主要是指利用 GIS 强大的地理数据功能来完善物流分析技术。GPS 在物流领域的应用可以实时监控车辆等移动目标的位置，根据道路交通状况向移动目标发出实时调度指令。而 GIS、GPS 和无线通讯技术的有效结合，再辅以车辆路线模型、最短路径模型、网络物流模型、分配集合模型和设施定位模型等，能够建立功能强大的物流信息系统，使物流变得实时并且成本最优。GIS/GPS 在物流企业应用的优势主要体现在以下几个方面：

（1）打造数字物流企业，规范企业日常运作，提升企业形象。GIS/GPS 的应用，必将提升物流企业的信息化程度，使企业日常运作数字化，包括企业拥有的物流设备或者客户的任何一笔货物都能用精确的数字来描述，不仅提高企业运作效率，同时提升企业形象，能够争取更多的客户。

（2）通过对运输设备的导航跟踪，提高车辆运作效率，降低物流费用，抵抗风险。GIS/GPS 和无线通讯的结合，使得流动在不同地方的运输设备变得透明而且可以控制。结合物流企业的决策模型库的支持，根据物流企业的实际仓储情况，并且由 GPS 获取的实时道路信息，可以计算出最佳物流路径，给运输设备导航，减少运行时间，降低运行费用。利用 GPS 和 GIS 技术可以实时显示出车辆的实际位置，并任意放大、缩小、还原、换图；可以随目标移动，使目标始终保持在屏幕上，利用该功能可对重要车辆和货物进行跟踪运输。对车辆进行实时定位、跟踪、报警、通信等的技术，能够满足掌握车辆基本信息、对车辆进行远程管理的需要，有效避免车辆的空载现象，同时客户也能通过互联网技术，了解自己货物在运输过程中的细节情况。比如在草原牧场收集牛奶的车辆在途中发生故障，传统物流企业往往不能及时找到故障车辆而使整车的原奶坏掉，损失惨重，而 GIS/GPS 能够方便地解决这个问题。

人的因素处处存在，而 GIS/GPS 能够有效的监控司机的行为。在物流企业中，为了逃避过桥费而绕远路延误时间，私自拉货，途中私自停留等现象司空见惯，反正山高皇帝远，物流企业不能有效监控司机的行为。而对车辆的监控也就规范了司机的行为。

（3）通过对物流运作的协调，促进协同商务发展，让物流企业向第四方物流角色转换。

由于物流企业能够实时的获取每部车辆的具体位置、载货信息，故物流企业能用系统的观念运作企业的业务，降低空载率。这一职能的转变，物流企业如果为某条供应链服务，则能够发挥第四方物流的作用。物流企业通过无线通信，GIS/GPS 能够精确的获取运输车辆的信息，再通过 Internet 让企业内部和客户访问，从而把整个企业的操作、业务变得透明，为协同商务打下基础。将地理信息系统（GIS）、卫星定位系统（GPS）、无线通信（WAP）与互联网技术（Web）集成一体，应用于物流和供应链管理信息技术领域，国内还没有完全成熟。但是一些有远见的企业已经看到这块诱人的蛋糕并付诸与行动，例如招商迪辰系统有限公司就是比较典型的企业，已经开发了一系列的产品。虽然这些产品功能尚未完善，相信随着人们的重视和技术的进步，GIS、GPS、WAP 和 Web 技术将结合在一起，共同描绘可视化物流企业，减少物流黑洞，增强国内物流企业竞争力，在物流市场上站稳脚跟。

7.3.3 自动识别技术

1. 条码技术

（1）条码（Bar Code）概念。条码：由一组规则排列的条、空及其对应字符组成的标记，用以表示一定的信息。

在流通和物流活动中，为了能迅速、准确地识别商品、自动读取有关商品信息，条码技术被广泛应用。条码是用一组数字来表示商品的信息，是目前国际上物流管理中普遍采用的一种技术手段。条码技术对提高库存管理的效率是非常显著的，是实现库存管理的电子化的重要手段，它使对库存控制可以延伸到销售商的 POS 系统，实现库存的供应链网络化控制。

条码是有关生产厂家、批发商、零售商、运输业者等经济主体进行订货和接受订货、销售、运输、保管、出入库检验等活动的信息源。条码是表示 ID 代码的一种图形符号，是对 ID 代码进行自动识别且将数据自动输入计算机的方法和手段，条码技术的应用解决了数据录入与数据采集的"瓶颈"，为物流管理提供了有力支持。在流通和物流活动中，为了能够迅速准确地识别商品、自动读取有关商品的信息，条码技术被广泛运用。由于在活动发生时点能及时自动读取信息，因此便于及时捕捉到消费者的需要、提高商品销售效果，也有利于促进物流系统提高效率。

（2）条码类别。条码可分为一维条码和二维条码，一维条码按照应用可分为商品条码和物流条码，二维条码可分为两类：行排式二维条码和矩阵式二维条码。

1）商品条码。商品条码（Bar Code for Commodity）是由国际物品编码协会（EAN）和统一代码委员会（UCC）规定的，用于表示商品标识代码的条码，包括 EAN 商品条码（EAN-13 商品条码和 EAN-8 商品条码）和 UPC 商品条码（UPC-A 商品条码和 UPC-E 商品条码）。国际物品编码协会（EAN）和统一代码委员会（UCC）规定从 2005 年 1 月 1 日起，全球范围内统一以 EAN/UCC-13 作为代码标识。下面主要介绍一下 EAN 商品条码。

EAN 商品条码是国际上通用的、企业最常用的商品代码，通常情况下，不选用 UPC 商品条码。当产品出口到北美地区并且客户指定时，才申请使用 UPC 商品条码。EAN 商品条码主要是由 13 位数字及相应的条码符号组成（图 7-2），在较小的商品上也采用 8 位数字码及其相应的条码符号。

图 7-2　EAN 商品条码

2）物流条码。物流条码包括 25 码、39 码、交叉 25 码（图 7-3）、EAN-128 码（图 7-4）、库德巴（Codabar）、ITF 码等。其主要应用于物流领域。

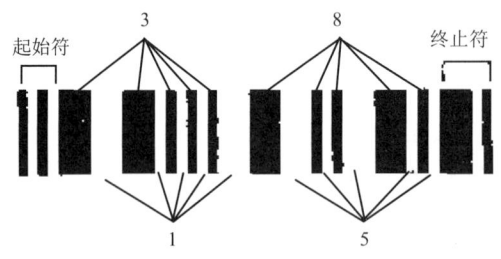

图 7-3　表示"3185"的交叉 25 条码

图 7-4　UCC/EAN-128 条码符号实例

3）二维条码（Two-dimensional bar code）。二维条码：在二维方向上都表示信息的条码符号，如图7-5所示。

图7-5　二维条码

二维条码是用某种特定的几何图形按一定规律在平面（二维方向上）分布的黑白相间的图形记录数据符号信息的；在代码编制上巧妙地利用构成计算机内部逻辑基础的"0""1"比特流的概念，使用若干个与二进制相对应的几何形体来表示文字数值信息，通过图像输入设备或光电扫描设备自动识读以实现信息自动处理。它具有条码技术的一些共性：每种码制有其特定的字符集；每个字符占有一定的宽度；具有一定的校验功能等。同时还具有对不同行的信息自动识别功能及处理图形旋转变化等特点。二维条码能够在横向和纵向两个方位同时表达信息，因此能在很小的面积内表达大量的信息。

（3）条码在物流中的应用。目前条码和扫描技术在物流方面主要有两大应用。第一种应用于零售商店的销售点（POS系统）。除了在现金收入机上给顾客打印收据外，在零售销售点应用是在商店层次提供精确的存货控制。销售点可以精确地跟踪每一个库存单位出售数，有助于补充订货，因为实际的单位销售数能够迅速地传输到供应商处。实际销售跟踪可以减少不确定性，并可去除缓冲存货。除了提供精确的再供给和营销调查数据外，销售点还能向所有的渠道内成员提供更及时的具有战略意义的数据。第二种应用是针对物料搬运和跟踪的。通过扫描枪的使用，物料搬运人员能够跟踪产品的搬运、储存地点、装船和入库。虽然这种信息能够用手工跟踪，但却要耗费大量的时间，并容易出错。因此，在物流应用中更广泛使用的是扫描仪，以便提高作业效率，减少差错。

2．射频技术

射频识别（Radio Frequency Identification，RFID）：通过射频信号识别目标对象并获取相关数据信息的一种非接触式的自动识别技术。

射频识别系统（Radio Frequency Identification System）：由射频标签、识读器、计算机网络和应用程序及数据库组成的自动识别和数据采集系统。

（1）射频技术特点。

1）可以非接触识读（识读距离可以从十厘米到几十米），特别是高速运动物体，抗恶劣环境能力强，一般污垢覆盖在标签上不影响信息的识读。

2）保密性强。

3）可同时识别多个识别对象等。应用领域广阔，常用于移动车辆的自动识别、资产跟踪、生产过程控制等。

（2）RFID 系统的组成。

1）标签（Tag）：由耦合元件及芯片组成，每个标签具有唯一的电子编码，附着在物体上标识目标对象。

2）阅读器（Reader）：读取（有时还可以写入）标签信息的设备，可设计为手持式或固定式。

3）天线（Antenna）：在标签和读取器间传递射频信号。

（3）射频识别技术的基本原理。射频识别的标签与阅读器之间利用感应、无线电波或微波能量进行非接触双向通信，实现标签存储信息的识别和数据交换。

RFID 技术的基本工作原理：标签进入磁场后，接收解读器发出的射频信号，凭借感应电流所获得的能量发送出存储在芯片中的产品信息（Passive Tag，无源标签或被动标签），或者主动发送某一频率的信号（Active Tag，有源标签或主动标签）；解读器读取信息并解码后，送至中央信息系统进行有关数据处理。

（4）射频识别技术的应用类型。根据射频技术完成的功能不同，可以粗略地把射频系统分成 4 种类型：EAS 系统、便携式数据采集系统、网络系统和定位系统。

1）EAS 系统。EAS（Electronic Article Surveillance）是一种设置在需要控制物品出入门口的 RFID 技术。这种技术的典型应用场合是商店、图书馆、数据中心等地方，当未被授权的人从这些地方非法取走物品时，EAS 系统会发出警告。

在应用 EAS 系统时，首先在物品上粘贴 EAS 标签，当物品被正常购买或者合法移出时，在结算处通过一定的装置使 EAS 标签失活，物品就可以取走。物品经过装有 EAS 系统的门口时，EAS 装置能自动检测标签的活动性，发现活动性标签就会发出警告。EAS 技术的应用可以有效防止物品的被盗，不管是大件的商品，还是很小的物品。

应用 EAS 技术，物品不用再锁在玻璃橱柜里，可以让顾客自由地观看、检查商品，这在自选日益流行的今天有着非常重要的现实意义。EAS 系统的工作原理是：在监视区，发射器以一定的频率向接收器发射信号。发射器与接收器一般安装在零售店、图书馆的出入口，形成一定的监视空间。当具有特殊特征的标签进入该区域时，会对发射器发出的信号产生干扰，这种干扰信号也会被接收器接收，再经过微处理器的分析判断，就会控制警报器的鸣响。根据发射器所发出的信号不同及标签对信号干扰原理不同，EAS 可以分成许多种类型。关于 EAS 技术最新的研究方向是标签的制作，人们正在讨论 EAS 标签能不能像条码一样，在产品的制作或包装过程中加进产品，成为产品的一部分。

2）便携式数据采集系统。便携式数据采集系统是使用带有 RFID 阅读器的手持式数据采集器采集 RFID 标签上的数据。这种系统具有比较大的灵活性，适用于不宜安装固定式 RFID 系统的应用环境。手持式阅读器（数据输入终端）可以在读取数据的同时，通过无线电波数据传输方式（RFDC）实时地向主计算机系统传输数据，也可以暂时将数据存储在阅读器中，成批地向主计算机系统传输数据。

3）物流控制系统。在物流控制系统中，RFID 阅读器分散布置在给定的区域，并且阅读器直接与数据管理信息系统相连，信号发射机是移动的，一般安装在移动的物体、人上面。当物体、人流经阅读器时，阅读器会自动扫描标签上的信息并把数据信息输入数据管理信息系统存储、分析、处理，达到控制物流的目的。

4）定位系统。定位系统用于自动化加工系统中的定位，以及对车辆、轮船等进行运行定位支持。阅读器放置在移动的车辆、轮船上或者自动化流水线中移动的物料、半成品、成品上，信号发射机嵌入到操作环境的地表下面。信号发射机上存储有位置识别信息，阅读器一般通过无线的方式（有的采用有线的方式）连接到主信息管理系统。

我国射频技术的应用也已经开始，一些高速公路的收费站口，使用射频技术可以不停车收费，我国铁路系统使用射频技术记录货车车厢编号的试点已运行了一段时间，一些物流企业也正在准备将射频技术用于物流管理中。

7.4 物流信息系统

7.4.1 物流信息系统概述

物流管理信息系统（Logistics Management Information System）：由计算机软硬件、网络通信设备及其他办公设备组成的，在物流作业、管理、决策方面对相关信息进行收集、存储、处理、输出和维护的人机交互系统。

从物流信息系统来说，信息和物流是同时进行的，其关键是两者内容相一致。为此，必须信息先行，信息跟不上，就什么都谈不上。到目前为止，物流信息系统在企业管理中的应用已经历了单项数据处理、综合数据处理和系统数据处理 3 个阶段，现已进入辅助决策阶段。

1. 建立物流信息系统的意义

现代物流管理以信息为基础，因而建立物流信息系统越来越具有战略意义：

（1）在企业日益重视经营战略的情况下，建立物流信息系统是必要的、不可缺少的。具体来说，为确保物流竞争优势，建立将企业内部的销售信息系统、物流信息系统、生产供应信息综合起来的信息系统势在必行。

（2）由于信息化的发展，各企业之间的关系日益紧密。如何与企业外部销售渠道的信息系统、采购系统中的信息系统，以及运输信息系统连接起来，将成为今后重点研究解决的课题。

（3）企业物流已经不只是一个企业的问题，进入社会系统的部分将日益增多。在这种形势下，物流信息系统将日益成为社会信息系统的一个重要组成部分。

2. 物流信息系统的作用

物流管理信息系统是利用信息技术，通过信息流，将各种物流活动与某个一体化过程连接在一起的通道。物流系统中的相互衔接是通过信息予以沟通的，基本资源的调度也是通过信息共享来实现的，因此，组织物流活动必须以信息为基本。为了使物流活动正常而有规律地进行，必须保证物流信息畅通。物流信息的网络化就是要将物流信息通过现代信息技术使其在企业内、企业间乃至全球达到共享的一种方式。

物流信息已经从"点"发展到"面"，以网络方式将物流企业的各部门、各物流企业、生产企业和商业企业等连在一起，实现了社会性的各部门、各企业之间低成本的数据高速共享；从平面应用发展到立体应用，企业物流更好地与信息流和资金流综合，统一加工消除了部门间的冗余，实现了信息的可追溯性。

7.4.2 物流信息系统的层次结构

在物流信息系统的实际应用中，根据信息处理的内容及决策的层次，一般把管理活动分为 3 个不同的层：决策分析及战略计划层、管理控制层和业务操作层（图 7-6）。

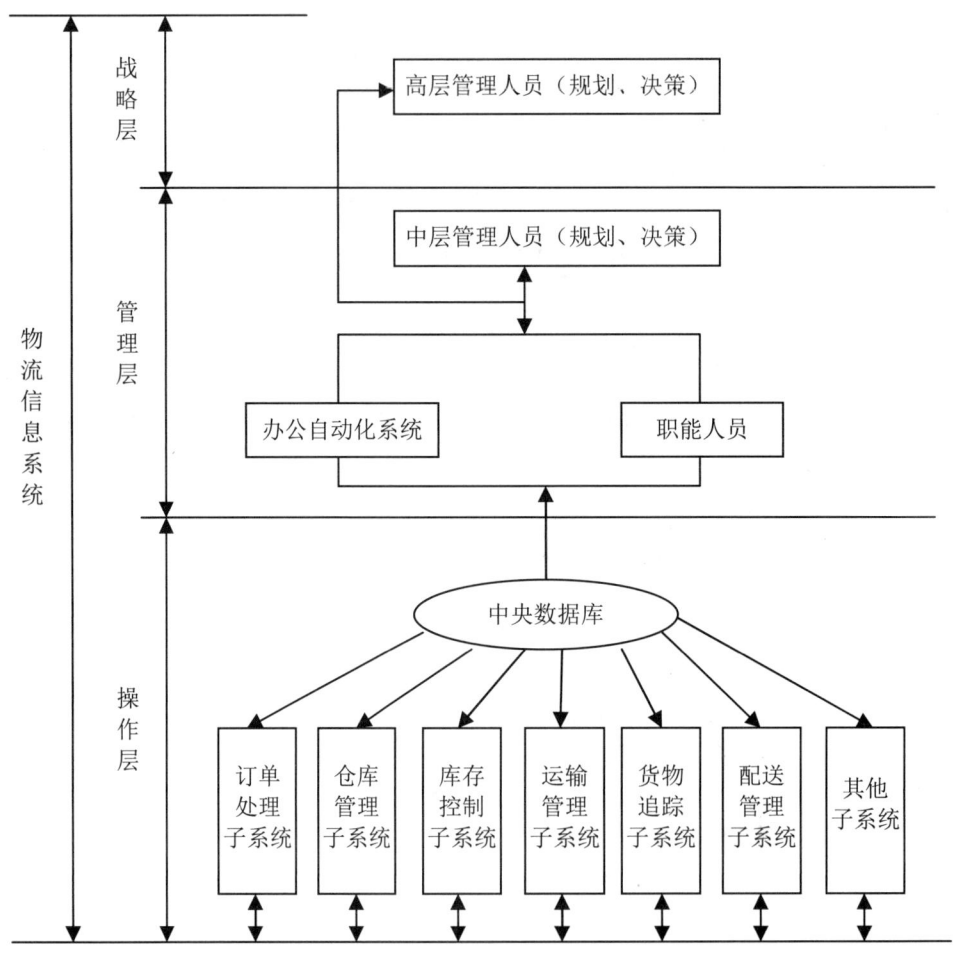

图 7-6　物流信息系统层次结构示意图

一般来说，下层系统的处理量比较大，上层系统的处理量相对小一些，所以就形成了一个金字塔式的结构。不同的管理层次需要不同的信息服务，为它们提供服务的信息系统就可以按这些管理层次来相应的进行划分。为不同管理层次所设计的信息系统在数据来源和所提供的信息方面都是完全不同的。

（1）业务操作层。业务操作层是以用于启动和记录个别物流活动的最基本的层次，它的任务是有效利用现有资源展开各项活动，按照管理层所制订的计划与进度表，具体组织人力和物力去完成上级指定的任务，如物品订货管理、订货处理、运输管理、仓储管理、配送管理等具体的物流活动。因此，操作层的信息系统处理过程都是比较稳定的，可以按预先设计好的程序和规则进行相应的信息处理。

在这一层次上的信息系统一般由事物处理、报告处理和查询处理 3 种处理方式组成。这 3 种处理方式的工作过程十分相似。首先将处理请求输入处理系统中，系统自动从文件中搜寻相关的信息并进行分析处理，最后输出处理结果或报告。操作层所面对的信息通常是确定型的，决策过程是程序化的，因而决策问题多数是结构化的。

（2）管理控制层。管理层的主要任务是根据高层管理者所确定的总目标，对组织内所拥有的各种资源制订出分配计划及实施进度表，并组织基层单位来实现总目标。这是面向各个部门负责人的，是为他们提供所需要的信息服务，以支持他们在管理控制活动中能正确地制订各项计划和了解计划的完成情况。管理层所需要的信息和数据来源主要有3个渠道，一方面是控制企业活动的预算、标准、计划等；另一方面是作业活动所提供的数据和信息；还有一些是其他信息，如市场商情信息等。管理层的信息系统所提供的信息主要包括决策所需要的模型，对各部门的工作计划和预测，对计划执行情况的定期和不定期的偏差报告，对问题的分析评价，对各项查询的响应等。管理层一般处理的决策问题多数是半结构化的。

（3）决策分析及战略计划层。战略层的任务是确定企业的总体目标和长远发展规划。为战略层服务的物流信息系统需要比较广泛的数据来源。其中，除了内部数据，主要包括相当数量的外部数据。例如，当前社会的政治形势、经济发展趋势和国家的政策，企业自身在国内外市场上所处的位置和竞争能力等。此外，战略层信息系统所提供的信息是为企业制订战略计划服务的，所以要有高度的概括性和综合性。例如，对企业目前能力的评价和对未来能力的预测，对市场需求和竞争对手的分析等。这些信息对企业制订战略计划都有很大的参考价值。由于外部信息的不确定性强，要解决的决策问题多数是非结构化的。

7.4.3 物流信息系统的组成

（1）硬件。硬件包括计算机、必要的通信设施和安全设施等，例如计算机主机、外设、打印机、服务器、通信电缆、通信设施。它们是物流信息系统的物理设备、硬件资源，是实现物流信息系统的基础，构成了系统运行的硬件平台。

（2）软件。物流信息系统的软件层包含操作系统、通信协议、业务处理系统等，运行于底层的网络硬件设施与各种物流工具之上。其中，物流信息系统的软件层又可分为物流企业子系统、运输工具子系统、现场子系统、用户子系统、行业管理子系统等多个子系统，这些子系统分别拥有各自的专用数据库，同时也有一些共用数据运行于一个公用数据库之上，构成共用的信息平台。具体如图7-7所示。

（3）信息资源。数据、信息、知识、模型是物流企业运作与管理的无形资源，属于物流企业的信息资源。数据、信息存放在数据库与数据仓库中，它们是实现辅助企业管理和支持决策的数据基础。随着国际因特网的深入应用和计算机安全技术、网络技术、通信技术等的发展，以及市场专业化分工与协作的深入，物流企业封闭式的经营模式将不断被打破，企业与其客户之间将更密切地共享信息，因此企业数据库的设计将面临采取集中、部分集中、分布式管理的决策。

（4）相关人员。物流信息系统的开发涉及多方面的人员，有专业人员、领导，还有终端用户。例如企业高层的领导（Chief Executive Officer，CEO）、信息主管（Chief Information Officer，CIO）、中层管理人员、业务主管、业务人员，而系统分析员、系统设计员、程序设计员、系统维护人员等是从事企业物流信息资源管理的专业人员。随着数据库存储越来越多的企业运作相关的内部、外部数据，为满足企业决策的需要，信息分析人员将成为企业急需的人才。

（5）物流管理思想和理念、管理制度与规范。在物流行业，新的管理思想和理念不断产生和付诸实践，例如供应链管理理念、第三方物流、供应商管理库存（Vendor Management Inventory，VMI）等。物流企业本身的决策者和管理者以及其客户所能接受和贯穿的管理思想和理念的程度决定物流信息系统的结构，是物流信息系统的灵魂。

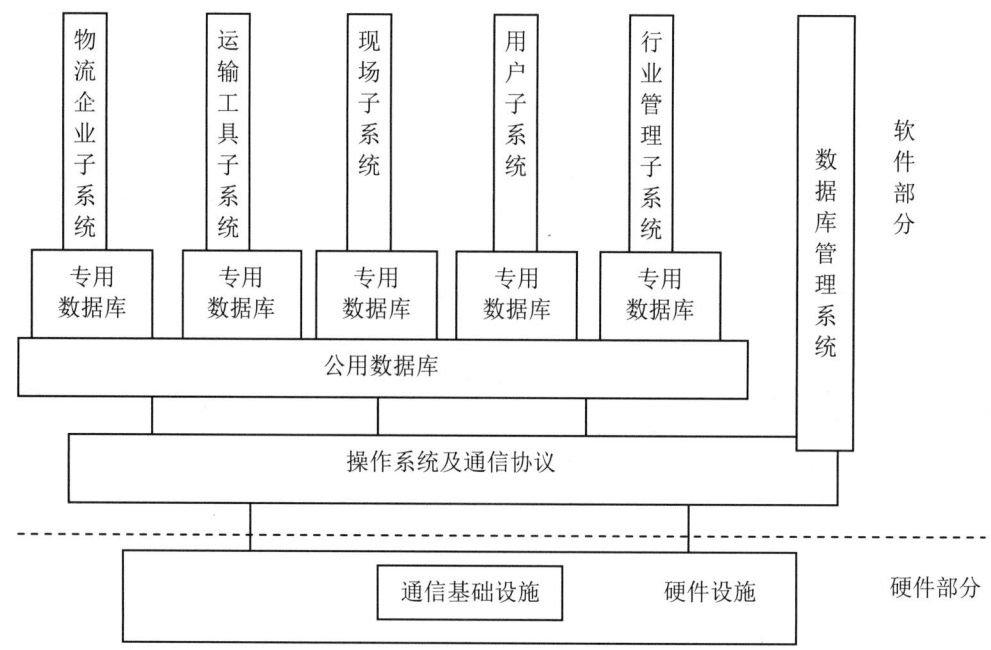

图 7-7　物流信息系统的结构示意图

物流企业管理制度与规范通常包括组织机构、部门职责、业务规范和流程、岗位制度等，它是物流信息系统成功开发和运行的管理基础和保障，它是构造物流信息系统模型的主要参考依据，制约着系统硬件平台的结构、系统的计算模式、应用软件的功能。不同的物流企业应当采取不同的管理理念，其物流信息系统的应用软件也会不同。例如，供应商管理库存是生产厂家（或者上游企业）对零售商（或下游企业）的流通库存进行管理和控制。此时，物流企业的库存管理软件主要功能就是对零售商的商品库存进行决策，并根据决策及时安排补货。

7.4.4　物流信息系统的开发原则

（1）需求满足性原则。任何信息系统工程都是以用户需求为基础的。因此，信息系统工程建设应坚持需求满足性原则，即不仅要满足系统功能需求和性能需求，而且要满足系统运行需求；不仅要满足系统目前的需求，而且要满足系统未来的需求。从企业的实用性与成本节约性原则出发，既满足企业的需求，同时又控制企业成本支出。

（2）标准化原则。为了确保不同厂家设备、不同应用以及不同协议连接的互操作性，信息系统所采用的技术、软硬件设备以及工程建设过程应该支持国际标准、国家标准或地方标准，以提高系统的开放性，保证用户可以根据未来的需要进行更为深入的应用开发。一个系统最好采用相同厂家的产品，以求最大限度地维护方便度和满意度，也便于将来系统的升级。

（3）文档完整性原则。信息系统的文档是保障信息系统正常运行和维护的重要基础。文档管理不仅要求承建单位切实记录工程建设过程，保证工程建设文档的完整，而且要求业主单位和监理单位认真做好各自的文档管理，以便保证系统建设的各项相关活动的可追溯性。

（4）可扩展性原则。信息技术具有发展速度快、设备更新快的特点，另外随着用户业务的发展，信息系统的升级和扩容将是不可避免的。因此，在信息系统建设过程中，充分考虑系统的可扩展性是必要的。网络设备的选择在档次上将考虑在未来几年的发展情况，在兼顾网络投资预算的前提下，适当选择档次较高、易于扩充的设备，避免将来升级和扩容中可能造成的投资浪费。

（5）易用性原则。良好的系统设计要求信息系统的安装、操作和维护具有方便、快捷、简单的特点。系统的易用性不仅能够加强信息系统人性化的特点，而且能够提高整个系统的运行效率。最好的办法是系统的最终用户（使用者）和信息系统开发人员共同来进行开发。

（6）安全性原则。在整个信息系统的设计和实现过程中，应该根据信息系统的使用特点、国家和地方的有关法律法规要求，对系统安全性进行重点考虑。针对数据安全性、网络安全性、系统使用安全性、系统管理安全性、系统物理环境的安全性和开发过程的安全性等各个方面，采取切实有效的技术措施和管理措施，以保障信息系统的安全。

【小思考 7-3】

物流信息系统开发为什么又叫"一把手工程"？

案例分析

物流大数据应用案例

针对物流行业的特性，大数据应用主要体现在车货匹配、运输路线优化、库存预测、设备修理预测等方面。

（1）车货匹配。通过对运力池进行大数据分析，公共运力的标准化和专业运力的个性化需求之间可以产生良好的匹配，同时，结合企业的信息系统也会全面整合与优化。通过对货主、司机和任务的精准画像，可实现智能化定价、为司机智能推荐任务和根据任务要求指派配送司机等。

从客户方面来讲，大数据应用会根据任务要求，如车型、配送公里数、配送预计时长、附加服务等自动计算运力价格并匹配最符合要求的司机，司机接到任务后会按照客户的要求进行高质量的服务。在司机方面，大数据应用可以根据司机的个人情况、服务质量、空闲时间为他自动匹配合适的任务，并进行智能化定价。基于大数据实现车货高效匹配，不仅能减少空驶带来的损耗，还能减少污染。

（2）运输路线优化。通过运用大数据，物流运输效率将得到大幅提高，大数据为物流企业间搭建起沟通的桥梁，物流车辆行车路径也将被最短化、最优化定制。

美国 UPS 公司使用大数据优化送货路线，配送人员不需要自己思考配送路径是否最优。UPS 采用大数据系统可实时分析 20 万种可能路线，3 秒找出最佳路径。

UPS 通过大数据分析，规定卡车不能左转，所以，UPS 的司机会宁愿绕个圈，也不往左转。根据往年的数据显示，因为执行尽量避免左转的政策，UPS 货车在行驶路程减少 2.04 亿 km 的前提下，多送出了 350000 件包裹。

（3）库存预测。互联网技术和商业模式的改变带来了从生产者直接到顾客的供应渠道的改变。这样的改变，从时间和空间两个维度都为物流业创造新价值奠定了很好的基础。大数据技术可优化库存结构和降低库存存储成本。

运用大数据分析商品品类，系统会自动分解用来促销和用来引流的商品；同时，系统会自动根据以往的销售数据进行建模和分析，以此判断当前商品的安全库存，并及时给出预警，而不再是根据往年的销售情况来预测当前的库存状况。总之，使用大数据技术可以降低库存存货，从而提高资金利用率。

（4）设备修理预测。美国 UPS 公司使用预测性分析来检测自己全美 60000 辆车规模的车队，这样就能及时地进行防御性的修理。如果车在路上抛锚，损失会非常大，因为那样就需要再派一辆车，会造成延误和再装载的负担，并消耗大量的人力、物力。

以前，UPS 每两三年就会对车辆的零件进行定时更换，但这种方法不太有效，因为有的零件并没有什么毛病就被换掉了。通过监测车辆的各个部位，UPS 如今只需要更换需要更换的零件，从而节省了好几百万美元。

【资料来源：根据网络资料整理编写】

问题：大数据在物流行业的应用解决了哪些传统物流行业的问题？

第 8 章　第三方和第四方物流

学习目标

- 知识目标：通过本章的学习，掌握第三方物流的基本理论及第三方物流的应用原理，学习第三方物流选择和管理的程序及内容。
- 技能目标：掌握第三方物流运作的技巧和策略
- 能力目标：通过学习，能够熟练应用第三方物流原理，具有中小型物流企业业务运作的能力

引导案例

第三方物流案例：京东物流牵手优菲家居

2020年7月，京东物流与优菲家居签署战略合作协议，京东物流将在全链路数字化运营、智能路由规划等方面为优菲提供端到端的干支线运输解决方案。

优菲家居是一家以设计、生产、安装整体厨衣柜为核心业务的定制家具企业，坐落于中国的品牌之都——青岛，经营网络遍布北京、成都、福州、长春、太原、西安、乌鲁木齐、无锡等大中城市。优菲家居专注房地产精装修工程配套领域，涉及橱衣柜、卫浴、木门、室内门、地板等系列产品，年销售额超10亿。业务的全国布局在物流方面给优菲提出了巨大的挑战，跨区域的长途运输规划不科学会大大提升运输成本，同时由于家居建材多为大件、异形货物，缺少标准化操作会造成极高的损耗率，因此优菲下一步要实现跨越式发展，就必须实现供应链优化升级。优菲家居总部位于青岛市蓝色经济开发区交通枢纽地带，物流便利，区位优势明显，而京东物流在青岛拥有超大型的智能物流中心亚洲一号，基础设施方面的契合为双方的智能供应链方面的合作与创新奠定了基础。

通过战略合作，京东物流将基于十余年的大件物流管理经验和智能路由规划能力，为优菲制订高标准、严要求的仓配服务体系，涉及27个始发城市、30多个家居工厂和3000多条干线、支线运输线路，在运力资源几乎没有增加的情况下，大大减少运输成本，提升履约时效；另一方面，京东物流下一步将重点针对优菲的产地仓、工厂仓、销地仓等进行统一规划，缩短产品搬运的距离，助力优菲降本增效。同时，家居产品货值高，易破损，京东物流打造的专业性、标准化的智能供应链管理体系将大大减少优菲家居产品的破损率。

近年来，京东物流不断升级衣柜、卫浴、按摩椅、空调等大件商品的供应链解决方案，从售后、质量、服务、成本四个维度全面赋能商家。此次与优菲的战略合作，将促进优菲的物流生态链管理标准化、信息化、集约化，为家居物流行业提供参考和借鉴。

【资料来源：根据网络资料整理编写】

8.1 第三方物流概述

8.1.1 第三方物流的概念

1. 第三方物流的概念

第三方物流：独立于供需双方为客户提供专项或全面的物流系统设计或系统运营的物流服务模式。

第三方物流的概念源于管理学中的 Out-sourcing。Out-sourcing 意指企业动态地配置自身和其他企业的功能和服务，利用外部的资源为企业的生产经营服务。Out-sourcing 引入物流管理领域就产生了第三方物流的概念。第三方物流与目前的物流形态是有区别的，而且这种区别的关键不在于由谁来承担物流服务，而是以什么方式提供物流服务，提供什么样的服务。

【小思考 8-1】

第三方物流服务与传统的运输、仓储有什么不同？

2. 第三方物流的特征

（1）合同承包。这是第三方物流最显著的特征。首先，第三方物流通过合同的形式来规范物流经营者与物流消费者之间的关系。第三方物流完全根据双方共同制订的承包合同的规定来承担指定的物流业务，并用合同来管理所有提供的物流服务活动及其过程。其次，第三方发展物流联盟也是通过合同形式来界定物流联盟参与者之间的关系。

（2）功能集成化、专业化。第三方物流供应商提供的是整套有助于解决企业某类物流需求的服务组合。它是将运输、仓储、配送、信息处理等要素有机结合起来，借助于现代物流设施、技术和信息通讯技术，实现客户以较少成本快速、安全交付货物的要求，同时能为客户提供物流计划、管理、咨询等延伸服务，达到帮助顾客使自身物流要素趋向完备、物流系统化的目的。

（3）个性化服务。第三方物流都是面向一个个具体企业承包物流业务，不同的企业要求提供不同的物流服务。第三方物流根据不同企业的要求，提供针对性强的个性化服务和增值服务。

（4）信息化、科技化。网络技术、信息技术的高度发展实现了信息资源实时共享，在提高物流服务效率的同时也加剧了市场竞争。第三方物流企业只有建立适应综合物流发展的信息技术平台，及时地与客户交流和协作，实现资金流、物流、信息流的有机结合，才能够赢得客户，赢得市场，才能生存和发展。

3. 第三方物流企业的分类

专业化、社会化的第三方物流的承担者是物流企业。按照国家《物流企业分类与评价指标》的规定，以物流服务某项功能为主要特征，同时向物流服务其他功能延伸的不同状况，可以将物流企业划分为运输型、仓储型、综合服务型等三类。

（1）运输型物流企业。指以从事货物运输服务为主，包含其他物流服务活动，具备一定规模的实体企业。企业的主要业务活动应以为客户提供门到门运输、门到站运输、站到门运输、站到站运输等一体化运输服务，以实现货物运输为主，根据客户需求，可以提供物流功能一体化服务。按照业务要求，企业应具备必要的运输设备，具备网络化信息服务功能，对所运货物可通过信息系统进行状态查询、监控。

（2）仓储型物流企业。指以从事区域性仓储服务为主，包含其他物流服务活动，具备一定规模的实体企业。企业应以为客户提供货物存储、保管、中转等仓储服务，以及为客户提供配送服务为主，可以为客户提供其他仓储增值服务，如商品经销、流通加工等。企业应具备一定规模仓储设施、设备，具备网络化信息管理功能，应用信息系统可对货物信息进行状态查询、监控等各项信息处理。

（3）综合服务型物流企业。指从事多种物流服务活动，并可以根据客户的需求，提供物流一体化服务，具备一定规模的实体企业。企业业务经营范围广泛，可以为客户提供运输、货运代理、仓储、配送等多种物流服务项目，并能够为客户提供一类或几类产品契约性一体化物流服务，能够为客户制订整合物流资源的解决方案，提供物流咨询服务。按照业务要求，企业应具备或租用必要的运输设备以及仓储设施及设备，具有跨区域性货物分拨网络，具备网络化信息服务功能，应用信息系统对物流服务整个过程的信息进行状态查询和有效监控等。

各类型物流企业评价指标见表 8-1、表 8-2、表 8-3。

表 8-1 运输型物流企业评价指标

评价指标		级别				
		AAAAA 级	AAAA 级	AAA 级	AA 级	A 级
经营	年总营业收入（元）*	10 亿以上	2 亿以上	4000 万以上	800 万以上	300 万以上
	年货运业务收入（元）*	6 亿以上	1.2 亿以上	2400 万以上	480 万以上	180 万以上
	企业开业时间*	3 年以上	2 年以上		1 年以上	
资产	企业资产总额（元）*	10 亿以上	2 亿以上	4000 万以上	800 万以上	300 万以上
	资产负债率*	不高于 60%				
设备设施	自有运输车辆（辆）*	500 以上	300 以上	100 以上	50 以上	20 以上
	运营网点（个）	50 以上	30 以上	15 以上	10 以上	5 以上
管理及服务	管理制度	有健全的经营、财务、统计、安全、技术等机构和相应的管理制度				
	质量管理*	通过 ISO 9001－2000 质量管理体系认证			—	
	业务辐射面*	全球范围	全国范围	跨省区	省内范围	
	客户投诉率	小于 0.05%	小于 0.1%		小于 0.5%	
人员素质	中高层管理人员*	80%以上具有本科或相当于本科以上学历	60%以上具有本科或相当于本科以上学历		40%以上具有本科或相当于本科以上学历	
	业务人员	60%以上具有相关专业知识和专业资格	50%以上具有相关专业知识和专业资格		30%以上具有相关专业知识和专业资格	
信息化水平	网站功能	实现电子商务交易	实现电子商务交易	实现电子交互、信息发布	实现电子交互、信息发布	静态页面
	电子单证管理	90%以上	70%以上		50%以上	
	货物跟踪*	90%以上	70%以上		50%以上	

续表

评价指标	级别				
	AAAAA 级	AAAA 级	AAA 级	AA 级	A 级
客户查询	联网图形 实时数据 自动语音	联网图形 实时数据 自动语音	联网数据 实时数据 半自动语音	录入数据 手工语音	手工语音 查询

注1：标注*的指标为企业达到评价等级的必备指标项目，其他为参考指标项目。
注2：运营网点是指在经营覆盖范围内，由本企业自行设立可以承接并完成企业基本业务的分支机构。
注3：资料来源《物流企业分类与评价指标》。

表 8-2　仓储型物流企业评价指标

评价指标		级别				
		AAAAA 级	AAAA 级	AAA 级	AA 级	A 级
经营状况	年总营业收入（元）*	8 亿以上	1.6 亿以上	3200 万以上	600 万以上	200 万以上
	年仓储配送业务收入（元）*	4.8 亿以上	9600 万以上	1920 万以上	360 万以上	120 万以上
	企业开业时间*	3 年以上	2 年以上		1 年以上	
资产	企业资产总额（元）*	10 亿以上	2 亿以上	4000 万以上	800 万以上	200 万以上
	资产负债率*	不高于 60%				
设备设施	自有仓储面积（m²）*	10 万以上	5 万以上	1 万以上	3000 以上	1000 以上
	可控运输车辆（辆）	200 以上	100 以上	50 以上	30 以上	10 以上
	配送供应点（个）	400 以上	300 以上	200 以上	100 以上	50 以上
管理及服务	管理制度	有健全的经营、财务、统计、安全、技术等机构和相应的管理制度				
	质量管理*	通过 ISO 9001－2000 质量管理体系认证			—	
	客户投诉率	小于 0.05%	小于 0.1%		小于 0.5%	
人员素质	中高层管理人员*	80%以上具有本科或相当于本科以上学历	60%以上具有本科或相当于本科以上学历		40%以上具有本科或相当于本科以上学历	
	业务人员	60%以上具有相关专业知识和专业资格	50%以上具有相关专业知识和专业资格		30%以上具有相关专业知识和专业资格	
信息化水平	网站功能	实现电子商务交易	实现电子商务交易	实现电子交互、信息发布	实现电子交互、信息发布	静态页面
	电子单证管理*	90%以上	70%以上		50%以上	
	货物跟踪	90%以上	70%以上		50%以上	
	客户查询*	联网图形 实时数据 自动语音	联网图形 实时数据 自动语音	联网数据 实时数据 半自动语音	录入数据 手工语音	手工语音 查询

注1：标注*的指标为企业达到评价等级的必备指标项目，其他为参考指标项目。
注2：资料来源《物流企业分类与评价指标》。

表 8-3 综合服务型物流企业评价指标

评价指标		级别 AAAAA 级	AAAA 级	AAA 级	AA 级	A 级
经营状况	年总营业收入（元）*	10 亿以上	2 亿以上	4000 万以上	800 万以上	300 万以上
	年一体化物流业务收入（元）*	2 亿以上	6000 万以上	1600 万以上	400 万以上	150 万以上
	企业开业时间*	3 年以上	2 年以上		1 年以上	
资产	企业资产总额（元）*	5 亿以上	1 亿以上	2000 万以上	600 万以上	200 万以上
	资产负债率*	不高于 75%				
设备设施	可控仓储面积（m²）	10 万以上	5 万以上	1 万以上	3000 以上	1000 以上
	可控运输车辆（辆）	500 以上	400 以上	300 以上	200 以上	100 以上
	运营网点（个）*	100 以上	50 以上	30 以上	10 以上	5 以上
管理及服务	管理制度	有健全的经营、财务、统计、安全、技术等机构和相应的管理制度				
	质量管理*	通过 ISO 9001－2000 质量管理体系认证			—	
	业务辐射面*	全球范围	全国范围	跨省区	省内范围	
	咨询服务*	提供物流规划、资源整合、方案设计、业务流程重组、供应链优化、物流信息化等方面服务			提供整合物流资源、方案设计等方面的咨询服务	
	客户投诉率	小于 0.05%	小于 0.1%		小于 0.5%	
人员素质	中高层管理人员*	80% 以上具有本科或相当于本科以上学历	70% 以上具有本科或相当于本科以上学历		60% 以上具有本科或相当于本科以上学历	
	业务人员	60% 以上具有相关专业知识和专业资格	50% 以上具有相关专业知识和专业资格		40% 以上具有相关专业知识和专业资格	
信息化水平	网站功能	实现电子商务交易	实现电子商务交易	实现电子交互、信息发布	实现电子交互、信息发布	静态页面
	电子单证管理*	100% 以上	80% 以上		60% 以上	
	货物跟踪*	90% 以上	70% 以上		50% 以上	
	客户查询*	联网图形实时数据自动语音	联网图形实时数据自动语音	联网数据实时数据半自动语音	录入数据手工语音	手工语音查询

注 1：标注*的指标为企业达到评价等级的必备指标项目，其他为参考指标项目。
注 2：运营网点是指在经营覆盖范围内，由本企业自行设立可以承接并完成企业基本业务的分支机构。
注 3：资料来源《物流企业分类与评价指标》。

8.1.2 第三方物流的兴起的原因

1. 企业对核心竞争力的关注

进入 20 世纪 90 年代以来，由于科学技术不断进步和经济不断发展、全球信息网络和全球化市场形成、技术变革的加速及消费者需求呈现多样化使得企业竞争环境变得相当复杂。企业为增强市场竞争力，而将有限的资源集中到核心业务上，结果导致企业专门从事某一领域，某一专门业务，而将许多非核心业务从企业生产经营活动中分离出来，委托其他企业完成，这其中就包括物流业务。

物流业务对于一般企业来说，一是物流量不大；二是高成本、高投入，所以企业自己营运还不如外包给一些物流企业更为合算，成本更低，质量更高。而对于物流企业来说，其核心竞争力是物流作业和管理，他们愿意也有能力承包各个企业的物流服务，集中人力、物力、财力发展核心业务。正是由于一方面物流业务的需求方愿意外包物流；另一方面物流业务的提供方愿意承包物流业务，所以第三方物流也就应运而生了。

2. 新型管理理念的要求

20世纪90年代以来，信息技术特别是计算机技术的飞速发展，社会分工的进一步细化，推动着管理技术和思想的迅速更新，由此产生了供应链、虚拟企业等一系列强调外部协调和合作的新型管理理念，既增加了物流活动的复杂性，又对物流活动提出了零库存、准时制、快速反应、有效的顾客反应等一系列更高的要求，使一般企业很难承担此类业务，由此产生了专业化物流服务的需求。第三方物流的思想正是为满足这种需求而产生的，它的出现一方面满足了企业对个性化服务的需求，另一方面实现了进出物流的整合，提高了物流服务质量，加强了对供应链的全面控制和协调，促使供应链达到整体最佳性。

3. 综合物流业务的需求

随着经济自由化和贸易全球化的发展，越来越多的企业基于成本和服务水平的考虑，越来越倾向于将其大部分甚至全部物流职责委托给外部物流服务提供商。另外，物流企业自身竞争的激化促使其不断地扩展服务内涵和外延，从传统运输、仓储等单项服务拓展到以现代科技管理和信息技术为支撑的综合物流服务，物流业越来越呈现一种高度专业化、综合化趋势。这是传统的自营物流所无法达到的，因此发展第三方物流成为必然。

4. 信息技术的发展是第三方物流出现的必要条件

信息技术实现了数据的快速准确传递，提高了仓库管理、装卸运输、采购、订货配送发运、订单处理的自动化水平，使订货、包装、保管、运输、流通、加工实现一体化；企业可以更方便地使用信息技术与物流企业进行交流与协作，企业间的协调与合作有可能在短时间内迅速完成；同时，计算机软件的飞速发展，使混杂在其他业务中的物流活动的成本能被精确计算出来，还能有效管理物流渠道中的商流，这就使企业有可能在内部完成的作业交由第三方物流公司运作。

【小资料8-1】

国务院印发的《物流业发展中长期规划（2014—2020年）》文件关于支持第三物流企业发展的要求：要大力提升物流社会化、专业化水平。

鼓励制造企业分离外包物流业务，促进企业内部物流需求社会化。优化制造业、商贸业集聚区物流资源配置，构建中小微企业公共物流服务平台，提供社会化物流服务。着力发展第三方物流，引导传统仓储、运输、国际货代、快递等企业采用现代物流管理理念和技术装备，提高服务能力；支持从制造企业内部剥离出来的物流企业发挥专业化、精益化服务优势，积极为社会提供公共物流服务。鼓励物流企业功能整合和业务创新，不断提升专业化服务水平，积极发展定制化物流服务，满足日益增长的个性化物流需求。进一步优化物流组织模式，积极发展共同配送、统一配送，提高多式联运比重。

8.1.3 发展第三方物流的意义

第三方物流的提出可以说是物流业的一次革命，在世界范围内引起广泛关注，其根本原因在于其独特的作用。它能够帮助客户获得价格、成本、利润、服务、供货速度、准确及时的信息及新技术的采用等诸多潜在的优势，具体体现在以下几个方面：

（1）有利于企业集中核心业务，培育核心竞争力。对于绝大部分的企业而言，其核心竞争力并不是物流，生产企业的核心能力是设计、制造和新产品开发，商业企业的核心竞争力是商业营销，能够把物流作为自己核心竞争力的也只有沃尔玛这样的超大型企业。在专业化分工越来越细的市场环境中，企业的生产环境越来越复杂，这就要求企业将有限的人力、物力、财力集中到核心业务上，重点研究核心技术，不断创新，从而提高企业的竞争力，参与世界竞争。而解决这一问题的最佳途径就是第三方物流。

（2）具有专业化水平和相应的物流网络。通过专业化的发展，第三方物流公司已经开发了信息网络，并且积累了针对不同客户的物流知识及关键信息，如运输能力、国际报关文件、空运报价等都由第三方物流公司收集和处理。对第三方物流公司来说，获得这些信息更为全面，更为经济，因为他们的投资可以分摊到很多客户头上，而对于非物流专业公司来说，获得这些专业信息的成本非常高；另一方面，第三方物流企业还能为客户提供高水平的运作技能，如整个物流系统的分析设计能力、先进的装卸能力、自动分拣技术等，这些专业化技术能力将大大提高物流系统效率，降低物流成本，而这是一般的非第三方物流企业所难以达到的。

（3）规模经济效益。第三方物流的规模优势来自于它采用的是多个客户的共同物流，以此获得更为低廉的运输报价，然后集中配载多个客户的货物，提高物流设备和设施的利用率，大幅度地降低了单位成本。形成了规模，就可以有效地实施供应链等先进的物流系统，进一步提高物流水平。

（4）信息技术优势。第三方物流企业一般都建立了基于 Internet 的计算机信息网络系统，信息收集快，处理速度快，这使得他们能够最大限度地利用运输和分销网络，生成提高供应链管理效率所必需的信息，帮助客户搞清楚哪种技术最有用及如何实施，从而跟上日新月异的物流管理技术的发展。

（5）有助于提高企业形象和拓展市场。企业与第三方物流通过建立良好的业务关系形成一种战略伙伴联盟，充分利用第三方物流完备的设施、训练有素的员工和先进的运送网络，帮助自己改进服务、宣传品牌、扩大影响。实力强大的第三方物流公司在国内外大都有良好的运输和分销网络，这样企业还可以借助第三方物流公司来拓展自己在国内、国际的市场。

8.2 第三方物流原理

8.2.1 双赢原理的应用

双赢原理即合作双方的共赢（win-win），意味着合作双方相互信任、相互依赖、共享信息、共御风险，从而双方都获得更多利益，具有更强的竞争力。使用第三方物流，实际上是借用其他企业的各种物流管理资源来实现本企业的内部物流管理。换句话说，企业为了实现自身物流管理，采取了与外界企业合作的方式，这种合作方式不仅对企业自身有益，可以分担风险、降低成本、提高服务质量等,同时,对第三方物流企业也有利,因为外购物流管理的企业,实际上是第三方物流企业的客户,外购业务越多,第三方物流的业务越兴旺,也就意味着订单越多,第三方物流企业的发展也就越快。这正是80年代以来第三方物流行业迅速发展的原因。第三方物流企业不仅在规模上、数量上发展壮大了,而且在管理内容上也扩大了,功能由仅仅承接单一物流管理变为承接多种物流管理,为客户提供了全方位的物流服务。在物流管理时间上也变长了,由原来短期物流管理合同变为长期物流管理合作的承诺。显然,企业与第三方物流的这种合作是建立在双方均有利的基础之上的,也就是实现了双赢原则。

合作中双赢目标的树立与实践可以避免或克服一些物流合作陷阱。当合作中由于市场环境变化或其他因素引起某一方的合理利益受损,合作双方应秉着公平与灵活的原则进行适当变更,确保合作双赢目标的实现。如协议中根据物流服务购买方的产品数量确定了一定费率,但市场环境变幻莫测,物流服务购买方的产品数量发生了很大变化,远低于费率对应的数量基础,如果双方能够按照双赢原理,根据实际情况对协议进行适当变更,仍能在市场风险中获得合理的利润;而若物流服务购买方没有考虑合作方的利益,坚持按协议费率履行,物流服务提供者的合理利润就难以实现,甚至会出现亏损,这种情形下,提供者很可能以降低服务质量来确保自身利润的实现,导致双方合作的长远利益受损。

8.2.2 战略联盟原理的应用

战略联盟是两个或多个经济实体为了实现特定的战略目标而采取的任何股权或非股权形式的共担风险、共享利益的联合行动。战略联盟不同于一般的其他形式的企业或组织间的联盟,战略联盟必须是联盟双方站在公司整体战略的高度,审视公司及伙伴现在及未来的发展,而达成的具有战略意义的联盟。其目的是降低成本,更大地开拓市场,以"竞争中的合作"来获取双赢或多赢的结果,并最终为市场提供更好的产品。

1. 企业应用战略联盟的必要性

随着经济的全球化,我国物流市场的巨大潜力吸引着世界上许多国家的第三方物流企业,它们将占领中国市场的部分份额并取得丰厚回报,这将对我国的第三方物流企业带来很大的冲击。而且,我国已加入WTO并承诺进一步开放市场,这就意味着国外的物流公司也可以从事原先对外资禁入的物流业务,他们在产品品牌、管理理念、资金实力等方面的强劲优势势必对我国第三方物流业造成巨大的竞争压力。我国第三方物流企业今后面临的将是严峻的竞争考验,而且它们将不能或很少得到政府的关税或非关税壁垒的保护,唯有依靠自己的实力才能生存下去。因此,我国第三方物流企业应着眼于今后的艰巨形势,采取兼并、收购,特别是战略联盟的形式壮大自身实力,合理配置资源和健全经营网络,才能立足于未来的激烈竞争的市场环境中。实施战略联盟应该成为当前及今后一段时期的急迫任务,政府应在政策环境上予以支持。

2. 战略联盟的组建步骤

美国学者戴维·雷等人考察了一些企业战略联盟,结果发现有效的战略联盟在建立过程中非常注意以下三个阶段的实施步骤:

(1)挑选合适的联盟伙伴阶段。企业在联合与合作之前,首先要树立明确的战略目标,并据此来寻找或接受能帮助实现战略意图、弥补战略缺口的合作伙伴。

(2)联盟的设计和谈判阶段。成功的联盟不仅是以交叉许可安排、联合开发、合资经营、股权共享等联盟方式为基础的初始合作协议,还包括厂址选择、成本分摊、市场份额获得等通常的细节以及对知识创新、技术协同等方法进行设计。

(3)联盟的实施和控制阶段。战略联盟的最终目的是通过联盟提高企业自身的竞争能力。联盟内的企业应该把通过联盟向对方学习作为一项战略任务,最大限度地尽快将联盟的成果转化为自己的竞争优势。

3. 战略联盟组建方式

(1)与其他第三方物流企业或相关企业形成战略联盟。物流联盟就是以第三方物流机构为核心,众多第三方物流企业或相关企业签订契约形成相互信任、共担风险、共享收益的集约化物流伙伴关系。对于物流企业来说,想要包容一切是很难的。全球供应链需要众多领域的一系列的专门技术,没有哪家公司是全才,即使勉强为之,也可能会得不偿失。但是,现在的顾客越来越倾向于利用一个第三方物流企业,这意味着与顾客相连的是一个计算机接口、一个业务点、一份合约、一份单据等等。因此面对现实,第三方物流企业将与其他第三方物流公司、一些不直接从事物流运作的咨询企业、物流设备设施出租企业或其他相关企业结成战略伙伴关系,通过伙伴关系,物流联盟能够提供一站式服务,全方位快捷地满足顾客的需要,共同为一个顾客的整条供应链服务。其中的一个第三方物流企业作为供应链的"总集成商",将和顾客单线联系,并监控协调其他参与企业的活动。这些企业同处物流行业,水平一体化物流管理可使多个第三方物流企业合作,使分散物流获得规模经济和物流效率。从第三方物流企业的经济效益上看,由于通过物流战略联盟使众多企业集约化运作,降低了物流服务总成本,获得规模经济效益。

(2)与用户结成战略伙伴关系。第三方物流企业为用户企业提供的不仅仅是一次性的运输或配送服务,而是一种具有长期契约性质的综合物流服务,最终职能是保证用户企业物流体系的高效运作和不断优化供应链管理。从这个角度来看,第三方物流企业与其说是一个专业物流公司,不如说是用户企业的一个专职物流部门,只是这个"物流部门"更具有专业优势和管理经验。从长远看,第三方物流的服务领域还将进一步扩展,甚至会成为用户企业销售体系的一部分。它的生存与发展必将与用户企业的命运紧密地联系在一起。这在客观上就要求第三方物流企业通过确立合理的运行机制,以合同的方式建立长期有效的委托代理关系与用户企业建立战略伙伴关系,实现优势互补、利益共享、共担风险。从用户企业来看,由于与第三方物流结盟,统筹规划,统一实施,减少了社会物流过程的重复劳动,消除了供应链中的迂回、浪费和重复,提高了整个物流过程的效率。当然,不同商品的物流过程不仅在空间上是矛盾的,可能在时间上也是有差异的。用户企业可以通过第三物流企业的集约化处理,来解决这些矛盾和差异;战略联盟使用户企业减少了物流经营成本,提高了服务质量,有了稳定的物流支持保障系统;联盟成员共担风险,降低了风险与不确定性;此外,用户企业还可以从第三物流企业得到过剩的物流能力与较强的物流管理能力。从第三方物流企业来看,战略联盟使其获得合作前必需却不可得的资源,借助用户企业培养起自己的竞争优势,有了可靠的货源保证,降低了经营风险。长期、密切的合作业务关系还可以使第三方物流企业更深入的了解用户企业的需求,设计针对用户企业更为合理的物流系统,更好地为用户企业提供个性化、一站式服务,提高了物流作业效率。这种合作模式使双方在市场中的地位与作用变得更加巩固,为双方提供更多的机会,通过共生促进双赢。

(3)集团化。我国现在的第三方物流企业,无论是仓储企业、运输企业还是货代企业都缺少规模较大的龙头企业，企业规模普遍偏小，技术装备也较为落后。在这样的情况下，企业缺乏规模优势、技术优势、人才优势，必须打破业务范围、行业、地域、所有制等方面限制，树立全国一盘棋的思想，整合物流企业，鼓励强强联合，组建跨区域的大型集团。比如将仓储企业联合组建数个大中型仓储企业集团，运输企业联合组建数个大中型运输企业集团，货代企业组建数个大中型货代企业集团，然后将这些企业集团按照核心业务能力侧重点的不同组建数个物流企业集团。通过成立企业集团，整合现有资源，提高技术装备的现代化水平，避免恶性竞争，摆脱弱小的现状，走向强大，参与国际竞争。

8.2.3 虚拟经营

随着信息技术的发展，全球化和网络化的实现使原本属于互相依赖、近邻关系，具有稳定空间和组织界线的企业结构开始改变，相距遥远、不同时间、分散组织而共同工作的虚拟环境开始出现。在这种环境下，第三方物流企业不一定需要具备许多大型装载设备、大面积仓库以及齐全的运输工具。为了最大限度地发挥自身的优势，弥补自身的不足，第三方物流企业之间以及第三方物流企业与其他企业之间可以建立虚拟经营。所谓虚拟经营是指企业在组织上突破有形的界限，仅保留企业中最关键的功能，而将其他的功能虚拟化——通过各种方式借助外力进行整合弥补的经营模式。其精髓是将有限的资源集中在附加值高的功能上，而将附加价值低的功能虚拟化。

虚拟经营作为一种新型企业经营形式，具有很高的要求，要求合作者之间建立互相信任的关系，要求有先进的信息技术手段，以及各生产经营环节都能高效率地运行。其基本运行平台有四个：信息网络、知识网络、物流网络和契约网络。信息网络主要是指以国际互联网络为主的电脑网络。知识网络是指通过信息网络连接起来的具有核心能力的企业集合而成的核心能力网。契约网络则是指在信息网络、物流网络和契约网络的支撑下所形成的合作网络。虚拟经营大致包括以下五种方式：

（1）外包加工的"虚拟生产"。即企业自己不投资建设生产场地，不装备生产线，而把生产外包给其他的生产厂家。例如，上海"恒源祥"绒线公司，过去仅仅是一个毛线商店，后来运用品牌优势，与其他生产企业进行联合，创造企业的品牌产品。

（2）共生。即企业本身并不擅长某一方面的工作，但基于成本或保密的考虑，又不愿将业务外包，于是，几个企业可以共同组成一贯作业中心，共同负责这项工作。如银行业的咨询资讯管理，往往由几家银行成立专门处理电脑资讯业务的单位，既可以达到保守商业秘密，又可以达到节省成本的目的。

（3）虚拟销售网络。企业借助产权关系，与目标市场拥有独立法人资格的销售企业或其他组织建立销售网络。在我国，以"意丹奴"为代表的特许经营加盟方式，就可算作一种销售网络的虚拟经营。总部与下面的销售点自主经营，独立核算，总部每月向销售点提供货品，销售点按照总部的规定统一着装，统一布置门面，退货或剩余货品可以原封不动向总部退回。

（4）行政部门虚拟化。我国目前的物流企业管理水平普遍较低，许多企业在引进国外先进技术和管理经验的同时，也可以考虑把一些具有管理职能的部门分包出去，由国内外有经验的专业公司进行管理。在这方面，我国的天年高科技国际企业公司做得很成功。"天年"在珠海的总部的电脑推广部、储运部和市场企划部三大部门已对外发包，由境外三家专业化公司承担业务，其负责人又是"天年"虚拟部门的负责人，为"天年"统筹兼顾、参政议政。

虚拟经营往往更注重短期利益，一旦目标实现，随即解散虚拟组织，为了新的目标，又重新组合虚拟组织。因此，虚拟经营具有高弹性特点，可以为我国的第三方物流企业的战略转型提供新的思路。可以运用虚拟经营的功能模块化思想，保留并引入具有竞争能力的功能模块，剥离那些非核心的功能模块，实现企业的精简高效，从而提高第三方物流企业的竞争能力和生存能力。

8.3 第三方物流的管理

8.3.1 第三方物流的选择

目前，我国第三方物流正处于生命周期的市场导入期，具有广阔的发展前景，对企业竞争力和实力的增强，具有显著的作用，对社会物流成本的节约意义重大。在经济全球化的背景下，我国企业同时面临加入 WTO 后的挑战和机遇，企业结合自身发展的实际情况，合理地选择第三方物流将是一个明智之举，它将重塑企业竞争力，使企业在激烈的市场竞争中处于领先地位，求得更大的发展。

1. 影响选择的因素

（1）企业产品自身的物流特点。不同的产品表现出的特性也不同，进而要选用不同的物流方式。

【小思考 8-2】

针对产品的特点，应如何选择物流方式？

（2）第三方物流提供者的核心竞争力。在供应链中，至少拥有一个关键环节并且展示出其强大的核心能力，将成为第三方物流公司生存的一个必需特点。它表明这家公司由超越其他公司为客户提供增值服务的能力。例如美国联邦快递和联合包裹公司最擅长的业务是包裹的限时速递；中储运的核心竞争力在于其有大型仓库。

（3）第三方物流提供者是自拥资产还是非自拥资产。自拥资产提供者是指有自己的运输工具和仓库，从事实实在在物流操作的专业物流公司。他们有较大的规模，丰富的人力资源，雄厚的客户基础，先进的系统，专业化程度较高。但是其灵活性受到一定限制，他们的工作倾向于自己做决定，存在官僚作风，需要较长的决策周期。非自拥资产提供者是指不拥有硬件设施或只租赁运输工具等少量资产，他们主要从事物流系统设计、库存管理和物流信息管理等职能，而将货物运输和仓储保管等具体作业活动由别的物流企业承担，但对系统运营承担责任的物流管理公司。这类公司运作灵活，对于企业所提出的服务内容可以自由组合，调配供应商。但是因为其资源有限，物流服务价格会偏高。企业应根据自己的要求对两种模式加以选择和利用。

（4）第三方物流提供者的客户服务能力。第三方物流为本企业及企业顾客提供服务的能力是选择第三方物流服务的重要因素。第三方物流在满足本企业对原材料及时需求的能力和可靠性、对本企业的销售商和最终顾客不断变化的需求的反应能力等方面应该作为重要的因素来考虑。

（5）第三方物流服务的地理范围。第三方物流提供者按照其服务的地理范围可分为全球性、国际性、地区性和地方性四种。选择第三方物流时要与本企业的业务范围一致,以减少转移成本。

不同的第三方物流提供者,有着各自的优势与劣势,并设立了不同的目标和方向,如表8-4所示。

表 8-4　不同的第三方物流服务商的比较

区别＼类型	传统的运输与仓储企业	新兴的物流公司	生产与流通企业内部物流部门	国外物流公司
优势	大型国有企业,拥有全国性的网络和许多运输和仓储资产;与政府关系良好	私有和合资企业,业务地域、服务和客户相对集中;效率相对较高,增长极快	主要为内部客户服务,具有专长;资产有限,但网络覆盖性良好	有很强的海外网络;丰富的行业知识和实际运营经验;有来自总部的强有力财务支持
劣势	冗余人员比例很高,效率低,观念落后,服务水平较低	只拥有有限的固定资产,对市场扩张缺乏有力的财务支持;内部管理和体系是高速增长的主要阻碍	难于吸引更多的外部客户;战略和未来定位受到母公司的极大影响	在中国缺少网络系统,中国的业务还很有限,且相对成本较高
目标	通过重组或转型,以适应现代物流业的需要,提高服务水平	依靠引入战略合作伙伴或投资者保持高增长率	加强或剥离物流部门	通过收购或合作,加强在中国市场的地位

2. 第三方物流选择的程序

由于我国第三方物流刚刚兴起,多数第三方物流提供者素质不够高,筛选第三方物流提供者的决策过程显得尤为重要。根据国外第三方物流决策的成功经验,第三方物流的选择步骤一般包括以下几个步骤:

(1) 组成跨职能团队。包括物流、营销、财务、人力资源等部门的负责人以及企业高层领导;

(2) 明确外包物流的具体目的:是进行市场扩展、全球采购、分销;是为了满足顾客不断增长的期望;还是为了实现企业成本降低计划或管理决策上的变动等;

(3) 确定所需的物流功能,如仓储、运输、附加服务等;

(4) 制订评选标准,如:信誉、准时交付、缺货损失、顾客服务以及价格等;

(5) 通过合理的筛选程序,经过调查、发函、评审等程序筛选出价格低、服务质量好、公司信誉高、有从业经验的第三方物流提供者。

8.3.2　第三方物流管理内容

第三方物流企业管理的主要内容有:合同管理、供应商管理、客户关系管理、能力管理、信息管理。

1. 合同管理

工商企业与第三方物流企业建立合作关系的动机包括:资产利用、资金问题、长期业务增长、市场全球化及其他与第三方物流分享的有关利益。有时,当企业利用外部资源组织和实施物流过程时,就会要求第三方物流企业购买资产、雇佣长期劳动力、承担设备租赁等工作。

第三方物流的服务承诺，常常要付出很高的代价，可能对财务平衡产生很大的影响，因此，第三方物流企业坚持要求签订长期合同，以规避风险。相反地，工商企业在第三方物流企业不能提供所期望的标准时，可能会终止合同，以便选择别的第三方物流服务提供者。

2. 供应商管理

第三方物流在整合第二方物流资源和能力的基础上提供服务，因此，作为供应商的第二方物流在第三方物流的业务中，起着非常重要的作用。因此，对供应商的控制和管理水平是第三方物流获得成功的关键因素之一。在我国现阶段，基于战略联盟的供应商管理对于提高物流的服务质量，提高物流企业的协同能力和最终走向紧密结合具有重要的意义。

（1）联盟型供应商的选择。为了保证联盟型供应商的质量，在建立合作伙伴关系前，一般要经过严格的程序。具体的选拔过程包含以下几个阶段：

1）意向探求。对目标供应商进行初步考察，并探求其合作意向。

2）资质调查。对有明确合作意向的供应商，将进行资质调查，审核其包括营业执照在内的资质文件，并对通过资质审查的供应商进行的资金实力、设备能力等进行调查。

3）服务质量和管理水平的调查。对实力达到要求的供应商，服务质量和管理水平的调查。

4）试运作。对符合条件的供应商进行为期6个月的试运作。

5）签订正式的联盟合作协议。如果在试运作中，双方合作比较满意，则签订正式的联盟合作协议。

（2）联盟型供应商的管理。为了保证联盟运作的效率，必须对联盟进行有效的管理，具体措施如下：

1）联盟协议及合同。联盟单位必须签订联盟协议，以规定各自的权利和义务，尤其是对合作中的利益分配等敏感问题，要详细说明。

2）互派质量监督及业务指导员制度。如果有必要，可以向联盟方派驻质量监督及业务指导员，在新项目运作初期互派质量监督及业务指导员，能保证协作的顺利实施。

3）联盟考核制度。联盟内企业要定期考核，对考核不合格者要进行警示，对严重违反联盟协议的单位，将取消合作。

4）定期培训。联盟组织定期培训，培训内容包括针对高层管理的企业管理和经营战略计划，针对职能部门的业务和技能培训等。

5）"五个统一计划"。在合作比较好的基础上，联盟可以向一体化的方向发展，具体体现在"五个统一"行动方案，即统一经营理念、统一技术平台、统一服务标准、统一单证格式、统一业务流程，以大大提高物流联盟的协同能力。

3. 客户关系管理

第三方物流从一开始就是作为客户企业的战略伙伴出现的，因此，第三方物流同客户企业必须体现为一种互惠双赢、长期发展的战略性合作伙伴关系。在这一合作过程中体现为两种客户关系，一是第三方物流同客户企业之间的关系。二是第三方物流同客户企业的客户之间的关系。我们在这里重点研究前者，即第三方物流与直接客户的关系管理，因为直接客户关系的好坏直接影响到双方合作的效率和持久性。

4. 能力管理

一般来说，第三方物流公司能提供仓库管理、运输管理、订单处理、产品回收、搬运装卸、物流信息系统、产品安装装配、运送、报送、运输谈判等近30种物流服务。第三方物流必须对自身物流资源进行全面的规划和衡量,以便能了解自身有多大的能力,可以承接多大的项目,完成多少订单。这个能力包括运输能力、保管能力、配送能力、装卸能力及设备能力等。例如,保管能力是指第三方物流企业的全部仓容中还可能接受的保管物品的数量。汽车运输能力是指第三方物流企业的运输工具及运输工作人员所能承担的运力的吨公里数等。对于第三方物流企业来说,这些都必须做到心中有数,才能最大限度地发挥物流管理的能力,平衡物流的负荷,达到最好的物流资源的销售水平,以便取得最佳的经济效益。

5. 信息管理

在第三方物流企业的管理中,信息管理是重要的组成部分,它贯穿于合同、供应商、客户关系、能力管理及其他物流管理中。第三方物流企业一般都建有一个物流信息系统,这个信息系统可以利用新的信息技术来建立,如条码技术、电子数据交换、全球定位系统等。物流信息系统的成功运作对增加销售收入、提供产品在市场上的占有率有很大的帮助。物流信息系统在供应商、分销商、零售商以及消费者这条供应链中起着重要的纽带作用,它直接影响到客户的满意度以及新产品从研制到市场的时间和效率,从而有效地提高整个物流系统的灵活性、速度和可靠性。

8.4 第三方物流服务

8.4.1 物流服务的含义

1. 物流服务的概念

物流服务:为满足客户需求所实施的一系列物流活动产生的结果。

现代物流管理的实质是向物流服务需求方有效、快速的提供物流服务,这是一切物流活动或供应链流程的共同特征。物流服务具有一般服务的特征,以顾客满意为目标,向顾客提供满足顾客的一系列活动,通常始于订单录入,止于产品送达。因为物流"第三利润源"的重要作用,物流服务正逐渐成为企业获取竞争力的一个重要手段,而能不能提供优质的物流服务也是物流企业的成功关键所在。我们认为所谓物流服务,是指物流企业为满足客户的需求,从处理客户订货开始,直至将产品送交客户手中而向客户提供的有效降低客户物流负荷的全部活动。它是保证企业能有效提供优质服务的基础。

2. 物流服务的要素

物流服务包含三个要素:拥有客户所期望的产品(备货保证);符合客户所期望的质量(品质保证);在客户期望的时间内送达产品(输送保证)。备货保证包含在库服务率;品质保证包含物理损伤、保管中的坏损、运输中的坏损、错误输送、数量差错;输送保证包含订货截止日期、进货日期、订货单位、订货频率、紧急出货。

8.4.2 第三方物流服务的特征

第三方物流服务较传统物流服务更具有专业性、战略性、整合性,其特征是:

1. 第三方物流服务不是一般的交易,而更多地具有战略同盟性

与传统仓储运输企业相比,在服务内容上,第三方物流服务企业为客户提供的不仅仅是一次性的运输或配送服务,而是一种具有长期契约性质的综合物流服务,最终职能是保证客户

物流体系的高效运作和不断优化供应链管理，其服务范围不仅仅限于运输、仓储业务，而是更加注重客户物流战略的制订、客户物流体系的整体运作效率与效益。

2. 第三方物流企业与其客户的利益更加一体化

第三方物流企业追求的不是短期的经济效益，为了适应客户的需要，它是以一种投资人的身份为客户服务的，最终达到双赢。投资的收益很大程度上取决于客户业务量的增长，这就形成了双方利益一体化的基础。在业务关系上的紧密性为第三方物流企业与客户在资本市场上的合作创造了难得的条件，可以预见双方在股权、资本上的融合将更加紧密，第三方物流战略投资人的性质将更加明显。

3. 第三方物流企业的利润基础是利益一体化

与传统的运输服务相比，第三方物流公司的利润来源与客户的利益是一致的，而非传统的输赢型关系。第三方物流企业的利润来源于现代物流的科学管理所产生的新价值，这种新价值是第三方物流与客户共同分享的。这就是利益一体化，即"双赢"。因此，与传统的仓储运输企业相比，第三方物流服务的利润来源不是来自运费、仓储费用等直接收入，不是以客户的成本性支出为代价的，而是来源于与客户一起在物流领域创造的新价值。为客户节约的物流成本越多，利润率就越高，这与传统的经营方式有本质不同。

8.4.3 第三方物流服务的内容

第三方物流服务涉及内容范围广泛，可分为基本服务和增值服务两大内容。

1. 基本服务

基本服务内容包括运输、保管、配送、包装、信息处理等方面的服务，这集成了传统物流服务的一般职能。其中，运输业务主要包括运输网络设计和规划；仓储/配送业务包括配送网络的设计、订单处理、库存管理、仓储管理、包装等业务；信息服务主要有提供信息平台、物流业务处理系统、运输过程跟踪等服务内容。这些基本服务大多是与完成货物交付有关的服务，它们主要依靠现代物流设施、设备等硬件来完成，具有标准化的特征。

（1）创造空间效应服务。物品由生产地通过分销渠道发送给客户的过程，包括运输与配送，实现物品的空间转移。物流服务选择满足客户需要的最经济的运输方式，在规定的时间内将物品送达客户的收货地，并实时监控运输过程，合理调配运输工具，减少回程车辆放空。在为客户提供满意服务的同时，提高自身的经济效益。

（2）创造时间效应服务。物品在生产经营过程中的暂时停滞，对货主是资源的被动浪费，储存功能将其转化为积极的调节功能。在不降低物流服务水平的条件下，调节供需与价格、调节库存、保障供给。

（3）流通加工效用服务。流通加工是在流通过程中，应客户要求对物品进行的外形和包装加工。流通加工的作用是促进销售，维护产品质量，实现物流的高效率，流通加工是物流作业中最明显的客户服务功能要素。在提供以上三种服务时，通过包装运输和储存功能，保证物品无货损或低货损。

2. 增值服务

增值物流服务：在完成物流基本功能的基础上，根据客户需求提供的各种延伸业务活动。

增值服务是竞争力强的企业区别于一般小企业的重要方面。为了满足客户的要求，除了基本功能，进一步向客户提供包括物流系统策划、物流战略制订、延后处理、供应商管理、运费支付、即时制造支持、咨询服务、售后服务等内容的物流承诺。根据经营方式的不同，增值服务可以分别在以下领域中完成：

（1）以顾客为核心的增值服务。以顾客为核心的增值服务是指由第三方物流提供的、以满足买卖双方对于配送产品的要求为目的的各种可供选择的方式。

（2）以促销为核心的增值服务。以促销为核心的增值服务是指为刺激销售而独特配置的销售点展销台及其他各种服务。在许多情况下，以促销为核心的增值服务还包括对储备产品提供特别介绍、直接邮寄促销、销售点广告宣传和促销材料的物流支持等。

（3）以制造为核心的增值服务。以制造为核心的物流服务是通过独特的产品分类和递送来支持制造活动的物流服务。每一个客户进行生产的实际设施和制造设备都是独特的，在理想的状态下，配送和内向物流的材料和部件应进行顾客定制化。例如，有的厂商将外科手术的成套器具按需要进行装配，以满足特定医师的独特要求。此外，有家仓储公司切割和安装各种长度和尺寸的软管以适合个别客户所使用的不同规格的水泵。这些活动在物流系统中都是由专业人员承担的。这些专业人员能够在客户的订单发生时对产品进行最后定型，利用的是物流的时间延迟。

（4）以时间为核心的增值服务。以时间为核心的增值服务涉及使用专业人员在递送以前对存货进行分类、组合和排序。以时间为核心的增值服务的一种流行形式就是准时化（JIT）。在准时化概念下，供应商先把商品送进工厂附近的仓库，当需求产生时，仓库就会对由多家供应商提供的产品进行重新的分类、排序，然后送到配送线上。以时间为基础的服务，其主要的一个特征就是排除不必要的仓库设施和重复劳动，以便能最大限度地提高服务速度。基于时间的物流战略是竞争优势的一种主要形式。

8.5　第四方物流

8.5.1　第四方物流概述

第四方物流是1998年美国率先提出的，是专门为第一方、第二方和第三方提供物流规划、咨询、物流信息系统、供应链管理等活动。第四方并不实际承担具体的物流运作活动。

第四方物流（Fourth party logistics）是一个供应链的集成商，是供需双方及第三方物流的领导力量。它不是物流的利益方，而是通过拥有的信息技术、整合能力以及其他资源提供一套完整的供应链解决方案，以此获取一定的利润。它帮助企业实现降低成本和有效整合资源，并且依靠优秀的第三方物流供应商、技术供应商、管理咨询以及其他增值服务商，为客户提供独特的和广泛的供应链解决方案。

其基本功能有三个方面：

（1）供应链管理功能，即管理从货主、托运人到用户、顾客的供应全过程。

（2）运输一体化功能，即负责管理运输公司、物流公司之间在业务操作上的衔接与协调问题。

（3）供应链再造功能，即根据货主/托运人在供应链战略上的要求，及时改变或调整战略战术，使其经常处于高效率地运作。第四方物流的关键是以"行业最佳的物流方案"为客户提供服务与技术。

【小思考 8-3】

菜鸟网络属于第三方物流企业么？

8.5.2 第四方物流的基本特征

（1）第四方物流有能力提供一整套完善的供应链解决方案，是集成管理咨询和第三方物流服务的集成商。

（2）第四方物流是通过对供应链产生影响的能力来增加价值，在向客户提供持续更新和优化的技术方案的同时，满足客户特殊需求。

（3）成为第四方物流企业需具备一定的条件，如能够制订供应链策略、设计业务流程再造、具备技术集成和人力资源管理的能力；如在集成供应链技术和外包能力方面处于领先地位，并具有较雄厚的专业人才；如能够管理多个不同的供应商并具有良好的管理和组织能力等。

8.5.3 第四方物流和第三方物流的区别

第四方物流偏重于通过对整个供应链的优化和集成来降低企业的运行成本，而第三方物流则是偏重于通过对物流运作和物流资产的外部化来降低企业的投资和成本。第四方物流具有很多的优势：能给客户提供最接近要求的完美的服务；能提供一个综合性的供应链解决方案；能利用第四方的信息资源、管理资源和资本规模为企业打造一个低成本的信息应用平台；能为企业提供低成本的信息技术。第三方物流主要是为企业提供实质性的具体的物流运作服务。而主要的不足是本身的技术水平不高，能为客户提供的技术增值服务比较少。第四方物流刚好相反。第四方物流的专长是物流供应链技术，它具有丰富的物流管理经验和供应链管理技术、信息技术等。它的不足在于自身不能提供实质的物流运输和仓储服务。

本章思考题

1. 第三方物流的概念及特征是什么？
2. 第三方物流的优势是什么？
3. 影响第三方物流选择的因素是什么？
4. 目前我国能提供第四方物流服务的企业有哪些？

第四方物流成功案例

在英国，埃森哲公司和泰晤士水务有限公司的一个子公司——Connect2020，也进行了第四方物流的合作。泰晤士水务是英国最大的供水公司，营业额超过 20 亿美元。Connect2020成立的目的旨在为供水行业提供物流和采购服务。Connect2020把它所有的服务外包给ACTV，一家由埃森哲管理和运作的公司。ACTV 年营业额在 1500 万美元，主要业务包括采购、订单管理、库存管理和分销管理。目前的运作成果包括：供应链总成本降低 10%，库存水平降低

40%，未完成订单减少 70%。

在欧洲，埃森哲公司和菲亚特公司的子公司 New Holland 成立了一个合资企业 New Holland Logistics，专门经营服务零配件物流。该公司由 New Holland 拥有 80%的股份，埃森哲占 20%的股份。New Holland 为合资企业投入了 6 个国家的仓库、775 个雇员、资本投资和运作管理能力。埃森哲方面投入了管理人员、信息技术、运作管理和流程再造的专长。零配件管理运作业务涵盖了计划、采购、库存、分销运输和客户支持。大约 2/3 的节省来自运作成本降低，20%来自库存管理，其他 15%来自运费节省。同时，New Holland Logistics 实现了大于 90%的订单完成准确率。

在美国，Ryder Integrated Logistics 和信息技术巨头 IBM 和第四方物流的始作俑者埃森哲公司结为战略联盟，使得 Ryder 拥有了技术和供应链管理方面的特长，而如果没有"第四方物流"的加盟这些特长要花掉 Ryder 公司自身几十年的工夫才能够积聚起来。

【资料来源：根据网络资料整理编写】

问题：结合案例，分析第四方物流企业和第三方物流企业提供的服务有什么不同？

第 9 章　产业物流

> **学习目标**
>
> - 知识目标：通过本章的学习，了解农业物流、制造业物流、零售物流、快递业物流的概念和特征。
> - 技能目标：掌握零售业物流的运营模式，掌握制造业物流的运作方式。
> - 能力目标：通过学习，能够熟练应用物流的功能，具有零售业、制造业、快递业企业业务运作的能力。

9.1　农业物流概述

9.1.1　农业物流的概念

农业的含义是指人们利用动植物的生长机能，采取人工培养和养殖的办法，以取得产品的物质生产部门。

广义农业包括种植业、养殖业、副业（农产品加工）。其中，种植业分为农作物种植业和林业；养殖业分为牧业和渔业。

农业物流是指在农业生产及其相关联的农业生产资料供应和农产品销售过程中，一切物流活动的总称。农业物流可以分为农业生产物流、农业供应物流和农业销售物流。农业物流包括农业生产资料和农产品的运输、储存、加工、包装、装卸搬运、配送和信息管理等功能要素。

9.1.2　农业物流的特征

1. 农业物流主体的特殊性

农业物流主体既有加工企业、运销企业，又有农户（农户可视为一个自主经营、自负盈亏的经营主体）。

农户作为农业生产主体和核心企业的供应商，具有多重身份属性：自然人、法人、管理者、决策者、劳动者等。其行为模式比较复杂，决策的理性与非理性并存，并受农户个人的文化素养、偏好、心理状态、经济状况等因素影响而波动；在对市场信号和经济信息的认知、判断、反应上，既可能是理智决策，也可能是盲目从众；从数量特征上看，农户作为供应商其数量弹性很大，有时可少至百十人，有时又可以多至成千上万，甚至更多。例如，伊利集团带动了 20 多万农户进行牧业生产和原奶供应。供应商数量上的这种巨大性在其他产业物流中是少见的。

2. 农业物流客体和物流工具的多样性

农业物流客体主要为农副产品及其中间产品、产成品，此外还包括其他辅料、包装物等。

农业物流工具也是种类繁多，层次不一：既可以是飞机、火车等现代物流工具，也可以是小四轮、马车等低级物流工具，甚至可以是个体的人。农业物流客体和物流工具的多样性因素决定了农业物流主体在联结模式的数量上呈几何级数增长，加剧了农业物流路径的多样性和复杂性。

3. 农业物流路径的复杂性

农业物流路径的复杂性主要源于农业生产的分散性和农产品消费的普遍性。农业物流过程可描述为：农业投入物以工厂或工业城镇为起点，经由各种运输方式到达农村，直至千家万户（这一过程农业物流路径呈强发散性）；经过农业生产、收获等环节后，农产品由少聚多，由支线向干线汇聚到制造厂或分销商（这一过程呈强收敛性），经过加工（或流通加工）后，向分销商、零售商扩散（呈中度发散性），最后从各零售网点扩散至千家万户消费者（呈强发散性）。

农业物流路径的特征模式可概括为：强发散性+强收敛性+中度发散性+强发散性。这一特征决定了农业物流控制上的高难度、管理上的复杂性、物流硬件投资上的巨大性。这一特征的影响不仅表现于粮食、棉花等大宗农产品流通方面，也很突出地表现于一些全方位快速扩张的企业身上，如伊利、双汇、光明等。而其他产业物流路径中的一些生产资料用品基本不具有这一特征，此外，其他产业的许多日用品物流虽然在供应链下游也体现出强发散性，但在上游却不表现出强发散性+强收敛性的特征。

4. 农业物流环境的制约性

农业物流环境具有全方位性，农业包含农林牧副渔等子产业，其作业场所基本涉及我们所知的大多数地理环境。

农业物流环境的制约性表现在两个互相关联的方面。一方面农业物流能力（包括物流管理和物流基础设施等方面）制约和影响农业物流的范围和绩效。例如，光明乳业在建立冷链和提升物流系统能力以前，其液态奶的物流半径被局限在加工厂方圆 300km 以内。另一方面，宏观物流环境、国家物流政策、农产品产业规范及标准化等对农业物流形成外部约束和局限。

5. 农业物流时间竞争的双向性和局限性

一方面，农业物流在时间竞争的策略方向上具有双向性。在其他产业物流中，时间竞争策略的决本指向就是加速，即尽可能地缩短产品开发、发布、加工制造、销售物流、服务支持等时间长度及减少它们的波动幅度来参与竞争。而在农业物流中，时间竞争在策略指向上，不仅包括正向加速（一般意义上的加速）；而且还包括逆向加速，即削减和抑制农副产品有机体自然生长（呼吸、光合作用、熟化、腐化）的速度，以使其具有更大的经济价值。例如，对生鲜品保鲜、冷藏以降低生物体活动强度，培育晚熟品种以均衡后续生产和供应等措施。

另一方面，农业物流在时间竞争方面受到诸多局限。首先，农业环节生产和运营周期十分漫长，其长周期与农产品加工、流通的短周期形成鲜明对比。在一定的经济技术条件下，农业周期压缩的潜力有限，农业物流的时间竞争受到局限。其次，农业环节在响应用户需求时，其响应方式与后续环节存在着巨大差异。农业生产和决策在时间上整体刚性很强，调整的柔性差。另外，农业物流各子系统在信息的传递、物流系统协调与集成、标准规则的一致性等方面的欠缺，也约束了农业物流基于时间竞争的整体优化空间。最后，农业物流节点的时间竞争工具很有限。在制造业中，时间竞争中常用的系统简化和整合、标准化、偏差控制、自动化等方法在农业物流环节运用很困难。

6. 农业物流需求的不确定性

进入 21 世纪以来，随着农业和整个的国民经济的发展，居民收入和生活水平的提高，农副产品及其制品的种类和品牌日益增多，流通渠道日益复杂，消费者对价格、品质、服务等日益敏感，购买偏好和习惯也更加捉摸不定；总体看来，农副产品消费模式已由温饱型向质量型、服务型转变。

9.1.3 农业物流的分类

1. 按物流的不同阶段划分

农业物流按照物流的不同阶段可以分为农业供应物流、农业生产物流、农业销售物流。

（1）农业供应物流。农业供应物流是为保证农业生产不间断进行，保证农村经济持续发展，供给和补充农业生产所需生产资料和生活资料的物流。农业供应物流是农业生产的前提条件和物质保证。没有农业供应物流，农业生产就会停止，它是将工业产品向广大农村输送，属于工业和农业两大物质生产部门之间的物质流动范畴。

（2）农业生产物流。农业生产物流是指从农作物耕种、田间管理到农作物收获，在整个过程中，由于配置、操作和回收各种劳动要素所形成的物流。它是构成农业生产活动的主要内容，也是农业生产物流的核心。它决定农业生产成本和效率，影响农业的收益。农业生产物流是农业生产工序间的物质运动，处于农业生产过程中，活动范围较小，属于微观物流性质。农业生产的作业时间、作业内容、作业场所、作业程序、作业线路、作业组织管理等问题，直接影响着农业生产物流的效益。

农业生产物流按照其内容和形式不同，又可分成三种物流形式：一是耕种物流，即为了耕种配置生产要素的物流，其中包括农业机械设备及工具的调配和运作，种子、化肥、地膜等的下种和布施。二是管理物流，即为了供给培育农作物生长的物质资料的物流活动，其中包括育苗、间株（插秧）、锄耪、除草、整枝、杀虫、追肥、浇水等作业所形成的物流。三是收获物流，即为了满足收获农作物所需生产资料形成的物流，其中包括农作物收割、回运、脱粒、晾晒（烘干）、筛选、处理、包装、入库等作业所形成的物流。农业生产物流内容比较单纯，流动范围小，是农业生产要素从仓库到田地和田地之间的往复运动；物流的方向是双向的，而且出大于入；物流主体是农业服务队，如农机站、机耕队或短途货运公司，或者是农民（农场）自己。

（3）农业销售物流。农业销售物流是指由于农产品的销售行为而引发的一系列物流活动，其中包括为销售农产品和满足消费者需要实行的分拣、配货、分放、配装、送货等活动。

2. 按物流客体划分

农业物流按照物流客体可以分为农业生产资料物流和农产品物流。

（1）农业生产资料物流。农业生产资料物流是指以种子、化肥、农药、地膜、农业机具以及农业生产消费的原材料、燃料等为物流客体，对它们进行拣选、加工、包装、分割、组配等作业，并按时送达指定地点的农业物流活动。农业生产资料物流路径一般是由城市到达农村。

（2）农产品物流。农产品物流是指以粮食、肉类、水果等农产品为物流客体，对它们进行备货、储存、分拣、配货、分放、配装、送货等作业，并按时送达指定地点的农业物流活动。农产品物流路径一般是由农村到达城市。

【小资料 9-1】

国务院印发的《物流业发展中长期规划（2014—2020 年）》文件提出将农产品物流列为重点发展工程。

加大粮食仓储设施建设和维修改造力度，满足粮食收储需要。引进先进粮食仓储设备和技术，切实改善粮食仓储条件。积极推进粮食现代物流设施建设，发展粮食储、运、装、卸"四散化"和多式联运，开通从东北入关的铁路散粮列车和散粮集装箱班列，加强粮食产区的收纳和发放设施、南方销区的铁路和港口散粮接卸设施建设，解决"北粮南运"运输"卡脖子"问题。推进棉花运输装卸机械化、仓储现代化、管理信息化，加强主要产销区的物流节点及铁路专用线建设，支持企业开展纺织配棉配送服务。加强"南糖北运"及产地的运输、仓储等物流设施建设。加强鲜活农产品冷链物流设施建设，支持"南菜北运"和大宗鲜活农产品产地预冷、初加工、冷藏保鲜、冷链运输等设施设备建设，形成重点品种农产品物流集散中心，提升批发市场等重要节点的冷链设施水平，完善冷链物流网络。

9.1.4 我国农业物流的现状

在我国农业经济的发展中，由于农业物流的理念没有形成，设施比较落后，资源没有得到优化配置，农业物流的发展更加滞后。我国农业分散组织采购、储存、销售，物流通行费用所占比例很大，农业生产资料和农产品损失严重。这对于微利的农业企业和农民来讲，始终是难于承受的事实。

目前，由于我国农业的传统政策、经营方式和经营技术导致了物流不畅、成本过高、农产品质量低劣等落后现状，反映在农业物流方面主要有以下几种情况：

1. 迫切需要建立现代农业物流体系

我国因长期以来缺乏对农业物流建设的政策引导和科学理论启发，导致其对物流观念缺乏，农业物流基础设施不足，物流技术落后等问题。这就使得我国的农业物流滞留在简单化操作及高产量低质量运行状态，甚至已经成为习惯性模式，根本就无法与国外农业竞争和抗衡。

可见，我国的农业传统经营方式和技术导致的物流不畅、成本过高、农产品质量低劣等落后现状，如不迅速改进和转变，作为国家第一产业基地的农村，必将陷于严重的经济恐慌。而改变这种现状的应急措施和长远战略，就是建立科学的农业物流政策与合理的农业物流体系。

2. 农业物流高成本

我国农产品在国际国内贸易市场竞争力弱的主要原因，就是农产品成本过高，物料采购、运输、储存、使用、田间作业与管理、农产品加工和销售等支出和浪费严重，其中主要是农业物流成本过高。我国农业一直是"重生产，轻核算"，农民和农业企业为能获取经济效益，往往只重视降低生产成本和销售成本，却忽视了农业物流成本。

农业物流不仅具有在企业生产、供应和产品销售领域提高经济运行效率方面的价值，同时在降低企业生产成本、增加企业赢利、推动企业经营的价值方面也具有显著的意义。因此，只有加强农业物流成本的管理与控制，才能真正有效降低农产品的高成本，从根本上提高我国农产品在国内外贸易市场上的竞争力。

3. 农业竞争与风险加剧

在竞争加剧的农产品市场下，如何使农业减少风险，赢得更多的利润是农业生产者棘手的问题。而被经济学家称之继劳动力、自然资源之后的"第三利润源"——物流管理在抵抗风险方面又被广泛关注。

农业风险除自然风险之外，还包括农副产品的市场风险（价格风险）、农业生产资料的质量风险和供应延误农时风险。农业要避免和减少这些风险，不仅需要生产适销对路的农产品，采取正确的营销策略，依靠国家强有力农业政策和资金的支持，更需要加强品质经营，即强调农业物流的时效性，其核心在于农业生产资料和农副产品供应的及时性、信息获得的及时性和决策反馈的及时性。这些都需要合理的农业物流体系作为保证。

4．农业物流尚不能满足小批量、多品种的农产品需求

目前我国农业生产中的种子、农药、化肥以及农用设备的采购、农产品的销售多采取分散采购和销售方式，没有依靠农业物流系统支持，第三方物流公司的参与程度很低，因此难以满足市场对产品小批量、多品种的需求。这种分散采购和销售的方式具有自发的盲目性，也因此导致其设施利用率低，生产要素的供应时间长而不稳定，农副产品销售的盲目性大，造成农业物流成本过高，农业物流渠道不畅。此外，由于时间、所需物品的质量、销售渠道不能保证，使得农业在自然风险外又增加了生产要素供应和农副产品销售的风险。这种农村一家一户的自办"物流"根本达不到经济规模。即使具有中小企业规模的国有农场、家庭农场的自办物流也很难达到一定的经济规模。这种所谓的自办"物流"形式根本无法形成一体化的综合物流，因而也就很难使用供应链管理方式进行管理。这些做法制约着农村社会化服务体系、物流体系的健康发展。

9.1.5 现代农业物流发展战略

1．实施供应链管理，培育现代农业物流企业

工业品下乡与农产品进城统筹考虑，实现农业物流一体化运作。鼓励商贸系统、粮食系统、供销社系统、邮政系统成立农业物流公司，扶植民营资本特别是农副产品批发市场中的大批发商、仓储经营户、运销经纪人，改造提升为物流公司。农业物流还应进行适当分工，建立不同类型的供应链：以农产品批发市场为核心，实施农产品供应链管理；以供销社、邮政物流、专业协会、经纪人为核心，实施多元化农业生产资料供应链管理；以"万村千乡工程"为主导，培育涉农商贸企业集团，以其自营与加盟的网络为核心，实施日用品供应链多元化管理；以粮食、林业、供销社、民营商贩为核心，实施农业回收物资供应链管理。

2．大力发展冷链物流，确保食品安全

据测算，加工食品在流通过程中的成本 90%是物流成本，食品流通产业管理、技术、效率的 90%取决于物流。我国应尽早建立冷链物流体系，改变冷链物流技术落后、损耗大、安全事故不断的问题。保证食品的采购、储存、生产、运输、销售，直到消费的各个环节都处于适当的低温环境之中，配套发展储藏、运输、销售不中断的"冷链化"物流，在运输和销售环节要大力倡导冷藏集装箱运输，以保证食品的质量，减少食品的损耗，防止食品的变质和污染。

3．改造粮食物流系统

要根据产地与销地的实际情况以及进出口的需要，建设战略储备库与市场调节库。要强化粮食物流过程中的加工增值服务，培养粮食物流公司，加大粮油批发市场的改造与功能的提升。

4．建立农产品应急物流系统

对突发事件的处理是一个系统工程，物流是其中重要的一环，特别是农产品物流，涉及

保证人生存所必需的各类食品的供应,不仅要有一个储备系统,还要有一个跨地区灵敏的调拨系统,以及多种运输方式与物流公司一起运作的物流系统。

9.2 制造业物流

9.2.1 制造业物流的概念

制造业物流广泛的定义:制造业物流是围绕制造业企业所进行的原材料、零部件的供应物流,各生产工序上的生产物流以及企业为销售产品而进行的对客户的销售物流,它是一个更为广泛的制造业物流结构模式。制造业物流管理是指制造业企业在进行制造业物流时所进行的一系列包括需求预测、库存控制、运输优化、物流中心设备管理、用户服务以及订单下达的管理运作。

9.2.2 制造业物流的特征

制造业物流是围绕制造企业的物料和成品在供应商、制造商和客户之间,以及制造商内部各生产车间甚至生产工位之间的有序平稳流动,以及它们之间的信息流动。制造业物流主要具有以下特征:

1. 复杂性

对于制造业生产物流来说,因为组成产品的零部件成千上万,小到螺钉、螺母,大到大型铸件如汽车底盘、电器壳体,物流物资十分复杂。不仅需要现代化的立体仓库来储存各种大小适中的原材料和零部件,对于一些体积较大、形状不规则的零部件,如汽车底盘,无法储存到立体库的货格上,因此必须在合适的地点建立相应自动化程度较低的平面库来存放这些零部件。从而造成其作业效率的不一致,将物流中心的管理复杂化。此外,由于大型制造企业,特别是从事加工装配式生产的企业,一般来讲企业格局已经完成,物流网络相当复杂,而且由于当时设计的时候没有考虑周详,有可能没有经过优化,物流路线错综复杂。这些都将大大提高制造业物流管理的难度,不利于企业下决心来进行整顿和进行物流合理化建设。

2. 有序性

对于制造业企业来说,特别是进行流水线生产的企业,其生产是平稳有序地进行的,其中各个零部件的需求在时间上也是有序的,在不同的加工/装配工序上的零部件在时间上是有先后之分的,即各零部件在进行物流时是可以有优先度之分的。在进行加工物流时要考虑到这一点。

3. 配套性

在制造业生产中,有些零部件的需求是配套的,如螺钉配螺母、相应的轴承配相应的轴等,而实际上整个产品的所有零部件就可以看作一套零部件的组合。在进行物流时,如果缺少某一部件没有配齐,即使其他零部件都能准时物流到位,由于在某一工序上缺少相应的零部件,也将造成整条生产线的停工;另一方面,当所有零部件都已配齐,而其中有些零部件有余量,即在需要一个该部件时而物流了两个,与另外的零部件没有配套,则该零部件只会造成多余的库存,造成无谓的浪费。

4. 定路线定时性

由于在进行生产时,一般来说加工工位的地理位置是不会发生变化的,即相应零部件的物流目的地没有发生改变,所以其物流路线是不变化的;同时由于随着生产节奏的变化,各个工位上的需求也是十分稳定的,体现在物流上是对物流时间的要求也是稳定的,而只是随着生产计划的变化做很小的变化。这就简化了物流中心的管理,由于物流的定路线性,我们可以利用自动化程度更高的连续输送机如辊道式输送机直接在物流中心与加工工位之间的物流,加之物流的定时性,通过设定的物流流程,这样可以大大提高物流效率,同时也简化了物流管理的难度。

5. 高度准时性

由于生产的连续性,特别是对于进行流水式生产的企业来说,其对物流的准时性有极高的要求。对于批发零售物流来说,若是没有及时物流造成缺货,其结果可能是暂时性地失去该客户,而对于制造业物流来说,如若物流不及时,造成的后果将是整条生产线的停工待料,造成不可估量的损失。然而,我们可以通过将物流信息系统与企业计划信息系统(如 MRP、ERP 系统)高度集成,大大提高物流的可预测性,从而达到高度准时物流。

所以,物流过程要有物流信息服务,即物流信息要支持物流的各项业务活动。通过信息传递,把运输、储存、加工、装配、装卸、搬运等业务活动联系起来,协调一致,以提高物流整体作业效率。图 9-1 是生产物流中物流和信息流的示意图。

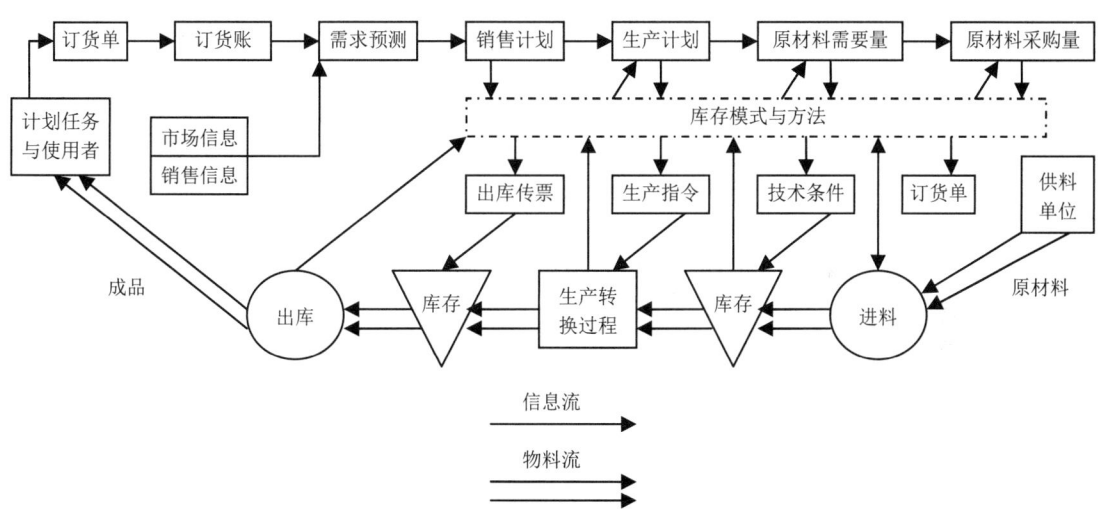

图 9-1 生产物流中物流和信息流的示意图

从上图可以看出,生产物流研究的核心是如何对生产过程中的物料流和信息流进行科学的规划、管理和控制。

9.2.3 制造业物流中心的运作

1. 制造业物流中心的订单管理

在物流中心的日常营运作业中,订单处理不仅是一切作业的开始,而且是一切作业的核心。订单处理的成效将会影响到后续作业乃至整个企业的营运状态,如何快速、准确、有效地取得订货资料;如何进行有效的订单分类和归并;如何追踪、掌握订单进度以提升客户服务水准以及如何支持、配合相关作业是订单处理所要面对的问题。而对于制造企业的物流还要考虑如何将订单资料快速传递给生产部门以制订有效的生产计划。

在整个订单履行过程中，为了提高客户服务水平，大都应该提供订单跟踪服务，即使该信息不与客户共享，物流中心也需要自己明确掌握订单的状态。对于实际作业中不可避免的订单异常变动情况，系统应该及时加以反映、修正，以维持系统的正确性以及弥补因异常变动造成的损失。这些订单异常变动包括客户取消订单、客户增订、物流时发生缺货以及送货时客户拒收（原因是客户对物流种类、数量持有异议或发生缺损），所有这些都要反映在订单状态信息中，保证系统能够及时发现并修正。同时，对客户来说，往往希望从供应商那里事先得到实现装运通知，以便精确地测定物流的确切时间和地点，及时组织人力、设备来完成接货工作。这不仅对客户来说可以进行从容地接货，而且对物流中心来说可以减少卡车在客户地等待装卸的时间，提高运输工具的使用效率。

2. 制造业物流中心的库存管理

（1）制造业物流中心存货来源。在现代化物流中，大多数会降低自己的库存水平，提高库存周转率。但实际上，真正的零库存是很难实现的，库存也并不是都是对物流起消极作用的。相反在物流中心保有适量的存货，能够更好地为制造企业的生产和销售服务，同时还可以提高物流中心的服务水平。根据物流中心存货的来源，我们可以将它分为以下几种：

1）批量存货。对于生产来说，为了获得规模经济，生产企业有一个经济生产批量，在订货没有达到生产批量时，企业在组织生产时也会按照经济生产批量进行生产，多生产出来的产品就要储存起来，这就产生了批量存货。分析批量存货是否有利，要综合批量存货与不进行批量存货之间的成本因素分析，有时批量存货的持有成本比较高，则采取小批量生产，同时还要注意到产成品的陈旧过时会造成大量损失。

2）不确定性/安全存货。在企业的经营活动中，所有的业务都面临不确定性，这种不确定性的来源各异。处理不确定性的一个惯常做法是预测需求，但从来都不能准确地预测出需求的大小。对供应物流来说，不确定性是获取供应商零部件的不确定性；对销售物流来说，不确定性是指客户需求的不确定性；而对于生产物流来说，是指生产计划滚动的不确定性。不确定性可能来源于运输，也可能来源于其他方面，如供应商倒闭、生产计划调整等。物流中心要备有安全存货来进行缓冲，以防备不确定性。

【小资料9-2】

国务院印发的《物流业发展中长期规划（2014—2020年）》文件提出将制造业物流列为重点发展工程。

支持建设与制造业企业紧密配套、有效衔接的仓储配送设施和物流信息平台，鼓励各类产业聚集区域和功能区配套建设公共外仓，引进第三方物流企业。鼓励传统运输、仓储企业向供应链上下游延伸服务，建设第三方供应链管理平台，为制造业企业提供供应链计划、采购物流、入厂物流、交付物流、回收物流、供应链金融以及信息追溯等集成服务。加快发展具有供应链设计、咨询管理能力的专业物流企业，着力提升面向制造业企业的供应链管理服务水平。

3）季节性存货。在现实生活中，几乎所有的产品都有季节性，季节性可能发生在供应方，也可能发生在需求方。如钢铁企业就是季节性供应的一个例子，一般钢铁企业只在一年的某一时段生产某一品种的钢材，而这种钢材的需求是全年性的，那么物流中心就要按全年的需求量将钢材在生产期间存储起来，以保证全年的需求，缓解生产与消费在时间上的差异。

（2）制造业物流中心库存的特点。

1）存货数量、品种。对于制造业销售物流来说，由于其产成品来自于制造工厂，而制造工厂生产的产品又比较单一（多产品经营的大企业集团除外），同时有一定的生产批量，所以对于销售物流来说，有存货数量大、品种比较少的特点，易于管理；而对于生产供应物流（特别是加工装配型企业），其需要的零部件成千上万，且从体积和总量上又有很大区别，同时由于多数企业追求零库存生产，往往备有较少量的原材料和零部件，所以对生产供应物流来说，有品种多而每种存货数量较小的特点，从而增加了管理难度。

2）存货来源。对于销售物流来说，其存货来源于一个制造工厂，对于大企业，也不过是来源于同一企业集团内部的几个不同加工工厂，存货来源比较单一；而对于生产供应物流，其存货来自于众多的供应商，而各供应商的产品由于存在种类、规格的不同，存货来源广，这就要求制造业物流进行存货管理时要处理好各种存货之间的关系。

3）存货周转快。一般来说，物流中心是货物的集散地，货物在物流中心不长期储存，存货时间相对较短，这也是物流中心与普通仓库的重要区别。特别对于推行准时生产的企业，零部件停留时间很短或基本不停留，在完成分拣和配货作业后，直接被运往生产工位投入生产。存货的这个特点要求物流中心存货规划必须充分考虑如何使存货系统满足货物的快速流动。

4）存货相关性强。由于存货是供生产用的，各零部件之间存在着配套关系；同时，对于销售的产品也存在着配套关系，如一台电脑将主机、显示器、使用手册等配套出售。制造物流中心的这一特点特别需要关注，以便更为合理地管理存货。

（3）存货重点分类。分类管理技术（ABC管理法）在制造业物流中心的应用由于制造业物流中心不仅存有产成品，而且还有各种零部件和备品备件，其重要性是不同的，对每一种存货施以同等的管理是不必要的，也是不可能的。因此，有必要在物流中心采用重点分类管理技术对存货进行合理管理。

（4）制造业物流中心存货的盘点。在物流中心的实际运营中，由于种种原因，经常会出现存货账物不符的情况。如果对这种账物不符的情况缺乏监控，可能造成物流中心在物流时出现缺货，服务水平降低，甚至有可能导致生产线的全面停产待料，并带来一系列的不良后果，如取消订单情况的增加、存货及其成本的增加、供应渠道中的重要存货的不均衡以及作废存货的增加、保险费和运输费的增加等。另外，还可能影响物流中心利润报告的正确性，进而影响企业生产计划的确定及市场反应能力的下降。因此，有必要进行存货的盘点，盘点可分为定期盘点、不定期盘点和经常盘点三种。

（5）制造业物流中心的库存决策。由于企业的生产是连续的，要实现生产线的连续运转，就要求制造企业的供应物流中心不断地对送往生产线上的零部件进行补充，以保证生产工位能够及时得到正确数量的零部件。但由于现在制造企业大多是进行小批量、多品种的订货型生产，使物流的不确定性大大加强。这就要求物流中心制订合适的补货策略，以便在不断寻求降低存货持有成本的同时充分满足客户或生产单位的需要。

3. 制造业物流中心的输出物流管理

在物流中心理货作业完成后，要想最终完成整个物流计划，还要完成物流作业的最后一步，即通过合适的运输手段和运输计划将货物准时送交给客户。反映到制造业物流的管理中来，就是要在正确的时间里使用正确的输出物流方法将产品送到各分销中心或供应物流中心，将各种零部件及时送到加工车间。

制订出一个合理的物流计划是进行有效输出物流的基础。制订物流计划时，物流中心根据企业的生产计划、用户的订购数量、具体物流要求，结合物流中心运输工具的数量、类型、能力以及交通路线的具体情况进行综合考虑，做出选择。物流计划的主要内容应包括物流的时间、车辆选择、货物装载以及物流路线、物流顺序的具体选择。在制造业的供应物流中，物流可能只发生在厂区内部，各种零部件在生产线上的需要时间有一个顺序性，而在地理位置上也存在一定的顺序性。制订物流计划时可以利用制造业物流的这种特性，将各种零部件进行集货运输，依据其地理位置的顺序性进行配货，减少其无效的运输。同时，对于产成品和零部件使用同一物流中心的物流系统，还可以利用运送零部件的回程车辆将产成品运回物流中心进行储存，提高设备的利用率。而对于制造业的销售物流，大的企业集团往往建立起大的物流网络，其物流中心不止一个，而是多个物流中心分别针对不同的区域进行物流，在制订物流计划时，还要充分考虑其他物流中心的存货，通过各个物流中心之间的信息共享，对其存货进行统一调配，以便快速满足客户的需求。

9.3 批发零售业物流

9.3.1 批发零售业物流的概念

批发零售业物流是指在商品的批发零售过程中一切物流活动的总称。批发零售业物流可以分为批发企业的物流和零售企业的物流。

9.3.2 批发零售业物流的特征

1. 批发企业物流的特征

批发企业物流的特征表现在其客户不是流通环节的终点消费者，而是零售商业企业。因此，批发商业企业必然要求物流系统不断满足其零售客户多批次、少批量的订货及流通加工等方面的需求。

对于零售企业来说，一方面，由于经营场所的面积有限，因此他们希望批发企业能向其提供小批量的商品物流；另一方面，为了满足各种不同客户的需要，他们又都希望尽可能多地配备商品种类。

对于生产企业来说，由于所生产商品的产量一般都比较大，因而他们所希望的是批发企业能尽可能多的定购商品，即生产企业希望的是大量的商品物流。

这样，在生产企业的大批量物流供给和零售企业的小批量物流需求之间就产生了矛盾，而批发企业正好从中发挥其职能，起到"蓄水池"和"调节器"的作用。

2. 零售企业物流的特征

零售企业是在百货商店、连锁商店、超级市场、大卖场、邮购商店等商业企业的物流系统中产生的。在商流与物流分离的条件下，零售企业的物流形态，有从生产企业、批发企业等购进商品的采购；有将商品通过物流中心转运到各个连锁店和分销店的物流，还有把商品直接送到消费者手中的直销物流等。建立一个以零售企业为中心的零售企业物流系统正成为当今零售企业的一个课题。

过去，零售企业的商品物流主要依赖于作为供货商的生产企业和批发商，零售企业的物流主动权也由他们支配，零售企业则主要提供将消费者订购的商品运送到客户家中这种简单的"门到门"物流服务。

【小资料9-3】

京东商城是中国最大的综合网络零售商，是中国电子商务领域最受消费者欢迎和最具有影响力的电子商务网站之一，在线销售家电、数码通讯、电脑、家居百货、服装服饰、母婴、图书、食品、在线旅游等数万个品牌百万种优质商品。目前京东商城已经建立华北、华东、华南、西南、华中、东北六大物流中心，同时在全国超过300座城市建立核心城市配送站。京东商城以"产品、价格、服务"为核心，致力于为消费者提供质优的商品、优惠的价格，同时领先行业推出"211限时达"、"售后100分"、"全国上门取件"、"先行赔付"等多项专业服务。京东商城通过不断优化的服务引领网络零售市场，率先为中国电子商务行业树立了诚信经营的标杆。京东商城凭借更具竞争力的价格和逐渐完善的物流配送体系等优势，赢得市场占有率多年稳居行业首位的骄人成绩。

【资料来源：根据网络资料整理编写】

现在，零售企业认识到企业物流发展的重要性，正逐步获得商品供应的主导权。这是因为供应商的物流管理水平参差不齐，完全依赖于供货商来经营零售企业的物流，有可能会使零售企业的商品出现问题。与此同时，零售企业也不断加强企业内部的商品管理，一方面可以减少缺货带来的销售损失，避免成本浪费；另一方面，要求供货商必须及时、准确地将订购的商品送到商店中来。即使零售企业对商品的销售动向把握得当，订单也准确无误地送到供货商手中，但是一旦商品不能及时、准确地送到商店中来，会对零售企业的商品管理造成损失。为了避免上述情况的产生，零售企业越来越重视自己物流系统的建立和完善。

许多零售企业加强了物流中心的建设，通过搞好市场预测与决策，集中力量研究商品的实体运动，采取共同进货，以减少不必要的流转环节，减轻城市交通公害，降低物流费用，进而达到提高物流管理水平，顺利完成商品使用价值运动过程的目的。

9.3.3 批发零售业物流的运营模式

1. 按主体划分的物流模式

（1）企业自营物流。企业自己拥有物流中心。零售业沃尔玛在物流方面的成功说明了物流中心的重要作用。在我国商业连锁经营中，具有一定规模的超级市场、便利店、专业店、综合商场等，都十分重视物流环节，相继建立了物流中心。实力较强的连锁企业自建物流中心，主要是为本企业的连锁分店进行配货，同时也可以为其他企业提供货物，能够创造更大的经济效益和社会效益。而且这种做法也符合企业的长期利益和战略发展需要。连锁企业都各有自己的经营特色，自建物流中心有利于协调与连锁店铺之间的关系，保证这种经营特色不受破坏和改变。

（2）社会化物流。在这种物流模式中，连锁企业的物流活动完全由第三方的专业物流公司来承担。社会化物流的优势在于专业物流公司能提供更多的作业和管理上的专业知识，可以使连锁企业降低经营风险。在运作中，专业物流公司对信息进行统一组合、处理后，按客户订单的要求，配送到各门店。这种模式的物流，还可为用户之间交流提供应信息，从而起到调剂余缺，合理利用资源的作用。社会化的中介物流模式是一种比较完整意义上的物流模式。目前，国内多数物流企业正在积极探索。

（3）供应商直接物流。在中国批发零售业发展初期，许多连锁店都采取了把供应商直送方式简单地组合成连锁店的物流系统。实践证明这种方式失败了。从失败中连锁经营者认识到，由于在导入期的中国连锁店，业态上大多选择了超级市场，而且是规模不大的第一代传统食品超市，连锁店规模扩大需要发展更多的店铺来实现。供应商的运输系统适应不了多店铺广域发展的连锁店的要求，物流不到位、缺货断档、时间衔接不上等制约了连锁店的发展。

（4）共同物流模式。这是一种物流经营企业间为实现整体的物流合理化，以互惠互利为原则，互相提供便利的物流服务的协作型物流模式。

共同物流模式属于一种横向集约联合。按供货和送货形式又可分为共同集货型、共同送货型和共同集送型。共同集货型是指由几个物流部门组成的共同物流联合体的运输车辆，采用"捎脚"方式向各货主取货。共同送货型则是共同物流中心从货主处分散集货，而向客户送货采用"捎脚"方式。共同集送则兼有上述两种模式的优点，是一种较理想的物流模式。按共用化范围确定的模式，共同物流还可分为资源共同型和共同管理型。前者是指参加横向集约联合的企业组成共同物流中心，利用各加盟企业的有限资源（含人、财、物、时间和信息），使之得到充分利用。后者则是企业间在管理上各取所长、互通有无、优势互补，特别表现在人员使用与培训上。

共同物流模式可以极大地促进"物尽其用"和"货畅其流"，值得大力推广。

2. 按物流时间及数量划分的物流模式

（1）定时物流。定时物流是按规定的时间间隔进行物流活动的模式。每次物流活动的品种和数量可按计划执行，也可在物流活动之前通过电话或电脑通知品种和数量。定时物流由于物流活动的时间固定，易于安排工作计划和使用车辆，对用户来讲，也易于安排人员、设备接货。但是，由于物流商品种类多，配货、装货难度较大，在物流数量变化时，也会使物流运力安排出现困难。

（2）定量物流。定量物流是按规定的批量在规定的时间内完成物流活动。这种方式数量固定，备货工作较为简单，可以按托盘、集装箱及车辆的装载能力规定物流数量，能有效利用托盘、集装箱等集装方式，也可做到整车物流，物流效率较高。对用户来讲，每次接货都处理同等数量的货物，有利于人力、物力的准备。

（3）定时、定量物流。定时、定量物流是按照规定的物流时间和物流数量进行物流活动的方式。这种方式兼有定时、定量两种方式的优点，但特殊性强，计划难度大，适合采用的对象不多。

（4）定时、定线物流。定时、定线物流是在规定的运行路线上按事先确定的运行时间表进行物流活动。用户可按规定路线、车站及规定时间接货及提出物流活动的要求。采用这种方式有利于计划安排车辆及驾驶人员。在配送用户较多的区域，也可免去过分复杂的配送要求所造成的配送组织工作及车辆安排的困难。

（5）即时物流。即时物流是完全按照用户突然提出的物流要求进行物流活动的方式，是一种灵活性很高的应急物流方式。

9.3.4 批发零售业物流的作业流程

批发零售业物流作业流程可分为一般作业流程、中转型作业流程、加工型作业流程和批量转换型作业流程。

1. 一般作业流程

一般作业流程如图 9-2 所示,但不是所有的物流都按此流程进行,物流不同的商品,其作业流程长短不一,内容也不尽相同,但作为一个整体,作业流程又是统一的。

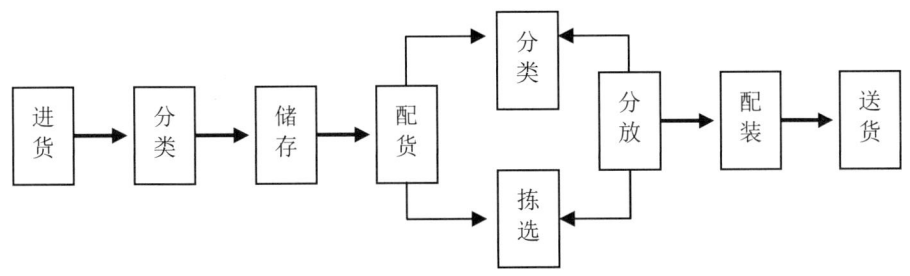

图 9-2　一般作业流程

一种配货流程以干货为主,主要包括服装、鞋帽、日用品等小百货;家用电器等机电产品;图书和印刷品等其他杂品。这类产品的特点是:有确定的包装,商品的尺寸不大,因此可以对它们进行混装、混载;同时这些产品品种、规格繁多,零售店的需求又是多品种、小批量的,所以要对它们进行理货和配货。

2. 中转型作业流程

中转型作业流程专以暂存商品的物流为职能。暂存区设在配货场地,物流中心不单设存储区。这种类型物流中心的主要场所都用于理货、配货。许多采用"即时制"的商贸企业都采用这种物流中心,前门进货后门出货,它要求各方面做好协调,而且对技术,尤其是信息技术要求较高。

3. 加工型作业流程

典型的加工型作业流程如图 9-3 所示。

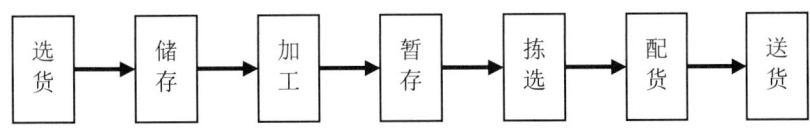

图 9-3　加工型作业流程

在这种流程中,商品按少品种、大批量进货,很少或无需分类存放。加工一般是按用户要求进行,加工后直接配货。

4. 批量转换型作业流程

采用批量转换型作业流程,商品以单一品种、大批量方式进货,在物流中心内转换成小批量商品。批量转换作业流程如图 9-4 所示。

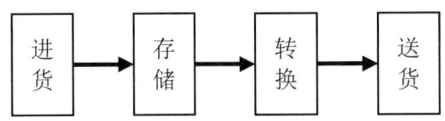

图 9-4　批量转换型作业流程

9.4 快递业物流

9.4.1 快递业物流的含义与分类

1. 快递业物流的含义

快递：承运人将物品从发件人所在地通过承运人自身或代理的网络送达收件人手中的一种快速服务方式。

快递业物流是指在一定的合理区域范围内，根据用户要求，对快递货物进行分拣、包装、分类、组配等作业，并以最短时间送达指定地点的物流活动。

相对于其他产业的物流来说，快递业物流的作业环节比较少而且简单，但快递业物流对时间的要求非常高，强调以最短的时间完成物流任务，因此在物流成本上高于其他产业的物流。

【小思考9-1】

什么叫快件？

2. 快递业物流的分类

快递业物流按照服务的地域范围可以划分为同城物流、国内物流与国际物流。

快递业物流按照物流客体可以划分为快递信件物流、快递包裹物流等。

快递业物流按照快递企业的所有制性质可以划分为国有快递物流、民营快递物流和外资快递物流。其中，民营快递物流以同城物流为主，外资快递物流以国际物流为主，国有快递物流又可以分为邮政、航空、铁路等产业的快递物流。

9.4.2 快递业物流的特征

1. 托运人对快递货物的物流时间要求高

时间是托运人委托快递企业提供服务首先要考虑的因素。由于社会经济活动日益频繁，人们对货物送达的时间要求越来越高。特别是对于一些商业企业来说，一份商业文件能否及时送达，可能关系到一笔生意能否做成；一批产品能否及时送达，直接影响企业在客户群中的声誉并对企业市场占有率的高低产生影响。

另外，一些时令性较强的产品，或者客户对某一产品或者配件的应急采购等，都要求快递企业提供快捷的送达服务。正是由于客户对时间性要求高，快递运输所实现的货物时间价值要比普通大宗货物运输要高。

因此，按照服务承诺，保证客户对物流的时间要求是一个快递企业生存与发展的根本。

2. 快递货物通常体积不大，价值较高或产品难以替代

快递货物通常体积不大但单件货物价值较高，例如，通信器材、计算机芯片及配件、试验用器材和样品、高档服装等。由于产品体积不大，通常采用人工装卸作业而非机械装卸作业，因此，快递产业的劳动力密集程度相对较高；同时由于单件货物价值较高，订货方一般为减少资金占用，要求产品的供应少批量、多批次，并能够按照市场销售状况及时供货。

快递货物的另一特点是难以替代的，例如，商业合同文件、时令性产品、特殊需要商品

或一些个性化物品,如样品、礼品等。这些物品不仅对时间性要求高,而且对安全性等服务要求非常高,这就对快递服务者的服务条件、保险责任、信誉和资金实力提出了较高的要求。

3. 物流路径通常需要门到门服务,物流成本较大

与普通大宗货物运输相比,快递货物托运人对快递企业的服务要求较高,除了运输时间和货物的在途安全外,最通常的条件是要求服务提供者上门取货与送货到门,真正实现货物门到门运输服务。由于快递企业所面对的是分散的社会群体,货物的单元体积通常较小,因此,运输单位体积货物所发生的成本远远高于普通货物。

4. 服务对象分散和地域分布广,需要完善的物流网络系统

快递业物流有一个重要的特征是快递服务提供者必须要有完善的物流网络系统来支持其业务活动,这是由服务对象分散和地域分布广等特征所决定的。

5. 大多数快递业物流需要建立在航空运输的基础上,实现航空运输与地面中转的紧密配合

一方面,由于我国地域辽阔,要实现最快速度的运输,1000公里以内的区域可以凭借公路、铁路进行,1000公里以外的区域必须依靠飞机才能完成。UPS获得美国至中国的直航权后,从美国到北京、上海等城市的文件运送时间由3天缩短为2天,包裹则由4天缩短为3天。由此可见,要实现最快速度的运输,就要凭借飞机来完成。目前,我国快递业80%的急件都是通过飞机来运送的。

另一方面,航空运输必须与物流基地的地面中转互相配合。由于条件限制,飞机在运送快递货物时,只能选择大城市降落。中小城市尽管有机场,但由于货物比较零散,而且飞机不能像火车一样能够做到站站停,所以要求快递企业必须根据自己的网络结构选择几个点作为物流基地,以集散南来北往的货物,然后再统一分拨、派送,从而达到提高物流速度、节约物流成本的目的。

所以,除同城快递物流外,大多数快递业物流需要建立在航空运输的基础上,同时需要航空运输与物流基地的地面中转紧密配合。

6. 快递业物流环境以城市为主,并且对物流质量有很大影响

城市物流环境包括道路、停车场等运输基础设施与运输工具的适应性,城市交通的政策环境,城市对货物快递运输工具在地域、时间等方面的限制程度等。

一方面,快递企业在制订物流时间、路径等计划时,必须充分考虑城市对货物快递运输工具在地域、时间等方面的限制程度等;另一方面,快递企业在实施物流活动时又会受到道路、停车场等运输基础设施与城市交通的政策环境的制约。

【小资料9-4】

国务院印发的《物流业发展中长期规划(2014—2020年)》文件提出,支持快递业整合资源,与民航、铁路、公路等运输行业联动发展,加快形成一批具有国际竞争力的大型快递企业,构建覆盖城乡的快递物流服务体系。支持航空货运企业兼并重组、做强做大,提高物流综合服务能力。

9.4.3 国外快递业物流发展的三个阶段

在美国等发达国家,货物快递业的发展以及快递公司开展物流业务方面大体上经历了从管制到放松管制,然后发展到企业自行选择这样三个阶段,各阶段政府采取的政策有明显的差

别，这在美国表现得最为明显。下面就以美国为主具体介绍国外快递业物流发展的三个阶段。

1. 管制阶段

在 20 世纪 70 年代末以前，美国对运输也实行管制政策，申请成立"公共货运公司"来提供货运（包括快递）服务不仅要经过注册地所在州政府的批准，而且提供州际包裹快递服务要得到相关州政府的许可，在得到许可的前提下，快递公司才能在该州以及所管辖的城市开展服务。

2. 放松管制阶段

20 世纪 80 年代以后，美国相继对运输业采取放松管制政策，促进了包括货物快递在内的整个运输业的快速发展。政府除了在运输价格上进行监管以防止垄断和市场壁垒形成外，基本放宽了对包括快递运输在内的货运业的限制。

在城市快递货物的物流领域，个别城市虽然对货运车辆在运行区段和时间上采取推行限制，但必须遵守非歧视原则，否则，被歧视的公司可以依法提出诉讼。例如，在日本，城市内通行的车辆根据使用者性质分为三种类型牌照，即蓝牌、黄牌和白牌。蓝色牌照的车辆为政府公务车，黄色牌照的车辆为商业企业运营车辆，这两种牌照的车辆在城市内通行不受限制或很少受限制；白色牌照的车辆为私人或企业自备车辆，在城市通行要受到区段或时间限制。通过这种规定，在一定程度上限制了交通流量，同时也在政策上达到了鼓励工商企业采用社会专业运输力量进行货物运输服务的目的。

3. 企业自行选择阶段

随着城市机动化的高速发展，城市交通拥挤问题越来越突出，许多大中城市的快递货物物流出现了企业主动选择和被动选择两种相伴而生的状况。

一方面，由于货运车辆在拥挤的城市中心区或商业区行车时，车辆和司机的生产效率比较低，特别是货物送取量不大时，生产效率更低，服务收入通常要小于每辆车的成本和工时工资，因此造成快递公司的亏损，企业不得不自行采取其他方法来解决城市物流问题。例如，提高每次运输货物的数量或件数，将送取货时间改在早晚交通高峰之外，建立联合送取货系统，等等。

另一方面，城市规划者和管理者认为货运车辆在城市运行会妨碍客运效率的提高，因此，一些城市在一定区段或时间范围内对不同类型车辆采取限制运行的规定；有些城市对货运车辆在市区内运行采取宽松政策，但对运输工具的外观、车辆封闭性、排放标准、技术状况等技术标准进行限制。无论如何，政府不允许采取针对同类公司的差别性歧视政策或规定。

9.4.4　国内快递业物流发展要点

国务院办公厅于 2018 年发布的《关于推进电子商务与快递物流协同发展的意见》文件中提出了快递物流和电子商务协同发展的十二条意见。

（一）深化"放管服"改革。简化快递业务经营许可程序，改革快递企业年度报告制度，实施快递末端网点备案管理。优化完善快递业务经营许可管理信息系统，实现许可备案事项网上统一办理。加强事中事后监管，全面推行"双随机、一公开"监管。

（二）创新产业支持政策。创新价格监管方式，引导电子商务平台逐步实现商品定价与快递服务定价相分离，促进快递企业发展面向消费者的增值服务。创新公共服务设施管理方式，明确智能快件箱、快递末端综合服务场所的公共属性，为专业化、公共化、平台化、集约化的快递末端网点提供用地保障等配套政策。

（三）健全企业间数据共享制度。完善电子商务与快递物流数据保护、开放共享规则，建立数据中断等风险评估、提前通知和事先报告制度。在确保消费者个人信息安全的前提下，鼓励和引导电子商务平台与快递物流企业之间开展数据交换共享，共同提升配送效率。

（四）健全协同共治管理模式。发挥行业协会自律作用，推动出台行业自律公约，强化企业主体责任，鼓励签署自律承诺书，促进行业健康发展。引导电子商务、物流和快递等平台型企业健全平台服务协议、交易规则和信用评价制度，切实维护公平竞争秩序，保护消费者权益；鼓励开放数据、技术等资源，赋能上下游中小微企业，实现行业间、企业间开放合作、互利共赢。

（五）加强规划协同引领。综合考虑地域区位、功能定位、发展水平等因素，统筹规划电子商务与快递物流发展。针对电子商务全渠道、多平台、线上线下融合等特点，科学引导快递物流基础设施建设，构建适应电子商务发展的快递物流服务体系。快递物流相关仓储、分拨、配送等设施用地须符合土地利用总体规划并纳入城乡规划，将智能快件箱、快递末端综合服务场所纳入公共服务设施相关规划。加强相关规划间的有效衔接和统一管理。

（六）保障基础设施建设用地。落实好现有相关用地政策，保障电子商务快递物流基础设施建设用地。在不改变用地主体、规划条件的前提下，利用存量房产和土地资源建设电子商务快递物流项目的，可在5年内保持土地原用途和权利类型不变，5年期满后需办理相关用地手续的，可采取协议方式办理。

（七）加强基础设施网络建设。引导快递物流企业依托全国性及区域性物流节点城市、国家电子商务示范城市、快递示范城市，完善优化快递物流网络布局，加强快件处理中心、航空及陆运集散中心和基层网点等网络节点建设，构建层级合理、规模适当、匹配需求的电子商务快递物流网络。优化农村快递资源配置，健全以县级物流配送中心、乡镇配送节点、村级公共服务点为支撑的农村配送网络。

（八）推进园区建设与升级。推动电子商务园区与快递物流园区发展，形成产业集聚效应，提高区域辐射能力。引导国家电子商务示范基地、电子商务产业园区与快递物流园区融合发展。鼓励传统物流园区适应电子商务和快递业发展需求转型升级，提升仓储、运输、配送、信息等综合管理和服务水平。

（九）推动配送车辆规范运营。鼓励各地对快递服务车辆实施统一编号和标识管理，加强对快递服务车辆驾驶人交通安全教育。支持快递企业为快递服务车辆统一购买交通意外险。规范快递服务车辆运营管理。引导企业使用符合标准的配送车型，推动配送车辆标准化、厢式化。

（十）便利配送车辆通行。指导各地完善城市配送车辆通行管理政策，合理确定通行区域和时段，对快递服务车辆等城市配送车辆给予通行便利。推动各地完善商业区、居住区、高等院校等区域停靠、装卸、充电等设施，推广分时停车、错时停车，进一步提高停车设施利用率。

（十一）推广智能投递设施。鼓励将推广智能快件箱纳入便民服务、民生工程等项目，加快社区、高等院校、商务中心、地铁站周边等末端节点布局。支持传统信报箱改造，推动邮政普遍服务与快递服务一体化、智能化。

（十二）鼓励快递末端集约化服务。鼓励快递企业开展投递服务合作，建设快递末端综合服务场所，开展联收联投。促进快递末端配送、服务资源有效组织和统筹利用，鼓励快递物流企业、电子商务企业与连锁商业机构、便利店、物业服务企业、高等院校开展合作，提供集约化配送、网订店取等多样化、个性化服务。

9.4.5 强化标准化智能化，提高协同运行效率

（十三）提高科技应用水平。鼓励快递物流企业采用先进适用技术和装备，提升快递物流装备自动化、专业化水平。加强大数据、云计算、机器人等现代信息技术和装备在电子商务与快递物流领域应用，大力推进库存前置、智能分仓、科学配载、线路优化，努力实现信息协同化、服务智能化。

（十四）鼓励信息互联互通。加强快递物流标准体系建设，推动建立电子商务与快递物流各环节数据接口标准，推进设施设备、作业流程、信息交换一体化。引导电子商务企业与快递物流企业加强系统互联和业务联动，共同提高信息系统安全防护水平。鼓励建设快递物流信息综合服务平台，优化资源配置，实现供需信息实时共享和智能匹配。

（十五）推动供应链协同。鼓励仓储、快递、第三方技术服务企业发展智能仓储，延伸服务链条，优化电子商务企业供应链管理。发展仓配一体化服务，鼓励企业集成应用各类信息技术，整合共享上下游资源，促进商流、物流、信息流、资金流等无缝衔接和高效流动，提高电子商务企业与快递物流企业供应链协同效率。

9.4.6 强化绿色理念，发展绿色生态链

（十六）促进资源集约。鼓励电子商务企业与快递物流企业开展供应链绿色流程再造，提高资源复用率，降低企业成本。加强能源管理，建立绿色节能低碳运营管理流程和机制，在仓库、分拨中心、数据中心、管理中心等场所推广应用节水、节电、节能等新技术新设备，提高能源利用效率。

（十七）推广绿色包装。制定实施电子商务绿色包装、减量包装标准，推广应用绿色包装技术和材料，推进快递物流包装物减量化。开展绿色包装试点示范，培育绿色发展典型企业，加强政策支持和宣传推广。鼓励电子商务平台开展绿色消费活动，提供绿色包装物选择，依不同包装物分类定价，建立积分反馈、绿色信用等机制引导消费者使用绿色包装或减量包装。探索包装回收和循环利用，建立包装生产者、使用者和消费者等多方协同回收利用体系。建立健全快递包装生产者责任延伸制度。

（十八）推动绿色运输与配送。加快调整运输结构，逐步提高铁路等清洁运输方式在快递物流领域的应用比例。鼓励企业综合运用电子商务交易、物流配送等信息，优化调度，减少车辆空载和在途时间。鼓励快递物流领域加快推广使用新能源汽车和满足更高排放标准的燃油汽车，逐步提高新能源汽车使用比例。

各地区、各有关部门要充分认识推进电子商务与快递物流协同发展的重要意义，强化组织领导和统筹协调，结合本地区、本部门、本系统实际，落实本意见明确的各项政策措施，加强对新兴服务业态的研究和相关政策储备。各地区要制定具体实施方案，明确任务分工，落实工作责任。商务部、国家邮政局要会同有关部门加强工作指导和监督检查，确保各项措施落实到位。

本章思考题

1．简述农业物流的分类。

2. 现代农业物流发展的战略有哪些？
3. 批发零售业物流的运营模式有哪些？
4. 我国快递业物流的主要问题是什么？
5. 通过调查本省的产业物流，运用所学知识分析产业物流中存在的问题，并能提出相应的对策。

案例分析

农产品物流案例——车厘子

京东零售子集团大数据显示，2019年春节期间，线上车厘子产品销售规模同比增长134%，客单价同比增长86%。国人对智利车厘子的偏爱由来已久，公开资料显示，自2012年开始，中国就已经成为智利车厘子的最大出口市场，而早在2016年，智利、新西兰和澳大利亚南半球三国的车厘子就被京东零售子集团引入中国生鲜电商平台，并在其推广下走入大众视野。在中国几个主要进口水果国中，智利是距离中国最遥远的国家，运输直线距离超过20000公里。早些年智利车厘子只能经远洋运输进入中国，装箱后车厘子穿越太平洋，到达中国港口已是二十几天之后，其中离不开冷链物流运输的保障。同时，伴随国内冷链物流的发展和国民消费的升级，进口车厘子销售范围不断扩大，甚至逐步下沉到国内三四线城市。

不止水果蔬菜，肉蛋奶、水产品、花卉产品等在运输销售过程中也需要冷链。以樱桃为例，樱桃十分娇气，需在采购四小时内预冷，才能保证更长的储存时间，实验显示，樱桃在没有预冷的情况下，其销售货架期只有5-7天。经过标准的预冷技术，樱桃的货架期可以达到2-3周。由此可见，樱桃预冷的重要性。

想让樱桃有更好的保鲜周期，那么从出发到目的地必须要全程冷链，但会造成物流成本提高。有些企业为了节省成本，只进行部分运输过程的冷链，这也导致了樱桃的价格居高不下。

其实，很多蔬菜水果原产地冷链配套基础设施建设不健全，各个环节容易出现冷链脱节现象，导致温度上有比较大变化，对水果保存上的损害比没有冷链是更加大的，由此造成的损耗占到25%~30%。

然而，在我国大部分地区，由于包装、冷链技术、物流网络体系的不完善，导致大量农产品腐烂变质，农产品成本增高。

因此，与传统运输相比，通过冷链物流运输，提高冷链配送时效和品质，不仅在一定程度上降低农产品运输中腐坏率，减少水果的浪费，节约成本，同时也保证了农产品新鲜品质，让消费者品尝到水果"真正的味道"。

【资料来源：根据网络资料整理编写】

问题：农产品与普通快消品相比对物流服务的需求有哪些不同？

第 10 章　绿色物流

学习目标

- 知识目标：通过本章的学习，了解绿色物流的概念，掌握物流各功能要素对环境的不同影响。
- 技能目标：掌握物流与环境的关系，熟悉物流对环境的影响，掌握绿色物流的运作方式。
- 能力目标：通过学习，能够熟练应用绿色物流的功能，具有正向的绿色物流管理和逆向的绿色物流管理两个方面运作的能力。

苏宁物流绿色化发展案例

在 2018 年召开的"第五届中国（国际）绿色仓储与配送大会"上，中国绿色仓库等级评定委员会授予上海苏宁奉贤物流中心、苏宁广州物流中心、苏宁成都物流中心、内江苏宁西南物流中心、苏宁长春朝阳物流中心、哈尔滨苏宁平房物流中心 6 大库区最高级别三星级"中国绿色仓库"称号，这也是国内对于仓储企业在环保领域方面进行评估的最高奖项。获得"中国绿色仓库"称号的库区共同的特点是选址合理，规划科学，设计适度超前，土地利用率高，节能、节水、节材方面措施明显，重视环境保护。能够有效节约资源、降低能源消耗、减少污染排放、提高物流效率。

苏宁物流坚持自建物流降低损耗，致力于从规划设计、库房建设、运营管理、节能设备使用等方面，打造立体式的绿色物流体系。除了绿色仓储，苏宁物流在运输过程中科学设计最优化线路，降低损耗；配送方面也将启动新能源汽车运营。共享快递盒开启绿色包装循环使用，最大化实现"绿色"物流。苏宁的共享快递盒是一种可以循环使用的周转箱替代普通纸箱，不使用任何胶带，快递员在"最后一公里"配送实现回收再利用。苏宁物流一系列环保举措，节约 1200 万的电商成本；通过数据测算，至少减少了约 28%的白色污染。苏宁在武汉地区上线的气泡袋包装自动化设备，不仅可以完成自动打包，而且相比传统包装箱，气泡袋还可以减少 42%的不可降解材料的消耗，从而实现环保目的。习近平总书记说过"绿水青山就是金山银山"，我国物流行业全面走向绿色化发展阶段已是大势所趋。

【资料来源：根据网络资料整理编写】

绿色物流活动分别表现为绿色供应物流、绿色生产物流、绿色分销物流、废弃物物流和逆向物流；从物流活动的作业环节来看，一般包括绿色运输、绿色包装、绿色流通加工、绿色仓储等。

（3）绿色物流的理论基础包括可持续发展理论、生态经济学理论、生态伦理学和循环经济理论。

首先，物流过程不可避免地要消耗资源和能源，产生环境污染，要实现长期、持续地发展，就必须采取各种措施，形成物流环境之间共生发展模式。其次，物流系统既是经济系统的一个子系统，又通过物料流动、能量流动建立起了与生态系统之间的联系和相互作用，绿色物流正是通过经济目标和环境目标之间的平衡，实现生态与经济的协调发展。另外，生态伦理学告诉我们，不能一味地追求眼前的经济利益而过度消耗地球资源，破坏子孙后代的生存环境，绿色物流及其管理战略将迫使人们对物流中的环境问题进行反思和控制。最后，以物质循环流动、资源循环利用为特征的循环经济，是按照自然生态系统物质循环和能量流动规律构建的经济系统，其宗旨就是提高环境资源的配置效率，降低最终废物排放量。而绿色物流要实现对前向物流过程和逆向物流过程的环境管理，也必须以物料循环利用、循环流动为手段，提高资源利用效率，减少污染物排放。

（4）绿色物流的行为主体包括公众、政府及供应链上的全体成员。

我们知道，在产品从原料供应、生产过程、产品的包装、运输以及完成使用价值而成为废弃物后，即在产品生命周期的每一阶段，都存在着环境问题。专业物流企业对运输、包装、仓储等物流作业环节的绿色化负有责任和义务。处于供应链上核心地位的制造企业，既要保证产品及其包装的环保性，还应该与供应链的上、下游企业、物流企业协同起来，从节约资源、保护环境的目标出发，改变传统的物流体制，制订绿色物流战略和策略；实现绿色产品与绿色消费之间的连接，使企业获得持续的竞争优势。

另外，各级政府和物流行政主管，在推广和实施绿色物流战略中具有不可替代的作用。由于物流的跨地区和跨行业特性，绿色物流的实施不是仅靠某个企业或在某个地区就能完成的；也不是仅靠企业的道德和责任就能主动实现的。它需要政府的法规约束和政策支持。例如，对环境污染指标的限制、对包装废弃物的限制、对物料循环利用率的规定等，都有利于企业主动实施绿色物流战略，并与供应链上的企业合作，最终在整个经济社会建立起包括生产商、批发商、零售商和消费者在内的循环物流系统。

公众是环境污染的最终受害者。公众的环保意识能促进绿色物流战略的实施，并对绿色物流的实施起到监督的作用。因而，也是绿色物流不可缺少的行为主体。

10.1.2 绿色物流的价值

有人认为，绿色物流只是一种环保理念，是不切实际的幻想，因为它不能带来任何的经济效益，相反还会增加企业物流成本；也有人认为，绿色物流是政府的事情，和企业无关。这些观点都有失偏颇。国内外的实践足以证明绿色物流是有价值的，而且不单体现在概念价值上，还体现在实体价值上。

1. 绿色物流对企业的经济价值

如果采用绿色物流，则必须在绿色物流的各个活动中付出环境管理方面的费用，从而在短时期内增加了物流的总成本，相对降低了企业的经济利润，降低了竞争力。特别是在回收和废弃物流中，由于所处理的对象物价值较低，如果对废弃物的处理费用过高，将加大企业的开

10.1　绿色物流概述

10.1.1　绿色物流的概念及内涵

1. 绿色物流的概念

绿色物流是指以降低对环境的污染、减少资源消耗为目的，利用先进物流技术，实施的运输、储存、包装、装卸、流通加工等物流活动。绿色物流是一个多层次的概念，包括企业的绿色物流活动，又包括社会对绿色物流活动的管理、规范和控制。从绿色物流的范围来看，它既包括各个单项的绿色物流作业，还包括为实现资源再利用而进行的废环物流。

作为对地球生态环境直接带来污染的企业，必须从可持续发展的高度实施"绿色物流"。企业在物流活动中，要顺应可持续发展的战略要求，注重地球生态环境保护，促进经济协调发展，以实现企业利益、消费者利益、社会利益及生态环境利益的统一。因此，绿色物流有可能会带来企业经济效益的暂时降低，但它创造的却是长远的社会效益。

【小思考 10-1】

绿色物流的目标与传统物流活动有什么不同？

2. 绿色物流的内涵

（1）绿色物流的最终目标是可持续性发展。绿色物流是对环境友好的物流，亦称的物流。其根本目的是减少资源消耗、降低废物排放，这一目的实质上是经济利益、社会和环境利益的统一，这也正是可持续发展的目标。因此，绿色物流也可称作可持续（Sustainable Logistics）。

一般的物流活动主要是为了实现企业的盈利、满足顾客需求、扩大市场占有率等，目标最终均是为了实现某一主体的经济利益。而绿色物流的目标是在上述经济利益的外，还追求节约资源、保护环境这一既具经济属性，又具有社会属性的目标。尽管从宏和长远的利益看，节约资源、保护环境与经济利益的目标是一致的，但对某一特定时期特定的经济主体却是矛盾的。按照绿色物流的最终目标，企业无论在战略管理还是战术都必须从促进经济可持续发展这个基本原则出发，在创造商品的时间效益和空间效益以费者需求的同时，注重按生态环境的要求，保持自然生态平衡和保护自然资源，为子孙下生存和发展的空间。实际上，绿色物流是可持续发展原则与现代物流理念相结合的一物流观念。

（2）绿色物流的活动范围涵盖产品的全生命周期。产品在从原料获取到使用消费废的整个生命周期，都会对环境有影响。而绿色物流既包括对从原材料的获取、产品生装、运输、分销直至送达最终用户手中的前向物流过程的绿色化，也包括对退货品和废逆向物流过程的生态管理与规划，因此，其活动范围包括了产品从产生到报废处置的整周期。

生命周期不同阶段的物流活动不同，其绿色化方法也不相同。从生命周期的不同支。另外，回收物流成本过高，也将导致以回收物资为原材料的生产企业陷入困境。但是与此同时，绿色事业更为绿色物流企业开辟了新的经营与发展领域，给企业带来了新的拥有巨大潜力的商机。当今世界上许多发达国家都制定了苛刻的环境标准，世界贸易由此形成了绿色壁垒。企业只有将绿色事业作为企业战略发展与日常经营活动中的重要部分，才能突破贸易绿色壁垒并且进入国际市场，提高国际竞争力。目前正在广泛探讨并实施的国际环境管理系列标准ISO14000被视为企业"通向世界市场的通行证"。实践证明，通过认证进入国际市场的企业都获得了丰厚的经济利益。不仅如此，企业绿色物流的效益还要从社会效益和环境效益等多方面综合考虑。

经济价值是物流企业实实在在的收益。西方的最新研究指出，一个具有良好环境表现的企业通常也具有良好的盈利表现，道琼斯可持续发展（DJSG）指数等投资分析统计证明了这一事实。因此，绿色物流是可以为物流企业创造价值的。首先，绿色物流利于树立良好的企业形象，使企业更容易获得股民和其他投资者的青睐；其次，绿色物流企业通过对资源的集约利用、对运输仓储的科学规划合理布局，可以大大压缩物流成本、降低物流的环境风险成本，拓展有限的"第三利润"空间；第三，资源循环、资源回收再利用等逆向物流的举措可以给物流企业带来实际收益，成为物流企业利润的新源泉，据西方学者估计，目前全球逆向物流市场达200亿美元规模之巨。

2. 绿色物流的社会价值

社会价值是一种虚拟的价值，它包括企业形象、企业信誉、企业责任等。企业伦理学指出，企业在追求经济利润的同时，还应努力树立良好的企业形象、企业信誉和履行社会责任等，构筑企业的社会经济效益。后者虽然仅仅是一种概念价值，但却能直接影响企业的实体价值。这就是为什么很多跨国公司关注公益事业、关注社会问题的原因。不可否认，绿色物流对现代物流企业的概念价值有重要作用。绿色物流将物流企业推向可持续发展的前沿，有助于物流企业树立良好的企业形象和赢取公众信任。绿色物流企业也比较容易获得一些环境相关的认证，如ISO14000环境管理体系，从而在激烈的市场竞争中占有一定的优势。

绿色消费观念的兴起使得顾客更加青睐有利于环保的产品，员工更愿意为对环保负责的企业工作，银行更愿意给对环保负责的企业贷款，保险公司也更愿意给对环保负责的企业提供担保。另外，各种税收及贸易条例越来越多地涉及企业的环境行为，绿色物流企业可以因此而获得更多的竞争优势。

随着可持续发展的观念不断地深入人心，消费者对企业的接受和认可不再仅仅取决于其是否能够提供质优价廉的产品与服务，消费者越来越关注企业是否具有社会责任感，即企业是否节约利用资源，企业是否对废旧产品的原料进行回收，企业是否注重环境保护等等，这些都成为决定企业形象与声誉的重要因素。绿色物流从产品的开发与设计，整个生产流程，到其最终消费都将对这些因素的考虑附着在其中，其体系的构建不但可以降低旧产品及回收的成本，而且有利于提高企业的声誉度和知名度，增加其品牌的价值和寿命，延长产品的生命周期，从而间接地增强了企业的竞争力。因此，构建一个合理化的绿色物流体系就显得至关重要。

3. 集约资源

这是绿色物流最本质的内容，也是发展物流的主要指导思想之一。通过整合现有资源，优化资源配置，企业能够提高资源利用率，减少资源消耗和浪费。这正是可持续发展所提倡的。这也是我国发展绿色物流亟待逾越的障碍。以基础设施建设为例，我国有的地区在新建物流中心时，没有考虑和原有物流硬件设施的兼容问题，结果新的修起来，旧的就弃置了，造成资源的巨大浪费。据悉，我国物流设施空置率高达 60%。这显然与物流发展的方向背道而驰，更不要说绿色物流了。

10.1.3 绿色物流的特征

绿色物流除了具有一般物流所具有的特征外，还具有学科交叉性、多目标性、多层次性、时域性和地域性等特征。

1. 学科交叉性

绿色物流是物流管理与环境科学、生态经济学的交叉。由于环境问题的日益突出以及物流活动与环境之间的密切关系，在研究社会物流和企业物流时必须考虑环境问题和资源问题；又由于生态系统与经济系统之间的相互作用和相互影响，生态系统也必然会对物流这个经济系统的子系统产生作用和影响。因此，必须结合环境科学和生态经济学的理论、方法进行物流系统的管理、控制和决策，这也正是绿色物流的研究方法。学科的交叉性使得绿色物流的研究方法非常复杂，研究内容十分广泛。

2. 多目标性

绿色物流的多目标性体现在企业的物流活动要顺应可持续发展的战略目标要求，注重对生态环境的保护和对资源的节约，注重经济与生态的协调发展，即追求企业经济效益、消费者利益、社会效益与生态环境效益四个目标的统一。系统论观念告诉我们，绿色物流的多目标之间通常是相互矛盾、相互制约的，一个目标的增长将以另一个或几个目标的下降为代价，如何取得多目标之间的平衡？这正是绿色物流要解决的问题。从可持续发展理论的观念看，生态环境效益保证将是前三者效益得以持久保证的关键所在。

3. 多层次性

绿色物流的多层次性体现在四个方面：

（1）从对绿色物流的管理和控制主体看，可分为社会决策层、企业管理层和作业管理层三个层次的绿色物流活动，也可以说是绿色物流的宏观层、中观层和微观层。其中，社会决策层的主要职能是通过相关政策和法规的手段传播绿色理念、约束和指导企业物流战略；企业层的任务则是从战略高度、与供应链上的其他企业协同，共同规划和管理企业的绿色物流系统，建立有利于资源再利用的循环物流系统；作业层主要是指物流作业环节的绿色化，如运输的绿色化、包装的绿色化、流通加工的绿色化等。

（2）从系统的观点看，绿色物流系统是由多个单元（或子系统）构成的，如绿色运输子系统、绿色仓储子系统、绿色包装子系统等。这些子系统又可按空间或时间特性划分成更低层次的子系统，即每个子系统都具有层次结构；不同层次的物流子系统通过相互作用、构成一个有机整体，实现绿色物流系统的整体目标。

（3）绿色物流系统还是另一个更大系统的子系统，这个更大的系统就是绿色物流系统赖以生存发展的外部环境。这个环境包括了促进经济绿色化的法律法规、人口环境、政治环境、文化环境、资源条件、环境资源政策等方面，它们对绿色物流的实施将起到约束作用或推动作用。

（4）时域性和地域性。时域性指的是绿色物流管理活动贯穿于产品的全生命周期，包括从原材料供应、生产内部物流，产成品的分销、包装、运输，直至报废、回收的整个过程。

绿色物流的地域性体现在两个方面，一是指由于经济的全球化和信息化，物流活动早已突破了地域限制，形成跨地区、跨国界的发展趋势，相应地，对物流活动绿色化的管理也具有跨地区、跨国界的特性；二是指绿色物流管理策略的实施需要供应链上所有企业的参与和响应，这些企业很可能分布在不同的城市、甚至不同的国家。例如，欧洲有些国家为了更好地实施绿色物流战略，对于托盘的标准、汽车尾气排放标准、汽车燃料类型等都进行了规定，其他欧洲国家的不符合标准要求的货运车辆将不允许进入本国。跨地域、跨时域的特性也说明了绿色物流系统是一个动态的系统。

10.2 绿色物流管理

10.2.1 物流活动与环境

物流对环境的影响在近十几年表现出尖锐化和异常突出的倾向，主要原因是由于物流量的加大，物流速度的增加，物流设施及工具大型化之后，使环境受到影响。所有的物流过程，都与环境有关系，和一般的工业企业不同，物流环境的接触是广域性的，这就增加了环境管理的难度。

1. 影响环境的物流因素

物流对环境影响主要表现在噪音对人精神、情绪、健康的影响，废气对空气、水的污染影响，运输车辆事故对人伤害性的影响等。这些影响与诸多因素有关。

（1）与粗放式的物流有关。粗放式的物流往往是发展中国家容易出现的问题，其原因在于，为了加快发展速度，主要关注于数量的增长，造成不合理的物流普遍存在，单位经济增长付出过多的运能、运力，造成交通的混乱和排放物的增加。

（2）与缺乏合理的规划有关。物流设施，无论是结点还是线路，都需要占用大量资源，规划不当会造成这种资源的浪费。这些资源不但有土地资源，而且物流过程需要消耗大量的能源，所以也会造成能源资源的不合理消耗，物流规划的混乱造成了结点之间无效运输的增加，这些都是影响环境的重要因素。

（3）与物流标准化有关。尤其是在推行标准化过程中，只重视物流设施、设备、工具、车辆技术标准等内在标准的研究，而忽视物流对环境及社会影响，强化了上述矛盾。

所以，在推行物流标准化时，必须将物流对环境的影响放在标准化的重要位置上，除了各种反映设备能力、效率、性质的技术标准外，还要对安全标准、噪音标准、排气标准、车速标准等做出具体的规定。

2. 物流对环境的影响

物流对环境的影响表现在以下几个方面：

（1）废气排放。物流工具，尤其是货运汽车，废气的排放是严重损害环境的因素。在现代化大城市，汽车尾气排放已经是环境污染的第一号因素。汽车尾气的正常排放，对环境的破坏作用已经非常明显，实际上，很大一部分是超标准排放，造成更为严重问题。

（2）噪音污染。噪音污染主要来自火车、货运卡车等大型车辆，因此也是以大型车辆为主体的物流工具的主要污染因素。和废气、废液污染不同，噪音污染一般只造成局部的环境问题。噪音污染的受害对象，主要是对人生理的影响（表10-1）。

表 10-1　噪音污染对人生理的影响

噪声强度/dB	对人生理的影响
40	妨碍睡眠
50	妨碍正常听力
60	妨碍2个人在1m距离的会话
70	妨碍打电话
>80	长期作用会影响人的血压、头痛、惊悸、胃肠不适、神经刺激、激素失调
>90	一天处于这个环境中，就会发生听力衰减
>100	每天一个小时处于这个环境中，就会发生听力衰减

（3）震动。火车、汽车在行驶时，车体本身、车体与地面的撞击都会产生震动，飞机起飞、降落及飞行，也会造成空气的震动。震动往往和噪音同时发生。震动通过空气和地面的传播，可以引起门窗、室内器物的反应，出现震动，从而对人造成影响。

（4）扬尘。物流过程产生的扬尘污染，主要来自两个方面，一个方面是汽车在低等级路面行驶，造成路面上尘土的飞扬，这在发展中国家，尤其是小城镇和农村地区经常出现；另一个原因是粉体物流对象在物流过程中，由于物流过程粗放造成扬尘，例如粉状物、煤炭、矿石等在运输和装卸过程中出现的扬尘。扬尘物的污染一是对于建筑物，造成建筑物的表面蒙尘，并逐渐浸蚀建筑物表面，使表面质量下降，尤其是腐蚀性的粉尘对建筑物表面危害更大；另一方面是对人的生活环境、卫生状况造成影响；第三方面是使人吸入粉尘后造成对生理的影响，尤其长期处于扬尘环境的人，这个影响更为严重。

（5）有毒物的污染。除去汽车尾气、粉尘之中包含有毒物之外，物流过程中的事故，尤其是装运有毒物设备和有毒物储存仓库的事故，会造成有毒物大面积的扩散，从而形成严重的局部污染。即使不是由于事故引起的有毒物污染，在有毒物的物流过程中，也会经常出现和环境接触问题，从而造成一定程度污染。物流机械、装备、工具所使用的燃料、添加剂、润滑材料、防护涂料等，在使用过程和设备清洗过程，通过废物排放，也会形成对环境的污染。有毒物污染的一般途径，是通过粉尘的扩散、液体和气体的排放、挥发和扩散而造成，这种污染随着火灾、爆炸、水灾等因素会迅速扩散造成严重的事态。

3. 物流系统对环境的影响

（1）运输对环境的影响。尽管运输是造成环境问题的主要原因，但是国民经济的发展离不开运输，我们不可能彻底清除运输对环境的危害，但可以通过有效的决策和措施，降低运输对环境污染的程度。如果物流决策不合理，则运输中的环境污染和资源消耗会加剧。具体分析如下：

1）物流网络节点（如货运网点、配送中心）布局的不合理，会导致货物迂回运输、重复运输、过远运输或倒流运输等不合理现象的发生。这些不合理现象造成了很多不必要的无效的运输，人为地增加在途货车行驶的里程，既增加了能源消耗和运输费用，也增大了货损概率，加重了城市交通的阻塞。

2）运输系统规划与运输决策的不合理，会出现运输工具选择不当、运力不足、非满载运输等现象。例如，弃水走陆、铁路和大型船舶的过近运输等，都会导致运输工具的使用效率不能充分发挥、能源利用率低等问题，增加了能源消耗。

3）运输需求信息的不共享以及物流管理理念的落后，会因调运不当、货源计划不周、或不采用社会化物流服务等原因，导致大量的车辆空载行驶，造成资源的极大浪费。尤其在我国，第三方物流、社会化物流的市场发育尚不完善，很多企业倾向于拥有自己的运输车队，这是大量货车空载行驶的主要原因。另外，社会上的物流需求信息和运力供应信息的不能互相交流，也是导致车辆空载行驶的另一个重要原因。

4）货车在物流节点的空转等待加剧了空气污染。由于认识上的偏差，多数司机在物流节点处等待装货、卸货的时候，经常出现车辆长时间的带动力的等待，这不仅增加了燃油消耗，更加剧了废气污染。国外有人进行过统计，汽车在空转的时候，仍然会排放废气和有毒物，由于这时候的燃料未能得到充分燃烧，有些废气的排放量（例如一氧化碳、烃）比车辆行驶时候的排放量要高出许多。对此问题必须引起企业领导的重视并加强相关知识的宣传教育，让所有司机认识到汽车空转时产生的环境问题。

（2）装卸搬运对环境的影响。装卸搬运是指发生在物流节点（如仓库、车站、码头、配送中心等）的以人力或机械将物品装入运输设备或从运输设备上卸下的活动，包括：货物堆码、上架、移动、取货、备货、货物装载、卸货等作业。搬运是指物品的横向或斜向移动，装卸是指物品上下方向的移动。在物流系统功能活动中，装卸搬运虽不产生新的效用或价值，但却是伴随着包装、仓储、运输所必须进行的活动；并且在采购物流、企业内部物流、销售物流等整个供应链物流过程中占有较大的比重，是物流各项活动中发生频率最高的活动。装卸搬运作业质量的好坏和效率的高低不仅影响物流成本，而且还与物品在装卸搬运作业过程中的损坏、污染等损失有关系，并与是否能及时满足客户的服务需求相关联。

装卸搬运过程中可能存在的环境影响主要有以下三方面：

1）不恰当的作业方式造成无效装卸、无效搬运次数的增加，造成人力资源和能源动力的浪费。

2）过多的装卸搬运次数，增加了物品在装卸搬运作业过程中破损、散失和损耗的概率，造成自然资源的浪费和废弃物的增加。

3）装卸机械在作业过程中排出的冷却液、润滑液对周围环境的污染。

（3）储存对环境的影响。物品通过储存保管，克服了产品生产与需求之间的时间差异，从而使产品具有更好的效用。因此，储存保管是物流创造时间价值的重要手段。当然，为实现储存功能，被储存物品的质量及其使用价值必须得到保证。现代物流系统已经拥有很多有效的维护商品质量、保证商品价值的技术手段和管理手段，也正在探索物流系统的全面质量管理问题，即希望通过物流过程的控制、通过工作质量来保证被储存物品的质量。

储存环节产生的环境影响主要表现在以下三方面：

1）为保证储存的物品不丧失其使用价值，必须对储存物品进行维护保养，其中对部分储存物采取的技术措施，如物品表面的喷涂防护和化学药剂，会对仓库周围的生态环境造成不良影响。

2）如果保管不当，有可能造成储存的物品变质、损坏，从而被丢弃，造成废弃物污染；有些危险储存物的泄露，会对周围环境造成不良影响。

3）仓储设施是重要的基础设施，占用大量土地资源。

（4）包装对环境的影响。物流包装容器种类很多，有不同的材料、不同的结构形式，与产品直接接触的包装是内包装或个装，一般是一次性包装；为了运输、储存及装卸作业的方便，有时还需要对产品进行二次包装甚至三次包装。典型的如托盘、集装箱、集装袋、瓦楞箱、罐、桶等器具。无论是商品的个装还是物流包装，都需要消耗大量的资源，产生大量的固体废弃物，因而，包装对环境的影响是非常大的。

1) 过度包装提高了商品的重量、体积，增加对运输能力、储存能力的需求。

2) 相当一部分工业品特别是消费品的包装都是一次性使用，且越来越复杂。这些包装材料不仅消耗了大量的自然资源，废弃的包装材料还是城市垃圾的重要组成部分，处理这些废弃物要花费大量人力、物力和财力。

3) 不少包装材料是不可降解的，它们长期留在自然界中，会对自然环境造成严重影响。目前市场上流行的塑料袋、玻璃瓶、易拉罐等包装品种，使用后会给自然界留下长久的污染物。

4) 随着物流量的增加，物流包装（例如托盘、储存罐等）在总包装中所占的比重也越来越大。例如，在美国，每年使用的托盘超过了 16 亿个，每年新生产的托盘达 4 亿多个。目前托盘最常用的材料是木材，塑料托盘占据的比例非常小。数额巨大的托盘消耗的木材资源是十分巨大的。

【小资料 10-1】

国家邮政局出台的《推进快递业绿色包装工作实施方案》提出，要稳步推进快递业包装的依法生产、节约使用、充分回收、有效再利用，实现"低污染、低消耗、低排放，高效能、高效率、高效益"的绿色发展。到 2020 年，基本淘汰有毒有害物质超标的包装物料，基本建成社会化的快件包装物回收体系。快递业电子运单使用率年均提高 5%。到 2020 年，主要快递企业品牌协议客户电子运单使用率达到 90%以上，大幅降低面单纸张耗材用量。符合标准要求的环保箱、环保袋和环保胶带使用率大幅上升，并推广使用中转箱、笼车等设备，进一步减少编织袋和胶带的使用量。

（5）流通加工的影响。由于流通加工具有较强的生产性，会造成一定的物流停滞，增加了管理费用，不合理的流通加工方式也会对环境造成负面影响，具体表现在以下三方面：

1) 由消费者分散进行的流通加工，资源利用率低下，浪费能源，如餐饮服务企业对食品的分散加工，既浪费资源，又污染了空气。

2) 分散的流通加工中产生的边角废料，难以集中和有效地再利用，造成资源浪费和废弃物污染。

3) 如果流通加工中心的选址不合理，也会造成费用增加和有效资源的浪费，还会因增加了运输量而产生新的污染。

各种流通加工活动均会对环境造成负面影响。具体的环境影响类型和程度由流通加工的方式直接决定，采用清洁生产方式可以很好地解决流通加工的环境影响问题。

（6）信息处理对环境的影响。物流信息处理能促使物流活动更加有效地进行，促进各环节的有效衔接，避免重复和浪费，因而，对于节约资源、提高作业效率是有积极作用的，一般认为物流信息处理对生态环境没有负面影响。随着计算机的普及和企业内部信息系统的建设，信息处理功能要素中也出现了环境问题。比如，机房里计算机设备的密集布设产生的辐射可能危及员工的健康。但各类物流企业中计算机装备比较简单，数量少，因此物流信息处理对环境的影响较小。但是，一些先进的信息技术，如射频技术 RF、全球卫星定位系统 GPS 等，会产生程度不同的电磁波辐射污染，长期处于这种环境，也会对人体产生不良影响。这是信息社会出现的新的污染。

4. 减轻环境负担的措施

从现在科学技术和管理水平来看，物流对环境的破坏作用，是没有办法根除的，因此，在管理方面，必须采取若干的措施予以限制或减轻，把减轻环境负担作为管理的目标。减轻物流的环境负担，根本的办法是实行物流合理化。无论对于宏观、微观的物流，都应该把这个问题放在重要位置，予以对待。

（1）应当提高铁路和水运的比重，减少对环境危害最大的汽车运输。很多的研究表明，在多种可选择的运输方式中，公路的资源占用（包括能源消耗、土地资源占用等、人力资源占用）为最高。从对环境影响来看，对环境的破坏作用，也是以汽车运输为最高。

在管理方面可以采取以下措施来降低环境的负担：①把合理铁路、公路、水运的结构作为宏观调控的目标。增加铁路物流量，降低公路的物流量。②将铁路、水运的干线运输和公路的集散运输作为物流合理化的一个重要课题，发展多式联运，限制汽车的长距离、大量运输，从而减少污染的同时提高物流系统的能力。③依靠科学技术，采用无铅汽油、清洁燃料，从能源的源头来解决和降低污染。

（2）采用管道输送的物流方式，以解决液体、气体、粉状扬尘对环境的污染。采用管道输送的物流方式，在整个输送过程中，将被输送物与环境相隔离，从而杜绝了对环境物的污染。

（3）合理规划物流结点和物流线路的分布，对物流结点实行集约化，使物流结点远离居民稠密地区，是解决和降低噪音、粉尘、震动以及尾气污染的有效措施。为此在规划物流结点时，物流基地、物流中心等大型物流结点，应当远离城市中心区并且适当集中分布，配送中心应当和居民稠密区保持适当距离，在城市中心行驶的配送车辆，应当采用低污染的先进运输设备。大型运输汽车，应当限制进入城市地区。对排放标准不合格、噪音、震动过大的运输车辆，应该实行严格的交通管制。

10.2.2 绿色物流管理概述

绿色物流管理应从正向的绿色物流管理和逆向的绿色物流管理两个方面考虑。

1. 正向绿色物流管理

正向绿色物流体系指的是从原材料的供应到生产企业生产出最终产成品到通过销售渠道把产品销售给最终顾客的过程中实施绿色物流。企业要构建绿色物流体系应从以下几个方面考虑：

（1）绿色供应商管理。供应商的原材料、半成品质量的好坏直接决定着最终产成品的性能，所以要实施绿色物流还要从源头上加以控制。由于政府对企业的环境行为的严格管制，并且供应商的成本绩效和运行状况对企业经济活动构成直接影响。因此在绿色供应物流中，有必要增加供应商选择和评价的环境指标，即要对供应商的环境绩效进行考察。例如：潜在供应商是否因为环境污染问题而被政府课以罚款？潜在供应商是否因为违反环境规章而存在被关闭的危险？供应商供应的零部件是否采用绿色包装？供应商是否通过 ISO 14000 环境管理体系的认证？

（2）绿色生产管理。绿色生产又包括绿色原材料的供应、绿色设计与制造以及绿色包装。绿色产品的生产首先要求构成产品的原材料具有绿色特性，绿色原材料应符合以下要求：环境友好性;不加任何涂镀,废弃后能自然分解并能为自然界吸收的材料;易加工且加工中无污染或污染最小;易回收、易处理、可重用的材料,并尽量减少材料的种类,这样有利于原材料的循环使用。

绿色设计要求面向产品的整个生命周期,即在概念设计阶段,就要充分考虑产品在制造、销售、使用及报废后对环境的影响,使得在产品再制造和使用过程中可拆卸、易收回,不产生毒副作用及保证产生最少的废弃物。

绿色制造则追求两个目标,即通过可再生资源、二次能源的利用及节能降耗措施缓解资源枯竭,实施持续利用;减少废料和污染物的生成排放,提高工业品在生产过程和消费过程中与环境的相容程度,降低整个生产活动给人类和环境带来的风险,最终实现经济和环境效益的最优化。

【小资料 10-2】

2020年3月,国家发展改革委司法部印发《关于加快建立绿色生产和消费法规政策体系的意见》的通知推行绿色设计。健全推行绿色设计的政策机制。建立再生资源分级质控和标识制度,推广资源再生产品和原料。强化工业清洁生产。严格实施清洁生产审核办法、清洁生产审核评估与验收指南,进一步规范清洁生产审核行为,保障清洁生产审核质量。发展工业循环经济。健全相关支持政策,推动现有产业园区循环化改造和新建园区循环化建设。加强工业污染治理。全面推行污染物排放许可制度,强化工业企业污染防治法定责任。

包装是商品营销的一个重要手段,但大量的包装材料在使用一次以后就被消费者遗弃,从而造成环境污染问题。例如现在我国比较严重的白色污染问题,就是不可降解的塑料包装随地遗弃引起的。绿色包装是指采用节约资源、保护环境的包装,其特点是材料最省,废弃最少且节约资源和能源;易于回收利用和再循环;包装材料可自然降解并且降解周期短;包装材料对人的身体和生态无害。绿色包装要求提供包装服务的物流企业进行绿色包装改造,包括:使用环保材料、提高材质利用率、设计折叠式包装以减少空载率、建立包装回用制度等。包装是在商品输送或储存过程中,为保证商品的价值和形态而从事的物流活动。

(3)绿色运输管理。交通运输工具的大量能源消耗;运输过程中排放大量的有害气体,产生噪音污染;运输易燃、易爆、化学品等危险原材料或产品可能引起的爆炸、泄露等事故,都会对环境造成很大的影响。因此构建企业绿色物流体系就显得至关重要。

合理配置配送中心,制订配送计划,提高运输效率以降低货损量和货运量。开展共同配送,减少污染。共同配送是以城市一定区域内的配送需求为对象,人为地进行有目的、集约化地进行配送。它是由同一行业或同一区域的中小企业协同进行配送。共同配送统一集货、统一送货可以明显地减少货流量;有效地消除交错运输缓解交通拥挤状况,可以提高市内货物运输效率,减少空载率;有利于提高配送服务水平,使企业库存水平大大降低,甚至实现"零"库存,降低物流成本。

【小资料 10-3】

《推进运输结构调整三年行动计划(2018—2020年)》的主要要求

以习近平新时代中国特色社会主义思想为指导,全面贯彻党的十九大和十九届二中、三中全会精神,牢固树立和贯彻落实新发展理念,按照高质量发展要求,标本兼治、综合施策,政策引导、市场驱动、重点突破、系统推进，以深化交通运输供给侧结构性改革为主线，以京津冀及周边地区、长三角地区、汾渭平原等区域（以下称重点区域）为主战场，以推进大宗货物运输"公转铁、公转水"为主攻方向，不断完善综合运输网络，切实提高运输组织水平，减少公路运输量，增加铁路运输量，加快建设现代综合交通运输体系，有力支撑打赢蓝天保卫战、打好污染防治攻坚战，更好地服务建设交通强国和决胜全面建成小康社会。

（2）实施联合一贯制运输。联合一贯制运输是指以件杂货为对象，以单元装载系统为媒介，有效地巧妙组合各种运输工具，从发货方到收货方始终保持单元货物状态而进行的系统化运输方式。通过运输方式的转换可削减总行车量，包括转向铁路、海上和航空运输。联合一贯制运输是物流现代化的支柱之一。

（3）评价运输者的环境绩效，有专门运输企业使用专门运输工具负责危险品的运输，并制定应急保护措施。

现在政府部门对运输污染采取极为严格的管理措施。如北京对机动车制定了严格的尾气排放标准。同时政府交通部门充分发挥经济杠杆的作用，根据机动车的排污量来收取排污费。由此，企业如果没有绿色运输，将会加大经济成本和社会环境成本，影响企业经济运行和社会形象。

（4）绿色储存管理。储存在物流系统中起着缓冲、调节和平衡的作用，是物流的一个中心环节。储存的主要设施是仓库。现代化的仓库是促进绿色物流运转的物资集散中心。绿色仓储要求仓库布局合理，以节约运输成本。布局过于密集，会增加运输的次数，从而增加资源消耗；布局过于松散，则会降低运输的效率，增加空载率。仓库建设前还应当进行相应的环境影响评价，充分考虑仓库建设对所在地的环境影响。例如，易燃易爆商品仓库不应设置在居民区，有害物质仓库不应设置在重要水源地附近。采用现代储存保养技术是实现绿色储存的重要方面，如气幕隔潮、气调储存和塑料薄膜封闭等技术。

（5）绿色流通加工管理。流通加工是指在流通过程中继续对流通中商品进行生产性加工，以使其成为更加适合消费者需求的最终产品。流通加工具有较强的生产性，也是流通部门对环境保护大有作为的领域。

绿色流通加工的途径主要分两个方面：一方面变消费者分散加工为专业集中加工，以规模作业方式提高资源利用效率，以减少环境污染；另一方面是集中处理消费品加工中产生的边角废料，以减少消费者分散加工所造成的废弃物污染。

（6）绿色装卸管理。装卸是跨越运输和物流设施而进行的，发生在输送、储存、包装前后的商品取放活动。实施绿色装卸要求企业在装卸过程中进行正当装卸，避免商品体的损坏，从而避免资源浪费以及废弃物环境造成污染。另外，绿色装卸还要求企业消除无效搬运，提高搬运的活性，合理利用现代化机械，保持物流的均衡顺畅。

（7）产品绿色设计、包装和标识。绿色物流建设应该起自于产品设计阶段，以产品生命周期分析等技术提高产品整个生命周期环境绩效，在推动绿色物流建设上发挥先锋作用。包装是绿色物流管理的一个重要方面，乳白色塑料的污染已经引起社会的广泛关注；过度的包装造成了资源的浪费。因此再生性包装由于容易回收的性质得到越来越广泛的使用，可以重复使用的集装箱也是绿色包装的例子。在日本，经营食品的商人已放弃塑料包装，在食品界掀起"绿色革命"，取得了较大的成效。他们的食品包装已不只是要好和实用，照顾环境需要也成为包装业的重要课题。现在的日本商人在给食品包装时尽量采用不污染环境的原料,用纸袋包装取代塑料容器,这也减少了将用过后的包装收集到工厂再循环所面对的技术和成本困难,绿色包装设计在这方面发挥很大作用。

在供应链节点企业特别应该:①在减少产品的包装上进行协商,适度的包装不仅有助于供应商降低成本,也减少了采购商的拆装和处理包装物垃圾的费用;②认真选择包装材料,不同的材料具有不同的再使用价值和再循环价值,单循环次数最多的包装不一定好。要用生命周期分析的方法来选择。从再循环的角度看,包装物的材料品种越少越好。德国曾对各种材料以及复杂程度不同的材料的循环价值进行过评分,并据此收取不同的处理费。另外,通过标签表示产品的化学组成也十分重要,通过表示产品原材料特别是可塑零件的组成,会使将来的回收、处理工作进展顺利,这些绿色技术在物流中的应用同时也提高了生产效率。原材料和产品的运输是物流中最重要的一部分,它贯穿于物流管理的始终。

2. 逆向绿色物流管理

逆向物流是指所有与资源循环、资源替代、资源回用和资源处置有关的物流活动,它能够充分利用现有资源,减少对原材料的需求,常被发达国家作为建设循环型经济的重要举措。实施逆向绿色物流是一项系统的工程,需要有完善的商品召回制度、废物回收制度以及危险废物处理处置制度。

(1) 废弃物料的处理。企业正向物流过程中产生废弃物料的来源主要有两个:一是生产过程中未能形成合格产品而不具有使用价值的物料,如产品加工过程中产生的废品、废件,钢铁厂产生的钢渣,机械厂产生的切削加工形成的切削等等;另外一个是流通过程中产生的废弃物,如被捆包的物品解捆后产生的废弃的木箱、编织袋、纸箱、捆绳等。由于垃圾堆场的日益减少,因此厂商寻找减少废弃物料的方法就越显得越发重要。一方面厂商要加强进料和用料的运筹安排;另一方面在产品的设计阶段就要考虑资源的可得性和回收性能,减少生产中的废弃物料的产生。

(2) 回收旧产品。回收旧产品是逆向物流的始点,它决定着整个逆向物流体系能否赢利。旧产品的数量、质量、回收的方式以及产品返回的时间选择都应在控制之下,如果这些问题不能得到有效控制,那可能使得整个逆向物流体系一团糟,从而使得对这些产品再加工的效率得不到保证。要解决这个问题,厂商必须和负责收集旧产品的批发商及零售商保持良好的接触和沟通。

(3) 检查与处理。回收产品的测试、分类和分级是一项劳动和时间密集型的工作,但是,如果企业通过设立质量标准、使用传感器、条码以及其他技术使得测试自动化就可以改进这道工序,一般说来,在逆向物流体系中,企业应该在质量、产品形状或者变量的基础上尽早地做出对产品的处置决策,这可以大大降低物流成本,并且缩短再加工产品的上市时间。

(4) 回收产品的修理和复原。企业从回收中获取价值,主要通过两种方式来实现:第一是取出其中元件,经过修理后重新应用;第二是通过对该产品全部的重新加工,再重新销售。但是,相对于传统的生产而言,对回收产品的修理和再加工有很大的不确定性,因为回收的产品在质量以及时间上可能差异会很大,这要求在对回收产品分类时,尽量把档次、质量及生产时间类似的产品整合起来,从而降低了其可变性。

(5) 再循环产品的销售。回收产品经过修理或复原后就可以投入到市场进行销售。和普通产品的供求一样,企业如果计划销售再循环的产品,首先需要进行市场需求分析,从而决定是在现有市场销售,还是开辟新的市场,在此基础上企业就可以制订出再循环产品的销售决策,并且进行销售,这就完成了逆向物流的一个循环。

资源循环、资源回用等逆向物流的举措可以给物流企业带来实际收益,成为物流企业利润的新源泉,据西方学者估计,目前全球逆向物流市场达200亿美元规模之巨。但在我国,逆向物流还没有得到充分发展,只是局限于废旧物资回收、生活垃圾分类等初级行为,经济效益尚不明显。我国的逆向物流工作基本上是在政府的组织下进行的,作为企业自身行为的逆向物流活动还不多见。

10.3 绿色物流的发展

10.3.1 绿色物流的发展现状

1. 国外的现状

自20世纪90年代初期,西方国家的企业界及物流学术界的学者们就提出绿色物流(Green Logistics或 Environmental Logistics)的概念,绿色物流很快就得到了政府、学术界和企业界的高度重视。一方面,政府通过立法限制物流过程中的环境影响,例如,欧盟国家、美国和日本等国家都制定了严格的法规限制机动车尾气排放和废弃物污染;另一方面,发达国家提出了发展循环型经济的目标,积极扶持逆向物流的发展。很多跨国公司都积极响应这一行动,施乐、柯达、美辛、惠普等大型跨国公司都实施了逆向物流的项目,并且收益显著。下面重点介绍绿色物流在美国、德国、日本的实施状况。

(1)美国。美国是世界上最早发展物流业的国家之一。政府推行的自由经济政策,使物流业迅速发展,这就决定了美国对绿色物流的更大关注。从理论研究方面看,许多学者对绿色物流的基本问题进行了研究,认为物流结构的不合理会对环境造成严重影响,反过来,环境问题又会影响供应链上的物流决策,因此,环境保护与物流管理关系密切。

从政府方面看,美国政府通过政府宏观政策的引导,确立以现代物流发展带动社会经济发展的战略目标,其近景、远景目标十分明确。例如,在至2025年的《国家运输科技发展战略》中,规定交通产业结构或交通科技进步的总目标是"建立安全、高效、充足和可靠的运输系统,其范围是国际性的,形式是综合性的,特点是智能性的,性质是环境友善的"。一般企业在实际物流活动中,对物流的运输、配送、包装等方面应用诸多的先进技术,如电子数据交换(EDI)、准时制生产(JIT)、配送规划、绿色包装等,为物流活动的绿色化提供强有力的技术支持和保障。

此外,为使产品生命周期的环境污染最小、资源消耗最少,也为了企业自身的利益,很多企业会在自己的供应链上实施逆向物流计划,重视对废品、次品的回收、重用、翻新。实际上,实施逆向物流不仅能缩减资源,减少废弃物污染,保护环境,更重要的是还能使企业获得很多利益,例如,紧缩库存、降低成本以及更好地控制成本、提高服务水平等,可以说,逆向物流是增强企业竞争能力、提高竞争优势的具有长远利益的战略武器。

(2)日本。日本自1956年从美国引进物流管理的概念后,社会各界充分认识到物流的落后将严重制约经济的发展,因而,大力发展物流基础设施。到20世纪80年代中期,以降低物流成本为目的,在政府和企业共同努力下,积极推行物流的合理化,使日本迅速成为物流管理的先进国家。一些物流合理化的对策,如减少输送次数、提高车辆装载效率、提倡共同配送、简化包装等,对于物流的绿色化同样具有十分重要的意义。

实际上,把物流行业作为本国经济发展生命线的日本,从一开始就很重视物流绿色化的重要意义。除了在传统的防止交通事故、抑制道路沿线的噪声和震动等方面加大政府部门的监管和控制作用外,还特别出台了一些实施绿色物流的具体目标值,如通过对货物的托盘使用率、货物在堆场的滞留时间等方面的控制,来降低物流对环境造成的负荷。1989年日本提出了10年内三项绿色物流推进目标,即含氮化合物排出标准降低3成到6成,颗粒物排出降低6成以上,汽油中的硫成分降低1/10。为解决地球的温室效应、大气污染等各种社会问题,日本政府与物流业界在控制污染排放方面,积极实施在干线运输方面推动模式转换和干线共同运行系统的建构,积极推动城市共同配送系统的建构等。1997年,日本政府制订了对物流现代化和纵深化发展具有重要影响力的《综合物流实施大纲》,其中的主要目标之一就是要减轻环境负荷,在《大纲》中还明确提出了"解决环境问题"的对策。

进入21世纪,物流行业必将把有效利用资源和维护地球环境放在发展的首位,建立全新的从产品生产到产品废弃全过程的高效、循环的绿色物流系统。目前,世界上各国都在尽力把绿色物流的推广作为物流业发展的重点;积极开展绿色环保物流的专项技术研究(如在物流系统和物流活动的规划、决策中,尽量采用对环境污染小的方案,包括采用排污量小的货车车型、近距离配送、夜间运货,以减少交通阻塞、节省燃料和降低排放等);另外,促进新材料的广泛应用和开发,进行回收物流的理论和实践研究;积极出台相应的绿色物流政策和法规等,为物流的绿色化和可持续发展奠定基础。

(3)德国。

1)"绿色环保"标识。1975年世界第一个绿色包装"绿点(green-dot)"标识是由绿色箭头和白色箭头组成的圆形图案,上方文字由德文 DERGRUNE PUNKT 组成,意为"绿点"。绿点的双色箭头表示产品或包装是绿色的,可以回收使用,符合生态环境保护的要求。1977年,德国政府又推出"蓝天使"绿色环保标识,授予具有绿色环保特性的产品,包括包装产品。

继德国使用环境标志后,加拿大、美国、日本、澳大利亚、其他欧洲国家等也先后开始实行产品包装的环境标志。如加拿大的"枫叶鸽",日本的"爱护地球",欧共体的"欧洲之花",丹麦、芬兰、瑞典、挪威等北欧诸国的"白天鹅",法国的"NF"标识,韩国的"生态标章"等。

2)包装废弃物回收处理法规。德国于1991年颁布《包装废弃物处理》法令,并采取措施推动工业界将盛装饮料用的"PVC"瓶改为"PET"瓶,还要求将80%的"PET"瓶回收利用。1996年10月,德国政府根据"污染者付费"原则,颁布实施了循环经济法。此外,德国政府对使用难降解塑料包装的企业另外征收环境税。自包装法规实施以来,消费的包装材料和回收的包装材料均逐年减少,约80%的商品不再采用展示包装,一次性包装大大减少。包装材料中的玻璃、金属板、铝罐等回收十分成功,纸与纸板的回收率相当高。

3)垃圾分装。20世纪90年代,垃圾分装在德国已经十分普及,家家户户都用不同的塑料袋对不同类的垃圾进行包装:绿色袋装瓶子、蓝色袋装废纸、黄色袋装铝制品和塑料、褐色袋装果蔬垃圾,大街上不同颜色的垃圾桶很多,市民将不同的废弃物分别投入标有文字(颜色)的桶口中。1995年包装废弃物回收率达到80%,分拣率也达到80%,即64%的消费后包装材料被成功地回收利用。专家指出,德国产品的安全度、产品质量和产品环保度名列世界前茅,分别居世界第 1 位、第 2 位和第 4 位，其环保贸易额占全球 20%，名列世界第 1 位。

2. 我国的现状

自 1979 年引入物流概念以来，物流行业得到了很大的发展，但也付出了很大的环境代价，进入 21 世纪后，我国政府开始重视物流业绿色化发展问题，在《物流业发展中长期规划（2014—2020 年）》文件中提出，物流业的发展要坚持"节能减排，绿色环保"原则，鼓励采用节能环保的技术、装备，提高物流运作的组织化、网络化水平，降低物流业的总体能耗和污染物排放水平。在物流业发展的主要任务中提到，要大力发展绿色物流。优化运输结构，合理配置各类运输方式，提高铁路和水路运输比重，促进节能减排。大力发展甩挂运输、共同配送、统一配送等先进的物流组织模式，提高储运工具的信息化水平，减少返空、迂回运输。鼓励采用低能耗、低排放运输工具和节能型绿色仓储设施，推广集装单元化技术。借鉴国际先进经验，完善能耗和排放监测、检测认证制度，加快建立绿色物流评估标准和认证体系。加强危险品水运管理，最大限度减少环境事故。鼓励包装重复使用和回收再利用，提高托盘等标准化器具和包装物的循环利用水平，构建低环境负荷的循环物流系统。大力发展回收物流，鼓励生产者、再生资源回收利用企业联合开展废旧产品回收。推广应用铁路散堆装货物运输抑尘技术。

10.3.2 绿色物流的实现路径

绿色物流技术从以下三个进行展开。

1. 能源方面

（1）电力能源的应用。随着电池技术和电容器技术的不断成熟，电力这种零污染物排放的清洁能源被越来越多的应用到物流行业各物流系统中。

1）仓库及配送中心等物流节点方面。在物流系统各节点空间照明方面，传统的白炽灯及节能灯属于高耗电类型，经过测算，在同等环境下，LED 灯的耗电量是普通灯泡的 1/10，是节能灯的 1/3，物流节点的占地面积一般都在 1000m^2 以上，LED 灯的全面推广对于物流节点的能源节约具有明显效果。

在各物流各节点内部的装卸搬运作业方面，传统的装卸搬运设备主要以柴油或汽油为能源，具有成本高、环境污染严重两项突出缺点，配置电池技术和电容器技术的新型装卸搬运设备在兼顾成本的同时，对装卸搬运环节的绿色化起到重要作用。

2）运输及配送等物流网络方面。运输及配送过程主要就是运输工具的能源消耗，传统的货车都是以成品油为能源，具有行驶时间长、补充能源速度快、成本高、环境污染大等特点，电能源在运输及配送等物流网络中的应用主要包括大型货车、小型配送车、短途货船以及低空短途无人机等运输和配送工具，对于物流网络中物流的绿色化起到关键作用。

（2）可燃气体能源的应用。可燃气体应用主要集中在运输及配送物流网络中，经总结与分析，在物流领域可作为能源使用的可燃气体主要包括氢气和天然气，比较成熟的是天然气，可直接作为货车的能源推广使用，氢气能源的发展方向主要是在电池内容燃烧转换为电能，然后为运输工具提供动力。

（3）太阳能的应用。太阳能的应用主要集种在仓库及配送中心等物流节点的自发电以及配送和运输等物流网络中的运输工具能源供应方面，光伏屋顶发电技术在足够光照的情况下可满足大型物流节点的用电需求；小型电动配送车辆通过加装太阳能板也可为其提供部分电能，为了防止天气情况的干扰，一般与充电电池一起组成双动力模式。

(4) 生物油能源的应用。生物油是指植物油、动物油、废弃油脂或微生物油脂与甲醇或乙醇经酯转化而形成的脂肪酸甲酯或乙酯，是典型的"绿色能源"，具有环保性好、燃料性好，原料来源广以及可再生等原油和成品油所不具备的特性，该种能源可作为货运车辆的动力能源，对于物流行业的节能减排具有重要作用。

(5) 核能源的应用。核能源具有其他能源所无法比拟的优势，但也存在很多的缺点，在大型运输设备中可见核动力设备，在物流行业的应用还需要解决很多难题，是未来的研究和发展方向。

2. 材料方面

(1) 材料减量化模式。材料的减量化模式主要作用于物流包装领域，通过减少耗材的使用量来实现绿色包装的目的，阿里巴巴集团推出的电子面单，将一份快递单据的用纸量降低了70%，切箱算法可根据货物的外形尺寸确定分配合适大小的包装箱，避免小商品大包装的耗材浪费现象，各大快递企业通过计算和模拟，将纸箱的封箱胶带宽度变窄的同时，实现使用最短的胶带完成纸箱的封箱，节约了70%以上不可降解的胶带的使用量；通过控制快递包装袋的厚度和包装材料中重金属的添加量减少不可降解污染物的制造量。

(2) 材料替代化模式。材料的替代化模式是指用环保材料替代不环保材料生产物流包装单元的模式。我国的专业化包装企业研制出的无胶带纸箱使用拉链技术和双面胶技术替代了传统的胶带，对绿色物流的发展做出了很大贡献，在塑料包装方面使用植物淀粉替代PE塑料对塑料的减量使用具有显著效果。

(3) 材料循环应用模式。材料的循环共用模式是指将包括包装材料在内的各类物流材料的一次性使用改为多次循环利用，从而降低包装单元等制造过程中的原材料消耗，实现绿色化发展的目的；例如，苏宁使用环保塑料做成的快递盒可循环多次使用，菜鸟驿站推出的纸箱回收再利用等都属于材料循环应用模式。

3. 管理与技术能力方面

管理与技术能力的提升是指通过算法的优化实现路径优化和能源节约目的，通过管理者的决策在实现物流效率提升和成本降低的同时，实现能源消耗的节约，例如阿里巴巴开发的智能路由可实现配送司机配送路径的动态优化，节约配送总里程30%以上，属于智能算法的技术能力提升方面对绿色物流发展的贡献；我国运输结构调整三年行动计划中明确提出大宗物资公路运输转水路和铁路运输的宏观调控，对于运输过程中能源消耗量的节约具有重大影响，属于管理者做出最优决策对绿色物流发展的推动作用。

10.3.3 绿色物流的政策支持

随着绿色物流技术的日渐成熟，在包括物流在内的很多行业都开始发挥环保作用，但是由于传统的非绿色化模式成熟的运作体系，以及绿色化改造需要再次投入成本或改变运作流程，许多物流领域企业在绿色化发展的道路上止步不前，需要借助法律和文件的引导、规范和强制要求，目前已经出台的相关指导性文件主要包括，国务院印发的《打赢蓝天保卫战三年行动计划》和《我国运输业结构调整三年行动计划》（2018-2020），从宏观层面对物流运输行业的绿色化发展提出了要求，国家邮政局印发的《环保科技在邮政业应用的指导性意见》《推进快递业绿色包装工作实施方案》《快递业发展"十三五"规划》等文件，明确了邮政快递行业绿色低碳的发展方向和目标，这些指导性文件的出台对物流行业的绿色化发展具有重要推动作用。

 ## 本章思考题

1. 绿色物流具有什么特征？
2. 包装对环境的影响有哪些？
3. 绿色物流的发展趋势。
4. 绿色物流管理的对策。
5. 现代物流对环境的影响有哪些？

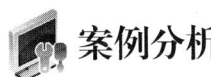

菜鸟网络的绿色物流发展思路

2017年3月，中华环境保护基金会、阿里公益基金会、菜鸟网络发起，百世快递、圆通速递、韵达速递等多家快递企业共同出资成立物流环保公益基金，在解决物流业污染问题的同时，促进车辆使用清洁能源。

2017年5月，菜鸟联合上汽、东风、瑞驰等车企推出了代号为ACE的未来绿色智慧物流汽车计划，并计划向物流市场推出100万辆新能源智慧物流汽车。据测算，菜鸟的ACE计划推出，一年能够为物流行业节省100亿元。

2018年6月，科泰电源与菜鸟供应链签署了新能源物流车车辆推广协议；2018年9月，菜鸟战略投资物流行业智慧物联网公司易流科技，通过物联网、人工智能和大数据优势，帮助货车和车主进行智能线路优化、智能货物配载和驾驶安全调度等。

2019年3月，菜鸟的智慧新能源物流车又进一步创新，由菜鸟网络自主研发的新能源快递无人车在河北雄安市民服务中心投入使用。

通过以上可以发现菜鸟的新能源智慧物流汽车主要体现在两个方面：绿色和智能，其主要的实现方式便是新能源物流车通过搭建"菜鸟智慧大脑"，根据订单的动态，生成最优的配送线路，并根据业务和道路情景自主的感知动态调整页面，实现与司机的互动，实现智慧化的运输、配送等。

【资料来源：根据网络资料整理编写】

问题：结合案例说明菜鸟绿色物流的发展战略于物流成本节约和效率提升方面关系。

参考文献

[1] 孙学军. 绿色物流理论与实践[M]. 北京：科学技术文献出版社，2020.
[2] 王汉新. 物流信息管理[M]. 2版. 北京：北京大学出版社，2015.
[3] 黄中鼎. 现代物流管理[M]. 4版. 上海：复旦大学出版社，2019.
[4] 王先庆. 新物流：新零售时代的供应链变革与机遇[M]. 北京：中国经济出版社，2019.
[5] 杨长春，顾永才. 国际物流[M]. 北京：首都经济贸易大学出版社，2020.
[6] 李松庆. 现代物流学[M]. 北京：清华大学出版社，2018.
[7] 崔介何. 物流学概论[M]. 5版. 北京：北京大学出版社，2015.
[8] 金婕. 物流学概论[M]. 2版. 辽宁：东北财经大学出版社，2019.
[9] 梁金萍. 物流管理实务[M]. 北京：清华大学出版社，2010.
[10] 林助亮. 物流与供应链管理[M]. 北京：电子工业出版社，2009.
[11] 王微怡. 物理信息管理[M]. 上海：上海交通大学出版社，2009.